Wenn du in Aufgaben aufgefordert wirst, etwas zu markieren oder zu unterstreichen, kannst du eine Folienhülle verwenden. Lege sie über die Seite und befestige sie mit einer Büroklammer. Beschreibe die Folie mit einem abwaschbaren Stift.

Wenn du Praxis Sprache als **digitales Schulbuch** nutzt, kannst du darin ohne weitere Hilfsmittel anstreichen und markieren, deine Markierungen speichern und jederzeit wieder entfernen.

Hier gibt es hilfreiche Tipps oder Ideen, die dich zum Weiterarbeiten anregen.

In vielen Kapiteln findest du Angebote mit der Überschrift Wortschatz.

Diese **Wortschatz**-Angebote unterstützen dich dabei, ...
- neue Wörter mit ihrer Bedeutung und Schreibweise kennenzulernen.
- Texte besser planen, schreiben und überarbeiten zu können.
- immer mehr Wörter in deinen eigenen Wortschatz aufzunehmen, sodass du sie beim Sprechen und Schreiben sicher verwenden kannst.

In fast allen Kapiteln findest du Info-Kästen.

In diesen Kästen kannst du alle wichtigen Informationen zu dem Schwerpunkt, an dem du gerade arbeitest, nachlesen.

Vor einigen Aufgaben oder Überschriften steht ein m

Dieses m bedeutet: **Methode.**

In solchen Teilkapiteln übst du Methoden für das selbstständige und für das gemeinsame Arbeiten mit anderen ein:
- Gezielt im Internet recherchieren
- Ein Quellenverzeichnis anlegen
- Fachbegriffe erschließen
- Redekarten anlegen
- Mit einem Bedeutungswörterbuch arbeiten

Am Ende der Kapitel findest du Zusammenfassungen i:

Hier findest du anschauliche Zusammenfassungen der wichtigsten Kompetenzen. Die Seiten helfen dir, die Inhalte des Kapitels gut zu merken.

westermann

Praxis Sprache 8

Baden-Württemberg
Differenzierende Ausgabe

Erarbeitet von Ann-Kristin Kuch
Carola Schmidt
Ina Trog
Maria Weber

Ergänzende Materialien für Lehrkräfte

Vorbereiten. Organisieren. Durchführen.
BiBox ist das umfassende Digitalpaket zu diesem Lehrwerk mit zahlreichen Materialien und dem digitalen Schulbuch. Für Lehrkräfte und für Schülerinnen und Schüler sind verschiedene Lizenzen verfügbar. Nähere Informationen unter **www.bibox.schule**

Diagnostizieren. Fördern. Evaluieren.
Die OnlineDiagnose zu diesem Lehrwerk testet die wichtigsten Kompetenzen und erstellt individuelle Fördermaterialien und Arbeitshefte zum Downloaden oder Bestellen. Nähere Informationen unter **www.onlinediagnose.de**

Druck A[1] / Jahr 2025
Alle Drucke der Serie A sind im Unterricht parallel verwendbar.

Redaktion: Sandra Pape, Nicole Rösingh
Illustrationen: Raphaela Doğan, Hans-Jürgen Feldhaus, Stephanie Mithoff, Evelyn Neuss
Umschlaggestaltung: Janssen Kahlert Design&Kommunikation GmbH
Layout: Janssen Kahlert Design&Kommunikation GmbH
Druck und Bindung: Westermann Druck GmbH, Georg-Westermann-Allee 66, 38104 Braunschweig

ISBN 978-3-14-**126528**-6

Sprechen und Zuhören

Schreiben

Lesen – Umgang mit Texten und Medien

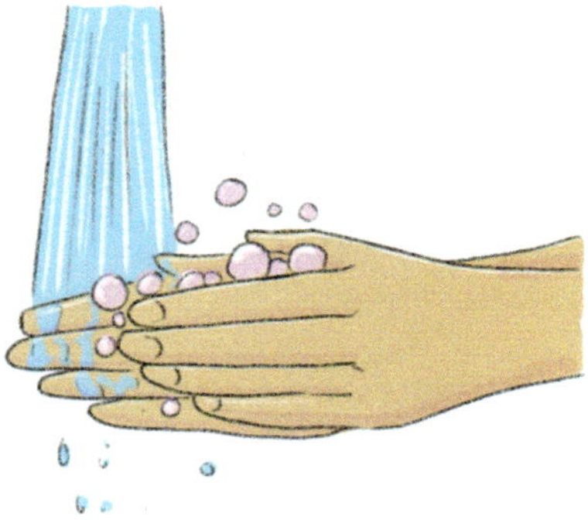

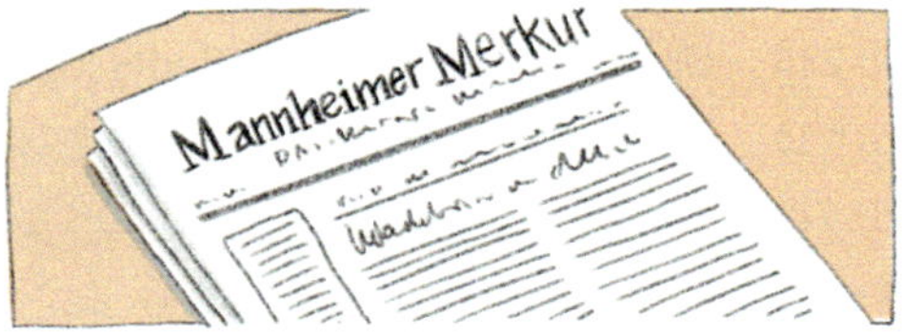
Mannheimer Merkur

Sprachgebrauch und Sprachreflexion

Basiswissen

Kommunikation

Die Klasse 8b experimentiert in Chemie mit dem Gasbrenner. Die Schüler sollen Flüssigkeit in einem Reagenzglas erhitzen. Dabei platzt das Reagenzglas von Antonia. Sie hat es zu lange über die Flamme gehalten. Mit ihrem Laborpartner Carlo wendet sie sich an die Lehrerin.

1 Betrachtet die Bilder 1 bis 4 und lest die Sprechblasen.
- Beschreibt: Wo spielt die Situation? Wer ist beteiligt? Um was geht es?

1

2

3

4

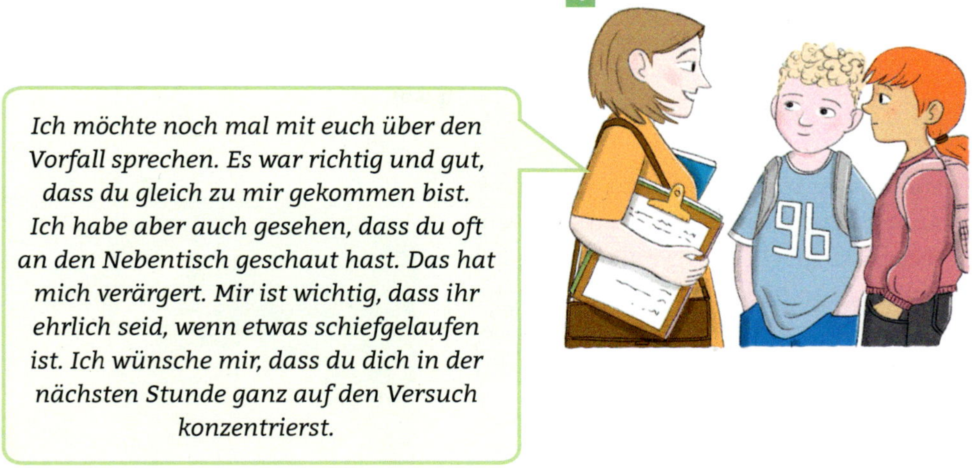

2 Sprecht den Dialog zwischen Antonia und Frau Tacke (Bilder 1 und 2) in verteilten Rollen. Beachtet die Gefühle der Sprecherinnen und was sie ausdrücken wollen.

3 Tauscht euch über den Dialog aus:
- Erklärt, was Antonia ausdrückt und was sie damit bewirken will.
- Wie deutet ihr Frau Tackes Reaktion darauf?
- Beschreibt mögliche Gefühle von Antonia und Frau Tacke. Achtet auf den Gesichtsausdruck und die Körperhaltung in den Bildern 1 und 2.

4 Vergleicht Bild 1 und Bild 3 miteinander:
- Wie spricht Antonia mit Frau Tacke?
- Wie spricht Carlo mit Antonia?
- Erklärt die unterschiedlichen Sprechweisen.

5 Beschreibt, was sich in Bild 4 ändert. Achtet dazu auf das, was Frau Tacke sagt. Wie unterstreicht sie das mit ihrem Gesichtsausdruck und der Körperhaltung?

B → S. 296
Ich-Botschaften / Du-Botschaften

6 Welche Äußerungen von Frau Tacke kann Antonia wohl besser annehmen? Begründet eure Meinung. Denkt dabei an die vier Schritte der gewaltfreien Kommunikation.

In diesem Kapitel lernst du (,)...
- verschiedene Sprechabsichten kennen.
- wie die Körpersprache die gesprochene Sprache begleitet.
- Sprechabsichten durch Modulation zu verstärken.
- mit welchen Schritten du in einem Konflikt zu einer gelingenden Kommunikation beitragen kannst.

Sprechabsichten erkennen

1 Lies den Text zunächst leise für dich.

Melina steigt morgens aus dem Schulbus. Auf einer versteckten Bank auf dem Pausenhof sieht sie ihre Freundin Alessia sitzen. Aber irgendetwas stimmt nicht. Alessia hält sich beide Hände vors Gesicht und weint. Melina geht sofort zu ihr und spricht sie an.

Melina: Hey Alessia, was ist los?
Alessia (*schluchzend*): Hey ...
Melina (*mitfühlend*): Was hast du denn, Alessia? Warum weinst du?
(*Alessia schüttelt den Kopf, weil sie nicht sagen kann, was sie bedrückt.*)
Melina (*nimmt ihre Hand und legt den Arm um sie*): Jetzt beruhige dich erst mal.
(*Alessia beugt sich nach vorne und starrt auf den Boden.*)
Melina (*streicht ihr über den Rücken*): Was ist denn mit dir, Alessia? Mir kannst du es doch sagen. Ich bin doch deine Freundin!
Alessia (*verzweifelt, mit tränenerstickter Stimme*): Ich weiß einfach nicht mehr weiter! Ich hab doch gar nichts gemacht! Und jetzt ...
Melina (*ganz ruhig*): Ist es wegen Melvin?

2 Überlegt, warum Alessia so traurig ist. Tauscht euch über eure Vermutungen aus.

3 Lies den Text weiter und überprüfe eure Vermutungen.

Alessia (*nickt, erzählt schluchzend*): Ja, ... ja, ... wegen Melvin ... Gestern war noch alles ... gut, und dann, heute Morgen ... im Bus hat er mich überhaupt nicht beachtet ... da hab ich gefragt, was er hat ... und dann hat er gesagt, er macht ... (*sie schluchzt wieder und weint dann verzweifelt*) ... er macht Schluss mit mir, weil ... er eine ... a ... andere hat.
Melina (*mitfühlend*): Ach Alessia. Das tut mir echt leid für dich. (*umarmt Alessia*)
Alessia (*verzweifelt*): Ich weiß echt nicht mehr weiter. Was hab ich denn nur falsch gemacht?
Melina (*verständnisvoll, streichelt ihr über die Hand*): Ach Alessia ... Das ist im Moment sicher total schwer für dich, aber ...
Alessia (*schaut Melina bittend an*): Kannst du nicht mit ihm reden, Melina? Bitte! Vielleicht kommt ja alles wieder in Ordnung! Du könntest in der Pause zu ihm gehen und ...

Melina (*runzelt die Stirn*): Also, ich weiß nicht, Alessia. Überleg doch mal, wie der Typ dich heute behandelt hat: Beachtet dich im Bus einfach nicht. Und als du ihn darauf ansprichst, macht er Schluss mit dir. (*wütend*) Das ist doch ein echter Idiot! Und dem willst du auch noch hinterherrennen! Also wirklich … ich an deiner Stelle würde das nicht tun.

Alessia (*schluchzt wieder*): Aber was soll ich denn tun? Ich hab ihn doch so gerne!

Melina (*beruhigend*): Ich bin deine beste Freundin, Alessia. Und ich rate dir wirklich: Zieh einen Schlussstrich! (*energisch*) Vergiss den Typen! Für einen, der dich so mies behandelt, bist du einfach zu gut. Am besten …

Alessia (1): Ich weiß nicht. Meinst du … wirklich? Aber ich kann doch nicht einfach …

Melina (2): Doch … das kannst du. Da bin ich ganz sicher: DU KANNST DAS!

(*In diesem Augenblick ertönt der Schulgong. Der Unterricht beginnt.*)

Alessia (3): Wir müssen zu Englisch, sonst wird die Baumgartner ausrasten. Wenn wir zu spät kommen, macht die wieder einen mega Aufstand und …

Melina (4): Ja, ja … die Baumgartner. Wisch dir erst mal das Gesicht trocken, dann gehen wir gemeinsam rein. Sei einfach ganz cool. (5) Und wenn die Baumgartner fragt, warum wir zu spät sind, sag ich ihr … äh … – Ach, da wird uns schon was einfallen!

Alessia (6): Aber was ist, wenn uns … Melvin über den Weg läuft?

Melina (7): Vergiss den Typen! Und lass dir einfach nichts anmerken.

(8) (*Alessia lächelt ein wenig zurück.*)

Alessia (9): Danke, Melina … danke, dass du meine Freundin bist.

Die beiden Mädchen kommen in den Klassenraum. Der Unterricht hat schon begonnen. Frau Baumgartner hebt die Augenbraue.

Frau Baumgartner (10): Ach, Alessia und Melina! Wo kommen die Damen jetzt erst her?

Alessia (11): Tut uns leid, Frau Baumgartner, aber … der Melina war eben nicht gut. Da bin ich mit ihr noch etwas auf dem Schulhof geblieben … an der frischen Luft. (*Alessia zwinkert Melina verschmitzt zu. Melina ist zuerst überrascht und schaut Alessia verdutzt an. Aber dann versteht sie.*)

Frau Baumgartner (12): Na, wenn das so ist. Und dir geht es wieder besser, Melina?

Melina (13): Hm … ja, Frau Baumgartner. Es geht mir schon wieder besser. Alessia hat mir echt geholfen.

4 Erklärt die Situation am Ende:
- Warum zwinkert Alessia ihrer Freundin verschmitzt zu?
- Weshalb ist Melina zunächst überrascht?

Wortschatz

verzweifelt
beistehen
trösten
zuhören
Mut machen
aufbauen

5 Gebt das Gespräch in euren Worten wieder. Nutzt hierfür folgende Stichpunkte zur Geschichte:

1. Ausgangssituation: Alessias Gefühlszustand und Problem
2. Melinas Gesprächsverhalten
3. Alessias Reaktionen
4. Melinas Lösung für Alessias Problem
5. Das Verhalten der Mädchen in der Klasse

6 Melina möchte Alessia helfen.
a) Benenne Melinas Tipps, was Alessia in dieser Situation machen sollte.
b) Nimm dazu Stellung, ob Melina Alessia wirklich hilft. Begründe mit passenden Textstellen.

7 Alessia bittet ihre Freundin, mit Melvin zu sprechen.
- Vervollständigt die Satzanfänge:
  Alessia erhofft sich von dem Gespräch …
  Melina rät von dem Gespräch ab, weil …
  Alessia möchte das Gespräch nicht selbst führen, weil …
- Würdet ihr das Gespräch für Alessia führen? Begründet.

Manchmal gibt es mehrere Zuordnungsmöglichkeiten.

8 Im ersten Teil des Gesprächs gibt es in Klammern Hinweise zum Sprechverhalten oder der Körpersprache. Im zweiten Teil fehlen diese Hinweise. Ordne den Äußerungen 1–13 die Hinweise A–M zu.

A unsicher, hilflos
B unsicher, mit gerunzelter Stirn
C verständnisvoll lächelnd
D legt den Arm um ihre Freundin
E beruhigend, aufmunternd
F energisch, emotional
G etwas überrascht, aber überzeugend
H etwas spöttisch
I lächelt wieder ein wenig
J mit energischem Blick
K lächelt Alessia freundlich an
L nervös, unruhig
M drückt sie herzlich

9 Lest den Text auf den Seiten 10-11 laut mit verteilten Sprechrollen:
- Bildet Dreiergruppen und verteilt die Rollen von Melina, Alessia und Frau Baumgartner.
- Achtet beim Lesen auf die Hinweise in den Klammern.
- Probt das Gespräch mehrere Male und führt es einer anderen Dreiergruppe vor.
- Gebt euch Rückmeldungen, ob eure Sprechweise zu den Hinweisen in den Klammern gepasst hat.

Die Inhalts- und Beziehungsebene erkennen und berücksichtigen; Zusammenhänge zwischen verbalen und nonverbalen Ausdrucksmitteln erkennen und wesentliche Faktoren beschreiben, die die mündliche Kommunikation prägen

10 Mit unseren Äußerungen verfolgen wir bestimmte Sprechabsichten. Lest dazu den Info-Kasten.

11 Ordnet die Sprechabsichten aus dem Info-Kasten den folgenden Äußerungen passend zu.

12 Stell dir vor, es kommt zum Gespräch zwischen Alessia und Melvin:
- Verfasse jeweils zwei Äußerungen für Melvin und für Alessia: Eine Äußerung dient der Kontaktaufnahme. Die andere Äußerung hat eine expressive Sprechabsicht.
- Formuliere so, dass beide mit einem guten Gefühl aus dem Gespräch gehen.

Sprechabsichten

Kontaktaufnahme: Man begrüßt jemanden, um ein Gespräch zu beginnen oder um dem anderen zu signalisieren, dass man ihn gesehen hat. (*Guten Morgen, ihr beiden.*)
Informierende Sprechabsicht: Man spricht über ein Thema, um etwas sachlich mitzuteilen. (*Melvin hat Schluss gemacht.*)
Appellierende Sprechabsicht: Man fordert den Gesprächspartner durch Ratschläge oder Befehle zu einem bestimmten Handeln bzw. Denken auf oder man bittet ihn um etwas. (*Vergiss den Typen!*)
Expressive Sprechabsicht: Man bringt eigene Gefühle, Hoffnungen, Befürchtungen, Wünsche ... zum Ausdruck. (*Danke, du hast mir sehr geholfen.*)
Selbstdarstellung: Man sagt etwas, um anderen ein positives Bild von sich selbst zu vermitteln. (*Ich habe Melina nur noch kurz geholfen.*)

Oft vermischen sich die Sprechabsichten in einem Gespräch.
Dennoch steht bei den meisten Äußerungen eine Sprechabsicht im Vordergrund.

Körpersprache und Modulation erproben

1 Unser Körper „spricht" immer mit.
- Erklärt, was damit gemeint ist. Lest dazu den Info-Kasten.
- Wie kann man durch *Modulation* die Körpersprache unterstützen?

2 Beschreibt die Fotos.

1

2

3

4

5

3 Beurteilt die Körpersprache auf den Fotos:
- Welche Fotos zeigen Gestik und Mimik?
- Welche Fotos zeigen nur Gestik oder nur Mimik?
- Welche Fotos senden positive Signale und welche negative? Begründet.

Körpersprache und Modulation

Sprechabsichten werden häufig von der Körpersprache begleitet. Dazu gehören die **Gestik** (Bewegungen mit den Händen oder dem Kopf) und **Mimik** (Gesichtsbewegungen) des Sprechers.
Durch seine Körpersprache kann ein Sprecher seine Sprechabsicht ebenso unterstützen wie durch die **Lautstärke** und durch den **Tonfall** (Modulation).

Zusammenhänge zwischen verbalen und nonverbalen Ausdrucksmitteln erkennen und wesentliche Faktoren beschreiben, die die mündliche Kommunikation prägen (Gestik, Mimik, Stimme)

4 Ordne den Fotos die folgenden Begriffe zu.
Beachte: Nicht alle aufgezählten Begriffe sind passend.

Langeweile – Freude – Trauer – Erschrecken – Ekel – Kontaktfreude – Offenheit – Angst – Abwehr – Sorge

5 Probiert selbst aus, Gefühle nur durch eure Körpersprache auszudrücken.

Verlegenheit – Erschrecken – Angst – Aufmerksamkeit – Abwehr – Zufriedenheit – Nervosität – Traurigkeit – Arroganz – Ungeduld – Glück – Schadenfreude

Ihr könnt die dargestellten Gefühle auch fotografieren und von anderen Gruppen erraten lassen.

6 Beim Chatten benutzt ihr sicher oft Emojis.
- Sucht zu den Gefühlen aus Aufgabe 5 passende Emojis.
- Vergleicht eure Emojis. Begründet gegenseitig eure Auswahl.

7 Vergleicht die folgenden Chatnachrichten.
- Erläutert, wie sich die Bedeutung durch das Emoji jeweils verändert.

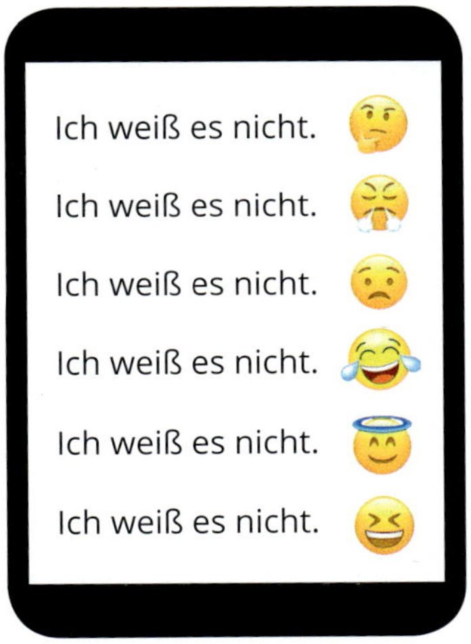

8 Diese beiden Sätze können verschiedene Bedeutungen haben. Das hängt davon ab, wie man sie ausspricht und durch Körpersprache begleitet.

Hast du das gesehen?

Hast du das gemacht?

- Ein Partner schließt die Augen, der andere spricht den ersten Satz mit verschiedenen Sprechabsichten aus: *herablassend, drohend, mitleidig, überrascht, bewundernd* ... Versucht anhand des Tonfalls und der Lautstärke, die Sprechabsicht zu erkennen.
- Sprecht den Satz nun abwechselnd mit geöffneten Augen.
  Versucht eure Sprechabsicht durch Gestik und Mimik zu verstärken.
- Probiert es nun genauso mit dem zweiten Satz aus.

Zusammenhänge zwischen verbalen und nonverbalen Ausdrucksmitteln erkennen und wesentliche Faktoren beschreiben, die die mündliche Kommunikation prägen (Gestik, Mimik, Stimme)

Gelingende und misslingende Kommunikation erkennen

1 Schaut euch die Bilder an und lest den Text in den Sprechblasen.

2 Christian fühlt sich von seinem Trainer ungerecht behandelt.

- Gebt seine Situation in eigenen Worten wieder.
- Der Trainer und Christian arbeiten mit Körpersprache (Gestik und Mimik). Beschreibt ihre Körpersprache. Formuliert vollständige Sätze:

Christians Trainer ist ... Das erkennt man im ersten Bild an ... und im zweiten Bild an ... Dagegen fühlt sich Christian in der ersten Situation ... Er drückt dies durch ... aus. Im zweiten Bild ändern sich seine Gefühle zu/in ... Das kann man an ... erkennen.

- Erläutert mögliche Sprechabsichten von Christian und seinem Trainer.

3 Begründe, weshalb sich Christians Reaktion vom ersten zum zweiten Bild ändert.

4 Das Gespräch ist ein Beispiel für eine misslungene Kommunikation.
- Erläutert, woran ihr das erkennt.
- Überlegt, was in dieser Situation zu einer gelungenen Kommunikation beigetragen hätte.

5 Für eine gelingende Kommunikation ist es in einem Konflikt wichtig, dass man sich nicht beschimpft, anschreit oder beleidigt. Die vier Schritte der **gewaltfreien Kommunikation** helfen dabei. Lest sie.

1 Beobachtung:
Ich beschreibe aus meiner Sicht den Konflikt (Situation oder Handlung).

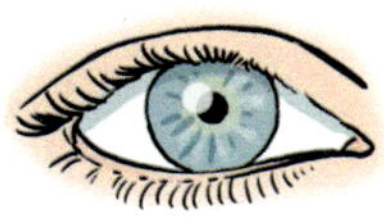

2 Gefühl:
Ich beschreibe, wie ich mich in der Situation gefühlt habe.

3 Bedürfnisse:
Ich sage, was ich in dieser Situation gebraucht hätte.

4 Bitte/Wunsch:
Ich formuliere eine Bitte oder einen Wunsch an den anderen.

6 In der Kabine sprechen Christian und sein Trainer noch einmal miteinander. Ordne Christians Sprechblasen den vier Schritten der gewaltfreien Kommunikation zu.

A *Ich bin selbst total verärgert, dass ich diese Chance vermasselt habe. Als du mich dann auch noch angemotzt hast, hat mich das wütend gemacht.*

B *Wir sind alle verärgert, wenn ein Schuss danebengeht. Ich würde mir aber wünschen, dass wir in Zukunft einen Weg finden, dass man sich danach nicht noch schlechter fühlt.*

C *Ich hatte den Ball und wollte das freie Tor treffen. Dann habe ich den Ball aber falsch erwischt und er hat das Tor verfehlt.*

D *Du hast mich direkt angeschrien. Ich hätte gehofft, dass du mich aufbaust und unterstützt für das weitere Spiel.*

7 Schreibe eine Antwort aus der Sicht des Trainers. Darin geht er auf Christians Gefühle und Bedürfnisse ein. Beachte die vier Schritte der gewaltfreien Kommunikation.

- ***Wie könnte der Trainer die Situation wahrgenommen haben?***
- ***Was hatte er in dieser Situation für Gefühle?***
- ***Was waren in dem Moment seine Bedürfnisse?***
- ***Welche Bitte könnte der Trainer an Christian haben?***
- ***Wie kann er auf Christians Bitte eingehen?***

Gelingende und misslingende Kommunikation in verschiedenen Kontexten unterscheiden und analysieren; Bedingungen gelingender Kommunikation formulieren

Zusammenfassung

Überprüfe dein Wissen und Können

1 Wählt eine Situation, zu der ihr einen Dialog schreiben wollt.

Situation 1:
Luca und Eren wollen am selben Tag Geburtstag feiern. Jedoch wollen sie beide mehrere gemeinsame Freunde einladen. Gemeinsam feiern kommt für beide nicht in Frage.

Situation 2:
Veronika/Ivano hat sich am Vortag mit der besten Freundin / dem besten Freund verkracht. Sie/Er leidet sehr darunter und möchte sich wieder aussöhnen.

2 Legt fest, wie euer Dialog verlaufen soll:
- Wie viele Gesprächsteilnehmer gibt es? Was sind ihre Meinungen?
- Wie verhalten sich die einzelnen Sprecher? (vermittelnd, stur, rechthaberisch, kompromissbereit, streitlustig, versöhnend ...)
- Welche Sprechabsichten haben die Sprecher?
- Welche Lösung soll es in diesem Gespräch geben?
- Welche Körpersprache haben die Beteiligten?
- Wird die gewaltfreie Kommunikation von allen Beteiligten eingehalten?

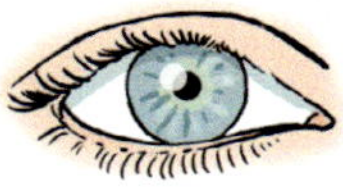

3 Schreibt das Gespräch auf.
- Achtet darauf, dass jeder Gesprächsteilnehmer gleich große Redeanteile hat.
- Das Gespräch muss mindestens fünf Sprecherwechsel haben.
- Mindestens ein Sprecher muss alle Schritte der gewaltfreien Kommunikation berücksichtigen.
- Notiert neben den Aussagen Hinweise zu Körpersprache und Modulation.

4 Übt das Gespräch in eurer Gruppe. Achtet darauf, dass ihr auf euren Vorredner eingeht und dass die Körpersprache zum Gesagten passt.

5 Führt das Gespräch als szenisches Spiel in der Klasse vor.

B → S. 305
Szenisches Spiel

6 Die Zuschauer bewerten das Spiel mithilfe der Tabelle. Kreuzt an:

Digital+
WES-126528-001
Tabelle zum Bearbeiten

Kriterien	+	0	-
Die Sprechabsichten sind angemessen und nachvollziehbar.			
Die Körpersprache passt zu den Sprechabsichten.			
Die Spielenden achten auf eine angemessene Lautstärke und Betonung.			
Die Schritte der gewaltfreien Kommunikation werden richtig umgesetzt.			
Die Lösung des Problems ist glaubwürdig und nachvollziehbar.			

- Gebt den Spielenden mithilfe der Tabelle ein wertschätzendes Feedback.

B → S. 296
Feedback geben

Präsentieren

Die Klasse 8a der Lise-Meitner-Schule stellt auf einer Berufe-Börse verschiedene Ausbildungsberufe vor.

1 Beschreibt die Abbildung:
- Welche Berufe erkennt ihr?
- Auf welche Weise präsentieren die Schüler die Berufe? Was setzen sie dafür ein?

2 Tauscht euch darüber aus, was euch bei so einer Berufe-Börse besonders interessieren würde.

3 Formuliert Fragen, die ihr den Schülern zu ihren Berufen stellen würdet.

4 Erstellt gemeinsam eine Liste mit Berufen entlang des ABC.

Automatenfachmann/-frau
Baugeräteführer/-in
C...

5 Für welche Buchstaben fehlen euch noch Berufe? Sucht im Internet nach weiteren Berufen für eure Liste.

M → S. 24
Gezielt im Internet recherchieren

6 Stellt eurem Partner einen euch unbekannten oder ungewöhnlichen Beruf vor:
- Öffnet im Internet eine Seite zur Berufsinformation (z. B. von der Bundesagentur für Arbeit).
- Wählt einen Beruf aus und informiert euch über die Tätigkeiten. Macht euch dabei Notizen.
- Nennt eurem Partner den Beruf und beschreibt kurz die Tätigkeiten.

Als Automatenfachfrau oder -mann sorgt man dafür, dass der Bankautomat richtig funktioniert. In der Schulmensa befüllt man die Getränkeautomaten. Außerdem kümmert man sich um die richtige Programmierung.

Bereitet in eurer Klasse selbst eine Berufe-Börse vor. Dabei präsentiert ihr mithilfe von Plakaten verschiedene Ausbildungsberufe in einem Kurzvortrag. Auf den folgenden Seiten erfahrt ihr am Beispiel des Elektronikers, wie ihr euch darauf vorbereitet.

In diesem Kapitel lernst du (,)...
- wie du verschiedene Medien bei der Informationssuche nutzen kannst.
- Texte zu sichten und Informationen gezielt zu entnehmen.
- einen Kurzvortrag sinnvoll zu gliedern.
- einen Kurzvortrag vorzubereiten und durchzuführen.
- einen Beruf auf einer Berufe-Börse anschaulich zu präsentieren.

Informationen gezielt sammeln und gliedern

1 Welchen Beruf möchtest du gerne vorstellen? Entscheide dich für einen Beruf, der dich besonders interessiert.

2 Legt in der Klasse eine gemeinsame Liste an. Haltet darin fest, wer welchen Beruf vorstellt.

Zur Vorbereitung eurer Präsentation müsst ihr euch klarmachen, welche Informationen ihr vermitteln wollt. Mit einer Mindmap behaltet ihr den Überblick.

3 Beschreibt die Mindmap:
- Wie ist sie aufgebaut?
- Welche Informationen sollen gesammelt werden? Erläutert die Oberbegriffe.
- Welche Oberbegriffe würdet ihr ergänzen? Denkt an eure Fragen von S. 21.

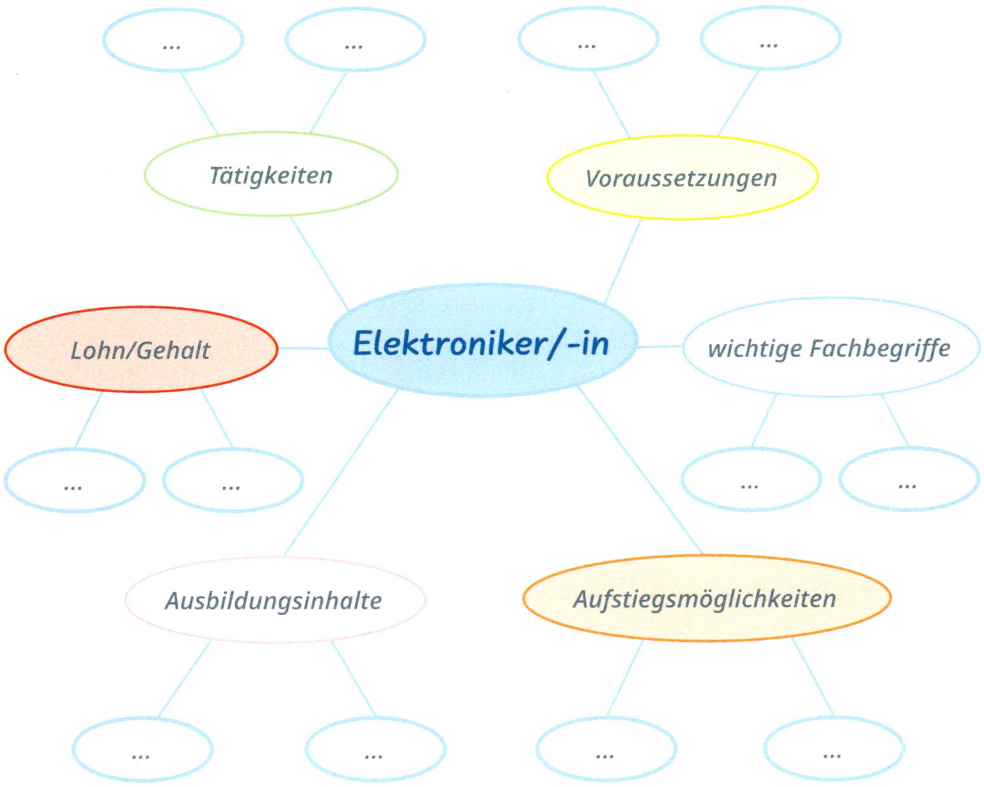

4 Übernimm die Mindmap. Nutze dafür ein DIN-A3-Blatt im Querformat. Du kannst sie um weitere Oberbegriffe ergänzen. Lege dazu neue Oberäste an.

Die Mindmap ist deine Arbeitsgrundlage für die Präsentation. Du musst nun zu den Stichworten Informationen sammeln und diese auf den Unterästen ergänzen.

Arbeitsschritte festlegen; eine Stoffsammlung erstellen, ordnen und eine Gliederung anfertigen

Informationen finden

1 Schaut euch die Abbildung an und beschreibt sie:
- Was macht der Schüler, um an Informationen zu kommen?
- Welche Medien nutzt er?
- An welche Personen wendet er sich?

2 Vergleicht das Vorgehen mit dem Info-Kasten.

3 Nennt weitere Möglichkeiten, um sich zuverlässig über einen Beruf zu informieren.

Informationen finden

Es gibt mehrere Möglichkeiten, wie du an zuverlässige Informationen kommst:
- Achte bei der Suche im **Internet** auf **vertrauenswürdige Quellen** (z. B. *Berufenet.de* der Bundesagentur für Arbeit). Es gibt auch Internetseiten mit **Videomaterial**, in dem die Auszubildenden von ihren Erfahrungen berichten (z. B. *planet-beruf.de*).
- Im **Berufsinformationszentrum** (BIZ) der Bundesagentur für Arbeit kannst du dich vor Ort über Berufe informieren und dich von einem Mitarbeiter beraten lassen.
- Du kannst **Experten** (z. B. aus der Familie oder der Nachbarschaft) **befragen**, die in dem Beruf schon lange tätig sind.
- In der **Bücherei** kannst du dich in **Fachbüchern** und **Fachzeitschriften** informieren.

Notiere zu jeder Information die Quelle, also woher du die Information hast.

M → S. 26
Ein Quellenverzeichnis anlegen

Gezielt im Internet recherchieren

Theo sucht im Internet nach Firmen in Karlsruhe, bei denen man eine Ausbildung zum Elektroniker machen kann. Dafür nutzt er eine Suchmaschine.

1 Schau dir die Bildschirmansicht genau an und überfliege den Text.

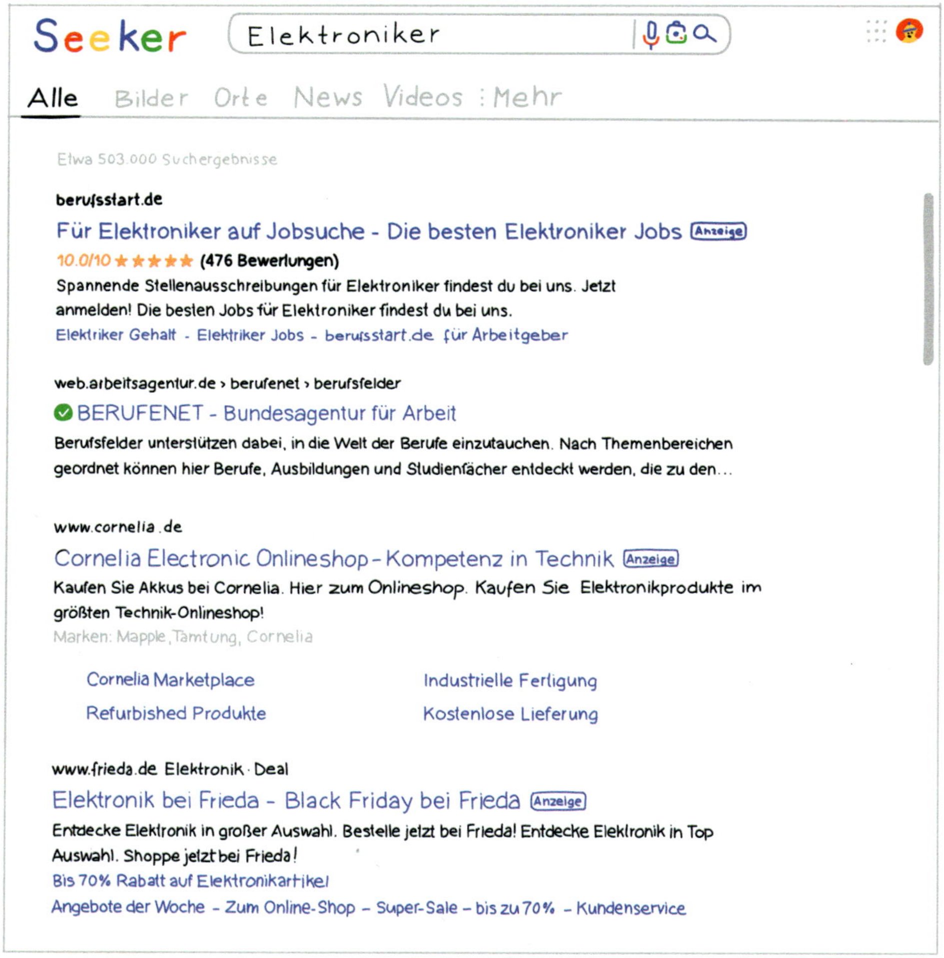

2 Beschreibt die Bildschirmansicht:

- Welchen Suchbegriff hat Theo eingegeben?
- Wie viele Suchergebnisse hat Theos Suche ergeben?
- Was für Suchergebnisse nennt die Suchmaschine?
- Was ist mit „Anzeige" gemeint?

3 War Theos Suche erfolgreich? Begründet.
Berücksichtigt, was Theo in Erfahrung bringen wollte.

Informationsquellen gezielt nutzen (Internet) und Informationen zielgerichtet bewerten und auswählen

4 Was hätte Theo bei seiner Suche besser machen können? Tauscht euch aus.

5 Lies den Text.

Suchmaschinen erleichtern die Suche nach Informationen im Internet. Sie nutzen riesige Datenbanken, in denen die Inhalte von Beiträgen, Dokumenten usw. enthalten sind. Die Suchmaschine durchforstet diese Datenbanken in kurzer Zeit nach dem Suchbegriff, den du in das Suchfeld eingegeben hast. Sie zeigt dir dann jeden Beitrag, in dem der Suchbegriff verwendet wird. Es können also auch Treffer dabei sein, die nicht zu deiner Suchanfrage passen (z. B. Werbung). Daher ist es wichtig, dass du bei deiner Suche genaue Angaben machst. So grenzt du die Suchergebnisse ein.

6 Beschreibt, wie eine Suchmaschine funktioniert.

7 Erklärt, warum zu viele Treffer bei einer Suchanfrage ungünstig sind.

8 Formuliere für Theo eine bessere Suchanfrage:
- Lies noch einmal auf S. 24, was Theo genau in Erfahrung bringen möchte.
- Notiere mindestens drei passende Suchbegriffe.
- Gib die Suchbegriffe in einer Suchmaschine deiner Wahl ein.

9 Probiere weitere Möglichkeiten aus dem Info-Kasten aus, um das Suchergebnis zu verfeinern.

10 Wende die Suchtechniken für den Beruf an, den du auf der Berufe-Börse vorstellen möchtest. Arbeite mit den Oberbegriffen in deiner Mindmap.

Gezielt im Internet recherchieren

Trage in das **Suchfeld** der Suchmaschine **mehrere Suchbegriffe** ein. So werden dir Seiten angezeigt, die zu deinem Thema passen. Kombiniere z. B. *Elektroniker* + *Tätigkeiten* oder *Elektroniker* + *Ausbildung* + *Gehalt*. Viele Suchmaschinen machen am Anfang oder Ende der Seite Vorschläge für beliebte oder häufige Suchanfragen.

Setze **zusammengehörende Begriffe in Anführungszeichen („“)**. Sonst können deine Suchergebnisse auch Treffer enthalten, die nichts mit deinem Thema zu tun haben.

Du kannst auch gezielt in **sozialen Netzwerken** suchen. Setze dazu ein **@** vor den Namen des sozialen Netzwerks und ergänze deinen Suchbegriff: *@instagram* + *Elektroniker* + *Karlsruhe*.

Viele Suchmaschinen bieten eine **Erweiterte Suche** an. Hier kannst du einstellen, dass die **Ergebnisse** möglichst **aktuell** sind oder **aus Deutschland** stammen.

Ein Quellenverzeichnis anlegen

Damit man weiß, wie zuverlässig deine Informationen sind, musst du angeben, woher diese stammen. Diese Angaben sammelst du in einem Quellenverzeichnis. Für das Zitieren einer Quellenangabe gibt es einige Regeln.

1 Schaut euch die verschiedenen Quellenangaben genau an. Nennt Gemeinsamkeiten und Unterschiede (z. B. Art der Angaben, Reihenfolge und Zeichensetzung).

Buch: Name, Vorname des Autors/Herausgebers (Hg.) (Jahr): Titel. Verlag, Erscheinungsort. Seite.
Roth, Tabea (2024): Elektrotechnik für Einsteiger. Lichtblick Verlag, Berlin. S. 24.

Texte in Zeitungen oder Zeitschriften: Name, Vorname des Autors (Jahr): Titel des Textes. In: Name der Zeitschrift. Nummer der Ausgabe, Seite.
Kotoric, Elias (2024): Schritt für Schritt zum Smart Home. In: Elektroinstallation der Zukunft. Nr. 133, S. 12.

Internet: Name, Vorname des Autors: Titel des Textes. Online unter: URL (Abfragedatum, Uhrzeit).
Mahr, Paula: Energiesparen durch LED-Leuchtmittel. Online unter: https://www.electec.de/blog/Energiesparen-durch-LED-Leuchtmittel (23.07.2024, 16:33).

2 Du siehst hier Bestandteile einer Quellenangabe:
Nachgefragt! Interview mit der Handwerkskammer // S. 23 // INFO – Die Zeitschrift für Ausbildungen im Handwerk // Nr. 23 // Ausgabe 02/2024 // Steffen Emmert
- Finde heraus, um welche Art von Quelle es sich handelt.
- Orientiere dich an den Vorgaben und Beispielen oben.
- Erstelle aus den Angaben eine Quellenangabe in der richtigen Reihenfolge.

3 Warum reicht es nicht, als Quelle „Internet“ oder den Namen der Suchmaschine anzugeben? Begründet.

Checkliste

1. **Vollständigkeit**: Habe ich alle Quellen (Internet, Bücher, Zeitschriften) angegeben?
2. **Sortierung**: Sind die Quellenangaben alphabetisch sortiert?
3. **Richtigkeit**: Habe ich die Quellenangaben richtig zitiert?

Die Materialien sichten

Yasmin hat bei ihrer Internetrecherche mehrere Materialien entdeckt. Diese möchte sie für ihre Präsentation nutzen. Aber nicht alle Informationen braucht sie. Daher sichtet sie die Materialien zuerst.

1 Lies Material A.

Material A

Lass deine Ideen leuchten: dein Praktikum als Elektroniker (w/m/d) bei ElecTec

+

Wenn dich Technik fasziniert und du elektronische Systeme zum Leben erwecken möchtest, dann ist ein Praktikum als Elektroniker genau das Richtige für dich! Wir suchen engagierte Schulabgänger mit Haupt- oder Realschulabschluss, technischem Verständnis und handwerklichem Geschick.

? FB

! Voraussetzungen

Bei ElecTec GmbH bieten wir dir die Chance, in die Welt der Elektronik einzutauchen. In der Ausbildung lernst du, wie man elektrische Anlagen installiert und repariert. Auch das Programmieren von Steuerungen und das Aufspüren sowie Beheben von Fehlern in elektronischen Systemen stehen auf dem Programm. Dabei arbeitest du eng mit unserem erfahrenen Team zusammen.

! Ausbildungsinhalte

Bist du bereit, deine Zukunft mit uns zu gestalten und unser Unternehmen kennenzulernen? Dann bewirb dich jetzt! Sende deine Bewerbungsunterlagen (Anschreiben und Lebenslauf) per E-Mail an bewerbung@electec.com.
Wir freuen uns, mit dir in eine leuchtende Zukunft zu starten.
Dein ElecTec-Team

Quelle: www.electec.de/offenestellen/praktikum (abgerufen am 21.01.20..)

M → S. 32
Fachbegriffe erschließen

2 Besprecht, wie Yasmin beim Sichten von Material A vorgegangen ist. Achtet dazu auf die Markierungen und die Randbemerkungen.

3 Vergleicht eure Überlegungen mit dem Info-Kasten auf S. 28.

Digital+
WES-126528-002
Material zum Bearbeiten

4 Sichte nun die Materialien B bis E auf den folgenden Seiten.
- Markiere passende Stellen im Text.
- Notiere am Rand Hinweise zu geeigneten Stellen. Verwende dazu Symbole und die Oberbegriffe deiner Mindmap.

Material B

Elektroniker/-in – ein Beruf für die Zukunft!

Stell dir vor, du hast keinen Handyakku, kein Licht, kein warmes Essen und kein kühles Getränk. Aber keine Panik! Dafür gibt es Elektronikerinnen und Elektroniker. Diese Fachkräfte spielen eine wichtige Rolle für eine **zuverlässige Stromversorgung** in Gebäuden aller Art. Sie installieren **elektrische Systeme und Anlagen in Wohn- und Geschäftsgebäuden**. Sie sorgen also dafür, dass

- alle Lichter funktionieren,
- Steckdosen Strom liefern und
- Computer problemlos arbeiten.

Um die bestmögliche elektronische Ausstattung für jedes Gebäude zu entwickeln, arbeiten sie eng mit Elektroplanern und Kunden zusammen – **Teamfähigkeit** ist gefragt!

? FB

Aber das ist nur ein Teil des Tätigkeitsfelds. Weitere Aufgaben sind:

- die Wartung und Reparatur von Elektro-, EDV- und Photovoltaikanlagen,
- die Einrichtung von Smart Homes,
- das Finden von Fehlerquellen mithilfe von Messgeräten und die Beseitigung dieser Störungen,
- die Bereiche Überwachung, Brand- und Einbruchschutz,
- ein sicherer Umgang mit Gefahrenquellen bei der praktischen Arbeit.

Wenn du **Interesse an Technik und Problemlösung** hast, dann könnte das Elektrohandwerk genau das Richtige für dich sein!

Quelle: www.elektrikermitzukunft.de/info/ehandwerk (abgerufen am 09.02.20..)

Informationen sichten

1. Überfliege die Materialien zuerst (z. B. Texte, Bilder, Grafiken).
2. Schau dir die Bilder an: Was zeigen sie?
3. Lies die Überschriften, Zwischenüberschriften und fett gedruckte Wörter.
4. Kennzeichne passende Informationen absatzweise z. B. mit Symbolen:
   ! = wichtige Information für mein Thema
   + = dieses Material kann ich gut verwenden
   ? = hier bin ich mir noch nicht sicher / ich habe eine Frage dazu
   FB = Fachbegriff
5. Notiere dir neben den jeweiligen Absätzen **Oberbegriffe aus der Mindmap** (Voraussetzungen, Tätigkeiten...). So kannst du die Informationen später schneller zuordnen.

Material C

Der Ausbildungsberuf Elektroniker/-in

Die Ausbildung zur Elektroniker/-in ist eine duale Ausbildung. Sie dauert in der Regel 3,5 Jahre. Eine duale Ausbildung bedeutet, dass man in einem Ausbildungsbetrieb die praktischen Aspekte lernt und in der Berufsschule ergänzende theoretische Grundlagen erfährt.

Zu Beginn der Ausbildung lernen die Auszubildenden die wichtigsten Geräte, Werkzeuge und Materialien für den Berufsalltag kennen. Z. B. ist der rot-gelbe VDE-Schraubendreher speziell für Elektroniker geprüft, weil man durch eine Isolierung besser vor elektrischen Schlägen geschützt ist. Das wichtigste Messgerät für den Beruf ist das Multimeter. Damit kann man herausfinden, ob eine Leitung oder ein Gerät unter Spannung steht. Man nutzt es aber auch, um die Stromstärke zu messen oder um den Widerstand zu prüfen.

Im ersten Lehrjahr steht alles unter dem Motto „Montieren und Installieren“. Man lernt dabei die Grundlagen von Elektroinstallationen kennen. Dazu gehört das Ein – und Aufbauen von Anlagen. Außerdem lernt man von Anfang an, wie man Fehler und Störungen findet und diese behebt.

Als Elektroniker/-in hat man vielfältige Einsatzmöglichkeiten: Mal arbeitet man z. B. in einem Wohnhaus und prüft, weshalb die Sicherung für die Küche immer wieder auslöst. Das nächste Mal ist man in einer großen Fabrik und verkabelt die Produktionsanlagen und Maschinen neu.

? FB

Quelle: Claus, Christian: Der Ausbildungsberuf: Elektroniker/-in, in: Oskar Dürringer (Hrsg.): Das Lexikon der Ausbildungsberufe. Heidelberg: Schloss-Verlag 2025, S. 44.

Material D

Digital+
WES-126528-003
Audio

Eure Fragen – meine Antworten

Hey Leute, schön dass ihr wieder dabei seid! Ich will heute auf einige Fragen aus den Kommentaren antworten. Eure häufigste Frage lautet: Wie viel verdient man in der Ausbildung? Keine einfache Frage. Das Gehalt ist je nach Bundesland und Betrieb anders. Aber mit bis zu 1.000 Euro brutto könnt ihr ungefähr rechnen. Nach der Ausbildung sogar mit 3.000 bis 4.000 Euro brutto.

Ganz wichtig: Von dem Brutto-Lohn müsst ihr Geld für Versicherungen und später auch Steuern abziehen. Das ist dann der Netto-Lohn, also das, was ihr ausgezahlt kriegt. Ich habe dazu einen Tipp für euch. Im Internet gibt es einen „Brutto-Netto-Rechner". Damit könnt ihr ausrechnen, wie viel Geld euch z. B. nach Abzug der Versicherung bleibt.
Euch interessiert auch, welche Aufstiegsmöglichkeiten man nach der Ausbildung zum Elektroniker hat. Als Geselle kann ich mich z. B. durch Fortbildungen fachlich weiter spezialisieren oder den „Meisterbrief" erwerben. Als Meister im Elektrotechniker-Handwerk kann ich selbst Ausbilder werden, einen eigenen Betrieb leiten oder sogar ohne Abi studieren. Hört sich doch gut an, oder? Übrigens: dein genaues Gehalt, deine Arbeitszeiten und deine Urlaubstage stehen in deinem Ausbildungsvertrag. Den solltest du vor dem Unterzeichnen also genau durchlesen. So viel für heute!

? FB

Quelle: www.electec.de/ehandwerk/azubi-channel (abgerufen am: 17.02.20..)

Material E

Schalte ein für deine Zukunft – Spannung garantiert! Azubis aus dem E-Handwerk berichten

Digital+
WES-126528-004
Audio

Hey Leute, wir sind Mila und Elias. Wir sind im 2. Ausbildungsjahr bei der Firma ElecTec GmbH und berichten euch auf unserem Kanal von unserem Azubi-Alltag als Elektroniker und Elektronikerin.
Heute berichte ich euch davon, wie ich zu ElecTec kam.
Alles begann beim Berufsinfo-Tag an unserer Schule, an dem verschiedene Unternehmen über ihre Ausbildungsberufe informierten. Von dem Beruf der Elektronikerin hörte ich das erste Mal bei der Präsentation von ElecTec.
Noch am selben Tag schickte ich per E-Mail meine Praktikumsbewerbung und meinen Lebenslauf an die Firma. Nach einem kurzen Video-Interview mit der Ausbildungsleiterin hatte ich das Praktikum in der Tasche. Bei meinem Praktikum bekam ich zuerst eine Sicherheitsunterweisung und meine Sicherheitsschuhe. Danach durfte ich schon gleich mit zu einem Kunden fahren. Dort sollten wir eine Photovoltaikanlage warten und die Installation einer weiteren Anlage planen. Die Woche verging wie im Flug: in der Ausbildungswerkstatt lötete ich meinen ersten Schaltkreis für eine LED-Leuchte und ich baute unter Anleitung meine erste Steckdose ein.

Quelle: www.electec.de/ehandwerk/azubi-channel (abgerufen am: 12.02.20..)

Materialien gezielt auswerten

1 Werte die Materialien aus, die du auf den Seiten 27–30 ausgewählt hast. Nutze dazu den Info-Kasten.

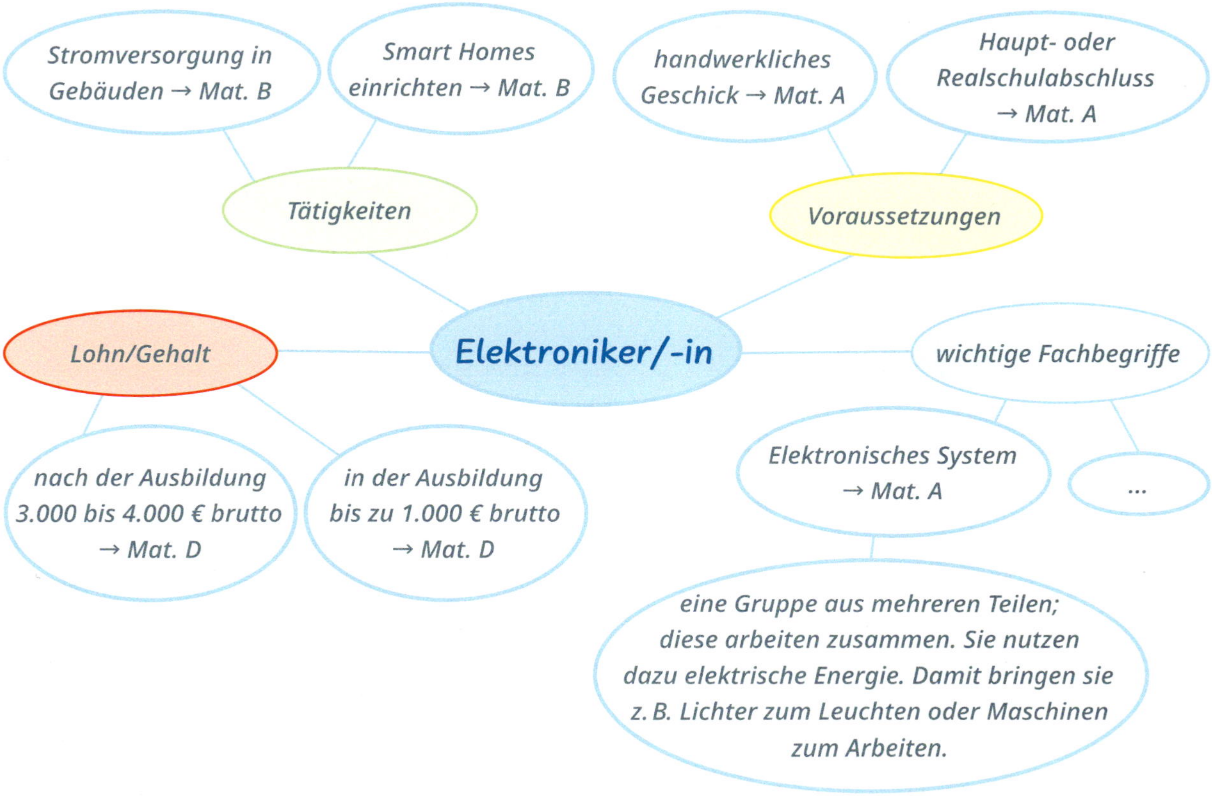

2 Vergleiche deine Mindmap mit der eines Partners. Überprüft, ob ihr wichtige Informationen hinzufügen oder Unwichtiges streichen müsst.

3 Bearbeite nun das Material, das du für deinen Beruf recherchiert hast:
- Sichte zuerst die Materialien und triff eine Auswahl.
- Werte die ausgewählten Materialien aus.

Informationen gezielt auswerten

- Unterstreiche Stellen, die **wichtige Informationen zu den Oberbegriffen** liefern.
- Kläre **unbekannte Fachbegriffe**.
- Notiere alle **Informationen** in eigenen Worten **unter den passenden Oberästen deiner Mindmap**. Fasse dich dabei kurz.
- Schreibe dazu, **aus welchem Material** die Informationen stammen (z. B. Mat. A). Notiere für Material, das du recherchiert hast, eine eigene Abkürzung (z. B. Mat. F).

M → S. 32
Fachbegriffe erschließen

Fachbegriffe erschließen

Jeder Beruf hat Fachbegriffe, um bestimmte Werkzeuge, Tätigkeiten, Geräte oder Materialien zu benennen. Wenn du in deinem Vortrag einen Fachbegriff verwendest, musst du ihn auch erklären können. Nur so verstehen deine Zuhörer, was gemeint ist.

1 Wie findet ihr heraus, was ein Fachbegriff bedeutet? Tauscht euch aus.

2 Diese Fachbegriffe stammen aus den Materialien der Seiten 27–30. Verbinde sie mit der passenden Erklärung. Nutze dazu die Hinweise im Info-Kasten.

Elektrischer Schlag	der höchste Abschluss, den man in einem Handwerksberuf erreichen kann
Sicherheitsunterweisung	elektrischer Strom fließt durch den Körper; bereits kleine Stromstärken können die Gesundheit gefährden
Meisterbrief	eine Schulung durch einen Experten; dieser informiert über besondere Gefahren, Schutzmaßnahmen und Verhaltensregeln. Sie betreffen z. B. den Umgang mit elektrischem Strom oder mit bestimmten Werkzeugen.

3 Was bedeuten die folgenden Fachbegriffe?
a) Erschließe und erkläre die Fachbegriffe 1–3 in ganzen Sätzen.
b) Erschließe und erkläre die Fachbegriffe 1–6 in ganzen Sätzen.

1. Photovoltaikanlage *2. Wartung* *3. löten*
4. Schaltkreis *5. LED-Leuchte* *6. installieren*

M → S. 24–25
Internetrecherche

Fachbegriffe erschließen

- Suche den Begriff mithilfe einer Suchmaschine im **Internet**. Meist siehst du schon auf der ersten Seite Ergebnisse, z. B. aus einem **Online-Lexikon**. Achte auf die Quellenangabe. Die Seiten müssen zuverlässig und vertrauenswürdig sein.
- Schlage den Begriff in einem **Schulbuch** (z. B. im Physikbuch) oder in einem **Fachbuch** nach. Viele Bücher haben ein **Glossar**. Darin sind Fachbegriffe erklärt.
- Du kannst auch **Experten befragen**, z. B. deine Lehrer oder andere Erwachsene, die sich auf dem Gebiet auskennen.
- Manchmal stehen **Erklärungen für Fachbegriffe bereits im Text**. Lies daher den ganzen Abschnitt, in dem der Begriff verwendet wird. So erkennst du die Zusammenhänge. Manche Texte bieten Erklärungen am Ende oder am Rand.

Die Einleitung für den Kurzvortrag formulieren

1 Warum ist die Einleitung in den Kurzvortrag besonders wichtig? Tauscht euch darüber aus, was ihr von einer gelungenen Einleitung erwartet.

2 Vergleicht die folgenden Einleitungen. Welche spricht euch mehr an? Begründet.

Hallo, ich heiße Selina und ich stelle euch heute den Beruf „Elektroniker" vor. In meinem Kurzvortrag werde ich euch berichten, was genau man als Elektronikerin arbeitet, […] und am Ende werde ich noch selbst Stellung zu diesem Ausbildungsberuf nehmen.

Wann habt ihr zuletzt euer Handy geladen, warm geduscht oder das Licht eingeschaltet? Dass das jeden Tag so einfach geht, hat vor allem mit einem Beruf zu tun: dem Elektroniker! In meinem Kurzvortrag erfahrt ihr, was zu den Tätigkeiten eines Elektronikers zählt, […] und am Ende werde ich euch noch verraten, ob ich mich für ein Praktikum in diesem Ausbildungsberuf beworben habe.

3 Sind die Texte von Selina und Alina gelungen? Überprüft die Einleitungen mithilfe des Info-Kastens: Was findet ihr gut? Was würdet ihr verbessern?

4 Verfasse eine Einleitung für den Beruf, den du vorstellen möchtest.

Die Einleitung

- Eine gelungene Einleitung weckt gleich zu Beginn das **Interesse der Zuhörer**. Das gelingt mit einer **besonderen Information über deinen Beruf** oder einer **Frage**. Du kannst auch ein **Bild**, eine **Grafik** oder einen **Gegenstand** nutzen. Damit machst du dein Thema **anschaulich**.
- **Sprich** deine **Zuhörer direkt an** (*Wisst ihr eigentlich …?, Gleich erzähle ich euch …*).
- Nenne das **Thema** deines Kurzvortrags.
- Gib einen kurzen **Einblick in deine Gliederung**. Leite dann zum ersten Punkt deines Hauptteils über.

Den Hauptteil für den Kurzvortrag gliedern

1 Alina hat für ihren Kurzvortrag eine Gliederung erstellt.
- Beschreibt, wie Alinas Gliederung aufgebaut ist.
- Benennt mithilfe der Gliederungspunkte die Themen, auf die Alina im Hauptteil eingeht.
- Erläutert, in welcher Reihenfolge Alina die Themen angeordnet hat.

Gliederung: Der Beruf des Elektronikers

A Einleitung

B Hauptteil
1. Voraussetzungen
2. Tätigkeiten
3. Ausbildungsinhalte
4. Lohn/Gehalt
5. Aufstiegsmöglichkeiten

C. Schluss

2 Fertige eine Gliederung für den Beruf an, den du auf der Berufe-Börse vorstellen möchtest:
- Lege für den Hauptteil eine sinnvolle Reihenfolge fest, in der du die Informationen präsentieren möchtest. Nummeriere die Oberäste in deiner Mindmap entsprechend. Du kannst dich an Alinas Beispiel orientieren.
- Schreibe die Gliederung für deinen Kurzvortrag auf ein Blatt Papier.

3 Vergleiche deine Gliederung mit der eines Partners:
- Für welche Reihenfolge habt ihr euch entschieden?
- Habt ihr an alle wichtigen Gliederungspunkte gedacht?
- Welche Gliederungspunkte sind überflüssig?

Den Hauptteil gliedern

- Der Hauptteil ist der **Informationsteil** deines Kurzvortrags. Damit die Zuhörenden ihn besser verstehen, musst du die **Informationen sinnvoll gliedern**.
- Nutze die **Oberbegriffe deiner Mindmap**. Sie sollten eine **logische Reihenfolge** haben und **aufeinander aufbauen**. Nummeriere zuerst die einzelnen Äste deiner Mindmap. Fertige dann eine Gliederung deines Hauptteils an.
- Benutze in deinem Vortrag nur Inhalte und Begriffe, die du erklären kannst. Mache dich dazu mit den **Fachbegriffen** vertraut, die du notiert hast.

M → S. 32
Fachbegriffe erschließen

Redekarten anlegen

1 Besprecht, wofür Redekarten bei einem Kurzvortrag wichtig sind.
- Wie sollten Redekarten aussehen, damit man sie sinnvoll nutzen kann?

2 Betrachtet die Redekarten von Kira (links) und Nuri (rechts).

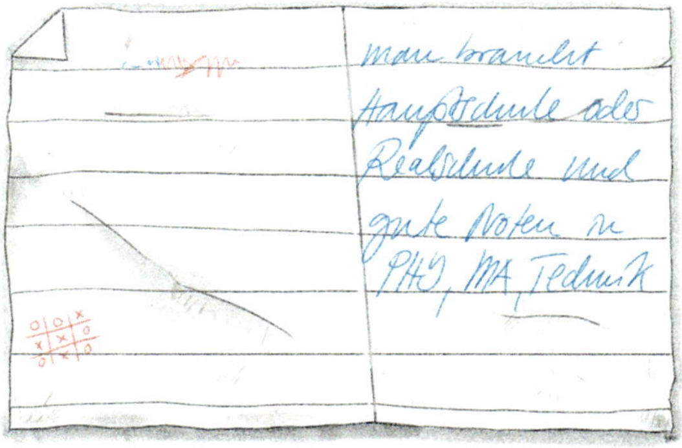

B.1 Voraussetzungen 2

– Hauptschulabschluss oder Realschulabschluss
– gute Noten in Physik, Mathe und Technik
– besondere Fähigkeiten: handwerkliches Geschick, technisches Verständnis

3 Beurteilt anhand der folgenden Punkte, ob die Redekarten eine sinnvolle Unterstützung bei dem Kurzvortrag sind:
- Größe und Erscheinungsbild der Redekarten
- Lesbarkeit und Größe der Schrift
- Textmenge pro Karte
- Nummerierung

4 Formuliert Tipps, wie Kira ihre Karte überarbeiten kann. Nutzt den Info-Kasten.

5 Erstelle eigene Redekarten für die Einleitung und den Hauptteil deines Kurzvortrags.

Redekarten anlegen

- Einen Kurzvortrag sollte man möglichst frei halten. Redekarten sind dabei eine wichtige Gedächtnisstütze. Am besten eignen sich **Karteikarten** (DIN-A5 oder DIN-A6).
- **Zu jedem Gliederungspunkt** gibt es **eine Redekarte:** *A Einleitung, B.1 Voraussetzungen, B.2 Tätigkeiten ... C Schluss.* Unter jedem Gliederungspunkt notiert man ein paar erläuternde Stichwörter oder kurze Sätze.
- Die Redekarten werden übersichtlich eingeteilt und in einer **sauberen, großen Schrift** verfasst. So findet man schnell die gesuchten Informationen und kann sie problemlos ablesen.
- Zum Schluss sortiert man alle Karten in der **richtigen Reihenfolge** und **nummeriert** sie oben rechts.

Referate frei vortragen (gegebenenfalls mithilfe von Stichwörtern oder einer Gliederung)

Den Schluss formulieren

1 Ein Kurzvortrag endet nicht einfach nach dem letzten Gliederungspunkt des Hauptteils. Tauscht euch darüber aus, worauf man am Ende eingehen sollte.

2 Lest den Info-Kasten und vergleicht ihn mit euren Überlegungen aus Aufgabe 1.

3 In den Kästen stehen sieben Beispielformulierungen, die man für den Schluss verwenden könnte. Lies sie.

1. Der Beruf des Elektronikers erfordert viel Wissen und Fähigkeiten, aber er bietet auch spannende Herausforderungen und Chancen.

2. Zum Schluss möchte ich mich bei euch für eure Aufmerksamkeit bedanken.

3. Was ich bei meiner Vorbereitung auf den Vortrag erfahren habe, fand ich so interessant, dass ich mich nun auf ein Praktikum in einem Elektronikbetrieb beworben habe.

4. Wenn ihr noch Fragen habt, könnt ihr sie jetzt stellen.

5. In meinem Vortrag habe ich den Beruf des Elektronikers näher betrachtet und euch vermittelt, dass …

6. In der Einleitung habe ich euch gefragt, …

7. Wenn ihr das nächste Mal ein elektronisches Gerät benutzt oder Stromausfall ist, denkt ihr vielleicht an …

4 Ordne die Formulierungen den folgenden Abschnitten des Schlussteils passend zu.

C Schluss

Zusammenfassen: In meinem Kurzvortrag habe ich den Beruf des Elektronikers …
Fazit ziehen: …
Ausblick geben: …
Persönliche Gedanken zum Thema: …
Sich bedanken: …
Fragen beantworten: …

M → S. 35
Redekarten anlegen

5 Erstelle eine Redekarte für den Schlussteil deines Kurzvortrags.

Den Schluss eines Kurzvortrags gestalten

- Im Schlussteil fasst man **die wichtigsten Punkte des Kurzvortrags** zusammen.
- Dann zieht man ein **Fazit**, was man selbst und die Zuhörer gelernt haben.
- Außerdem teilt man seine **persönlichen Gedanken zum Thema** mit und gibt einen **Ausblick**, wie es weitergehen könnte.
- Ganz am Ende **bedankt** man sich für das Zuhören.
- Dann gibt man den Zuhörern noch die Möglichkeit, **Fragen** zu stellen.

Den Kurzvortrag veranschaulichen

Zur Unterstützung deines Kurzvortrags sollst du ein Präsentationsplakat entwerfen. Darin sind die wichtigsten Informationen zu deinem Beruf anschaulich und informativ zusammengefasst.

1 Beschreibt die drei Präsentationsplakate.
Achtet dabei auf die Einteilung, Textmenge und Gestaltung.

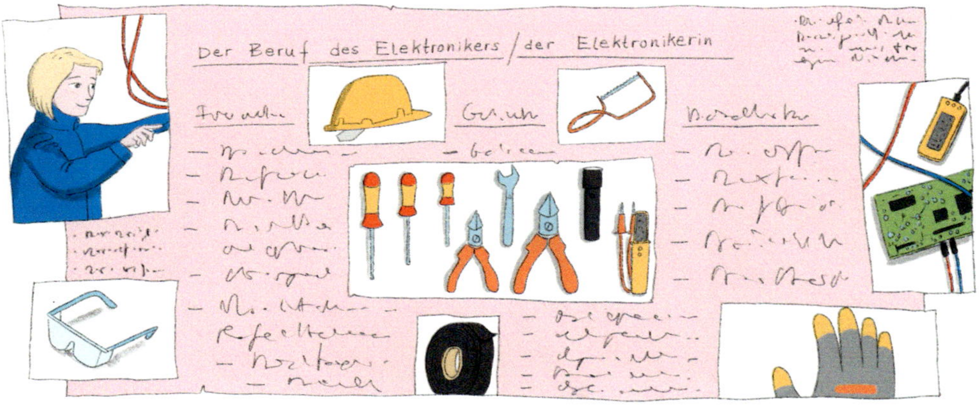

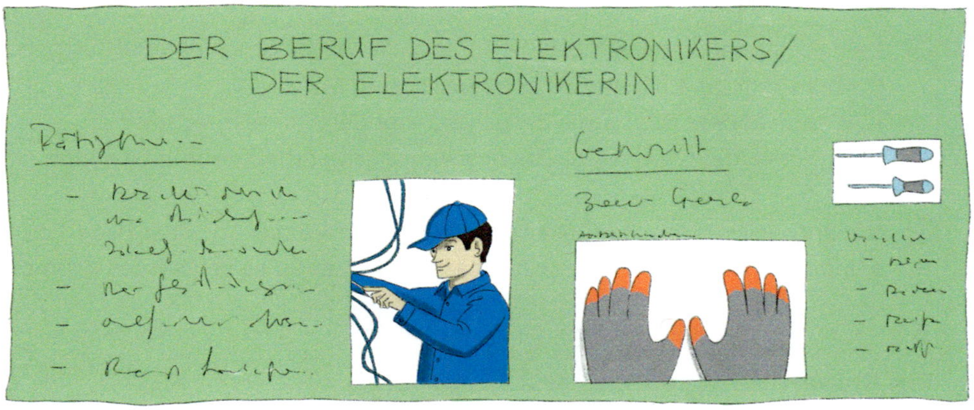

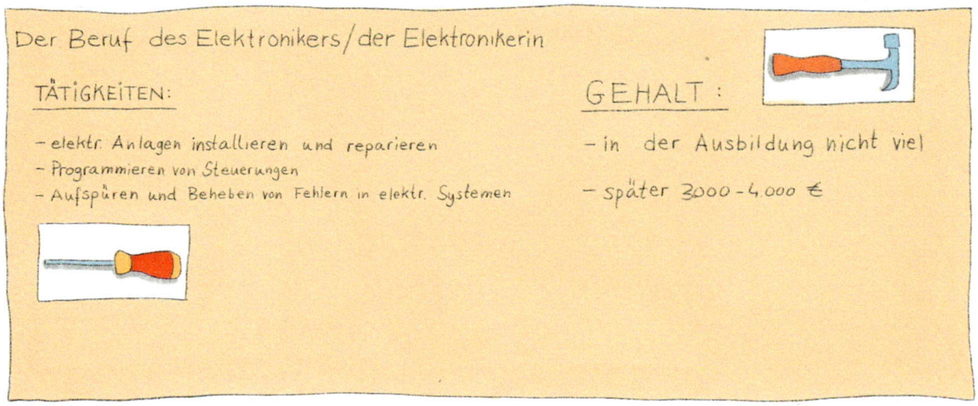

2 Welches Plakat findet ihr gelungen, welches nicht? Begründet eure Meinung. Nutzt dafür die Hinweise aus dem Info-Kasten.

3 Formuliert Tipps für die beiden Plakate, die noch verbessert werden sollten.

4 Entwirf ein Präsentationsplakat für den Beruf, den du auf der Berufe-Börse vorstellen möchtest.
- Plane dein Plakat zunächst auf einem DIN-A4-Blatt. Teile es grob ein: Wo sollen welche Informationen und Bilder stehen?
- Gestalte nun mithilfe deiner Mind-Map ein Präsentationsplakat. Beachte die Hinweise im Info-Kasten.

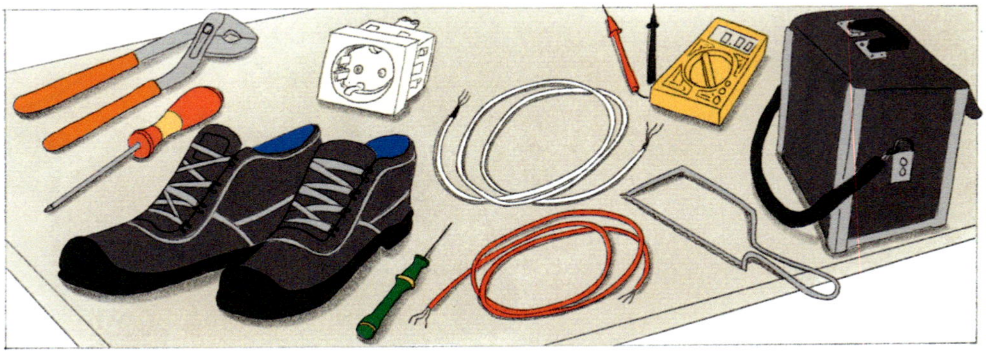

5 Die Schüler haben bei der Berufe-Börse auch Anschauungsmaterial ausgelegt:
- Was könnt ihr auf dem Bild erkennen?
- Warum könnte das für die Besucher besonders interessant sein?
- Sammelt Ideen, woher ihr das Anschauungsmaterial bekommen könnt.

6 Notiere, welches Anschauungsmaterial (typische Werkzeuge oder Bilder) du für deinen Beruf auslegen möchtest. Überlege, woher du es bekommen könntest.

Ein Präsentationsplakat gestalten

- Das Präsentationsplakat sollte mindestens die **Größe DIN-A2** haben.
- Das Plakat muss eine **klare Struktur** haben. Achte auf eine **angemessene Verteilung** des Textes. Du kannst den Text auf verschiedenfarbige Karteikarten schreiben und dann auf das Plakat kleben.
- Verwende **nur die wichtigsten Informationen**. Orientiere dich an den Notizen in deiner Mindmap. Beschränke dich auf **wenige Stichwörter pro Gliederungspunkt**.
- Achte auf eine **leserliche Schrift** und auf **richtige Rechtschreibung**. Überschriften müssen gut erkennbar sein.
- Verwende **passende Bilder**. Sie sollen die Informationen deines Kurzvortrags veranschaulichen (z. B. ein Foto, das einen Elektroniker bei seiner Arbeit zeigt).

Den Kurzvortrag halten

1 Übe deinen Vortrag zum Beruf deiner Wahl mithilfe des Tipp-Kastens.

Tipps für einen gelungenen Vortrag

1. Übe deinen Vortrag **laut** vor dem Spiegel oder vor Freunden.
2. **Streiche Sätze** oder **Wörter**, über die du immer wieder stolperst.
3. Bitte deine Zuhörer um ein **Feedback**.
4. Drücke dich **klar**, **laut** und **deutlich** aus.
5. Sprich **frei** und nimm **Blickkontakt** auf.
6. Lege sinnvolle **Sprechpausen** ein (z. B. nach Ende eines Gliederungspunktes).
7. Stell dich **ruhig** und **sicher** vor deine Zuhörer.
8. Halte die **Redekarten** in einer Hand. Mit der anderen Hand kannst du auf das Plakat oder das Anschauungsmaterial verweisen.
9. Binde das **Plakat** und das **Anschauungsmaterial** in deinen Vortrag ein.

Checkliste

- ✔ Ich habe mich über den Beruf gründlich informiert.
- ✔ Ich habe bei der Internetrecherche auf vertrauenswürdige Seiten geachtet.
- ✔ Ich habe die Materialien gesichtet und mithilfe meiner Mindmap gezielt ausgewertet.
- ✔ Ich habe mithilfe meiner Mindmap eine Gliederung erstellt.
- ✔ Ich habe mir eine interessante Einleitung und einen treffenden Schluss überlegt.
- ✔ Ich habe ein anschauliches Präsentationsplakat gestaltet.
- ✔ Ich habe Redekarten mit wenigen Stichworten angelegt und diese nummeriert.
- ✔ Ich habe den Vortrag mehrfach laut geübt und ein Feedback eingeholt.

Zusammenfassung

Überprüfe dein Wissen und Können

Organisiert in eurer Klasse eine Berufe-Börse. Gestaltet verschiedene Stände mit den Plakaten und Anschauungsmaterialien zu euren Berufen. Stellt diese während eines Museumsganges in einem Kurzvortrag vor.

1 Erstellt zwei Rückmeldebögen. Darin gebt ihr den Berufsexperten ein Feedback zu ihren Präsentationsplakaten und Kurzvorträgen:
- Betrachtet die beiden Rückmeldebögen: Was soll jeweils beurteilt werden?
- Lest die Bewertungskriterien: Worauf kommt es an?
- Ergänzt bei Bedarf weitere Bewertungskriterien.
- Legt dann Rückmeldebögen an jedem Stand aus.

Digital+
WES-126528-109
Rückmeldebögen

Präsentationsplakat:

Kriterien	Punkte : 1–5
Wichtige Informationen	
Übersichtlichkeit	
Gut lesbare Schrift	
Passende Bilder	
Anmerkungen/Tipps:	

Vortrag:

Kriterien	Punkte : 1–5
Freier Vortrag	
Passende Lautstärke	
Gutes Sprechtempo	
Blickkontakt	
Einbindung des Plakats	
Fachbegriffe erläutert	
Anmerkungen/Tipps:	

2 Führt nun eure Berufe-Börse als Museumsgang in eurer Klasse durch.
- Halbiert die Klasse, sodass es in zwei Durchläufen jeweils Berufsexperten und Besucher gibt.
- Sucht euch als Besucher den ersten Stand aus. Der Berufsexperte stellt euch den Beruf in einem Kurzvortrag vor.
- Notiert an jedem Stand euren Eindruck auf den Rückmeldebögen. Je besser euer Eindruck war, desto mehr Punkte vergebt ihr.
- Geht dann einen Stand weiter und lasst euch den nächsten Beruf vorstellen.
- Wechselt nach einer vereinbarten Zeit die Rollen und werdet zu Besuchern bzw. Berufsexperten.

3 Schau dir am Ende die Rückmeldebögen zu deinem Stand an.
- Überlege, was du bei der nächsten Präsentation besser machen könntest.

4 Wertet eure Berufe-Börse aus. Überlegt:
- Was hat euch gut gefallen?
- Was müsste man ändern, um allen möglichst viele Informationen zu vermitteln?

Bewerbung um ein Praktikum

1 Betrachtet die Abbildung und beschreibt sie.
- Welche Gedanken macht sich der Schüler?

Wirtschafts-, Berufs- und Studienorientierung (WBS)

Wortschatz

Abwechslung, feste Abläufe, Kontakt mit anderen, gut verdienen, reisen, Freizeit, sicherer Job, Verantwortung

2 Wie ist es bei dir? Erläutere:
- Hast du bereits einen konkreten Berufswunsch?
- Wie stellst du dir deinen späteren Arbeitsplatz vor?
- Möchtest du lieber drinnen oder draußen arbeiten?
- Möchtest du mit Tieren oder Menschen arbeiten?
- Was ist dir für deine berufliche Zukunft sonst noch wichtig? Im Wortschatz findest du Ideen.

3 Lest die Sprechblasen:
- Über welche Berufe unterhalten sich die Schüler?
- Wie beurteilen sie diese Berufe?

Ich kann mir vorstellen, als ***Tierpflegerin*** *zu arbeiten, weil ich Tiere liebe.*

Ich will auf keinen Fall ***Erzieher*** *werden, weil mein kleiner Bruder schon anstrengend genug ist.*

4 Tragt zusammen, was ihr über die Berufe aus den Sprechblasen wisst.
- Könnt ihr euch vorstellen, einen dieser Berufe zu erlernen? Begründet.

In einem Betriebspraktikum kannst du bald in einen Beruf hineinschnuppern.

5 Überlege, welche Wünsche, Vorstellungen oder auch Befürchtungen du hast, wenn du an dein Praktikum denkst.

6 Haltet eure Gedanken zum Betriebspraktikum in einem stummen Schreibgespräch fest. Geht dabei so vor:
- Legt drei Plakate aus.
- Schreibt eure Ideen zu den Überschriften auf.
- Wechselt nach einigen Minuten zu einem anderen Plakat, sodass am Ende jeder seine Gedanken auf die Plakate geschrieben hat.
- Ihr könnt schriftlich auf die Beiträge der anderen antworten, aber dürft während der gesamten Zeit nicht sprechen.

7 Welche Gemeinsamkeiten oder Unterschiede stellt ihr fest? Tauscht euch aus.

In diesem Kapitel lernst du(,) ...
- deine eigenen Fähigkeiten und Stärken zu entdecken und einzuschätzen.
- wie du gezielt einen Praktikumsplatz suchen und finden kannst.
- wie du eine Praktikumsausschreibung untersuchst.
- wie du dich auf ein Telefongespräch mit einem Betrieb vorbereiten kannst.
- dein eigenes Anschreiben zu erstellen.
- deinen eigenen Lebenslauf zu schreiben.
- wie du gut gerüstet in dein Schulpraktikum startest.

Fähigkeiten und Stärken entdecken

Wirst du oft um Rat gefragt, wenn ein Gerät nicht funktioniert und repariert werden muss? Bist du in der Klasse als gute Streitschlichterin bekannt? Oder ist von Anfang an klar, dass du die Organisation des Klassenfestes übernimmst?
In jedem Menschen stecken **Fähigkeiten** und **Stärken**. Wenn du diese kennst, kannst du sie für deine Berufswahl nutzen.

1 Lies die verschiedenen Stärken aus dem Wortmaterial.
Kläre unbekannte Begriffe.

kreativ, sorgfältig, kontaktfreudig, konzentriert, teamfähig, verantwortungsbewusst, fleißig, geduldig, zuverlässig, geschickt, organisiert, konfliktfähig

Digital+
WES-126528-005
Vorlage Tabelle

2 Lege eine Tabelle mit den Stärken aus Aufgabe 1 an.
- Hake in der Spalte *Selbsteinschätzung* die Stärken ab, die auf dich zutreffen.

Selbsteinschätzung	Stärken	Fremdeinschätzung	Begründung
✔	*teamfähig*	✔	*In der Freizeit spiele ich in einer Handball-mannschaft.*

Knickt die Tabelle so um, dass euer Sitznachbar eure Einschätzungen nicht sehen kann.

3 Hakt nun in der Tabelle eures Sitznachbarn die Stärken ab, die eurer Meinung nach auf ihn oder sie zutreffen.

4 Tauscht euch nun über eure Ergebnisse aus. Begründet eure Einschätzungen wie im Beispiel.

Du bist teamfähig, weil du in deiner Freizeit Handball in der Mannschaft spielst. In der Schule kann man gut mit dir zusammenarbeiten …

Einen Praktikumsplatz finden

Die Homepage-AG der Hedwig-Kohn-Schule schreibt einen Artikel mit der Überschrift **„So klappt es mit dem Praktikumsplatz“**. Rafael übernimmt die Recherche. Dafür führt er ein Interview mit der Berufsberaterin Frau Treuer.

1 Lest das folgende Interview in verteilten Rollen oder hört es euch an.

Digital+
WES-126528-006
Text zum Anhören

Digital+
WES-126528-007
Text zum Ausdrucken

Rafael: Hallo Frau Treuer. Danke, dass Sie sich für das Interview Zeit nehmen.

Frau Treuer: Hallo Rafael. Ich nehme mir gerne die Zeit und bin gespannt auf deine Fragen.

Rafael: Alle Lehrer reden davon, wie wichtig das Betriebspraktikum für uns ist. Was denken Sie dazu?

Frau Treuer: Da bin ich derselben Meinung. Es ist für euch Schülerinnen und Schüler oft der erste Schritt in die Berufswelt. Ihr sammelt wertvolle Erfahrungen und lernt den Berufsalltag hautnah kennen. Als Praktikant kannst du herausfinden, ob der Beruf zu dir passt und ob eine Ausbildung infrage kommt. Außerdem knüpfst du erste Kontakte mit Firmen und Ausbildungsstätten.

Rafael: Und wenn es mir keinen Spaß macht?

Frau Treuer: Auch dann hast du etwas dazu gelernt: Du nimmst mit, dass dieser Beruf eben nicht deinen Erwartungen entspricht. Außerdem übst du dich in Durchhaltevermögen, auch wenn dir etwas nicht hundert Prozent Spaß macht. Du solltest auch überlegen, was genau gegen den Beruf spricht. Willst du, statt im Büro zu arbeiten, lieber auf einer Baustelle anpacken? Vielleicht lag es daran, dass du dir die Tätigkeiten bei dem Beruf ganz anders vorgestellt hast.

Rafael: Wie man sich über verschiedene Berufe erkundigt, lernen wir gerade im BO-Unterricht. Die meisten von uns haben auch schon eine Idee, was sie machen wollen. Aber wie finde ich am besten einen Praktikumsplatz?

Frau Treuer: Das ist eine wichtige Frage, bei der euch Mitschülerinnen und Mitschüler, ich als Berufsberaterin, eure Lehrerinnen und Lehrer und auch eure Eltern unterstützen können. Vor allem aber müsst ihr selbst aktiv werden! Sucht euch Firmen in der Umgebung, bei denen ihr den Beruf, der euch interessiert, ausüben könnt. Hört euch in eurer Umgebung um: Kennen Bekannte, Freunde oder Familien Betriebe, bei denen ihr das Praktikum machen könnt? Oder wenn ihr Kontakt mit der Klassenstufe über euch habt, könnt ihr euch bei den älteren Schülerinnen und Schülern nach deren Erfahrungen erkundigen.

Rafael: Kann man nicht einfach im Internet suchen?

Frau Treuer: Ihr könnt natürlich eine Suchmaschine benutzen und neben dem Beruf den Ort und auch den Begriff *Praktikum* oder *Ausbildung* eingeben. Auch auf der Seite der Agentur für Arbeit, der Handwerkskammer oder der Industrie- und Handelskammer gibt es eine Suchfunktion mit Berufen, Firmen und Orten. Der Vorteil dabei ist, dass euch keine Werbung angezeigt wird und ihr euch sicher sein könnt, dass es die Firmen auch gibt. Notiert euch die verschiedenen Betriebe mit Adresse, Telefonnummer und Mailadresse.

Rafael: Was ist, wenn die Betriebe nur Ausbildungsplätze anbieten?

Frau Treuer: Dann könnt ihr davon ausgehen, dass sie auch bereit sind, Praktikantinnen und Praktikanten aufzunehmen. Das erfragt ihr am besten am Telefon.

Rafael: Soll man dann einfach dort anrufen oder eine Mail schreiben und nach einem Praktikum fragen?

Frau Treuer: Beides ist möglich. Ihr solltet euch auf das Gespräch beziehungsweise die Mail vorbereiten: Stellt euch mit Vor- und Nachnamen vor und sagt, in welche Klasse und auf welche Schule ihr geht. Die Firma muss außerdem wissen, in welchem Zeitraum, also von wann bis wann, das Praktikum stattfindet.

Rafael: Das waren jetzt schon einige Tipps. Haben Sie vielleicht noch einen abschließenden Rat für unsere Leserinnen und Leser?

Frau Treuer: Bewerbt euch rechtzeitig! Die Betriebe wollen sich in der Regel auf euren Besuch einstellen und vielleicht ein kleines Programm zusammenstellen. Das klappt nicht, wenn ihr erst kurz vor dem Praktikum aktiv werdet.

2 Erläutert, weshalb ein Praktikum wichtig für die berufliche Zukunft ist.

3 Lies das Interview noch einmal und notiere dir wichtige Tipps von Frau Treuer für die Praktikumsplatzsuche in einem Cluster.
Einige Tipps sind bereits markiert.

4 Vergleicht die Tipps, die ihr herausgearbeitet habt.
- Findet gemeinsam weitere Aspekte, die ihr bei der Suche nach einem Praktikum berücksichtigen müsst.

5 Formuliere eine E-Mail an die Mitglieder der Homepage-AG, in der du die wichtigsten Informationen aus dem Interview weitergibst.

Den Inhalt auch längerer Texte knapp, eigenständig und adressatenorientiert wiedergeben; in medialen Kommunikationssituationen (E-Mail) eigene Beiträge adressaten- und situationsbezogen formulieren

Eine Praktikumsausschreibung untersuchen

Diana hat im Internet eine Praktikumsausschreibung gefunden. Das ist eine Art Anzeige.

1 Lies die Ausschreibung.

Fit für die Zukunft: Dein Praktikum als Sport- und Fitnesskauffmann bei GYM4YOU (m/w/d)

(m/w/d)
Die Abkürzung (m/w/d) steht für männlich, weiblich und divers.

Bist du sportbegeistert? Möchtest du die abwechslungsreiche Arbeit in einem modernen Sport- und Fitnesscenter kennen lernen? Dann bist du bei uns genau richtig! Zu uns gehören ein Fitnessbereich, Tennis- und Badmintonhallen sowie ein Schwimmbad. Wir sind ein dynamisches Team und lieben es, unsere Mitglieder zu motivieren und zu unterstützen.
Das „GYM4YOU" Sportcenter in Kuppenheim bietet dir die Möglichkeit, während deines Praktikums spannende Einblicke in die Welt des Sports und der Fitness zu gewinnen.

Wir erwarten:
- Freude am Umgang mit Menschen
- Computerkenntnisse
- Teamfähigkeit
- Sportbegeisterung

Klingt das nach dem perfekten Praktikum für dich? Dann melde dich bei uns!

Kontakt:
GYM4YOU Sportcenter
Ansprechpartnerin: Lucy Maier
Telefon: 07225/1834679

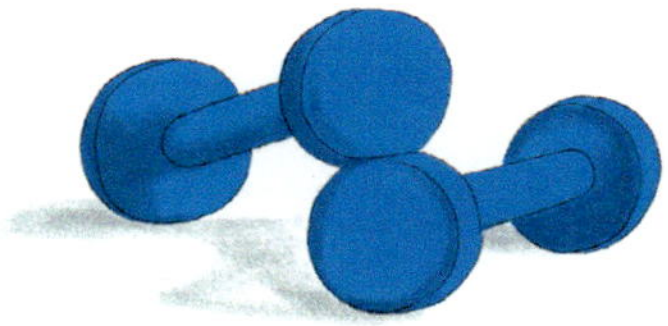

2 Arbeite folgende Informationen heraus:
- Was erfährst du über das Unternehmen?
- Was wird Praktikantinnen und Praktikanten geboten?
- Was wird von Bewerberinnen und Bewerbern erwartet?

3 Begründet, ob euch die Praktikumsstelle anspricht.

4 Was würde dich noch an der Firma oder dem Praktikum interessieren? Notiere dir Fragen dazu.

Das Thema und zentrale Aussagen eines Textes bestimmen und benennen; Inhalte einfacher Sach- und Gebrauchstexte herausarbeiten und textbezogen erläutern

Ein Telefongespräch führen

Diana hat die Praktikumsausschreibung von GYM4YOU sofort gefallen.
Sie möchte dort anrufen und nach einem Praktikumsplatz fragen.

1 Nenne die Informationen, die Diana für das Telefongespräch mit GYM4YOU bereithalten sollte.
- Schau dir hierfür noch mal die Tipps und Ratschläge von Frau Treuer auf S. 45–46 an.

Digital+
WES-126528-008
Gesprächsvorlage

2 Ergänze das Telefongespräch zwischen Diana und Frau Maier.
- Nutze die Satzanfänge aus dem Wortschatz auf S. 49.

GYM4YOU Personalabteilung. Sie sprechen mit Lucy Maier. Guten Tag, wie kann ich Ihnen helfen? **1**

Guten Tag. Ich heiße Diana Matic und ich interessiere mich für ein Praktikum bei Ihnen. **2**

Schön, das freut uns. Wie lange soll das Praktikum denn dauern? **3**

… **4**

Auf welche Schule und in welche Klasse gehst du jetzt? **5**

… **6**

Bist du in einem Sportverein oder treibst außerhalb der Schule Sport? **7**

… **8**

Alles klar, Diana. Für eine endgültige Zusage benötige ich noch per E-Mail deine Bewerbung und deinen Lebenslauf. Und bitte denke daran, die Bescheinigung der Schule mitzuschicken. **9**

Eine Frage habe ich noch: An welche Mailadresse soll ich die Unterlagen senden? **10**

Die schickst du direkt an mich: lucy.maier@gym4you.de Maier schreibt man mit a i. **11**

… **12**

Danke. Das wünsche ich dir auch. Tschüss, Diana. **13**

Wortschatz

- Ich möchte fragen, ob Sie in Ihrem Betrieb Praktika für Schülerinnen und Schüler anbieten.
- Das Praktikum dauert ... Wochen und findet vom ... bis zum ... statt.
- Ich bin 14 Jahre alt und besuche die 8. Klasse der Werner-von-Siemens-Schule Kuppenheim.
- Ich bin in der Leichtathletik-AG der Schule und gehe auch zweimal in der Woche zum Volleyball-Training.
- Tschüss und danke für das Gespräch.
- Bei Absagen: Wäre es dann möglich, bei Ihnen ein Praktikum in den Ferien zu machen?

Für Details, wie beispielsweise den Zeitraum des Praktikums, kannst du die Daten deines Praktikums benutzen.

3 Was könnte Diana noch interessieren?
- Formuliert weitere Fragen, die Diana Frau Maier stellen könnte.

4 Spielt das Gespräch nach und wechselt anschließend die Rollen.
- Vergleicht eure Antworten und besprecht die Unterschiede.

5 Bereite dich nun mit einem Notizzettel auf das Telefonat mit deinem Wunschbetrieb vor. Ergänze dafür den Notizzettel.

Betrieb/Firma/Einrichtung:

Kontaktdaten der Firma:

Datum des Telefonats:

Uhrzeit des Telefonats:

Name des Gesprächspartners:

Zeitraum des Praktikums:

Meine Kontaktdaten:

Meine Fragen:
- *Wann sind meine Arbeitszeiten?*
- *Wo melde ich mich am ersten Tag?*
- *Gibt es eine Person, die mich während des Praktikums betreuen wird?*
- *Ist spezielle Kleidung notwendig?*
- *...*

Digital+
WES-126528-009
Vorlage Notizzettel

Unterschiedliche Sprechsituationen gestalten; bei eigenen Sprech- und Schreibhandlungen distinktive Besonderheiten gesprochener und geschriebener Sprache situationsangemessen und adressatenbezogen beachten

Ein Bewerbungsanschreiben untersuchen und schreiben

Digital+
WES-126528-010
Vorlage Anschreiben

1

Diana Matic
Gartenstraße 8
76456 Kuppenheim
Tel.: 0175/37864921
E-Mail: d.matic@mail.de

•
•
•

2

GYM4YOU Sportcenter
Lucy Maier
Murgweg 42
76456 Kuppenheim

•
•
•
•
•

3

Kuppenheim, 21. Januar 20..

4

Bewerbung für ein Schüler-Praktikum als Sport- und Fitnesskauffrau

•
•

5

Sehr geehrte Frau Maier,

•

6

mit großem Interesse habe ich auf Ihrer Internetseite Ihre Ausschreibung für ein Praktikum als Sport- und Fitnesskauffrau gelesen. Gerne möchte ich mich bei Ihnen für ein Schülerpraktikum im Zeitraum vom 14.04. bis 18.04.20.. bewerben.
Zurzeit besuche ich die 8. Klasse der Werner-von-Siemens-Schule Kuppenheim. Diese werde ich voraussichtlich in einem Jahr mit dem Hauptschulabschluss verlassen.
Sport gehört zu meinen liebsten Hobbys. Ich nehme an der Leichtathletik-AG der Schule teil und bin aktives Mitglied im Volleyball-Verein. Deshalb bin ich gewohnt, im Team zu arbeiten. Zudem bin ich sehr kontaktfreudig. Daher kann ich mir den Beruf der Sport- und Fitnesskauffrau gut für mich vorstellen und würde gerne in einem Praktikum mehr darüber erfahren.
Über eine Zusage oder eine Einladung zu einem persönlichen Vorstellungsgespräch freue ich mich.

•

7

Mit freundlichen Grüßen

•
•
•

8

Diana Matic

•

9

Anlagen

1 Lies das Anschreiben von Diana auf S. 50 aufmerksam durch.

2 Untersuche, wie das Anschreiben aufgebaut ist.
- Ordne die Begriffe den Nummern passend zu.

Unterschrift – Betreffzeile – Anrede – Gruß – Adresse des Empfängers – Brieftext – Anlagen – Anschrift des Absenders – Ort und Datum

Formuliere nun dein eigenes Bewerbungsanschreiben. Im Brieftext stellst du dar, weshalb du dich für die Stelle bewirbst und welche Erfahrungen und Fähigkeiten du für das Praktikum mitbringst.

3 Lies im Info-Kasten nach, aus welchen Teilen der Brieftext besteht.

4 Ordne den verschiedenen Teilen des Brieftextes die folgenden Formulierungshilfen aus dem Wortschatz zu. Schreibe so:
Wie hast du von der Praktikumsstelle / von dem Betrieb erfahren?
Mit großem Interesse habe ich Ihre Anzeige im … gelesen.

5 Formuliere dein eigenes Anschreiben für einen Praktikumsplatz. Beachte dabei den formalen Aufbau. Nutze geeignete Formulierungshilfen aus dem Wortschatz.

Verwende die Tabelle, die du auf S. 44 erstellt hast.

Wortschatz

Mit großem Interesse habe ich Ihre Anzeige im … gelesen. / Das Praktikum findet vom … bis zum … statt. / Zurzeit besuche ich die … Klasse der … Schule. / Durch … konnte ich bereits erste Erfahrungen im … sammeln. / Meine Stärken liegen im Bereich … / In meiner Freizeit interessiere ich mich für… / Besonderes Interesse habe ich an … / Daher würde ich gerne mehr über … erfahren. / In der Schule nehme ich an der … AG teil. / Als Klassensprecher/-in habe ich gelernt, Verantwortung zu übernehmen. / Gerne stelle ich mich Ihnen in einem persönlichen Gespräch vor. / Über eine Zusage freue ich mich.

Digital+
WES-126528-011
Weitere Formulierungshilfen

Ein Bewerbungsanschreiben untersuchen und schreiben

Offizielle Briefe, wie das Bewerbungsanschreiben, haben einen bestimmten formalen **Aufbau**. Ein Bewerbungsanschreiben enthält folgende **Bausteine** für den **Brieftext**:
- Wie hast du von der Praktikumsstelle / von dem Betrieb erfahren?
- In welchem Zeitraum findet das Praktikum statt?
- Welche Klasse und welche Schule besuchst du?
- Warum bewirbst du dich für dieses Praktikum?
- Welche Fähigkeiten und Erfahrungen hast du, die für das Praktikum wichtig sind?
- Am Schluss formulierst du den Wunsch, eine Zusage oder eine Einladung zu einem Gespräch zu bekommen.

Formalisierte Texte verfassen (z. B. Bewerbungsschreiben); nach Mustern schreiben: Textsortenspezifika und deren stilistische Merkmale im eigenen Text nachahmen; lineare und nichtlineare Texte gestalten, auch zur Erstellung von Bewerbungen

Einen Lebenslauf untersuchen und schreiben

Mailadressen wie Krümelmonster@mail.de oder monster-king666@mail.de sind für eine Bewerbung nicht angemessen. Erstelle eine neue Mailadresse, die deinen richtigen Namen enthält.

Lebenslauf

Angaben zur Person

Name	Diana Matic
Anschrift	Gartenstraße 8 76456 Kuppenheim
Telefon	0175 37864921
E-Mail	d.matic@mail.de
Geburtsdatum/-ort	23.07.2010, Rastatt

Schulbildung

voraussichtlich 2026	Hauptschulabschluss
seit 09/2021	Werner-von-Siemens-Schule Kuppenheim
09/2017 - 07/2021	Grundschule Kuppenheim

Praktische Erfahrungen

seit 09/2023	Teilnahme an der Leichtathletik-AG
seit 09/2022	Kinderbetreuung im Volleyball-Verein

Interessen und Fähigkeiten

Sprachen	Englisch (Grundkenntnisse) Kroatisch (Muttersprache)
Computerkenntnisse	Textverarbeitung, Präsentationsprogramm
Hobbys	Musik, Fitness, Volleyball
Mitgliedschaft	Volleyball-Verein Kuppenheim
Persönliche Stärken	Teamfähigkeit, Ausdauer, Zuverlässigkeit, Kommunikationsfähigkeit

Benutze für den Lebenslauf das Datum des Anschreibens.

Kuppenheim, 21. Januar 20..

Diana Matic

Digital+
WES-126528-012
Vorlage Lebenslauf

1 Lest gemeinsam den Lebenslauf von Diana und besprecht den Aufbau.

2 Arbeitet heraus, was Frau Maier von GYM4YOU über Diana erfährt.

3 Besprecht, welche Informationen für Frau Maier besonders interessant sein könnten.

4 Ein anderer Schüler hat in seinem Lebenslauf bei Interessen und Fähigkeiten *Gaming, Ausschlafen, Zeichnen* angegeben.

- Tauscht euch darüber aus, welchen Eindruck der Schüler damit auf eine Firma machen könnte.

5 Plane deinen eigenen Lebenslauf für die Praktikumsbewerbung. Sammle dafür wichtige Angaben: vollständiges Geburtsdatum und Geburtsort, das Jahr deiner Einschulung ...

6 Verfasse nun deinen eigenen Lebenslauf. Nutze dafür die Vorlage.

7 Diskutiert, welche Angaben beim Abschnitt **Interessen und Fähigkeiten** für Berufe im handwerklichen, kaufmännischen oder gestalterischen Bereich sinnvoll sein können.

8 Begründet, welche Fotos ihr in einem Lebenslauf verwenden würdet und welche eher nicht.

Einen tabellarischen Lebenslauf untersuchen und verfassen

Der Lebenslauf gehört zu den Anlagen des Bewerbungsanschreibens. Knapp und übersichtlich wird er in **tabellarischer Form** dargestellt.
Es gibt verschiedene Abschnitte:

- Angaben zur Person (*Name, Adresse, Geburtsdatum ...*),
- Schulbildung (*voraussichtlicher Schulabschluss, dann zeitlich bis zur Grundschule zurückgehen*),
- Praktische Erfahrungen (*schulische AGs, Tätigkeiten im Vereinen ...*),
- Interessen und Fähigkeiten (*eigene Stärken, Hobbys ...*),
- Ort, Datum und handschriftliche Unterschrift,
- Bewerbungsfoto. Nutze hierfür kein Selfie oder ein stark bearbeitetes Bild.

Formalisierte Texte verfassen (z. B. Bewerbungsschreiben); nach Mustern schreiben: Textsortenspezifika und deren stilistische Merkmale im eigenen Text nachahmen; lineare und nichtlineare Texte gestalten, auch zur Erstellung von Bewerbungen

Zusammenfassung

Digital+

WES-126528-013
Vorlage korrekt beschrifteter Briefumschlag

Überprüfe dein Wissen und Können

1 Bringe die Schritte auf dem Weg zu einem Praktikumsplatz in die richtige Reihenfolge.

Bewerbungsunterlagen erstellen – über eigene Stärken und Schwächen nachdenken – Bewerbungsunterlagen verschicken – nach geeignetem Betrieb oder Firma recherchieren – Liste mit passenden Berufen erstellen – Bewerbungsunterlagen überarbeiten – telefonisch oder per Mail nach Praktikumsplatz fragen

2 Schaut euch die Abbildung an. Sprecht darüber, welche Erfahrungen die Schülerinnen und Schüler in ihrem Praktikum gemacht haben.

3 Tauscht euch aus, welche Erfahrungen ihr in eurem Praktikum gemacht habt.
- Was hat Spaß gemacht?
- Was hat euch überrascht?
- Was hat euch nicht so gut gefallen?

Digital+
WES-126528-014
Lösungen

4 Legt die Plakate mit euren Wünschen, Erwartungen und Befürchtungen von der Einstiegsseite im Klassenzimmer aus.
- Markiert die jeweiligen Aussagen, wenn sie sich erfüllt haben.
- Sprecht anschließend über das Ergebnis.

Inhaltsangaben verfassen

B → S. 299
Inhaltsangabe

1 Amin hat eine Inhaltsangabe zur Ballade *Herr von Ribbeck auf Ribbeck im Havelland* (S. 114–115) verfasst. Er ist sich unsicher, ob ihm sein Text gelungen ist.
- Lest Amins Inhaltsangabe.

In Theodor Fontanes Ballade geht es um einen großherzigen, klugen Mann, der auch nach seinem Tod für arme Kinder sorgt.
Zunächst erzählt die Ballade davon, dass Herr Ribbeck von Ribbeck im Havelland jeden Herbst Birnen an Kinder verschenkt. Die Birnen kommen von einem Birnenbaum aus seinem Garten. Dann ist wieder Herbst. Herr Ribbeck ahnt, dass er bald sterben wird. Deshalb sagt er: „Ich scheide nun ab. Legt mir eine Birne mit ins Grab." Drei Tage später starb er und wurde feierlich begraben. Die Kinder sind sehr traurig. Sie fürchten, dass ihnen jetzt niemand mehr Birnen schenkt. Damit haben sie auch leider recht. Der Sohn von Herrn Ribbeck ist geizig und hält den Garten verschlossen. Das hat Herr Ribbeck aber vor seinem Tod geahnt. Deshalb wollte er eine Birne in sein Grab bekommen. Nach drei Jahren sprießt aus seinem Grab ein junger Birnenbaum. Der wächst zu einem großen Baum mit saftigen Früchten, von dem jedes Kind sich wieder Birnen nehmen kann. So bewirkt Herr Ribbeck noch über seinen Tod hinaus etwas Gutes.
Echt witzig, wie er den Sohn austrickst.

2 Untersucht den Aufbau und den Inhalt:
- Ist die Einleitung vollständig (Textsorte, Autor, Titel, Thema = TATT)?
- Ist der Handlungsablauf vollständig und in einer logischen Reihenfolge?
- Sind die Schlüsselelemente berücksichtigt?

3 Überprüft nun den sprachlichen Ausdruck:
- Steht die Inhaltsangabe im Präsens?
- Stehen abgeschlossene Ereignisse im Perfekt?
- Gibt es Umschreibungen statt direkter Rede?
- Ist der Text sachlich?
- Verzichtet Amin auf Adjektive?
- Verwendet Amin treffende Verben?

Wortschatz
gelungen
logisch
verständlich
vollständig
sachlich

4 Gebt Amin in wenigen Sätzen eine Rückmeldung. Nutzt dazu den Wortschatz.

5 Überarbeite Amins Inhaltsangabe mithilfe der Rückmeldungen.

In diesem Kapitel lernst du (,) …
- Inhaltsangaben zu literarischen Textsorten zu schreiben.
- Schlüsselelemente zu erkennen und sie für die Inhaltsangabe zu nutzen.
- die Bestandteile eines Einleitungssatzes kennen.
- das Thema eines Textes zu erkennen und richtig wiederzugeben.

Schlüsselelemente für die Inhaltsangabe nutzen

1 Lies die Kürzestgeschichte.

die Kürzestgeschichte
Textsorte: sehr kurze Erzählung

Der König und der Baum

Heinz Janisch

„Was machst du mit deiner Krone?“, fragte der König den Baum.

„Ich lasse die Vögel darin wohnen. Und den Wind. Und die Kinder haben ihr Versteck hier“, sagte der Baum.

„Verstehe“, sagte der König und hörte lange dem Rauschen des Windes in den Blättern zu.

Digital+
WES-126528-015
Text zum Bearbeiten

2 Auch in einer Kürzestgeschichte gibt es Schlüsselelemente. Sie helfen dabei, die Handlung des Textes zu verstehen. Diese Schlüsselelemente findet man mithilfe von W-Fragen. Lest den Info-Kasten auf S. 58.

3 Benennt die Schlüsselelemente in der Kürzestgeschichte:
- Findet im Text Antworten auf die W-Fragen.
- Markiert die Schlüsselelemente im Text und macht euch Notizen am Rand.

4 Auch Negiz hat sich Gedanken über die Schlüsselelemente in der Geschichte gemacht.
- Lest den Text in den Gedankenblasen.
- Welche Schlüsselelemente hat Negiz erkannt?
- Vergleicht Negiz‘ Gedanken mit euren Schlüsselelementen.

Der König und der Baum haben beide eine Krone. Damit fängt alles an.

Eine Figur in der Geschichte ist der König.

In Geschichten können Bäume sprechen. Auch der Baum ist eine Figur.

Die Antwort des Baums macht den König nachdenklich.

Die Krone vom Baum ist toll für andere.

5 Ein Konflikt ist nicht immer leicht zu erkennen:
- Lest auf S. 58 die Aussagen von Emily, Kim und Janosch über den Konflikt in der Geschichte.
- Benennt, welche Konflikte die Kinder angeben.
- Welcher Aussage würdet ihr zustimmen? Begründet eure Meinung.

6 Du sollst nun die markierten Schlüsselelemente des Textes am Rand in Wortgruppen zusammenfassen. Wörtliche Rede musst du dabei sachlich umschreiben. Schau dir dazu das folgende Beispiel an.

„Was machst du mit deiner Krone?“, fragt der König den Baum.	*König begegnet Baum* *er möchte wissen, wozu der Baum seine Krone nutzt*

7 Untersuche das Beispiel in der Tabelle:
- Beschreibe, was in der Umschreibung anders ist als in der Kürzestgeschichte. Achte auf die Verben und die Pronomen.

8 Die direkte Rede kann auch durch die indirekte Rede ersetzt werden. Gib den Satz aus der Tabelle in der indirekten Rede wieder. Nutze dazu den Konjunktiv.

9 Fasse deine weiteren markierten Schlüsselelemente in Wortgruppen zusammen.

10 Schreibe mithilfe deiner Zusammenfassung am Rand den Hauptteil für deine Inhaltsangabe.

Schlüsselelemente für die Inhaltsangabe nutzen

1. Lies den gesamten Text.
2. Markiere beim zweiten Lesen die **Schlüsselelemente**.
   Finde diese Schlüsselelemente am besten im Gespräch mit anderen:
   - Welche **Figuren** handeln?
   - Welche **Aufgaben** / welches **Ziel** haben die Figuren?
   - Worin bestehen die **Probleme/Konflikte**?
   - Wie wird das Problem **gelöst**?
   - Was hat das für **Folgen**?
3. Fasse die Schlüsselelemente zur Schreibvorbereitung in Wortgruppen als Randnotizen zusammen.

In die Inhaltsangabe einleiten

Der Einleitungssatz führt in die Inhaltsangabe ein.
Er gibt einen Überblick über wichtige Aspekte des Textes.

1 Ergänzt für den Text *Der König und der Baum* die Informationen für den Einleitungssatz (**T-A-T**).

T **extsorte** ______
A **utor** ______
T **itel** ______

Für einen vollständigen Einleitungssatz fehlt noch das Thema des Textes. Beschäftigt euch dazu genauer mit dem Begriff *Krone*.

2 Lest den Eintrag aus dem Bedeutungswörterbuch.

die **Krone** (die Kronen)
1) Symbol für Macht und Herrschaft
2) Geldwährung
3) Oberer Teil eines Baums mit Ästen und Zweigen
4) Künstliche Abdeckung auf einem Zahn

3 Entscheidet, welche Bedeutungen die Krone für den **König** und für den **Baum** haben.

4 Untersucht die Bedeutung der beiden Kronen näher.
- Wer nutzt die Baumkrone auf welche Art und Weise? Lest dazu noch einmal in der Kürzestgeschichte nach.
- Wem nutzt die Krone des Königs?

5 Beschreibt, was die Antwort des Baums beim König bewirkt.

6 Marie, Adi und Soraya diskutieren über das Thema des Textes.
- Begründe, welcher Aussage du am meisten zustimmst.

A *Im Text geht es um einen König, der den Nutzen seiner Krone hinterfragt.*

B *Der Text thematisiert, dass man seine Macht zum Wohl der anderen einsetzen sollte.*

C *In dem Text geht es darum, dass Vögel gerne in Baumkronen wohnen.*

7 Formuliere nun einen vollständigen Einleitungssatz für deine Inhaltsangabe zu der Kürzestgeschichte *Der König und der Baum*.

Der Text thematisiert ...
Es geht um ...
Der Text wirft die Frage auf, ...

Wesentliche Elemente eines Textes bestimmen; das Thema eines Textes bestimmen und benennen; Fachbegriffe zur formalen Beschreibung von Texten verwenden

Eine Inhaltsangabe selbstständig schreiben

1 Lies den Text.

Digital+
WES-126528-016
Text zum Bearbeiten

Hannes fehlt

Ursula Wölfel

Sie hatten einen Schulausflug gemacht. Jetzt war es Abend, und sie wollten mit dem Autobus zur Stadt zurückfahren. Aber einer fehlte noch. Hannes fehlte. Der Lehrer merkte es, als er die Kinder zählte. „Weiß einer etwas von Hannes?“, fragte der Lehrer. Aber keiner wusste etwas. Sie sagten: „Der kommt noch.“

Klasse macht Ausflug
Schüler sitzen im Bus
Lehrer zählt Schüler
niemand weiß, wo Hannes ist

Sie stiegen in den Bus und setzten sich auf ihre Plätze. „Wo habt ihr ihn zuletzt gesehen?“, fragte der Lehrer. „Wen?“, fragten sie. „Den Hannes? Keine Ahnung. Irgendwo. Der wird schon kommen.“ Draußen war es jetzt kühl und windig, aber hier im Bus hatten sie es warm. Sie packten ihre letzten Butterbrote aus. Der Lehrer und der Busfahrer gingen die Straße zurück. Einer im Bus fragte: „War der Hannes überhaupt dabei? Den hab’ ich gar nicht gesehen.“ „Ich auch nicht“, sagte ein anderer. Aber morgens, als sie hier ausstiegen, hatte der Lehrer sie gezählt, und beim Mittagessen im Gasthaus hatte er sie wieder gezählt, und dann noch einmal nach dem Geländespiel. Da war Hannes also noch bei ihnen.

„Der ist immer so still“, sagte einer. „Von dem merkt man gar nichts.“ „Komisch, dass er keinen Freund hat“, sagte ein anderer, „ich weiß noch nicht einmal, wo er wohnt.“ Auch die anderen wussten das nicht. „Ist doch egal“, sagten sie. Der Lehrer und der Busfahrer gingen jetzt den Waldweg hinauf. Die Kinder sahen ihnen nach. „Wenn dem Hannes jetzt etwas passiert ist?“, sagte einer. „Was soll dem passiert sein?“, rief ein anderer. „Meinst du, den hätte die Wildsau gefressen?“

Sie lachten. Sie fingen an, sich über die Angler am Fluss zu unterhalten, über den lustigen alten Mann auf dem Aussichtsturm und über das Geländespiel. Mitten hinein fragte einer: „Vielleicht hat er sich verlaufen? Oder er hat sich den Fuß verstaucht und kann nicht weiter. Oder er ist bei den Kletterfelsen abgestürzt?“ „Was du dir ausdenkst!“, sagten die anderen. Aber jetzt waren sie unruhig. Einige stiegen aus und liefen bis zum Waldrand und riefen nach Hannes. Unter den Bäumen war es schon ganz dunkel. Sie sahen auch die beiden Männer nicht mehr. Sie froren und gingen zum Bus zurück. Keiner redete mehr. Sie sahen aus den Fenstern und warteten. In der Dämmerung war der Waldrand kaum noch zu erkennen.

Dann kamen die Männer mit Hannes. Nichts war geschehen. Hannes hatte sich einen Stock geschnitten, und dabei war er hinter den anderen zurückgeblieben. Dann hatte er sich etwas verlaufen. Aber nun war er wieder da, nun saß er auf seinem Platz und kramte im Rucksack. Plötzlich sah er auf und fragte: „Warum seht ihr mich alle so an?“ „Wir? Nur so“, sagten sie. Und einer rief: „Du hast ganz viele Sommersprossen auf der Nase!“ Sie lachten alle, auch Hannes. Er sagte: „Die hab’ ich doch schon immer.“

Einen Text lesen; Inhalte von Texten herausarbeiten; Methoden der Texterschließung anwenden

2 Erschließe den Inhalt der Geschichte.
- Welche Figuren handeln?
- Welche Aufgaben / welches Ziel haben die Figuren?
- Worin bestehen die Probleme (Konflikte)?
- Wie wird das Problem gelöst?
- Was hat das für Folgen?

3 Im ersten Textabschnitt sind bereits die Schlüsselelemente markiert.
Markiere im restlichen Text die Schlüsselelemente und mache dir Randnotizen.

4 Notiere die Informationen für den Einleitungssatz (**T-A-T**).

T extsorte ________

A utor ________

T itel ________

5 Entscheide, welches Thema am besten auf den Text zutrifft.
Ergänze damit deinen Einleitungssatz.

1) *Der Text erzählt von einem lustigen Ereignis auf einem Klassenausflug.*
2) *Im Text geht es darum, dass sich eine Klasse Sorgen um einen fehlenden Schüler macht.*
3) *Der Text zeigt das Verhalten einer Schulklasse, während der Außenseiter der Klasse verschwunden ist.*

6 Schreibe mithilfe deiner Markierungen und Randnotizen deine Inhaltsangabe.
- Lass auf deinem Blatt einen sehr breiten Rand, damit du Platz für Überarbeitungen hast.
- Arbeite mit der Checkliste.

7 Lest euch gegenseitig eure Inhaltsangaben vor und gebt euch Rückmeldungen.

Checkliste

- Der **Einleitungssatz** ist vollständig (T-A-T-T).
- Das **Thema** trifft die Handlung / den Inhalt des ganzen Textes.
- Der **Handlungsablauf** ist vollständig und logisch wiedergegeben.
- Die **Schlüsselelemente** des Erzähltextes werden berücksichtigt.
- Die Inhaltsangabe steht im **Präsens**.
- Abgeschlossene Ereignisse stehen im **Perfekt**.
- In der Inhaltsangabe wird wörtliche Rede durch **Umschreibungen** ersetzt.
- Die direkte Rede kann auch durch **indirekte Rede** wiedergegeben werden.
- Die Sprache ist **sachlich**. Es werden Hochsprache und Aussagesätze verwendet.

Inhalte von Texten herausarbeiten; Methoden der Texterschließung anwenden; aus Texten entnommene Informationen zusammenhängend wiedergeben

Zusammenfassung

Überprüfe dein Wissen und Können

1 Lies den Text.

Der König und das Bild
Heinz Janisch

Digital+
WES-126528-017
Text zum Bearbeiten

„Du siehst schön aus", sagte der König zum gezeichneten Vogel."
„Danke", sagte der Vogel. „Finde ich auch. Trotzdem fehlt noch etwas."
„Was denn?", fragte der König.
„Der Wind unter meinen Flügeln", sagte der Vogel und flog aus dem Bild.

2 Erschließe den Inhalt der Geschichte mithilfe der W-Fragen:
- Welche Figuren handeln? → *König …*

3 Markiere die Schlüsselelemente im Text und mache dir Randnotizen.
Nutze dafür auch den Wortschatz.

Wortschatz
Kompliment
bewundern
Schönheit
sich bedanken
widersprechen
wegfliegen

4 Notiere die Informationen für den Einleitungssatz (**T-A-T**).

5 Entscheide, welches Thema für den Text am treffendsten ist.
Notiere es dir für den Einleitungssatz.

A) *Der Text thematisiert, dass auf Bildern die Wirklichkeit nicht vollständig dargestellt wird.*
B) *Der Text zeigt, dass äußere Schönheit und Bewunderung allein nicht glücklich machen.*
C) *Der Text handelt von einem Gespräch zwischen einem König und einem Vogel.*
D) *Der Text zeigt die Bedeutung von Freiheit.*
E) *In dem Text geht es darum, dass auch gemalte Vögel fliegen können.*

Digital+
WES-126528-018
Lösung

6 Schreibe mithilfe deiner Markierungen und Randnotizen eine Inhaltsangabe.
Lass auf dem Blatt einen breiten Rand, damit du Platz für Überarbeitungen hast.

7 Überprüfe mithilfe der Checkliste von S. 61 deinen Text und überarbeite ihn.

Beschreiben

1 Beschreibt euch gegenseitig eine Person auf dem Bild.
- Erratet, um welche Person es sich handelt.

2 Besprecht: Welche Hinweise in euren Beschreibungen haben euch geholfen, die Personen richtig zu benennen? Welche Hinweise waren nicht hilfreich?

Die Klasse 8b lernt im AES-Unterricht Kochen. Linus konnte nicht am Unterricht teilnehmen. Daher fragt er in seiner Klassengruppe nach, was er verpasst hat:

Die Stunde war voll lustig, Frau Meier hat sich an der Hand verbrannt, als sie den Topf angefasst hat. 😂

Also wir haben gelernt, wie man Spaghetti mit Tomatensoße kocht. Dafür braucht man nur Spaghetti, Tomaten, Sahne, etwas Öl, Wasser, Salz und Pfeffer.

Mann, Lea, du hast die Zwiebeln vergessen! Und man braucht natürlich auch noch zwei Töpfe und Löffel und so.

Auf jeden Fall muss man zuerst das Gemüse kleinschneiden und dann die Zwiebeln in etwas Öl anbraten, bis sie glasig werden. Danach kommen die Tomaten hinzu.

Was man danach machen muss, habe ich vergessen.

Die Zwiebeln haben so in meinen Augen gebrannt. Ich konnte gar nichts mehr sehen. 😡

Zwischendurch musste man noch die Nudeln kochen, bis sie bissfest sind. Das heißt ***al dente****. Das Wasser muss salzig sein, sonst schmecken die Nudeln nicht.*

3 Glaubst du, dass Linus das Gericht nun nachkochen kann? Begründe.

4 Beschreibt, was Linus wissen muss, wenn er das Rezept nachkochen will.

In diesem Kapitel lernst du (,)...
- Vorgänge zu beschreiben.
- Gegenstände zu beschreiben.
- Zustandsbeschreibungen zu verfassen.
- Personen zu beschreiben.

Vorgänge beschreiben: Kochanleitungen

1 Beschreibt die Bilder.
- Welche Gegenstände und Lebensmittel erkennt ihr?
- Wie verwendet man sie?
- Welches Gericht wird zubereitet?

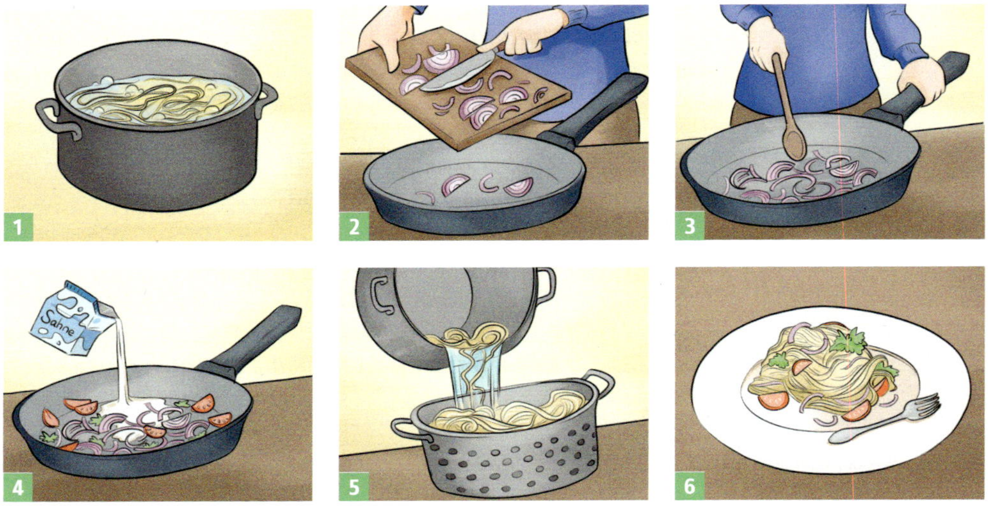

2 Beschreibt euch gegenseitig mithilfe der Bilder, wie man das Gericht zubereitet.

3 Besprecht:
- Was ist euch beim Beschreiben leichtgefallen? Was war schwierig?
- Könntet ihr das Gericht jetzt selbst nachkochen? Begründet.

4 Beim Beschreiben eines Rezepts muss man einiges beachten.
Entscheide dich für die richtigen Aussagen. Kreuze an.

- Man erzählt, was einem beim Kochen dieses Rezeptes schon alles passiert ist.
- Man informiert andere über den Ablauf der Zubereitung.
- Man hält in der Beschreibung die zeitlich richtige Reihenfolge ein.
- Mit der Beschreibung will man seine Freunde zum Lachen bringen.
- Den Vorgang muss man so genau wie möglich beschreiben, damit andere ihn verstehen und gut nachmachen können.
- Mit der Beschreibung möchte man andere spannend unterhalten.
- Man macht genaue Angaben zu den Zutaten und zum Kochgeschirr.

5 Lies nun auf S. 67 die Kochanleitung.

Spaghetti mit Tomatensoße kochen

Um Spaghetti mit Tomatensoße für zwei Personen zu kochen, brauchst du 400 g Spaghetti, eine Zwiebel, drei große Tomaten, einen Becher Sahne, ein wenig Salz, ein wenig Petersilie, etwas Pfeffer, Oregano, Wasser und etwas Öl. Außerdem brauchst du ein Messer, einen Kochlöffel, einen Topf, ein Sieb und eine beschichtete Pfanne. Zuerst schneidest du die Zwiebel und die Tomaten klein. Dann füllst du den Topf mit Wasser, gibst etwas Salz hinzu und erhitzt es. Nun gibst du die Spaghetti in das kochende Wasser. Jetzt erhitzt du in einer beschichteten Pfanne etwas Öl und brätst die Zwiebel darin an. Dabei achtest du darauf, dass du mit einem Kochlöffel immer wieder rührst. Nun gibst du die Tomaten, die Sahne und ein wenig Petersilie in die Pfanne. Danach verrührst du alles und lässt die Soße 5–8 Minuten kochen. Schließlich schmeckst du die Soße mit einer Prise Salz, etwas Pfeffer und Oregano ab. Dann gießt du durch ein Sieb die Spaghetti ab, solange sie noch bissfest sind. Zum Schluss richtest du alles auf einem Teller an. Guten Appetit!

6 Vergleiche diese Kochanleitung mit der Bilderfolge auf S. 66.
Nenne die Sätze im Text, die nicht auf den Bildern zu sehen sind.

7 Untersuche die Kochanleitung genauer:
- Markiere im Text Wörter für die Person, die den Vorgang ausführen soll.
- Unterstreiche Wörter, die die Reihenfolge des Vorgangs deutlich machen.

8 Schreibe den Text um.
a) Verwende in deinem Text die Anredeform mit *man*.
b) Verwende in deinem Text die Anredeform mit Imperativ.

Eine Kochanleitung schreiben

Kochanleitungen (Rezepte) gehören zu den Vorgangsbeschreibungen.
Es sind **informative Texte**. Sie müssen **sachlich** und **genau** formuliert sein.

1. Im ersten Satz steht, um welches Gericht es geht und was man dazu braucht (Zutaten und Materialien): *Um ein Spiegelei zu kochen, brauchst du ein Ei, …*
2. Den Ablauf beschreibt man **schrittweise**. Dabei muss man die Reihenfolge einhalten. Das zeigt man durch Wörter wie *zuerst, zunächst, nun, jetzt, dann, danach, schließlich, zuletzt, am Schluss, abschließend …*
3. Bei der **Anredeform** gibt es mehrere Möglichkeiten:
   - *du*-Form: *Du nimmst etwas Butter und schmilzt diese.*
   - *man*-Form: *Man nimmt etwas Butter und schmilzt diese.*
   - Infinitiv-Form: *Etwas Butter nehmen und schmelzen.*
   - Imperativ: *Nimm etwas Butter und schmelze diese.*

   Innerhalb einer Vorgangsbeschreibung sollte man eine Form beibehalten.
4. Die Kochanleitung steht im **Präsens**.
5. Man macht genaue Angaben zu Gegenständen und Lebensmitteln. Dazu verwendet man **Fachwörter**: *Dann sind die Spaghetti al dente (= bissfest).*

Eine Kochanleitung untersuchen

1 Lest das Rezept aufmerksam und schaut euch die Abbildung an.

Pfannkuchen

Zutaten für ca. 8 Pfannkuchen: 250 g Weizenmehl, 4 Eier, 375 ml Milch, 125 Mineralwasser, 1 Prise Salz, 70 g Speiseöl

Mehl in eine Schüssel *sieben / tun / gießen / streuen*.
In die Mitte des Mehls *einen Hügel / eine Vertiefung / eine Lücke / eine Kuhle* eindrücken.
In einem Rührbecher die Eier mit etwas Milch und Salz mit einem *Schneebesen verrühren / rütteln / schütteln / verquirlen*.
Diese Mischung in die Vertiefung *werfen / geben / gießen / mischen* und mit dem Mehl verrühren.
Restliche Milch und Mineralwasser unter Rühren *langsam / schnell / lahm / nach und nach* hinzugeben. Dabei darauf achten, dass sich keine *Knöllchen / Klümpchen / Kugeln* bilden. Den glatt gerührten Teig 15–30 Minuten *stehen / ruhen / ausruhen / schlafen* lassen.
Etwas Fett in einer beschichteten Pfanne erhitzen und eine *schlanke / kleine / dünne / magere* Teigschicht gleichmäßig auf dem Boden der Pfanne verteilen.
Sobald die Ränder goldgelb sind, den Pfannkuchen *behutsam / vorsichtig / ruckzuck / hastig* mit einem Pfannenwender *umkehren / umdrehen / wenden / schwenken* und auf der anderen Seite fertig *kochen / grillen / backen / braten*.

Wortschatz
Milliliter
circa
Gramm

2 Ordnet den Abkürzungen *ca.*, *g* und *ml* die Erklärungen passend zu.
- Tauscht euch aus, was mit einer Prise gemeint ist.

3 Erschließe aus der Kochanleitung, welche Geräte man für die Zubereitung von Pfannkuchen benötigt.
- Erstelle eine Materialliste.

4 Entscheide dich für die passenden Fachwörter im Rezept.

5 Schreibe das Rezept in der *du*- oder *man*-Form auf. Entscheide dich für eine Form und behalte sie im gesamten Rezept bei.

Selbstständig einen Vorgang beschreiben

1 Sieh dir die Bildfolge an.
- Gib an, welcher Vorgang beschrieben wird.

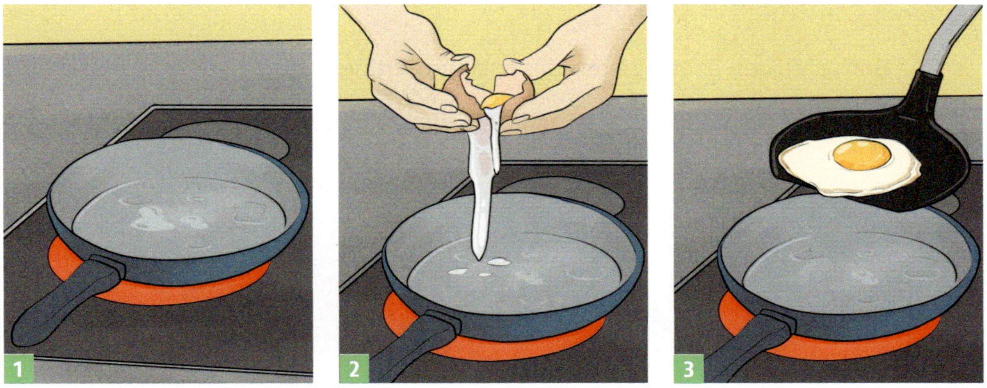

2 Zähle auf, welche Gegenstände und Zutaten man braucht.
- Erstelle eine Liste.

3 Schreibe mithilfe der Bildfolge eine Vorgangsbeschreibung.
a) Orientiere dich am Textgerüst und nutze den Wortschatz.

Um ein Spiegelei zu machen, benötigt man ...
Zuerst erhitzt man in einer Pfanne ...
Danach schlägt man ...
Schließlich hat man ...

b) Formuliere deine Vorgangsbeschreibung selbstständig. Orientiere dich an der Checkliste.

4 Tauscht euch aus:
- Wie kann man das Spiegelei für weitere Gerichte nutzen?
- Beschreibt die Zubereitung dieser Gerichte genau.

Wortschatz

dann
zuerst
schließlich
danach
Fett
Schale
aufschlagen
braten
beschichtet
Pfanne
Pfannenheber
erhitzen

Checkliste

- Ich benenne den **Vorgang** (passende Überschrift) und **beschreibe**, was man dafür braucht.
- Ich **beschreibe** und **erkläre** den Ablauf schrittweise.
- Ich beachte die Reihenfolge und benutze dafür Wörter wie *zuerst, zunächst, dann, zuletzt*.
- Ich schreibe im **Präsens**.
- Ich schreibe in einer **einheitlichen Form** (z. B. *du*-Form oder *man*-Form).
- Ich verwende passende **Fachwörter**, um Dinge und Vorgänge genau zu bezeichnen.

Nach Mustern schreiben: Textsortenspezifika und deren stilistische Merkmale im eigenen Text nachahmen; Vorgänge beschreiben

Gegenstände genau beschreiben

In der Küche benötigt man zur Zubereitung eines Gerichts verschiedene Gegenstände. Damit man sie auch richtig einsetzt, muss man wissen: Aus welchen Teilen bestehen die Gegenstände? Wozu eignen sie sich?

1 Betrachte den abgebildeten Gegenstand. Ordne den Einzelteilen die Begriffe zu.

Bräter – Deckel – Boden – Handgriffe – Deckelknopf

Digital+
WES-126528-019
Tabelle zum Bearbeiten

2 Ergänze die Tabelle durch Angaben zu Form, Größe, Material, Farbe, Zweck und Besonderheiten.

hell – silberfarbig – geriffelt – Deckel ist hitzebeständig – Kochen – Backen – Braten – vielseitig einsetzbar – Gusseisen speichert Wärme – gleichmäßiges Braten – einfache Reinigung des Materials – Griffe werden sehr heiß – rund – orangerot – geeignet für den Backofen – schweres Material

Form	
Größe	*Durchmesser: ca. 25 cm, …*
Material	*Bräter: Gusseisen; Deckelknopf: Edelstahl*
Farbe	
Zweck	
Besonderheiten	

3 Überlege, mit welchen Adjektiven man verschiedene Behälter für die Küche beschreiben kann. Ergänze das Cluster.

4 Formuliere eine Gegenstandsbeschreibung für den Bräter auf S. 70. Nutze dafür die Informationen aus der Tabelle.

a) Arbeite mit dem Textgerüst.

Der Bräter hat einen Durchmesser von … und ist daher relativ … Er ist … und einigermaßen … Sowohl der Deckel als auch der Topf sind von außen … Der Boden des Topfes ist dagegen … Der Topf besteht aus … Der Topf hat an der Seite zwei …, er hat einen … Auch am Deckel hat der Topf einen … Mit dem Topf kann man sowohl … als auch … Besonders auffällig ist die … Farbe von Topf und Deckel. Eine weitere Besonderheit ist …

b) Arbeite mit dem Satzanfang und dem Wortschatz.

Der abgebildete Topf hat einen Durchmesser von 25 cm und ist daher …

Wortschatz

rund
groß
flach
von außen
orangerot
hell
Boden
Griffe
Gusseisen
kochen
backen
Backofen
hitzebeständig

Checkliste

- Ich bezeichne den Gegenstand richtig.
- Ich beschreibe die **Form**, die **Farbe** und das **Material** des Gegenstands treffend.
- Ich beschreibe die **Einzelteile** des Gegenstands.
- Ich beschreibe **Besonderheiten** des Gegenstands.
- Ich gebe an, wofür der Gegenstand gebraucht wird.
- Ich schreibe im **Präsens**.
- Ich verwende eine **sachliche** und **genaue** Sprache.
- Ich verwende **treffende Adjektive** und **Fachwörter**.
- Ich beschreibe in einer **logischen Reihenfolge**: z. B. von oben nach unten, von links nach rechts.

Einen Zustand beschreiben

1 Sieh dir den Comic an.

2 Beschreibt die Situation in dem Comic.
- Welches Problem hat der Schüler?

3 Habt ihr vielleicht schon einmal ähnliche Erfahrungen gemacht? Berichtet.

4 Denkt über die Bezeichnung „guter Zustand“ nach.
- Was bedeutet diese Bezeichnung für euch?
- Ist die Bezeichnung ausreichend, um den Zustand eines Gegenstands einschätzen zu können? Begründet.

5 Lies den Info-Kasten auf S. 73.

6 Wähle Begriffe aus dem Wortschatz aus, die sinnvoll für die Zustandsbeschreibung eines Kochbuches sind.
- Ordne die Begriffe passend in die Tabelle ein.

geeignet	ungeeignet
Zwei unleserliche Seiten …	

Zwei unleserliche Seiten – Zustand wie neu – welliges Papier nach Wasserschaden – Zustand befriedigend – Großteil der Seiten hat Knicke – am Einband löst sich an einigen Stellen die Beschichtung – das Buch ist noch in Ordnung – der Text enthält Markierungen mit Textmarker – drei Seiten fehlen – Heftklammern der Bindung sind leicht verrostet – Zustand ist okay – auf 10 Seiten sind Anmerkungen mit Kugelschreiber – das Papier ist leicht vergilbt – zufriedenstellender Zustand – man kann damit noch gut kochen – auf vier Seiten sind Flecke durch eine Soße – originalverpackte Neuware

Berat möchte in der Schulküche ein Spiegelei braten. Ihm fällt auf, dass die Pfanne an einigen Stellen beschädigt ist. Er fragt sich, ob man die Pfanne noch verwenden darf.

7 Sieh dir die Abbildung genau an.

8 Benenne die Beschädigungen genau und ordne sie folgenden Kategorien zu:
Beschädigungen am Griff – Beschädigungen in der Beschichtung

Berat zeigt die Schäden seinem AES-Lehrer. Dieser erklärt ihm, dass Pfannen bei Beschädigungen in der Beschichtung nicht mehr verwendet werden sollen. Berat soll die Schäden dem Hausmeister melden, damit die Pfanne ersetzt werden kann.

9 Schreibe eine E-Mail an den Hausmeister, in der du den Zustand der Pfanne genau beschreibst. Beginne so:

Hallo Herr Grebe,

in der Schulküche ist mir eine Bratpfanne aufgefallen, die nicht mehr verwendet werden kann. Die Pfanne hat einen schwarzen Griff mit zwei Löchern am Ende. Sie ist innen dunkel beschichtet. Ihr Durchmesser beträgt ungefähr 25 cm. Im Unterricht wird sie zum Anbraten verwendet. Sie weist folgende Beschädigungen auf: …

Viele Grüße
Berat aus der 8b

Zustandsbeschreibung

Eine Zustandsbeschreibung sollte **genaue Angaben** zur aktuellen Beschaffenheit eines Gegenstands machen.
Dazu gehört die genaue Beschreibung von **Beschädigungen**, **Gebrauchsspuren** und **Funktionseinschränkungen**. Bezeichnungen wie *sehr gut* oder *befriedigend* reichen nicht. Das sind subjektive Bewertungen. Sie verraten nichts über den tatsächlichen Zustand. (Ausnahme: *originalverpackte Neuware*)
Die Beschreibung der einzelnen Beschädigungen sollte man in eine **sinnvolle Reihenfolge** bringen: Zum Beispiel beschreibt man zuerst alle Beschädigungen der Griffe. Danach schildert man alle Schäden in der Beschichtung.

Nach Mustern schreiben: Textsortenspezifika und deren stilistische Merkmale im eigenen Text nachahmen; einen Zustand beschreiben

Personen genau beschreiben

1 Decke das Bild zunächst ab und lies die Personenbeschreibung.

Anouk ist schlank und sportlich. Sie hat lange, braune Haare. Anouk trägt blaue Jeans und ein weißes T-Shirt, eine blaue Kapuzenjacke und braune Halbschuhe. Um den Hals hat sie einen braunen Schal mit weißen Tupfen gebunden. Sie trägt eine runde Brille. Sie wirkt nachdenklich.

2 Betrachte nun das Bild und finde Anouk.

3 Denke darüber nach, was man alles an einer Person beschreiben kann.
- Ergänze dann die Mindmap mit passenden Begriffen.

Digital+
WES-126528-020
Mindmap zum Ergänzen

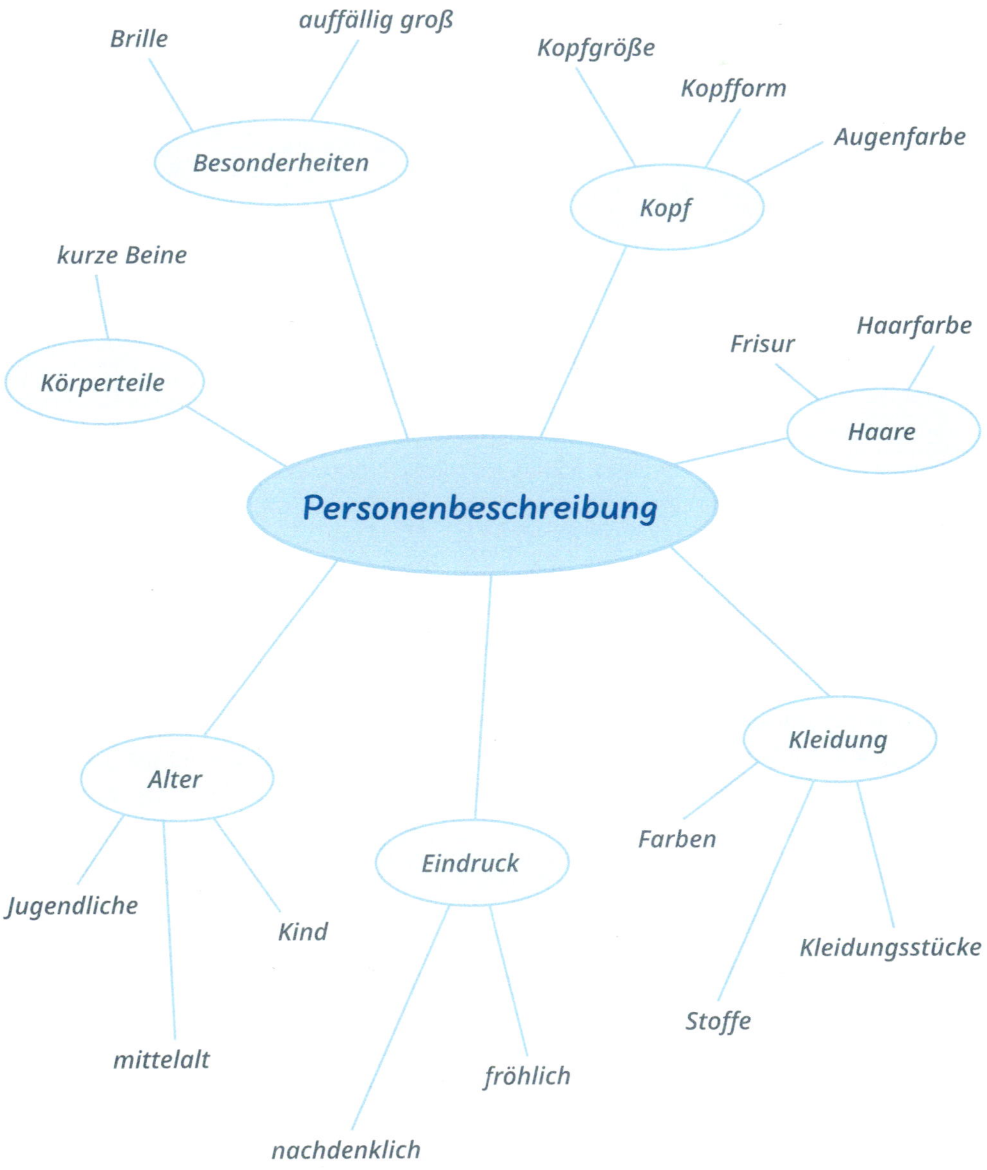

4 Beschreibt euch nun gegenseitig andere Jugendliche von der Abbildung auf S. 74.
- Beschreibt die ausgewählte Person möglichst genau.
- Verwendet passende Begriffe aus der Mindmap.
- Erratet, welcher Jugendliche gemeint ist.

5 Sieh dir das Bild von Luna ganz genau an.

6 Sammle in einer Mindmap alle wichtigen Details für eine Personenbeschreibung.

Verwende die Mindmap auf S. 75 als Hilfe.

7 Verfasse deine eigene Personenbeschreibung von Luna.

a) Ergänze dafür den Lückentext mit dem Material aus dem Wortschatz.

Luna

Wortschatz

hellblaue Jeans – eine junge Frau – freundlich – sportlich – Zopf – Augenbrauen – Schleife – Kochkurs – aufgeschlossen – braune Augen – graue Kochschürze – bis zu den Knien – an Knöcheln gekrempelt – weiße Turnschuhe – dunkle Haare – energisch – freundlich – weißes T-Shirt – schlank – motiviert

b) Ergänze den Lückentext selbstständig.

Luna ist ___ , die ich aus einem ___ kenne. Der erste Eindruck von Luna ist, dass sie ___ und ___ wirkt. Sie ist ___ und ___ . Sie hat ihre ___ zu einem ___ gebunden. Sie hat dunkle ___ und ___ . Als Kleidung trägt sie ein ___ , darüber eine ___ . Die Schürze ist mit einer ___ zugebunden und geht ___ . Außerdem trägt sie eine ___ , die ___ . An den Füßen trägt sie ___ . Besonders an Luna ist, dass sie sehr ___ wirkt.

Personen genau beschreiben

Bei einer **Personenbeschreibung** ist es wichtig, die Person so **genau** wie möglich zu beschreiben. Folgendes solltest du dabei beachten:

1. Erwähne am Anfang, um was für eine Person es sich handelt und woher du sie kennst: *Vor Kurzem war ich in einem Kochkurs. Dort habe ich ein nettes Mädchen kennengelernt.*
2. Beschreibe den **Eindruck** der ganzen Person: *Das Mädchen wirkt sehr selbstbewusst.*
3. **Beschreibe** die Person **Schritt für Schritt**: Von oben nach unten oder zuerst das Aussehen und dann die Kleidung. Das Äußere wird neutral beschrieben.
4. Beachte beim Beschreiben folgende **Details**: Geschlecht, Alter, Kleidung, Figur, Haare, Körperteile, Kopf, Sprache, Verhalten, Besonderheiten.
5. Benutze passende **Adjektive**, um möglichst anschaulich zu beschreiben: *schmaler Mund, runde Brille, weiße Turnschuhe.*

Eine Personenbeschreibung verfassen

1 Verfasse nun selbstständig eine Personenbeschreibung.

a) Verfasse eine Personenbeschreibung von Merlin.

- Sieh dir das Bild von Merlin ganz genau an.

- In der Mindmap findest du schon Angaben für die Personenbeschreibung. Schau dir die Mindmap an. Ergänze weitere Details.

- Verfasse nun mithilfe der Mindmap eine Personenbeschreibung von Merlin. So kannst du beginnen:

Als ich am Wochenende mit meinen Freunden in einem Café war, habe ich Merlin kennengelernt. Er arbeitet dort als Kellner. Merlin …

Texte planen, nach Mustern schreiben: Textsortenspezifika und deren stilistische Merkmale im eigenen Text nachahmen; Personen beschreiben

b) Verfasse eine Personenbeschreibung von Madina.

In der Koch-AG hast du Madina kennengelernt.

- Sieh dir das Bild von Madina genau an.

Verwende die Mindmap auf S. 77 als Hilfe.

- Sammle in einer Mindmap alle wichtigen Details für eine Personenbeschreibung.

Wortschatz

motiviert – freundlich – schüchtern – Bluse – lange Ärmel – Schürze – weiß – dunkelblau – lang – blond – Locken – breites Gesicht – kleine Augen – Augenbrauen

- Verfasse mithilfe deiner Mindmap eine Personenbeschreibung von Madina.

Checkliste

- Ich erwähne am **Anfang**, um was für eine Person es sich handelt.
- Ich sage, woher ich diese Person kenne.
- Ich beschreibe meinen **Eindruck** von der ganzen Person.
- Ich beschreibe die Person Schritt für Schritt: von oben nach unten oder zuerst das Aussehen und danach die Kleidung.
- Ich beachte beim Beschreiben folgende Details: **Geschlecht**, **Alter**, **Kleidung**, **Figur**, **Haare**, **Körperteile**, **Kopf**, **Sprache**, **Verhalten**, **Besonderheiten**.
- Ich benutze treffende Adjektive, um möglichst anschaulich zu beschreiben.

Texte planen, nach Mustern schreiben: Textsortenspezifika und deren stilistische Merkmale im eigenen Text nachahmen; Personen beschreiben

Zusammenfassung

Überprüfe dein Wissen und Können

Wortschatz

Avocado
Weißbrot
Toaster
Messer
Schneidebrett
Löffel
Salz
toasten
aufschneiden
Prise Salz
Kern
Fruchtfleisch

1 Betrachte die Bilder. Sie zeigen dir, wie man ein Avocado-Brot zubereitet.

2 Verfasse eine Vorgangsbeschreibung. Nutze dafür die Bilderfolge.

a) Vervollständige den Lückentext. Orientiere dich am Wortschatz.
Um ein Avocado-Brot zu machen, brauchst du eine ___ , eine Scheibe ___ und eine Prise ___ . Außerdem brauchst du ein scharfes ___ , einen ___ und ein ___ sowie einen ___ .
Zuerst ___ du die Scheibe Weißbrot. Dann ___ du mit einem Messer die ___ auf. Nun entfernst du den ___ . Danach schneidest du das ___ der Avocado in Scheiben. Schließlich legst du mit einem ___ die Streifen der Avocado auf das getoastete ___ . Am Ende kannst du noch eine ___ auf dein Avocado-Brot streuen.
Guten Appetit!

b) Beginne deine Beschreibung so: ***Um ein Avocadobrot zuzubereiten, braucht man …***

3 Schreibe den Text um.
a) Verwende in deinem Text die Anredeform mit *man*.
b) Verwende in deinem Text die Anredeform mit Imperativ.

4 Verfasse eine genaue Gegenstandsbeschreibung der Pfanne
- Sammle zuerst die Details zu **Form**, **Größe**, **Material**, **Farbe**, **Zweck** und **Besonderheiten** der Pfanne in einer Tabelle (S. 70).
- Verfasse mithilfe der Tabelle deinen Text.

Wortschatz

Emaille
Gusseisen
zum Anbraten von Fleisch
erzeugt Muster
man braucht weniger Fett
dunkel
Ausguss für Soße
backofengeeignet
gute Hitzeverteilung
schweres Material
wird sehr heiß

5 Verfasse eine Personenbeschreibung zu einer der abgebildeten Personen.
- Sammle alle wichtigen Angaben in einer Mindmap.
- Formuliere dann deinen Text.

Verwende beim Schreiben die Checkliste.

Digital+
WES-126528-021
Lösungen

Stellung nehmen – Argumentieren

Obwohl es schmerzhaft ist, lassen sich viele Menschen tätowieren.
Doch zum Thema *Tattoo* gibt es viele verschiedene Meinungen.

1 Seht euch die Bilder auf der Doppelseite an und beschreibt sie.
- Was für Arten von Tattoos und Motive könnt ihr erkennen?

Tayler: *Mit Tattoos kann ich meine Persönlichkeit ausdrücken. Ich kann meinen Körper so gestalten, wie er mir gefällt. Ich mag zum Beispiel gerne Tiere und möchte mir verschiedene Tierbilder tätowieren lassen, um das zu zeigen.*

Darius: *Tattoos kann man nur schwer entfernen, wenn sie einem nicht mehr gefallen. Man muss sie sich in mehreren Sitzungen weglasern lassen. Das kann richtig teuer werden.*

Fatima: *Tattoos können Allergien und Krankheiten auslösen. Viele Farben enthalten schädliche Stoffe. Die Haut kann sich zum Beispiel schlimm entzünden.*

Samet: *Tattoos sind für mich etwas ganz Normales. Man sieht auf der Straße so viele Leute, die tätowiert sind. Auch meine große Schwester hat beispielsweise ein Tattoo.*

Jenni: *Durch ein Tattoo kann man schlechtere Karrierechancen haben. Kunden, Vorgesetzte oder Kollegen haben oft Vorurteile. So kann ein tätowierter Bankmitarbeiter zum Beispiel für weniger kompetent gehalten werden.*

Milena: *Meiner Meinung nach gehören Tattoos zur Mode, denn Tattoos sind ein schöner Körperschmuck. Diese kleinen Schriftzüge am Schlüsselbein sind zum Beispiel gerade total im Trend.*

2 Tauscht euch darüber aus, was ihr bereits über Tattoos wisst.
- Welche Motive findet ihr interessant?
- Welche Motive gefallen euch gar nicht?

3 Wie ist euer Standpunkt zu Tattoos? Findet ihr Tattoos gut oder lehnt ihr sie ab? Führt in der Klasse eine Umfrage durch. Haltet das Ergebnis schriftlich fest.

4 Lest die verschiedenen Sprechblasen.
- Arbeitet heraus, wie die Jugendlichen Tattoos einschätzen.

5 Stellt euch vor, ein Freund möchte sich ein Tattoo stechen lassen. Er hat im Internet ein Bild von einem Tiger gesehen und möchte genau so eins auf seiner Wade haben. Formuliert gemeinsam eine überzeugende Begründung für oder gegen dieses Tattoo.

In diesem Kapitel lernst du (,)...
- zwischen Behauptung und Begründung zu unterscheiden.
- vollständige Argumente aufzubauen.
- Argumente aus einem Text herauszuarbeiten.
- Argumente zu einer Argumentationskette zu verknüpfen.
- einen argumentierenden Text zu formulieren.
- deinen Standpunkt adressatenorientiert zu formulieren.

Vollständige Argumente aufbauen

Wenn du andere von deinem Standpunkt überzeugen möchtest, dann brauchst du dafür Argumente. Doch was gehört eigentlich zu einem überzeugenden Argument?

1 Schau dir die Grafik an und beschreibe den Aufbau eines Arguments. Der Info-Kasten hilft dir dabei.

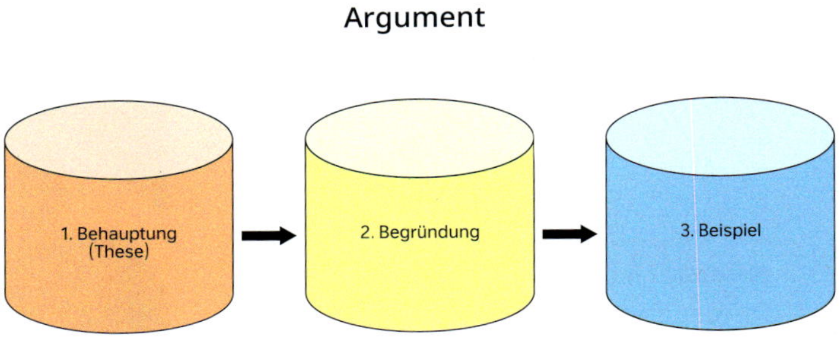

2 Laurenz hat ein Argument zum Thema *Tattoos* formuliert. Lies es.

Viele Tattoo-Motive wirken schnell billig und unmodern. Sie sind wie Kleidung oder Frisuren aktuellen Trends unterworfen, die sich aber schnell ändern. Ein Beispiel für so einen abgelaufenen Modetrend ist das Geweih über dem Steißbein. Dieses haben sich vor 20 Jahren viele Mädchen stechen lassen.

3 Nenne den Standpunkt von Laurenz. Ist er für oder gegen Tattoos?

4 Gliedere das Argument von Laurenz:

a) Unterstreiche die Behauptung und die Begründung in unterschiedlichen Farben.

b) Unterstreiche die Behauptung, die Begründung und das Beispiel in unterschiedlichen Farben.

Argumente aufbauen

Ein vollständiges Argument besteht aus drei Teilen:

1. Stelle zunächst eine **Behauptung** auf. Das ist ein inhaltlicher Aspekt, der für deinen Standpunkt spricht: *Ein Tattoo sieht nicht mehr gut aus, wenn man z. B. älter wird.*
2. Mit einer **Begründung** erläuterst du deine Behauptung. Erst dadurch wirkt sie glaubwürdig: *Die Haut verändert sich im Laufe der Zeit. Sie wird dünner und schlaffer.*
3. Veranschauliche deine Begründung. Dazu kannst du ein **konkretes Beispiel** oder eine **Folge** nennen. So erhältst du ein stichhaltiges Argument: *Viele Tattoos verlieren z. B. die Farbe und Kontur. Tattoos können dadurch irgendwann ganz anders aussehen.*

5 Gliedere nun auch die Argumente auf den Seiten 82–83.

a) Arbeite die Behauptungen und die Begründungen von Taylor, Fatima und Darius heraus. Trage sie in die Tabelle ein.

Name	Behauptung	Begründung
Taylor	*Mit Tatoos kann ich …*	*Ich kann meinen Körper …*
Fatima		
Darius		

b) Arbeite die Behauptungen, die Begründungen und die Beispiele von Taylor, Fatima, Darius und Samet heraus. Trage sie in die Tabelle ein.

Name	Behauptung	Begründung	Beispiel/Folge
Taylor	*Mit Tattoos kann ich …*	*Ich kann meinen Körper …*	*Ich mag z. B. gerne Tiere …*
Fatima			
Darius			
Samet			

c) Arbeite die Behauptungen, die Begründungen und die Beispiele von Taylor, Fatima, Darius, Samet, Milena und Jenni heraus. Trage sie in die Tabelle ein.

Name	Behauptung	Begründung	Beispiel/Folge
Taylor			
Fatima			
Darius			
Samet			
Milena			
Jenni			

6 Entscheide mithilfe deiner Tabelle, welche Argumente **für** Tattoos sprechen und welche Argumente **gegen** Tattoos sprechen.
Setze hinter die Zeilen ein f (= für Tattoos) oder ein g (= gegen Tattoos).

7 Wie überzeugend findet ihr die Argumente? Tauscht euch darüber aus.

8 Überlegt, warum manche Argumente für euch überzeugender sind als andere.
Lest dazu auch die Sprechblasen.

Das Argument muss etwas mit mir und meinen Interessen zu tun haben.

Also ich werde nachdenklich, wenn ein Argument drastische Folgen aufzeigt.

Argumente aus einem Text herausarbeiten

1 Lies den Text.

Digital+
WES-126528-022
Text zum Bearbeiten

Tattoos – Eine schwierige Entscheidung

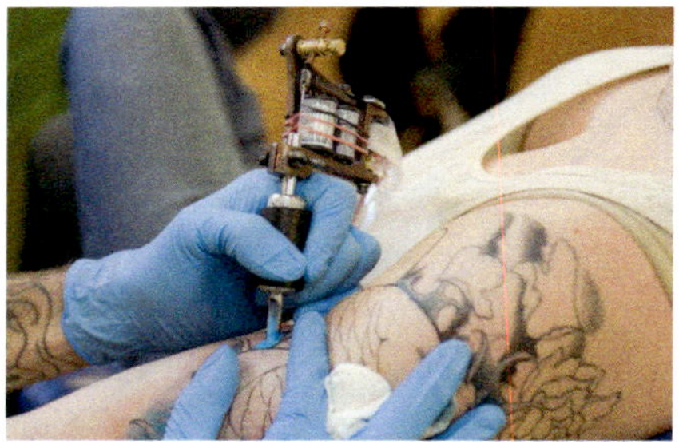

Tätowierungen haben eine lange Tradition. Schon seit Tausenden von Jahren tätowieren sich Menschen überall auf der Welt ihre Haut. In vielen Kulturen wurden und werden Tattoos zum Beispiel getragen, um die Zugehörigkeit zu einem bestimmten Stamm oder das Erreichen einer bestimmten Altersstufe (und damit Reife) zu zeigen.

In Europa waren Tätowierungen lange Zeit unter Seeleuten oder Gefängnisinsassen verbreitet. Nach und nach kamen Tattoos immer mehr in Mode. Heutzutage sind viele Menschen tätowiert. Fast jede vierte erwachsene Person in Deutschland trägt ein Tattoo. Besonders beliebt sind Tattoos in der Altersgruppe zwischen 25 und 34 Jahren.

Mal eben so in ein Tattoo-Studio gehen und sich tätowieren lassen, ist für Jugendliche nicht möglich. Sie brauchen das Einverständnis der Eltern, solange sie noch nicht 18 Jahre alt sind. Aber wie sind Tattoos zu bewerten?

Für viele Menschen sind Tattoos modische Accessoires. Damit lässt sich der eigene Körper verändern und dekorieren. Man kann auf der Haut seine eigenen Interessen präsentieren, indem man zum Beispiel das Logo des Lieblingssportvereins verewigt. Manche verewigen auf ihrer Haut auch Bilder oder Namen von Menschen oder Tieren, die ihnen am Herzen liegen. So haben sie ihre Liebsten immer bei sich.

Das Stechen eines Tattoos ist nicht ungefährlich: Dabei wird mithilfe einer Nadel Farbe in tiefliegende Hautschichten transportiert. Wenn im Tattoostudio nicht hygienisch gearbeitet wird, kann die Nadel Infektionen in den Körper bringen. So können zum Beispiel HIV oder Hepatitis übertragen werden. Beim Tätowieren sind daher strenge Hygienevorschriften zu beachten. Es gibt aber nur unregelmäßige Kontrollen durch das Gesundheitsamt. Unter den Tätowierern sind daher auch schwarze Schafe, die es mit der Hygiene nicht so genau nehmen. Vor allem auf „schnelle" Tattoos auf einer Kirmes sollte man daher verzichten.

Beim Tätowieren wird die Haut mit 120 Stichen pro Sekunde durchstochen, die Haut wird also verletzt. Dadurch können hinterher unschöne Narben zurückbleiben.

Tätowierte Haut kann auch mit anderen krankhaften Veränderungen reagieren, zum Beispiel mit dauerhaften Entzündungen oder Allergien. Das hat oft mit der verwendeten Farbe zu tun. Insbesondere bei roter Farbe kommt es häufig zu allergischen Reaktionen. Für den Körper ist die Tattoofarbe ein Fremdkörper. Er versucht, diesen Fremdkörper zu entfernen. Dies kann medizinische Probleme verursachen. Einige Menschen bekommen zum Beispiel nach dem Tätowieren Probleme mit der Niere.

Accessoire
modisches Zubehör

HIV
Virus, das die tödliche Krankheit AIDS auslöst

Hepatitis
Entzündung der Leber

Allergie
Abwehrreaktion des Körpers auf einen bestimmten Stoff

Immer wieder stehen die Tattoofarben in Verdacht, Krankheiten wie Krebs zu begünstigen. Einige besonders umstrittene Inhaltsstoffe sind daher seit einigen Jahren verboten. Viele langfristige Folgen von Tattoos auf den Körper sind aber noch nicht ausreichend erforscht und bleiben unklar.
Tattoos sind ein Leben lang unter der Haut. Man kann sie mit Lasertechnik entfernen, allerdings hat auch dieser Vorgang seine Grenzen. Häufig bleiben Farbreste zurück oder es entstehen durch den Laser weitere Narben in der Haut. Außerdem ist die Laserbehandlung zur Entfernung von Tattoos sehr schmerzhaft und teuer. Man muss dafür mehrere Sitzungen einplanen. Die Krankenkasse übernimmt die Kosten dafür nicht. Die Entscheidung für ein Tattoo sollte daher gut überlegt werden.
Letztlich muss jeder Mensch für sich selbst entscheiden, ob er sich tätowieren lassen möchte. Wer keine Schmerzen auf sich nehmen will und Angst davor hat, eine falsche Entscheidung zu treffen, muss nicht auf Tattoos verzichten. Eine traditionelle Tätowierung mit Henna hält gut zwei Wochen. Auch Aufklebetattoos bieten eine Alternative. Spätestens nach einer gründlichen Dusche lösen diese sich von der Haut ab.

Laser
gebündelte Lichtwellen mit besonders großer Kraft

Henna
ein roter Farbstoff; er wird aus dem Hennastrauch gewonnen und zum Färben von Haut und Haaren verwendet.

2 Überprüfe die folgenden Aussagen. Berichtige die falschen Aussagen.

	wahr	falsch
Durch die Tätowiernadel können Krankheiten übertragen werden.		
Tattoofarbe ist ein streng kontrolliertes Produkt und frei von gefährlichen Inhaltsstoffen.		
Die langfristigen Folgen von Tattoos sind sehr gut erforscht.		
Mithilfe einer Laserbehandlung kann man Tattoos risikofrei und günstig entfernen.		

3 Welche Argumente enthält der Text?
- Unterstreiche die Argumente grün, die für ein Tattoo sprechen.
- Unterstreiche die Argumente rot, die gegen ein Tattoo sprechen.

4 Gliedere die unterstrichenen Argumente in einer Tabelle:
a) Arbeite **zwei** Behauptungen und Begründungen heraus, die **für** ein Tattoo sprechen.

	Behauptung	Begründung
1.	*Tätowierungen haben eine lange Tradition.*	*Seit Tausenden von Jahren …*

b) Arbeite **drei** Argumente heraus, die **gegen** ein Tattoo sprechen.

	Behauptung	Begründung	Beispiel/Folge
1.	*Tattoos sind nicht ungefährlich.*	*Beim Stechen können Infektionen …*	*Dadurch kann man sich z. B. mit … oder … anstecken.*

c) Arbeite **alle** Argumente heraus, die **für und gegen** ein Tattoo sprechen.

Die Struktur eines einfachen Arguments untersuchen; linearen Texten Informationen zielgerichtet entnehmen, ordnen, prüfen und strukturiert darstellen; Inhalte herausarbeiten

Argumente zu einer Argumentationskette verknüpfen

Ein einziges Argument reicht nicht, wenn ihr andere von eurer Meinung überzeugen möchtet. Daher müsst ihr mehrere Argumente zu einer Kette verbinden, mit der ihr euren Standpunkt überzeugend begründet.

1 Untersucht die Grafik und besprecht:
- Aus welchen Bestandteilen besteht eine Argumentationskette?
- Was sagen die Pfeile aus?
- Warum nennt man die Verbindung mehrerer Argumente *Argumentationskette*?

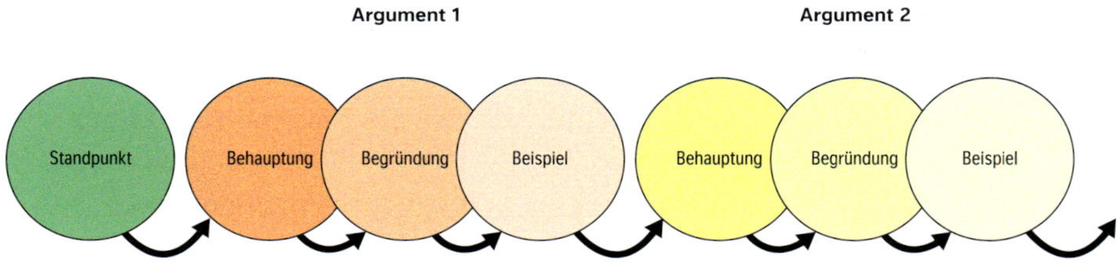

2 Vergleicht eure Überlegungen zu der Grafik mit dem Info-Kasten auf S. 89.

3 Demi hat einen argumentierenden Text zum Thema *Tattoos* geschrieben. Lies den Text. Achte darauf, wie Demi den Text aufgebaut hat.

Standpunkt

Meiner Meinung nach sollten Jugendliche sich nicht tätowieren lassen.

Argument 1

Behauptung
Begründung
Beispiel

Zunächst bringen Tattoos viele gesundheitliche Risiken mit sich. Bei einer Tätowierung wird die Haut mit der Tätowiernadel verletzt, um die Farbe in tieferliegende Hautschichten zu bringen. So können bei schlechter Hygiene im Studio Infektionen wie zum Beispiel HIV oder Hepatitis übertragen werden.

Argument 2

Behauptung
Begründung
Beispiel

Selbst wenn im Tattoostudio hygienisch gearbeitet wird, kann die Haut allergisch reagieren. Einige Farben enthalten nämlich Inhaltsstoffe, die Allergien auslösen. Diese allergische Reaktion kann zum Beispiel einen Ausschlag oder eine dauerhafte Entzündung der tätowierten Stelle nach sich ziehen. Jugendliche haben noch ihr ganzes Leben vor sich und müssen im schlimmsten Fall den Rest ihres Lebens mit den gesundheitlichen Folgen leben.

Argument 3

Behauptung
Begründung
Beispiel

Neben den medizinischen Risiken sollte man bedenken, dass Tattoos oft Modeerscheinungen sind. Viele Menschen bereuen im Erwachsenenalter Entscheidungen aus ihrer Jugend, weil sich der Modegeschmack oder die Interessen verändern. Wenn sie das Tattoo dann entfernen lassen wollen, geht das nur mit einer langen und teuren Laserbehandlung. Und selbst dann bleibt oft Farbe in der Haut zurück oder eine Narbe.

4 Mit welcher Frage hat sich Demi in ihrem Text auseinandergesetzt?
Sollten sich Jugendliche …

5 Nenne Demis Standpunkt in dieser Frage.

6 Untersuche den Aufbau von Demis Argumenten:
- Unterstreiche alle Behauptungen gelb.
- Unterstreiche alle Begründungen grün.
- Unterstreiche alle Beispiele blau.

Digital+
WES-126528-023
Text zum Bearbeiten

7 Ergänze Demis Argumentationskette mit einem weiteren Argument. Denke daran, dass es zu Demis Standpunkt passen muss. Du kannst den Wortschatz nutzen.

Wortschatz

außerdem – nicht gerne gesehen – Arbeitswelt – sichtbare Tätowierungen – Ablehnung – Jugendliche – noch unklarer Berufswunsch – Berufsorientierung – einige Berufsfelder – zum Beispiel Banken und Versicherungen

8 Schreibe eine Argumentationskette für folgenden Standpunkt auf:
Meiner Meinung nach sollte es für Jugendliche ab 16 Jahren erlaubt sein, sich tätowieren zu lassen.
- Bringe dazu die Abschnitte A bis G in eine schlüssige Reihenfolge.

A Tätowierungen geben vielen Menschen die Möglichkeit, ihren Körper nach ihren eigenen Vorlieben zu gestalten.
B Schließlich dürfen Jugendliche auch andere schwerwiegende Entscheidungen im Alter von 16 Jahren treffen.
C Denn mit Tattoos kann man seinen Körper verzieren oder seine eigenen Interessen zur Schau stellen.
D Sie entscheiden sich beispielsweise zwischen 16 und 18 Jahren für einen Ausbildungsplatz und legen damit den Grundstein für ihren weiteren Berufsweg.
E Junge Leute drücken sich zum Beispiel mit verschiedenen Frisuren oder Kleidungsstücken aus.
F Besonders im Alter zwischen 16 und 18 Jahren beschäftigen sich Menschen mit der eigenen Persönlichkeit und mit ihrem eigenen Körper.
G Darüber hinaus kann man Jugendlichen ab 16 Jahren Entscheidungen über ihren eigenen Körper zutrauen.

9 Ergänze diese Argumentationskette mit einem weiteren passenden Argument.

Argumentationskette

- Um in einer Argumentation den eigenen Standpunkt überzeugend zu vertreten, braucht man **mehrere Argumente** (Behauptung, Begründung, Beispiel).
- Diese sollten **inhaltlich aufeinander abgestimmt** sein. Nur so **bauen sie schlüssig aufeinander auf**.
- Diese Abfolge von mehreren, aufeinander abgestimmten Argumenten bezeichnet man als **Argumentationskette**.

Die Struktur eines einfachen Arguments untersuchen; Texten Informationen zielgerichtet entnehmen, ordnen, prüfen und strukturiert darstellen

Einen argumentierenden Text formulieren

Auch mit Piercings kann man den eigenen Körper verändern. Marius beschäftigt das Thema gerade. Er hat seinem Freund Cem dazu eine E-Mail geschrieben.

1 Lies die E-Mail von Marius.

Hi Cem,

hoffentlich geht es dir gut. Ich freue mich schon auf unser Treffen in den Sommerferien. Heute schreibe ich dir aber wegen einer anderen Sache, bei der ich deine Hilfe brauche. Demnächst werde ich mit ein paar Kumpels aus der Schule auf eine Kirmes gehen. Zwei von meinen Buddys wollen sich dort so einen Stecker in die Zunge machen lassen. Sie meinten, ich sollte das auch machen lassen. Es wäre doch cool, wenn wir alle drei die gleichen Piercings hätten. Würdest du da mitmachen? Ich bin mir noch unsicher.

Ich bin gespannt auf deine Meinung.

Viele Grüße
Marius

2 Arbeite aus dem Text heraus, warum sich Marius an Cem wendet.
Was möchte er von ihm?

Du sollst im Namen von Cem eine Antwort an Marius schreiben. Stelle darin deinen Standpunkt zum Thema Piercings dar. Gib ihm dann einen Rat, wie er sich in dieser Situation verhalten kann. Bereite deinen Text mithilfe der folgenden Aufgaben vor.

Digital+
WES-126528-024
Material zum Bearbeiten

3 Informiere dich über das Thema Piercing:
a) Lies die Texte A und B. Beantworte dabei die Leitfragen am Rand.
b) Lies die Texte A bis D. Beantworte dabei die Leitfragen am Rand.

A Der Inhaber eines Piercing-Studios meint:

Warum tragen Menschen Piercings?

Wie wird das Risiko gering gehalten?

Wie sichern sich die Studios ab?

Schon immer wollten Menschen ihren Körper schmücken. Dazu gehören in vielen Kulturen auch Piercings. Die Inderinnen z. B. tragen ihr Nasenpiercing so selbstverständlich wie anderswo die Frauen ihre Ohrringe. Wenn, wie bei uns, erfahrene Fachleute Piercings stechen, ist das Risiko gering. Wir verwenden Titanschmuck und natürlich wird Hygiene ganz groß geschrieben. Das Piercing-Besteck und der Schmuck werden bei 143 °C sterilisiert. Natürlich müssen die Leute ihr Piercing auch richtig pflegen – mit speziellen Sprays oder Salben, damit Entzündungen ausbleiben. Fachgerechtes Piercen hat seinen Preis: Je nach Art des Piercings liegen die Kosten etwa zwischen 50 und 100 €. Vor dem Piercen beraten wir unsere Kunden und klären sie über die möglichen Nebenwirkungen auf. Alle müssen ein Formblatt unterschreiben, dass sie sich auf eigene Gefahr piercen lassen. Jugendliche unter 18 Jahren brauchen die schriftliche Erlaubnis der Eltern.

Die Struktur eines einfachen Arguments untersuchen; linearen Texten Informationen zielgerichtet entnehmen, ordnen, prüfen und strukturiert darstellen; begründet Stellung nehmen

B Piercings aus medizinischer Sicht

Untersuchungen von Krankenkassen zeigen, dass modische Piercings fast in jedem fünften Fall zu medizinischen Komplikationen führen. Es drohen unter anderem akute und chronische Entzündungen, Nervenschäden, Blutungen, Ausrisse, Blutvergiftungen, Allergien und Narben.
Medizinerinnen und Mediziner raten dringend von Intimpiercings ab. Es besteht dabei ein besonders hohes Risiko, sich mit Hepatitis, HIV oder anderen Krankheiten zu infizieren. Auch Zungenpiercings sind besonders risikoreich. Nach dem tiefen Stich durch den Zungenmuskel kann die Zunge zum Beispiel so stark anschwellen, dass Erstickungsgefahr droht. Auch Zahnärztinnen und Zahnärzte warnen davor, weil der Zahnschmelz und der Gaumen durch den Metallschmuck Schaden nehmen können.
Piercings können zwar später wieder entfernt werden, aber oft bleiben tiefe Narben zurück.

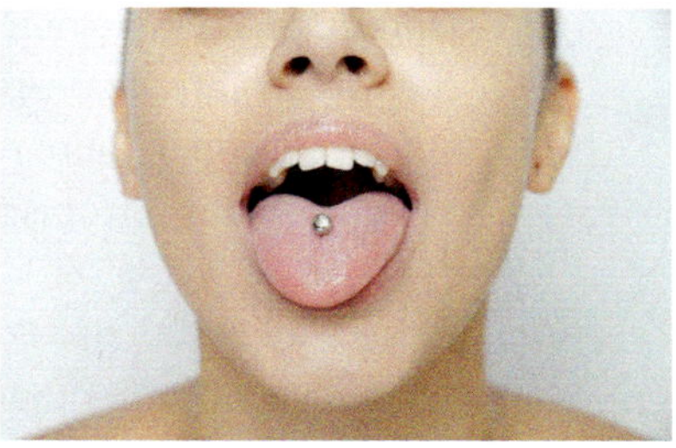

Komplikation
Problem

Zu welchen Problemen kann ein Piercing führen?

Welche Piercings sind besonders gefährlich?

C Isabelles Erfahrungsbericht aus einem Internetforum

Hallo Leute!
Ich habe versprochen, dass ich euch von meinem Bauchnabelpiercing erzähle. Mittlerweile ist das Piercing wieder draußen, aber lasst mich euch die ganze Geschichte erzählen:
Als ich den Termin im Piercingstudio hatte, war ich sehr aufgeregt. Zum Glück hatte ich eine Freundin bei mir. Nachdem mich die Piercerin in den Behandlungsraum geführt hatte, konnte ich das Piercing-Besteck sehen: eine dicke, mit Kunststoff ummantelte Nadel, eine lange Lochzange, Desinfektionsspray, Gummihandschuhe und ein Set von Piercings. Als ich die Gegenstände gesehen habe, wurde mir ehrlich gesagt richtig schwindelig. Aber ich hatte beschlossen, dass ich es durchziehe. Und dann ging es auch schon los. Während ich auf der Liege lag, zog die Piercerin meine Haut am Bauchnabel mit der Lochzange hoch. Sie stach dann mit der dicken Nadel durch meine Haut. Das tat ganz schön weh! Zum Glück ging es ganz schnell. Die Piercerin setzte das Piercing ein und ich war schon fertig.
Allerdings fingen dann die Probleme an. Obwohl ich das Piercing gepflegt habe, wie es mir die Piercerin gesagt hatte, entzündete sich die ganze Stelle. Die Haut war rot, dick und ziemlich warm. Außerdem tat die ganze Stelle rund um den Bauchnabel weh. Sogar ein T-Shirt zu tragen, war schmerzhaft. Ich wollte auf keinen Fall das Piercing entfernen und blieb tapfer. Dadurch wurde die Entzündung aber schlimmer. Schließlich eiterte die Wunde. Ich musste also alles meinen Eltern beichten. Die haben mich direkt zu meiner Ärztin gebracht. Diese hat das Piercing entfernt, was viel schlimmer wehtat als das Piercen. Danach wurde alles gereinigt und desinfiziert. Ich muss jetzt ein Antibiotikum nehmen. Hoffentlich geht alles gut. Drückt mir die Daumen!
Eure Isabelle

Wie arbeitet die Piercerin?

Welche Probleme bekommt Isabelle nach dem Piercen?

Antibiotikum
Medikament bei bakteriellen Krankheiten

Die Struktur eines einfachen Arguments untersuchen; linearen Texten Informationen zielgerichtet entnehmen, ordnen, prüfen und strukturiert darstellen; begründet Stellung nehmen

Was müssen Schüler mit Piercings machen?

Warum sind Piercings verboten?

D Piercings im Sportunterricht

Piercings sind im Sportunterricht nicht erwünscht und müssen vor Beginn des Unterrichts abgelegt werden. Wenn das Ablegen nicht möglich ist, können Piercings alternativ abgeklebt werden. Sie stellen eine Verletzungs- und Gefahrenquelle dar.
Eine teilweise oder vollständige Befreiung vom Sportunterricht kommen nach den Bestimmungen des Schulgesetzes nicht in Frage.

4 Welche Argumente enthalten deine Texte?
- Unterstreiche in deinen Texten die Argumente grün, die **für** ein Tattoo sprechen.
- Unterstreiche in deinen Texten die Argumente rot, die **gegen** ein Tattoo sprechen.

5 Beziehe Stellung zu der Frage von Marius:
Soll er sich ein Zungenpiercing auf der Kirmes machen lassen oder nicht?
Ja, Marius soll sich ein Zungenpiercing auf der Kirmes machen lassen.
Nein, Marius soll sich kein Zungenpiercing auf der Kirmes machen lassen.

6 Stelle nun die Argumente für deinen Standpunkt zusammen:
a) Arbeite **zwei** Behauptungen und Begründungen für deinen Standpunkt heraus. Trage sie in die Tabelle ein. Die Textschnipsel helfen dir dabei.

	Behauptung	Begründung
1.		
2.		

Piercings sind in vielen Kulturen ein traditioneller Körperschmuck.

Erfahrenes Fachpersonal, hält das gesundheitliche Risiko gering.

In vielen Fällen kommt es zu Entzündungen, Nervenschäden, Allergien oder Narben.

Durch ein Zungenpiercing kann die Zunge stark anschwellen. Auch der Zahnschmelz und der Gaumen können Schaden nehmen.

b) Arbeite **drei** Behauptungen und Begründungen für deinen Standpunkt heraus. Veranschauliche sie außerdem mit einem Beispiel oder einer Folge. Trage deine Argumente in die Tabelle ein.

	Behauptung	Begründung	Beispiel/Folge
1.			
2.			
3.			

Die Struktur eines einfachen Arguments untersuchen; linearen Texten Informationen zielgerichtet entnehmen, ordnen, prüfen und strukturiert darstellen; begründet Stellung nehmen

7 Formuliere nun die Antwort auf Marius' E-Mail.
- Schreibe aus der Sicht von Cem.
- Gehe zunächst auf Marius' E-Mail und seine Frage ein.
- Nenne deinen Standpunkt.
- Führe deinen Standpunkt aus. Nutze dafür die Argumente in deiner Tabelle.
- Verknüpfe die Argumente zu einer Argumentationskette.
- Gib Marius zum Schluss einen Rat, wie er mit der Situation umgehen kann.
- Orientiere dich an der Checkliste und am Textgerüst.

Lieber Marius,

mir geht es gut. Ich freue mich auch schon auf unser Treffen in den Ferien.
Wir haben uns viel zu lange nicht mehr gesehen.

Nach deiner E-Mail habe ich mich erst einmal über Piercings informiert.
Dabei bin ich zu folgendem Ergebnis gekommen: Ich an deiner Stelle würde mir …

Zuerst … Denn … Zum Beispiel …

Darüber hinaus …, weil … Beispielsweise …

Am wichtigsten aber finde ich, dass … Denn … Als Beispiel kann man … nennen.

Ich würde dir auf jeden Fall raten, nichts zu überstürzen. Du kannst zum Beispiel erst einmal …
Ich bin gespannt, wie du dich entscheidest.

Viele Grüße

Cem

8 Überarbeite zum Schluss deine E-Mail mithilfe der Checkliste.

Checkliste

- ✔ Ich wähle eine geeignete Anrede für meinen Adressaten.
- ✔ Ich gehe auf eine Frage des Adressaten ein.
- ✔ Ich lege zu Beginn meinen eigenen Standpunkt dar.
- ✔ Ich nenne anschließend Argumente, die meinen Standpunkt stützen.
- ✔ Ich gebe meinem Adressaten zum Schluss einen Rat, wie er mit dieser Situation umgehen kann.
- ✔ Ich gliedere meinen Text durch Absätze.
- ✔ Ich bleibe sachlich.
- ✔ Ich schreibe im Präsens.
- ✔ Ich beende meine E-Mail mit einer Grußformel und meinem Namen.

Die Struktur eines einfachen Arguments untersuchen; linearen Texten Informationen zielgerichtet entnehmen, ordnen, prüfen und strukturiert darstellen; begründet Stellung nehmen

Zusammenfassung

Überprüfe dein Wissen und Können

1 Mariam hat sich mit dem Thema *Tattoos* beschäftigt. Sie hat ihrer Freundin Elis dazu eine Nachricht geschrieben. Lies die Nachricht von Mariam.

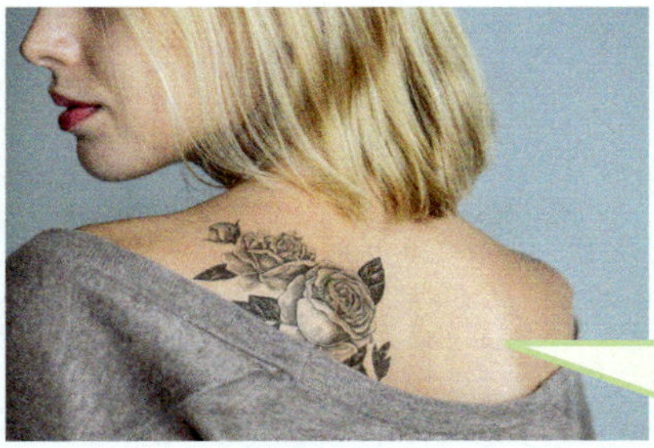

Hey Elis!
Ich habe gerade einen Bericht über Tattoos gesehen. Da waren echt coole Motive dabei! Mir gefallen diese Blumen, die sich den ganzen Arm oder den Rücken herunterschlängeln. Vor allem bunt sieht das echt genial aus. Ich überlege nun, mir so ein Tattoo stechen zu lassen. Was hältst du davon? Ich bin mir noch ein bisschen unsicher.
Bis bald, Mariam

Du sollst im Namen von Elis eine Antwort an Mariam schreiben. Stelle darin deinen Standpunkt zum Thema *Tattoos* dar. Gib ihr dann einen Rat, wie sie sich in dieser Situation verhalten kann. Bereite deinen Text mithilfe der folgenden Aufgaben vor.

2 Beziehe Stellung zu der Frage von Mariam.
Ja, Mariam soll sich ein buntes Blumentattoo stechen lassen.
Nein, Mariam soll sich kein buntes Blumentattoo stechen lassen.

3 Stelle die Argumente für deinen Standpunkt zusammen. Verwende dafür das Textmaterial aus dem Kapitel (s. S. 82–89):
a) Arbeite **zwei** Behauptungen und Begründungen für deinen Standpunkt heraus.
b) Arbeite **drei** Behauptungen und Begründungen für deinen Standpunkt heraus. Veranschauliche sie außerdem mit einem Beispiel oder einer Folge.

4 Formuliere nun die Antwort auf die Nachricht von Mariam.
- Schreibe aus der Sicht von Elis.
- Gehe zunächst auf Mariams' Nachricht und ihre Frage ein.
- Nenne deinen Standpunkt und führe ihn aus. Nutze dafür deine Argumente.
- Verknüpfe die Argumente zu einer Argumentationskette.
- Gib Mariam zum Schluss einen Rat, wie sie mit der Situation umgehen kann.

Hallo Mariam!
Ich freue mich, von dir zu hören.
Ich denke, dass ein buntes Blumentattoo eine/keine gute Idee ist.
Zuerst … Denn … Zum Beispiel …
Außerdem …, weil … Beispielsweise …

Ich würde dir auf jeden Fall raten …
Lass mich wissen, wie du dich entscheidest.

Deine Elis

Digital+
WES-126528-025
Lösungen

Balladen

Vor vielen hundert Jahren gab es sogenannte Bänkelsänger.
Sie traten öffentlich auf und waren sehr beliebt.

das Kellerloch
dunkler Keller

die Freveltat
Verbrechen

1 Schaut euch das Bild an und beschreibt, was ihr seht.

2 Lest die Aussagen A bis E und ordnet sie den Zahlen im Bild passend zu.

A Um vom Publikum besser gesehen zu werden, stellten sich Bänkelsänger auf eine Holzbank.

B Dort trugen sie Lieder und Balladen vor, zu denen sie Bilder zeigten.

C Das Publikum lauschte fasziniert den erfundenen, manchmal auch wahren Ereignissen. Diese wurden erzählt oder gesungen.

D Die Bänkelsänger traten zu Festen oder auf Marktplätzen auf und wurden dafür entlohnt.

E Um die Aufführungen noch interessanter zu gestalten, begleiteten exotische Tiere (z. B. Affen) und Musikanten den Vortrag.

3 Lies den Text.

Balladen sind ganz besondere Gedichte

Die Geschichte der Ballade begann im frühen Mittelalter. Am Anfang ähnelten **Balladen** mündlichen Erzählungen. Sie handelten von aktuellen Ereignissen, Heldentaten, Sagen oder überirdischen Kräften. Fahrende Sänger verbreiteten sie im ganzen Land. Sie hießen Bänkelsänger.
Im 18. Jahrhundert entdeckten Dichter diese Volksballaden und nahmen sie in Gedichtsammlungen auf. Außerdem arbeiteten sie an den Texten weiter. Sie verfeinerten die Verse und veränderten die Handlung. So entstand die **Kunstballade**.
In Deutschland war das Jahr **1797** der Höhepunkt der Balladendichtung.
In einer Art *Battle* veranstalteten Johann Wolfang von Goethe und Friedrich Schiller einen Schreibwettstreit.
In jenem Jahr entstanden viele der berühmtesten deutschen Balladen. Deswegen nennt man das Jahr 1797 in der Literaturgeschichte auch das **Balladenjahr**.
Goethe bezeichnete die Ballade als *Urei der Dichtung*, weil sie so einzigartig ist. Die Ballade vereint drei Gattungen der Literatur: Lyrik, Epik und Dramatik. Dramatische Geschichten werden in Dialogen und mit lyrischen Gestaltungsmitteln erzählt. Sie können beim Zuschauer, Zuhörer oder Leser starke Gefühle auslösen: Zum Beispiel Spannung, Freude oder Angst. Die Figuren sprechen, kämpfen und lieben wie in einem Bühnenstück. Darum begeistern diese besonderen Gedichte das Publikum.

Digital+
WES-126528-026
Text zum Bearbeiten

4 Deckt den Text ab. Erzählt euch gegenseitig, was ihr behalten habt.

5 Vergleicht das Bild auf S. 96 mit den Informationen aus dem Text.
- Welche Informationen findet ihr in dem Bild wieder?

6 Welche Gattungen der Literatur vereint die Ballade? Ergänzt die Grafik.

Ballade

B → S. 303
Lyrik

B → S. 301
Epik

B → S. 301
Dramatik

7 Goethe bezeichnete die Ballade als Urei der Dichtung (Z. 24–25).
- Die Vorsilbe *Ur-* kommt in Worten wie *Uroma*, *Uropa* oder *Urzeit* vor. Stellt Vermutungen an, was *Ur-* bedeuten könnte.
- Betrachtet die Abbildung neben dem Text.
- Erklärt euch gegenseitig, was Goethe mit dem *Urei der Dichtung* meint.

In diesem Kapitel lernst du (,)...
- den Inhalt einer Ballade zu erschließen.
- unterschiedliche Merkmale der Gattung „Ballade" kennen.
- die Sprache von Balladen zu untersuchen.
- die Handlung von Figuren zu untersuchen und zu deuten.
- produktiv mit Balladen umzugehen (Tagebucheintrag, Dialog).

Sich dem Inhalt einer Ballade annähern

Der Erlkönig von Johann Wolfgang von Goethe ist eine der berühmtesten deutschen Kunstballaden. Darin geht es um ein magisches Naturerlebnis.

1 Lies die ersten vier Strophen der Ballade.

Digital+
WES-126528-027
Text zum Bearbeiten

Der Erlkönig

Johann Wolfgang von Goethe

Wer reitet so spät durch Nacht und Wind?
Es ist der Vater mit seinem Kind;
Er hat den Knaben wohl in dem Arm.
Er fasst ihn sicher, er hält ihn warm.

Mein Sohn, was birgst du so bang dein Gesicht? –
Siehst, Vater, du den Erlkönig nicht?
Den Erlenkönig mit Kron und Schweif? –
Mein Sohn es ist ein Nebelstreif. –

„Du liebes Kind, komm, geh mit mir!
Gar schöne Spiele spiel ich mit dir;
Manch bunte Blumen sind an dem Strand,
Meine Mutter hat manch gülden Gewand.“

Mein Vater, mein Vater, und hörest du nicht,
Was Erlenkönig mir leise verspricht? –
Sei ruhig, bleibe ruhig, mein Kind;
In dürren Blättern säuselt der Wind. –

2 Ordnet den einzelnen Bildern konkrete Textstellen zu.

3 Markiert die direkte Rede der drei Sprecher mit verschiedenen Farben.

Goethe hat nicht für jeden Sprecher Anführungszeichen gesetzt.

4 Beantwortet folgende Fragen zum Text:
- Welche Figuren treten auf?
- Wo spielt die Handlung?
- Wann spielt das Geschehen?

5 Tragt euch gegenseitig die vier Strophen vor. Probiert dabei verschiedene Sprechweisen wie z. B. *flüsternd, stockend, angstvoll* aus.

6 Beschreibt die Stimmung des Textes. Wie wirken die Strophen auf euch?

7 Sprecht darüber, wie ihr die Strophen deutet.

Ich verstehe die erste Strophe so, dass …

Wortschatz
geheimnisvoll
unheimlich
lustig
liebevoll
entspannt

8 Lies die letzten vier Strophen der Ballade.

„Willst, feiner Knabe, du mit mir gehn?
Meine Töchter sollen dich warten schön;
Meine Töchter führen den nächtlichen Reihn;
Und wiegen und tanzen und singen dich ein."

Mein Vater, mein Vater, und siehst du nicht dort
Erlkönigs Töchter am düstern Ort? –
Mein Sohn, mein Sohn, ich seh es genau;
Es scheinen die alten Weiden so grau. –

„Ich liebe dich, mich reizt deine schöne Gestalt;
Und bist du nicht willig, so brauch ich Gewalt!"
Mein Vater, mein Vater, jetzt fasst er mich an!
Erlkönig hat mir ein Leids getan! –

Dem Vater grauset's, er reitet geschwind,
Er hält in den Armen das ächzende Kind,
Erreicht den Hof mit Mühe und Not;
In seinen Armen das Kind war tot.

warten
hier: betreuen, für jemanden sorgen

die Weide
Baum, oft an Seen oder Flüssen

9 Ordnet erneut den einzelnen Bildern konkrete Textstellen zu.

10 Schaut euch nun den Animationsfilm zur Ballade von Georg Weidenbach an.

11 Bewertet den Gedichtvortrag im Film. Beachtet dabei:
- Geben die Sprecher die Stimmung des Gedichts gut wieder?
- Welche Wirkung haben die Filmbilder auf dich?

Digital+
WES-126528-028
Animationsfilm

B → S. 305
Videos erschließen

12 Entscheide und begründe, welche Aussagen zum Gedicht für dich passend sind.

A Der Junge ist einem Geist begegnet, nur der Vater hat ihn nicht gesehen.

B Der Junge hat vermeintlich einen Geist gesehen, weil er beispielsweise krank war.

C Der Junge kann Wirklichkeit und Fantasie nicht mehr unterscheiden und steigert sich in seine Welt hinein.

Sich Balladen annähern

Um dich dem Inhalt einer Ballade zu nähern, kannst du:
- **mehrmals** den Text **lesen** und **Schlüsselelemente** markieren (*Wer? Wo? Wann? Was? ...*).
- beim Lesen **verschiedene Sprechweisen** ausprobieren,
- hilfreiche **Illustrationen** und **Worterklärungen** zum Text nutzen.
- Balladenvorträge von **professionellen Sprechern** im Internet anhören.

Den Inhalt von Balladen erschließen

Digital+
WES-126528-029
Text zum Bearbeiten

der Bischof *wichtige Person der Kirche*

verschieden *gestorben*

die Hatz *Jagd, Hektik*

1 Lies die Ballade mehrmals.

Der Schneider von Ulm (Ulm 1592)

Bertolt Brecht

„Bischof, ich kann fliegen“,
Sagte der Schneider zum Bischof.
„Pass auf, wie ich's mach'!“
Und er stieg mit so 'nen Dingen,
Die aussahn wie Schwingen
Auf das große, große Kirchendach.
Der Bischof ging weiter.
„Das sind so lauter Lügen,
Der Mensch ist kein Vogel,
Es wird nie ein Mensch fliegen“,
Sagte der Bischof vom Schneider.

„Der Schneider ist verschieden“,
Sagten die Leute dem Bischof.
„Es war eine Hatz.
Seine Flügel sind zerspellet
Und er lag zerschellet
Auf dem harten, harten Kirchenplatz.“
„Die Glocken sollen läuten,
Es waren nichts als Lügen,
Der Mensch ist kein Vogel,
Es wird nie ein Mensch fliegen“,
Sagte der Bischof den Leuten.

2 Markiere die Schlüsselelemente der Ballade in unterschiedlichen Farben.

- Wer sind die Figuren?
- Wo und wann spielt die Handlung?
- Was ist der Konflikt? Was sind die Folgen?

3 In der Ballade gibt es ein paar ungewöhnliche Wörter. Lies die Gedankenblasen und beschreibe: Wie versucht der Schüler sich ein Wort zu erklären?

Zerspellet? Mhhm … was ist das? Zer-spell-et? **B**

Auf dem Bild sind die Flügel auch kaputt. Wahrscheinlich heißt zerspellet so viel wie kaputt gegangen. **A**

„Seine Flügel sind zerspellet Und er lag zerschellet … auf dem Kirchplatz.“ Zerschellen kenn ich, da geht etwas kaputt. Hier ist der Schneider tot. Wahrscheinlich sind beim Sturz seine Flügel zerstört worden. **C**

4 Lies den Info-Kasten. Ordne folgende Strategien den Gedankenblasen zu.

Begriff in Wortbausteine zerlegen – weitere Hinweise wie Illustrationen nutzen – das Wort im Zusammenhang lesen

B → S. 321
Wortbausteine

5 Erschließe dir auf diese Weise weitere unbekannte Wörter der Ballade: *Schwingen, verschieden, die Hatz.*

6 Bereitet einen Balladenvortrag vor.
- Markiert die direkte Rede der Figuren in verschiedenen Farben.
- Verteilt die markierten Textabschnitte auf verschiedene Sprecher.
- Tragt die Ballade gemeinsam vor.

7 Deutet die Ballade lesend.
- Probiert für die Rollen verschiedene Sprechweisen aus: *gehässig, arrogant, traurig, würdevoll …*
- Wechselt die Rollen und hört euch gegenseitig zu. Gebt euch Rückmeldung: Welche Lesart passt am besten zum Inhalt?
- Einigt euch auf eine Lesart und nehmt euren Balladenvortrag mit der Aufnahmefunktion eines Endgeräts auf.

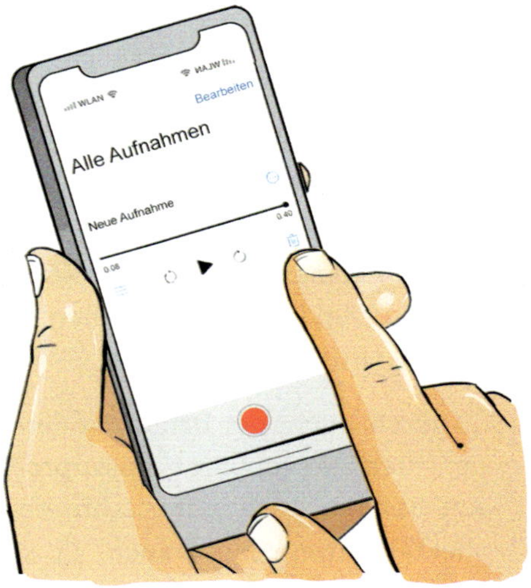

B → S. 305
Tonaufnahmen machen

8 Stellt eure Aufnahme einer anderen Gruppe vor und gebt euch gegenseitig Feedback.

9 Wie lautet das Thema der Ballade? Ergänze den folgenden Satz.

Die Ballade „Der Schneider von Ulm", geschrieben von Bertolt Brecht, handelt von …

Unbekannte Wörter erschließen

Um unbekannte Wörter zu erschließen, helfen dir diese Strategien:
1. **Lies** das unbekannte Wort oder die Wortgruppe **mehrmals**.
2. **Zerlege** das unbekannte Wort in **Wortbausteine**.
3. Lies das Wort / die Wortgruppe im **Zusammenhang**. Du schaust dir also den ganzen Satz oder Textabschnitt an, in dem das Wort verwendet wird.
4. Nutze weitere **Hinweise** wie **Worterklärungen** oder **Illustrationen**.

Epische Elemente einer Ballade erkennen

1 Die Handlung in der Ballade *Der Schneider von Ulm* geht auf eine wahre Geschichte zurück. Lies den folgenden Sachtext.

Digital+
WES-126528-030
Text zum Bearbeiten

Der Schneider von Ulm

Den Schneider von Ulm gab es tatsächlich. Er hieß Albrecht Ludwig Berblinger. Er lebte von 1770 bis 1829 in Ulm.

Albrecht Berblinger war jedoch nicht nur Schneider, sondern auch Erfinder. Seine größte Erfindung war eine Flugmaschine. Wie viele Menschen träumte Berblinger, fliegen zu können. Daher konstruierte er eine Flugmaschine, mit der er sich diesen Traum verwirklichen wollte. Das sprach sich herum. Sogar der König wollte daraufhin die Stadt besuchen, um den Flugapparat zu sehen.

Dadurch wuchs der Druck auf den Erfinder, den Flugapparat auszuprobieren. Am 31. Mai 1811 unternahm er einen spektakulären Flugversuch: Er startete von der Adlerbastei in Ulm vor den Augen des Königs.

Der Flugversuch endete in einer Bruchlandung in der Donau. Berblinger überlebte zwar, aber die Menschen verspotteten ihn seitdem für seinen missglückten Flugversuch. Arm, ausgegrenzt und als Lügner beschimpft, starb er 1829 in Ulm.

Später baute man seinen Flugapparat nach. Dabei stellte man fest, dass er unter anderen Bedingungen flugfähig gewesen wäre. Heute bewundert man Berblinger für seinen Mut. Er gilt als einer der ersten Flugvisionäre.

Adler-Bastei in Ulm

Und die Ulmer? Sie feiern den einst verlachten Erfinder heute als bedeutenden Sohn der Stadt.

der Flugvisionär
eine Person, die an der Erfindung von Fluggeräten beteiligt ist

2 Deckt den Text ab und erzählt euch gegenseitig, was ihr behalten habt.

3 Zu welchem Textabschnitt passt das Foto? Nenne die Zeilen.

4 Markiere in dem Sachtext die Schlüsselwörter:
Wer? Wo? Was? Wann? Welche Folgen gibt es?

5 Der Flugversuch wird von den Menschen unterschiedlich bewertet.
- Sucht dazu Aussagen im Text. Markiere die verschiedenen Sichtweisen.

6 Wie bewertet ihr den Flugversuch Berblingers? Nehmt Stellung.

Für mich ist Berblinger … , denn …
Der Flugversuch von Berblinger ist für mich …, da …

7 Vergleicht den Inhalt der Ballade von S. 100 mit dem historischen Geschehen.
- Nutzt eure Markierungen aus den Aufgaben 4 und 5.
- Markiert in der Tabelle die Unterschiede farbig.

Digital+
WES-126528-031
Tabelle zum Bearbeiten

Schlüsselelemente	Ballade	Historisches Geschehen
Figuren	• *„der Schneider"* • *…*	*Schneider mit dem Namen Albrecht Berblinger*
Ort		*Ulm*
Zeit		
Konflikt		
Folgen		

8 Lies den Info-Kasten.

9 Fasse zusammen, was Bertolt Brecht von dem historischen Stoff für seine Balladendichtung benutzt hat.

Der Autor … hat für seine Ballade den Schneider als Hauptfigur genutzt.
Der Schneider hat hier aber …

10 Lest nochmals die wörtliche Rede des Bischofs aus der zweiten Strophe.
a) Entscheide und begründe, ob die Aussage des Bischofs richtig oder falsch ist.
b) Formuliere eine Antwort, die du dem Bischof darauf geben würdest.
c) Nimm Stellung zu der Aussage. Stelle Vermutungen an, warum Bertolt Brecht das einen Bischof und keinen König sagen lässt.

11 Entscheidet und begründet, welche Geschichte ihr interessanter findet: Die historischen Ereignisse oder die veränderte Handlung in der Ballade?

12 Hört euch nochmals eure Tonaufnahme von S. 101 an.
- Würdet ihr die Ballade „Der Schneider von Ulm" jetzt anders lesen? Begründet.
- Lest die Ballade (S. 100) noch einmal laut.

Epische Elemente in Balladen

- Balladen **erzählen** oft von außergewöhnlichen Ereignissen.
- Den **Stoff** für diese Geschichten liefern häufig wahre Geschehnisse.
- In den Balladen handeln **Figuren** wie in Geschichten. Sie erleben **Konflikte,** die gelöst werden müssen und die **Folgen** haben. Daher spricht man davon, dass Balladen **epische** (= erzählerische) **Elemente** enthalten.

Exemplarisch historische Kontexte in das Verständnis von Texten einbeziehen; die Gattungszugehörigkeit von Texten nach ihren spezifischen Merkmalen unterscheiden (Ballade)

Balladen inhaltlich und sprachlich untersuchen

1 Beschreibe, was auf dem Bild passiert.

Digital+
WES-126528-032
Text zum Anhören

2 Höre dir zunächst die Ballade an.

Johanna Sebus

Johann Wolfgang von Goethe

Zum Andenken der siebzehnjährigen Schönen, Guten, aus dem Dorfe Brienen, die am 13. Januar 1809 bei dem Eisgange des Rheins und dem großen Bruche des Dammes von Cleverham, Hilfe reichend, unterging.

Der Damm zerreißt, das Feld erbraust,
Die Fluten spülen, die Fläche saust.
„Ich trage dich, Mutter, durch die Flut,
Noch reicht sie nicht hoch, ich wate gut.“ –
„Auch uns bedenke, bedrängt wie wir sind,
Die Hausgenossin, drei arme Kind!
Die schwache Frau! . . . Du gehst davon!“ –
Sie trägt die Mutter durchs Wasser schon.
„Zum Bühle da rettet euch! harret derweil:
Gleich kehr‘ ich zurück, uns allen ist Heil.
Zum Bühl ist's noch trocken und wenige Schritt;
Doch nehmt auch mir meine Ziege mit!“

Der Damm reißt, das Wasser strömt.
↓
Johanna trägt die Mutter ...
Die Nachbarin ...
↓

die Hausgenossin *Nachbarin*
der Bühl *der Hügel*
harren *warten*
Uns allen ist Heil. *Alles wird gut.*

Der Damm zerschmilzt, das Feld erbraust,
Die Fluten wühlen, die Fläche saust.
Sie setzt die Mutter auf sichres Land;
Schön Suschen, gleich wieder zur Flut gewandt.
„Wohin? Wohin? Die Breite schwoll;
Des Wassers ist hüben und drüben voll.
Verwegen ins Tiefe willst du hinein!“ –
„Sie sollen und müssen gerettet sein.“

Der Damm verschwindet, die Welle braust,
Eine Meereswoge, sie schwankt und saust.
Schön Suschen schreitet gewohnten Steg,
Umströmt auch gleitet sie nicht vom Weg,
Erreicht den Bühl und die Nachbarin;
Doch der und den Kindern kein Gewinn!

Der Damm verschwand, ein Meer erbraust’s,
Den kleinen Hügel im Kreis umsaust’s.
Da gähnet und wirbelt der schäumende Schlund
Und ziehet die Frau mit den Kindern zu Grund;
Das Horn der Ziege erfasst das ein’,
So sollten sie alle verloren sein!
Schön Suschen steht noch strack und gut:
Wer rettet das junge, das edelste Blut!
Schön Suschen steht noch wie ein Stern,
Doch alle Werber sind alle fern.
Rings um sie her ist Wasserbahn,
Kein Schifflein schwimmet zu ihr heran.
Noch einmal blickt sie zum Himmel hinauf,
Da nehmen die schmeichelnden Fluten sie auf.

Kein Damm, kein Feld! Nur hier und dort
Bezeichnet ein Baum, ein Turm den Ort.
Bedeckt ist alles mit Wasserschwall;
Doch Suschens Bild schwebt überall. –
Das Wasser sinkt, das Land erscheint
Und überall wird schön Suschen beweint. –
Und dem sei, wer’s nicht singt und sagt,
Im Leben und Tod nicht nachgefragt!

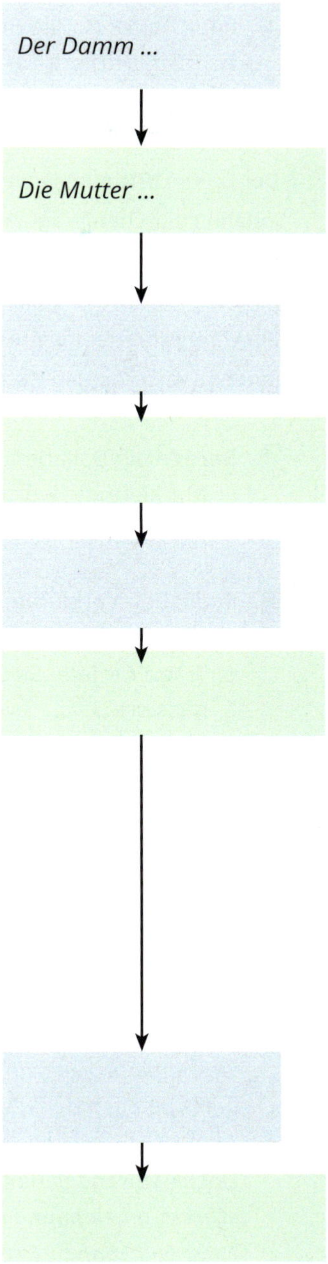

Suschen
= Johanna

die Breite
Hiermit ist die Flut gemeint.

schreitet gewohnten Steg
geht einen bekannten Weg

der Schlund
Maul, Mund

strack
aufrecht

die Werber
Verehrer

3 Tauscht euch aus: Wie wirkt die Ballade auf euch?
- Begründet euren Eindruck mit Textstellen.

4 Lies die Ballade erneut.
- Setze für die unterstrichenen Wörter beim erneuten Lesen die Worterklärungen vom Rand ein.
  Zum Bühle da rettet euch. → Zum Hügel da rettet euch.

Digital+
WES-126528-033
Text zum Bearbeiten

5 Entscheide, ob die Behauptungen zum Textinhalt wahr oder falsch sind.
- a) Korrigiere die falschen Aussagen.
- b) Gib Textstellen als Beleg an. Korrigiere die falschen Aussagen.

	wahr	falsch
Der Damm bricht im Januar 1813.		
Johanna (Suschen) trägt ihre Mutter durch das reißende Wasser.		
Die Mutter verlangt von Johanna, die Nachbarin und ihre Kinder zu retten.		
Johanna kann die Nachbarin und die Kinder retten.		
Ein Verehrer rettet Johanna vor dem Untergang.		
Johanna wird von den Fluten mitgerissen und stirbt.		

6 Bereite die Ballade für die Inhaltsuntersuchung vor.
- Markiere die wörtliche Rede der Figuren in verschiedenen Farben.
- Markiere die Schlüsselstellen: Wer? Wo? Wann? Was?

7 Stelle den Verlauf der Handlung in einem Flussdiagramm dar.
- Ergänze das Flussdiagramm neben dem Text.
- Trage für jede Strophe in die blauen Kästchen ein, was mit dem Damm passiert.
- Trage für jede Strophe in die grünen Kästchen die Handlungsschritte der Figuren ein.

8 Fasse nun den Inhalt der Ballade in eigenen Worten zusammen.
- Nutze das Flussdiagramm als Schreibplan.

a) Arbeite mit dem Textgerüst.

Die Ballade „Johanna Sebus" von Johann Wolfgang von Goethe behandelt …
Im Winter des Jahres ... steigt das Wasser im Rhein so stark, dass die Deiche ...
Deshalb müssen sich die Menschen im Dorf ... in Sicherheit bringen. Zu ihnen gehören auch die 17 Jahre alte ... und ihre ...
Als Johanna die Mutter aus den Fluten rettet, ruft … Johanna verspricht …
Doch während Johanna versucht, … zu retten, reißt der … Die Fluten steigen stärker an. Johanna ist noch einige Zeit im Wasser zu sehen, aber dann …
Niemand kann … Schließlich … sie.
Das Wasser geht wieder … und im ganzen Dorf …

B → S. 299 *Inhaltsangabe*

b) Verwende die Wortbausteine für deine Inhaltsangabe.

Ballade – Johann Wolfgang von Goethe – thematisiert – Hochwasser – Unglück – Tod – Johanna Sebus – Flut – retten – Mutter – Nachbarin und Kinder – Rettungsversuch – mitreißen – sterben – ertrinken – Flut steigt an – keine Hilfe – Dorf überflutet – Flut geht zurück – Trauer

c) Verfasse deine Inhaltsangabe selbstständig.

Methoden der Texterschließung anwenden; Inhalte von Texten herausarbeiten und dazu aussagekräftige Textbelege auswählen; wesentliche Elemente eines Textes bestimmen und beschreiben

9 Lest den Info-Kasten und untersucht die äußere Form der Ballade.
- Nennt die Anzahl der Strophen und benennt die Reimart.

B → S. 304 *Reime*

10 Was sind bildhafte Stilmittel?

a) Lies im Basiswissen, was ein Vergleich ist und woran man ihn erkennt.

B → S. 305 *Vergleich*

b) Lies im Basiswissen, was eine Personifikation ist und woran man sie erkennt.

B → S. 303 *Personifikation*

c) Lies im Basiswissen, was eine Metapher ist und woran man sie erkennt.

B → S. 303 *Metapher*

11 Erklärt euch gegenseitig die Begriffe *Vergleich*, *Personifikation* und *Metapher*.

12 In der Ballade sind bereits einige bildhafte Stilmittel markiert.
- Lies die Textstelle mehrmals.
- Beschreibe das Bild, das dabei vor deinem inneren Auge entsteht.

13 Entscheide, welche Deutung auf das folgende bildhafte Stilmittel treffend ist.
- Ergänze mit eigenen Worten, wenn die Wirkung bei dir eine andere ist.

Durch die *Personifikation / den Vergleich* der Flut mit einem „Schlund" wirkt die Situation noch *bedrohlicher / friedlicher*. Es entsteht ein Bild von einem *geschlossenen / offenen* Maul. Die Wörter „wirbeln" und „schäumen" zeigen, wie *ruhig / wild* die Flut ist. Das wirkt *friedlich / gefährlich*.

14 Bestimmt und deutet gemeinsam mindestens zwei der markierten bildhaften Stilmittel im Gedicht.
- Orientiert euch dabei an der Beschreibung in Aufgabe 12 und 13.

Lyrische Elemente in Balladen

- Balladen sind **Gedichte** und gehören zur **Gattung der Lyrik**.
- Sie sind bereits an ihrer äußeren Form erkennbar:
- Meist sind sie in **Strophen** und **Verse** gesetzt. Die Verse reimen sich häufig.
- Wie fast alle Gedichte haben auch Balladen eine verdichtete, bildhafte Sprache. **Metaphern, Vergleiche** und **Personifikationen** sind solche bildhaften **Stilmittel.** Sie erzeugen beim Lesen innere Bilder von dem Geschehen. Dadurch können die Leser beispielsweise mit den Figuren in ihrer Situation mitfühlen.

Die Gattungszugehörigkeit lyrischer Texte nach ihren spezifischen Merkmalen unterscheiden; Fachbegriffe zur formalen Beschreibung von Texten verwenden; die Wirkung von Gestaltungsmitteln erkennen und erläutern

Das Handeln von Figuren untersuchen und deuten

Digital+
WES-126528-034
Vergrößertes Bild

1 Betrachte das Bild zu der Ballade *Johanna Sebus*.

2 Ordne die Szene aus dem Bild einer Textstelle in der Ballade zu.

3 Formuliere Gedanken und Gefühle, die der Mutter und Johanna in dieser Situation durch den Kopf gehen könnten.

4 Ergänze im Flussdiagramm von S. 104–105 Gedanken der Figuren für die verschiedenen Handlungsschritte.
Arbeite mit folgenden Fragen:
- Was beobachten die Mutter und Johanna?
- Was fühlen die Mutter und Johanna?

Der Damm wird kleiner, die Flut steigt.

↓

Die Mutter ist gerettet. Johanna will die Nachbarin holen – die Mutter hat Angst.

Johanna: Das Wasser steigt! Der Damm ist nicht mehr zu sehen …

Mutter: Geh nicht. Ich habe Angst um dich.

B → S. 300
Tagebucheintrag schreiben

5 Viele Tage nach den schrecklichen Ereignissen schreibt Johannas Mutter einen Tagebucheintrag über das Erlebte.
- Versetze dich in die Figur und verfasse diesen Tagebucheintrag.
- Nutze dafür das Flussdiagramm und die Gedankenblasen aus Aufgabe 4.

Brienen, 19. Januar 1809

Johanna ist tot. Ich kann in keiner Nacht schlafen. Immer wieder habe ich diese schrecklichen Bilder vor mir. Als sie mich an Land getragen hat, da dachte ich noch …

Handlungen und Verhaltensweisen literarischer Figuren beschreiben und begründet bewerten; Beziehungen von Figuren beschreiben; handlungs- und produktionsorientierte Verfahren anwenden (Tagebucheintrag)

Einen Tagebucheintrag überarbeiten

1 Lies Minas ersten Entwurf ihres Tagebucheintrags. Wie ist dein Eindruck?

Brienen, 19. Januar 1809
Es ist jetzt eine Woche her, dass Suschen starb. Ich glaubte damals, dass wir beide sterben würden. Als Johanna wieder losging, hatte ich das Gefühl, dass sie in ihr eigenes Grab steigt. Ich vermisse sie so. Ich weiß nicht, ob es das wert war. Alle bezeichnen Johanna als Heldin. Aber ich kann nur traurig sein…

2 Lies das Gespräch zwischen Mina und ihrer Lehrerin über den Tagebucheintrag.

Mina, du schreibst, dass die Mutter glaubte, dass beide sterben würden. Warum?

Na, der Damm war doch gebrochen. Da war überall Wasser.

Diese Information ist sehr wichtig für mich als Leserin: Füge das doch in deinen Text ein.

… Es ist jetzt eine Woche her, dass Suschen starb. Es war so fürchterlich, als der Damm brach. Überall Wasser. Alles versank. Ich glaubte damals, auch zu sterben.

Prima, jetzt hast du den Leserblick in deinen Tagebucheintrag mit einbezogen.

3 Lest den Info-Kasten. Sprecht darüber, was mit dem Leserblick gemeint ist.
- Beschreibt, was der Leser in Minas überarbeitetem Text zusätzlich erfährt.

4 Überarbeitet Minas Textentwurf weiter.
- Findet mindestens eine weitere Stelle, in der der Leserblick zu kurz kommt.

5 Überprüfe deinen eigenen Tagebucheintrag aus Aufgabe 5 von S. 108 mit dem Leserblick. Überarbeite die Stellen, an denen der Leserblick fehlt.

Texte mit dem Leserblick überarbeiten

Tagebucheinträge, innere Monologe und Dialoge sind Textsorten, in denen du Figuren und deren Handeln deutest. Beim Verfassen eines solchen Textes musst du den **Leserblick** einbeziehen. Du solltest darauf achten, **wichtige Informationen zur Handlung und zur Situation der Figur** geschickt in deinen Text einzubauen. Der Leser muss den Text verstehen, auch wenn er den Ausgangstext nicht kennt.

Dramatische Elemente in einer Ballade erkennen

Bevor es Zoos gab, hielten sich einige Könige und Fürsten wilde Tiere. Diese Tiere wurden aber nicht gut behandelt. Sie wurden für Kämpfe benutzt. Überbleibsel solcher Spiele finden sich in manchen Ländern heute noch.

Digital+
WES-126528-035
Text zum Anhören

1 Lies die Ballade.

Der Handschuh

Friedrich Schiller

Vor seinem Löwengarten,
Das Kampfspiel zu erwarten,
Saß König Franz,
Und um ihn die Großen der Krone,
Und rings auf hohem Balkone
Die Damen in schönem Kranz.

Und wie er winkt mit dem Finger,
Auf tut sich der weite Zwinger,
Und hinein mit bedächtigem Schritt
Ein Löwe tritt,
Und sieht sich stumm
Rings um,
Mit langem Gähnen,
Und schüttelt die Mähnen,
Und streckt die Glieder,
Und legt sich nieder.

Und der König winkt wieder,
Da öffnet sich behend
Ein zweites Tor,
Daraus rennt
Mit wildem Sprunge
Ein Tiger hervor.

Wie der den Löwen erschaut,
Brüllt er laut,
Schlägt mit dem Schweif
Einen furchtbaren Reif,
Und recket die Zunge,
Und im Kreise scheu
Umgeht er den Leu
Grimmig schnurrend,
Drauf streckt er sich murrend
Zur Seite nieder.

Und der König winkt wieder,
Da speit das doppelt geöffnete Haus
Zwei Leoparden auf einmal aus,
Die stürzen mit mutiger Kampfbegier
Auf das Tigertier,
Das packt sie mit seinen grimmigen Tatzen,
Und der Leu mit Gebrüll
Richtet sich auf, da wird's still,
Und herum im Kreis,
Von Mordsucht heiß,
Lagern sich die greulichen Katzen.

Da fällt von des Altans Rand
Ein Handschuh von schöner Hand
Zwischen den Tiger und den Leun
Mitten hinein.

der Leu
anderes Wort für „Löwe"

Altan
Balkon

Und zu Ritter Delorges spottenderweis
Wendet sich Fräulein Kunigund:
„Herr Ritter, ist Eure Lieb so heiß,
Wie Ihr mir's schwört zu jeder Stund,
Ei, so hebt mir den Handschuh auf.“

Und der Ritter in schnellem Lauf
Steigt hinab in den furchtbarn Zwinger
Mit festem Schritte,
Und aus der Ungeheuer Mitte
Nimmt er den Handschuh mit keckem Finger.

Und mit Erstaunen und mit Grauen
Sehens die Ritter und Edelfrauen,
Und gelassen bringt er den Handschuh zurück,
Da schallt ihm sein Lob aus jedem Munde,
Aber mit zärtlichem Liebesblick —
Er verheißt ihm sein nahes Glück —
Empfängt ihn Fräulein Kunigunde.
Und er wirft ihr den Handschuh ins Gesicht:
„Den Dank, Dame, begehr ich nicht“,
Und verlässt sie zur selben Stunde.

2 Sprecht über die Ballade.
- Hättet ihr gedacht, dass der Ritter zu den Raubtieren hinunterklettert?
- Wie findet ihr die Forderung der Dame, den Handschuh wiederzuholen?
- Wie bewertet ihr die Reaktion des Ritters am Ende?

3 Der Handschuh hat eine besondere Bedeutung in der Ballade. Lies dazu den Sachtext.

Die Bedeutung des Handschuhs in alten Zeiten

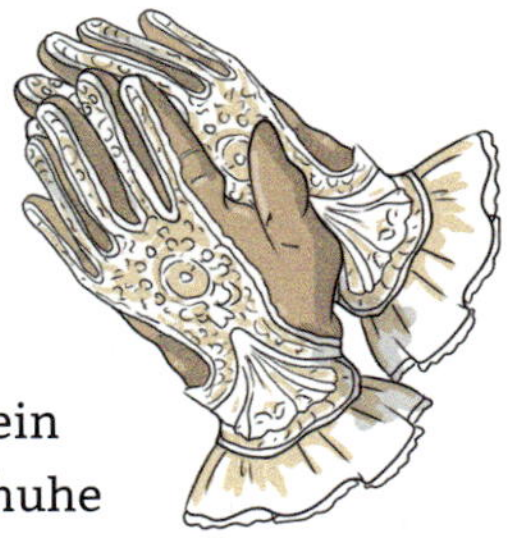

Heutzutage tragen wir Handschuhe, um uns vor Kälte oder Schmutz zu schützen. Im Mittelalter war der Handschuh ein Statussymbol. Nur reiche Menschen trugen Handschuhe aus feinsten Stoffen oder edlem Leder. Armen Leuten war dies verboten. Handschuhe waren ein Symbol für die Oberschicht. Schenkte ein Herrscher einem Adeligen ein Lehen (Land), so schickte er dazu ein paar Handschuhe mit. Das war das Symbol dafür, dass er ihm die Herrschaft über das Land gab. Handschuhe hatten aber noch andere Bedeutungen: Warf jemand einem anderen einen Handschuh ins Gesicht, war das eine schwere Beleidigung. Man drückte damit seine Verachtung aus. Überreichte eine Dame einem Herrn einen ihrer Handschuhe, zeigte sie auf diese Weise ihre Aufmerksamkeit oder gar Zuneigung.

Benutze ein Wörterbuch, um unbekannte Begriffe nachzuschlagen.

4 Fasse in Stichworten zusammen, welche Bedeutung der Handschuh im Mittelalter hatte: *Statussymbol, …*

5 Diskutiert, welche Bedeutung der Handschuh in der Ballade hat.
- Begründet eure Einschätzung.

6 Lies den Info-Kasten auf S. 112. Benenne die dramatischen Elemente in der Ballade.
- Markiere Textstellen, in denen die Spannung in der Handlung steigt.
- Markiere die Dialoge der Figuren in verschiedenen Farben.

Digital+
WES-126528-036
Text zum Bearbeiten

Inhalte von Texten herausarbeiten und zusammenfassen; die Gattungszugehörigkeit lyrischer Texte nach ihren spezifischen Merkmalen unterschieden; exemplarisch historische Kontexte in das Verständnis von Texten einbeziehen

7 Untersucht die Handlung und die Dialoge.
- Lest die Ballade mit verteilten Rollen.
- Klärt unbekannte Wörter.
- Unterstreicht im Text Hinweise, in welcher Haltung die Figuren sprechen.
- Schreibt daneben in Gedankenblasen, was die angesprochene Figur dazu denken könnte.

Und zu Ritter Delorges spottenderweis
Wendet sich Fräulein Kunigund
„Herr Ritter, ist eure Liebe so heiß,
Wie Ihr mir's schwört zu jeder Stund,
Ei, so hebt mir den Handschuh auf."

Die Ballade endet mit dem Vers *„Und verlässt sie zur selben Stunde"*. (V. 72)

8 Diskutiert, was der Grund für Delorges Verhalten sein könnte.
- Nutzt eure Ergebnisse aus Aufgabe 7.

9 Schreibt den Dialog zwischen Ritter Delorges und einem Freund als Szene wie in einem Bühnenstück auf.
- Nutzt für den Einstieg in den Dialog den vorgegebenen Anfang.
- Besprecht, wie der Dialog weitergehen könnte. Nutzt eure Überlegungen aus Aufgabe 8.
- Diskutiert, wie der Dialog enden könnte. Entscheidet, ob der Freund Delorges versteht oder sein Verhalten weiterhin ablehnt.

Seid Ihr des Wahnsinns?
Bist du wahnsinnig? Die Ansprache in der 2. Ps. Pl. ist eine alte Höflichkeitsform.

***Freund** (läuft aufgeregt hinter ihm her):* *Delorges, seid **Ihr** des Wahnsinns?*
***Delorges** (dreht sich unwillig um):* *Was wollt Ihr?*
***Freund** (empört):* *Wie konntet Ihr das tun? Das war …*
***Delorges** (…):*

10 Tauscht euch mit einer anderen Partnergruppe aus.
- Gebt euch Feedback.
- Prüft eure Szenen mit dem Leserblick.

11 Überarbeitet eure Szenen noch einmal.

12 Überprüfe abschließend deine Einschätzung zu der Bedeutung des Handschuhs in der Ballade. Hat sich deine Einschätzung verändert? Begründe.

Dramatische Elemente in Balladen

- Neben der Lyrik und Epik ist das Drama eine der drei **Gattungen** der Literatur.
- Dramen werden in der Regel auf Theaterbühnen **aufgeführt**. Daher findet man in Bühnentexten **Dialoge**, **Monologe** und **Szenenanweisungen**.
- Auch Balladen enthalten dramatische Elemente. Es gibt oft eine spannende **Handlung**, die in **Dialogen** vermittelt wird.

Inhalte von Texten herausarbeiten und zusammenfassen; die Gattungszugehörigkeit lyrischer Texte nach ihren spezifischen Merkmalen unterschieden; handlungs- und produktionsorientierte Verfahren anwenden, um zu einer Textdeutung zu gelangen

Zusammenfassung

Überprüfe dein Wissen und Können

1 Weist an dem Text *Der Handschuh* (S. 110–111) nach, dass es sich um eine Ballade handelt.

a) Überprüfe den Text auf lyrische Elemente (Reime, Strophen, Stilmittel). Markiere diese farbig. Fasse deine Ergebnisse schriftlich zusammen.

Die Ballade „Der Handschuh" ist ein Gedicht, denn …

b) Überprüfe, ob der Text eine Geschichte wiedergibt. Fasse deine Ergebnisse schriftlich zusammen.

Der Text „Der Handschuh" handelt von …

c) Überprüfe, ob der Text handelnde und sprechende Figuren enthält, die in einem Konflikt stehen. Markiere diese farbig. Fasse deine Ergebnisse schriftlich zusammen.

In dem Text „Der Handschuh" handeln …

Digital+
WES-126528-037
Text zum Bearbeiten

2 Lies die Ballade.

Herr von Ribbeck auf Ribbeck im Havelland

Theodor Fontane

Herr von Ribbeck auf Ribbeck im Havelland,
Ein Birnbaum in seinem Garten stand,
Und kam die goldene Herbsteszeit
Und die Birnen leuchteten weit und breit,
Da stopfte, wenn's Mittag vom Turme scholl,
Der von Ribbeck sich beide Taschen voll,
Und kam in Pantinen ein Junge daher,
So rief er: „Junge, wiste 'ne Beer?"
Und kam ein Mädel, so rief er: „Lütt Dirn,
Kumm man röwer, ick hebb 'ne Birn."[1]

die Pantinen
Holzschuhe

So ging es viel Jahre, bis lobesam
Der von Ribbeck auf Ribbeck zu sterben kam.
Er fühlte sein Ende. 's war Herbsteszeit,
Wieder lachten die Birnen weit und breit;
Da sagte von Ribbeck: „Ich scheide nun ab.
Legt mir eine Birne mit ins Grab."
Und drei Tage drauf, aus dem Doppeldachhaus,
Trugen von Ribbeck sie hinaus,
Alle Bauern und Büdner mit Feiergesicht
Sangen „Jesus meine Zuversicht",
Und die Kinder klagten, das Herze schwer:
„He is dod nu. Wer giwt uns nu 'ne Beer?"[2]

das Doppeldachhaus
großes, herrschaftliches Haus
der Büdner
Kleinbauer

So klagten die Kinder. Das war nicht recht –
Ach, sie kannten den alten Ribbeck schlecht;
Der *neue* freilich, der knausert und spart,
Hält Park und Birnbaum strenge verwahrt.
Aber der *alte*, vorahnend schon
Und voll Misstraun gegen den eigenen Sohn,
Der wusste genau, was damals er tat,
Als um eine Birn' ins Grab er bat,
Und im dritten Jahr aus dem stillen Haus
Ein Birnbaumsprössling sprosst heraus.

Und die Jahre gingen wohl auf und ab,
Längst wölbt sich ein Birnbaum über dem Grab,
Und in der goldenen Herbsteszeit
Leuchtet's wieder weit und breit.
Und kommt ein Jung' übern Kirchhof her,
So flüstert's im Baume: „Wiste 'ne Beer?"
Und kommt ein Mädel, so flüstert's: „Lütt Dirn,
Kumm man röwer, ick gew' di 'ne Birn."[3]

So spendet Segen noch immer die Hand
Des von Ribbeck auf Ribbeck im Havelland.

knausern *geizig sein*

der Sprössling *junger Baum*

Im Text werden plattdeutsche Ausdrücke benutzt:
[1, 3] *„Junge, willst du eine Birne haben?"*
Und kam ein Mädchen, so rief er: „Kleines Mädchen,
Komm mal rüber, ich habe eine Birne."
[2] *„Nun ist er tot. Wer gibt uns nun eine Birne?"*

3 Erschließe den Inhalt der Ballade.
- Lies den Text erneut.
- Beachte die Worterklärungen.
- Sieh dir die Illustrationen an.
- Erschließe dir unbekannte Wörter mit den eingeübten Strategien.

4 Nachdem der alte Ribbeck schon lange tot ist, geht eine alte Frau mit ihrem Enkel an seinem Grabstein vorbei.
- Schreibe einen Dialog zwischen der Großmutter und ihrem Enkel über die Geschichte des Birnenbaums.
- Nutze Regieanweisungen.
- Lass beide Figuren mehrmals zu Wort kommen.

Enkel (zeigt auf den Birnbaum): Die Birnen sehen lecker aus!

Großmutter (lacht): Pflück dir ruhig eine.

Enkel: (______________________): …

Digital+
WES-126528-038
Lösungen

Klassiker der Jugendliteratur

Das Jugendbuch *Krabat* erschien im Jahre 1971. Seitdem hat der Roman Millionen von Leserinnen und Lesern begeistert und tut es bis heute. Er gehört deshalb zu den **Klassikern** der Jugendliteratur.

1 Die Buchcover stammen aus unterschiedlichen Zeiten. Schaut die Cover an und tauscht euch darüber aus.
- Beschreibt, was ihr auf den Illustrationen seht.
- Welche Stimmung (lustig, unheimlich, finster, traurig ...) drücken die Illustrationen aus? Beschreibt sie und begründet euren Eindruck.
- Handelt es sich um eine moderne oder um eine sehr alte Geschichte? Erläutert, woran ihr das festmacht.

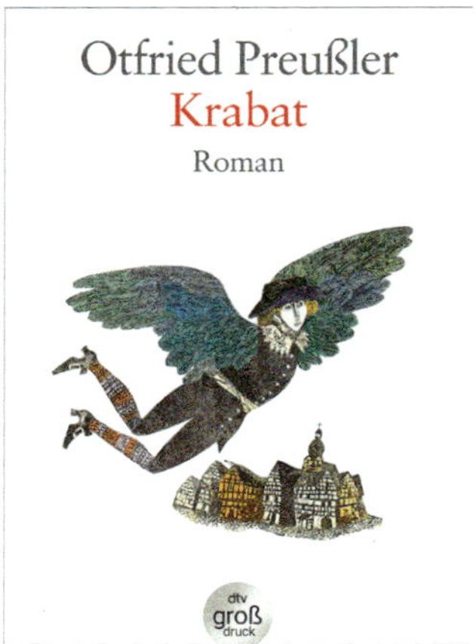

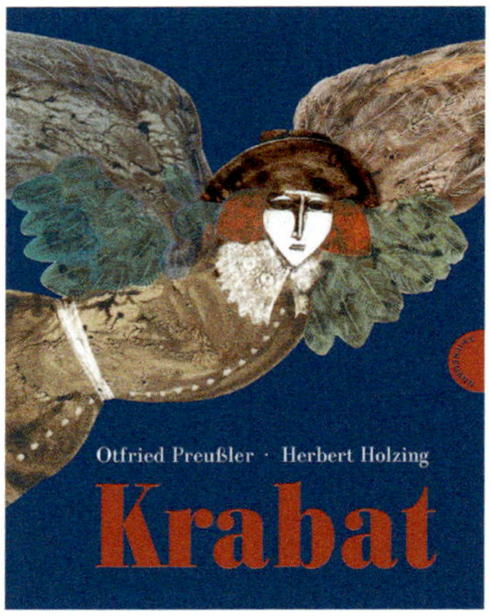

2 Erkundigt euch bei älteren Verwandten und Bekannten, ob sie *Krabat* kennen.
- Lasst euch erzählen, ob ihnen das Buch gefallen hat und warum.
- Fragt nach, an welche Bücher aus der Schulzeit sie sich noch erinnern: Welche Bücher würden sie euch empfehlen und warum?

3 Lies den Klappentext zum Buch.

Neugier lockt Krabat zur Mühle am Koselbruch, vor der alle warnen, weil es dort nicht ganz geheuer sei. Ein leichtes und schönes Leben wird Krabat hier versprochen. Doch der Preis dafür ist hoch. Und aus der Verstrickung mit dem Bösen kann ihn nur die bedingungslose Liebe eines Mädchens retten.

4 Was verrät der Klappentext über die Romanhandlung?
- Gebt an, wer die Hauptfigur ist.
- Beschreibt, was die Hauptfigur macht. Welche Konflikte werden angedeutet?

5 Tauscht euch über folgende Fragen aus. Begründet eure Meinung:
- Welche Stellen im Klappentext wecken bei euch Neugier?
- Was für ein Buch (z. B. Fantasy-Roman, Liebesgeschichte, Geschichte einer Freundschaft, Horror ...) erwartet ihr?

6 Vergleicht den Klappentext mit den verschiedenen Buchcovern auf S. 116: Welche Elemente aus dem Klappentext entdeckt ihr in den Illustrationen?

7 Die Geschichte von Krabat spielt in der Oberlausitz. Betrachtet die Landkarte und beschreibt, wo die Oberlausitz zu finden ist.

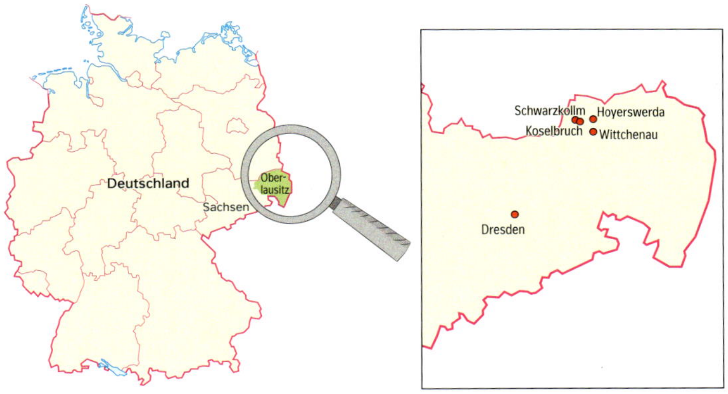

49008EX © Westermann

In diesem Kapitel lernst du (,)...
- einen Jugendbuchklassiker in Textausschnitten kennen.
- wie du Informationen über eine Figur in einer Figurenkarte sammeln kannst.
- Figuren nach ihrer Funktion für den Text zu unterscheiden.
- wie du ein begründetes Texturteil abgeben kannst.
- wie du eine literarische Figur beschreiben kannst.
- Figurenkonstellationen zu erkennen und darzustellen.
- die Biografie des Autors kennen und was sie mit dem Buch zu tun hat.

Ein Buch kennenlernen

1 Lies die Überschrift und betrachte die Illustrationen: Wovon könnte der Text handeln? Stelle Vermutungen an und begründe.

2 Lies den Auszug aus dem ersten Kapitel von *Krabat*. Unterbrich bei den roten Lesestopps und bearbeite die Aufgaben zum Textabschnitt.

Digital+
WES-126528-039
Text zum Ausdrucken

Die Mühle im Koselbruch

Zu Beginn des Romans lernen wir den 14-jährigen Krabat kennen. Er lebt zu Anfang des 18. Jahrhunderts und ist ein Betteljunge. Gemeinsam mit zwei anderen Jungen zieht er zwischen Neujahr und Dreikönigstag singend durch die Dörfer der Lausitz. Dafür bekommen sie etwas zu essen oder für kurze Zeit ein Dach über dem Kopf. Die Bauern sind großzügig und so leiden sie in diesen Tagen keinen Hunger. Doch dann geschieht etwas Seltsames ...

die Schmiede *Werkstatt zur Metallbearbeitung*

Die folgende Nacht verbrachten sie in der Schmiede von Petershain auf dem Heuboden; dort geschah es, dass Krabat zum ersten Mal jenen seltsamen Traum hatte.
Elf Raben saßen auf einer Stange und blickten ihn an. Er sah, dass ein Platz auf der Stange frei war, am linken Ende. Dann hörte er eine Stimme. Die Stimme klang heiser, sie schien aus den Lüften zu kommen, von fernher und rief ihn bei seinem Namen. Er traute sich nicht zu antworten. „Krabat!", erscholl es zum zweiten Mal – und ein drittes Mal: „Krabat!" Dann sagte die Stimme: „Komm nach Schwarzkollm in die Mühle, es wird nicht zu deinem Schaden sein!" Hierauf erhoben die Raben sich von der Stange und krächzten: „Gehorche der Stimme des Meisters, gehorche ihr!" Davon erwachte Krabat. „Was man nicht alles zusammenträumt!", dachte er, wälzte sich auf die andere Seite und schlief wieder ein. Anderntags zog er mit seinen Gefährten weiter und wenn ihm die Raben wieder einfielen, lachte er.
Doch der Traum wiederholte sich in der Nacht darauf. Abermals rief ihn die Stimme beim Namen und abermals krächzten die Raben: „Gehorche ihr!" Das gab Krabat zu denken. Er fragte am anderen Morgen den Bauern, bei dem sie genächtigt hatten, ob er ein Dorf kenne, das Schwarzkollm heiße oder so ähnlich. Der Bauer entsann sich, den Namen gehört zu haben. „Schwarzkollm ...", überlegte er. „Ja doch – im Hoyerswerdaer Forst, an der Straße nach Leippe: Da gibt es ein Dorf, das so heißt."

der Forst *der Wald*

Das nächste Mal übernachteten die Dreikönige in Groß-Partwitz. Auch hier träumte Krabat den Traum von den Raben und von der Stimme, die aus den Lüften zu kommen schien; und es spielte sich alles genauso ab wie beim ersten und zweiten Mal. Da beschloss er, der Stimme zu folgen. Im Morgengrauen, als die Gefährten noch schliefen, stahl er sich aus der Scheune. Am Hoftor begegnete er der Magd, die zum Brunnen ging. „Grüß mir die beiden“, trug er ihr auf, „ich hab wegmüssen.“

die Magd *Angestellte, die schwere/grobe Arbeiten erledigt*

A) Wer ruft Krabat im Traum?
B) Wie oft wiederholt sich der Traum, bis Krabat folgt?
C) Wohin soll Krabat gehen und was wird ihm versprochen?

Von Dorf zu Dorf fragte Krabat sich weiter. Der Wind trieb ihm Schneekörner ins Gesicht, alle paar Schritte musste er stehen bleiben und sich die Augen wischen. Im Hoyerswerdaer Forst verlief er sich, brauchte zwei volle Stunden, bis er die Straße nach Leippe wiederfand. So kam es, dass er erst gegen Abend sein Ziel erreichte.

auftragen *jemanden beauftragen, etwas zu tun*

Schwarzkollm war ein Dorf wie die anderen Heidedörfer: Häuser und Scheunen in langer Zeile zu beiden Seiten der Straße, tief eingeschneit; Rauchfahnen über den Dächern, dampfende Misthaufen, Rindergebrüll. Auf dem Ententeich liefen mit lautem Gejohle die Kinder Schlittschuh.

die Heide *sandige Landschaft mit wenigen Bäumen*

Vergebens hielt Krabat Ausschau nach einer Mühle. Ein alter Mann, der ein Bündel Reisig trug, kam die Straße herauf: Den fragte er.

das Gejohle *Jubeln, Geschrei*

das Reisig *trockene Zweige*

„Wir haben im Dorf keine Mühle“, erhielt er zur Antwort.

„Und in der Nachbarschaft?“

„Wenn du die meinst ...“ Der Alte deutete mit dem Daumen über die Schulter. „Im Koselbruch hinten, am Schwarzen Wasser, da gibt es eine. Aber ...“ Er unterbrach sich, als habe er schon zu viel gesagt.

Krabat dankte ihm für die Auskunft, er wandte sich in die Richtung, die ihm der Alte gewiesen hatte. Nach wenigen Schritten zupfte ihn wer am Ärmel; als er sich umblickte, war es der Mann mit dem Reisigbündel.

„Was gibt's?“, fragte Krabat.

Der Alte trat näher, sagte mit ängstlicher Miene: „Ich möchte dich warnen, Junge. Meide den Koselbruch und die Mühle am Schwarzen Wasser, es ist nicht geheuer dort ...“

Einen Augenblick zögerte Krabat, dann ließ er den Alten stehen und ging seines Weges, zum Dorf hinaus. Es wurde rasch finster, er musste Acht geben, dass er den Pfad nicht verlor, ihn fröstelte. Wenn er den Kopf wandte, sah er dort, von woher er kam, Lichter aufschimmern: hier eines, da eines. Ob es nicht klüger war umzukehren? „Ach was“, brummte Krabat und klappte den Kragen hoch. „Bin ich ein kleiner Junge? Ansehen kostet nichts.“

etwas ist nicht geheuer *verdächtig, unheimlich sein*

Krabat tappte ein Stück durch den Wald wie ein Blinder im Nebel, dann stieß er auf eine Lichtung. Als er sich anschickte unter den Bäumen hervorzutreten, riss das Gewölk auf, der Mond kam zum Vorschein, alles war plötzlich in kaltes Licht getaucht. Jetzt sah Krabat die Mühle.

das Gewölk *die Wolken*

D) Wem begegnet Krabat auf seinem Weg?
E) Was beunruhigt Krabat auf dem Weg zur Mühle?

Da lag sie vor ihm, in den Schnee geduckt, dunkel, bedrohlich, ein mächtiges, böses Tier, das auf Beute lauert. „Niemand zwingt mich dazu, dass ich hingehe“, dachte Krabat. Dann schalt er sich einen Hasenfuß, nahm seinen Mut zusammen und trat aus dem Waldschatten ins Freie. Beherzt schritt er auf die Mühle zu, fand die Haustür verschlossen und klopfte. Er klopfte einmal, er klopfte zweimal: Nichts rührte sich drinnen. Kein Hund schlug an, keine Treppe knarrte, kein Schlüsselbund rasselte – nichts. Krabat klopfte ein drittes Mal, dass ihn die Knöchel schmerzten. Wieder blieb alles still in der Mühle. Da drückte er probehalber die Klinke nieder: Die Tür ließ sich öffnen, sie war nicht verriegelt, er trat in den Hausflur ein.
Grabesstille empfing ihn und tiefe Finsternis. Hinten jedoch, am Ende des Ganges, etwas wie schwacher Lichtschein. Der Schimmer von einem Schimmer bloß. „Wo Licht ist, werden auch Leute sein“, sagte sich Krabat.
Die Arme vorgestreckt, tastete er sich weiter. Das Licht drang, er sah es im Näherkommen, durch einen Spalt in der Tür, die den Gang an der Rückseite abschloss. Neugier ergriff ihn, auf Zehenspitzen schlich er sich zu der Ritze und spähte hindurch. Sein Blick fiel in eine schwarze, vom Schein einer einzigen Kerze erhellte Kammer. Die Kerze war rot. Sie klebte auf einem Totenschädel, der lag auf dem Tisch, der die Mitte des Raumes einnahm. Hinter dem Tisch saß ein massiger, dunkel gekleideter Mann, sehr bleich im Gesicht, wie mit Kalk bestrichen; ein schwarzes Pflaster bedeckte sein linkes Auge. Vor ihm auf dem Tisch lag ein dickes, in Leder eingebundenes Buch, das an einer Kette hing: Darin las er. Nun hob er den Kopf und starrte herüber, als habe er Krabat hinter dem Türspalt ausgemacht. Der Blick ging dem Jungen durch Mark und Bein. Das Auge begann ihn zu jucken, es tränte, das Bild in der Kammer verwischte sich. Krabat rieb sich das Auge – da merkte er, wie sich ihm eine eiskalte Hand auf die Schulter legte, von hinten, er spürte die Kälte durch Rock und Hemd hindurch. Gleichzeitig hörte er jemand mit heiserer Stimme auf Wendisch sagen: „Da bist du ja!“

schelten *schimpfen*
ein Hasenfuß *ein sehr ängstlicher Mensch*
die Kammer *das Zimmer*
Kalk *ein weißer, meist pulveriger Stoff*
Wendisch *andere Bezeichnung für die Sprache Sorbisch*

F) Wen sieht Krabat in der Mühle?
G) Wie sieht die Person aus?

Krabat zuckte zusammen, die Stimme kannte er. Als er sich umwandte, stand er dem Mann gegenüber – dem Mann mit der Augenklappe. Wie kam der auf einmal hierher? Durch die Tür war er jedenfalls nicht gekommen. Der Mann hielt ein Kerzenlicht in der Hand. Er musterte Krabat schweigend, dann schob er das Kinn vor und sagte: „Ich bin hier der Meister. Du kannst bei mir Lehrjunge werden, ich brauche einen. Du magst doch?“ „Ich mag“, hörte Krabat sich antworten. Seine Stimme klang fremd, als gehörte sie gar nicht ihm. „Und was soll ich dich lehren? Das Müllern – oder auch alles andere?“, wollte der Meister wissen. „Das andere auch“, sagte Krabat. Da hielt ihm der Müller die linke Hand hin. „Schlag ein!“
In dem Augenblick, da sie den Handschlag vollzogen, erhob sich ein dumpfes Rumoren und Tosen im Haus. Es schien aus der Tiefe der Erde zu kommen. Der Fußboden

schwankte, die Wände fingen zu zittern an, Balken und Pfosten erbebten. Krabat schrie auf, wollte weglaufen: weg, bloß weg von hier! – doch der Meister vertrat ihm den Weg. „Die Mühle!“, rief er, die Hände zum Trichter geformt.
„Nun mahlt sie wieder!“

3 Vergleicht eure Leseerwartungen aus Aufgabe 1 (S. 118) mit dem Textauszug. In welchen Punkten haben sich eure Erwartungen an dieses Kapitel bestätigt, in welchen nicht?

4 Der Leser merkt schnell, dass es mit der Mühle etwas Besonderes auf sich hat.
- Nenne Textstellen, an denen man das erkennt.
- Entscheide und begründe, wie die Mühle und der Müller auf dich wirken: *friedlich, geheimnisvoll, gastfreundlich, aggressiv oder bedrohlich?*

5 Untersuche die folgende Textstelle genauer:

„Da lag sie vor ihm, in den Schnee geduckt, dunkel, bedrohlich, ein mächtiges, böses Tier, das auf Beute lauert.“ (Z. 73–74)

- Nenne die Wörter, die in deinem Kopf Bilder auslösen (*„Kopfkino“*).
- Welche Wirkung löst der Satz bei dir aus? Beschreibe.

1

6 Welche Illustration würdest du zu dieser Textstelle auswählen? Begründe. Ergänze, wenn du noch etwas hinzufügen würdest.

2

7 In der Textstelle verwendet der Autor ein sprachliches Bild. Benenne das Stilmittel.

8 In diesem Kapitel gibt es noch weitere spannende Textstellen.
- Markiert im Kapitel Wörter und Wortgruppen, die Spannung erzeugen.
- Lest euch diese Textstellen gegenseitig ausdrucksstark vor.

9 Untersucht gemeinsam auch diese Textstelle genauer: *„Ich mag“, hörte Krabat sich antworten. Seine Stimme klang fremd, als gehörte sie gar nicht ihm. (Z. 109–110)*
- In welchem Zusammenhang steht diese Textstelle? Gebt wieder, was davor und danach geschieht. ***Krabat begegnet … Dieser fragt ihn, ob …***
- Wie wirkt Krabat in dieser Situation auf euch? Beschreibt euren Eindruck. ***Krabat wirkt, als ob … / Man hat den Eindruck, er würde …***
- Diskutiert, ob Krabat freiwillig zur Mühle geht oder ob er unter Zwang handelt. Belegt eure Schlussfolgerung anhand des Textes.
  Meiner Meinung nach handelt Krabat freiwillig / unter Zwang.
  Das erkennt man daran, dass …
  In der Textstelle wirkt das Wort … in Z. … so, als ob …
  Durch das Wort / die Wortgruppe … in Z. … wirkt sein Handeln …
- Tauscht euch aus, warum gerade diese Textstelle für die weitere Handlung interessant sein könnte. Beachtet auch den Klappentext zum Buch (S. 117).

Eine Leseerwartung und das erste Textverständnis erläuern und begründen; Inhalte von Texten herausarbeiten, Deutungen eines Textes entwickeln, begründen, am Text belegen

Informationen über eine literarische Figur sammeln

1 In dem Kapitel erfährst du einiges über Krabat. Damit du die Figur, ihr Verhalten und ihre Gefühle besser einordnen kannst, ist eine Figurenkarte hilfreich. Lies dazu den Info-Kasten.

Digital+
WES-126528-040
Vorlage Figurenkarte

2 Erstelle eine **Figurenkarte** zu Krabat wie im Beispiel unten.
- Lies noch einmal das Kapitel. Markiere dabei wichtige Informationen zu Krabat im Text. Achte besonders auf indirekte Informationen.
- Schreibe die Informationen auf eine Karteikarte oder einen festen Karton.

3 Mit welchen Adjektiven würdest du Krabats Eigenschaften und sein Verhalten beschreiben? Wähle passende Adjektive aus: ***ängstlich, draufgängerisch, vorsichtig, wagemutig, furchtsam, risikobereit, leichtsinnig***.

Krabat
Alter:
Aussehen:
Lebenssituation:
Herkunft:
Eigenschaften/Verhalten:
Beziehung zu anderen:
Interessen:

Führt eure Karten in den nächsten Kapiteln fort.

4 Stellt euch gegenseitig eure Figurenkarte vor. Begründet dabei eure Auswahl der Adjektive. Korrigiert eure Karte und ergänzt weitere Informationen, wenn nötig.

5 Erstelle auf Grundlage des ersten Kapitels eine weitere Figurenkarte für den Müllermeister. Geht vor wie in den Aufgaben 2 und 3.

Eine Figurenkarte anlegen

- Mit einer Figurenkarte behältst du den Überblick über die Figuren des Buches.
- Du sammelst hier alle wichtigen **Informationen** über eine Person: Alter, Aussehen, Herkunft, Interessen, Lebenssituation, Eigenschaften/Verhalten, Beziehung zu anderen ...
- Manchmal werden solche **Informationen nur indirekt wiedergegeben** z. B. durch die Art, wie eine Figur spricht, handelt oder denkt. Dann musst du Rückschlüsse ziehen: *„Dann schalt er sich einen Hasenfuß, **nahm** seinen **Mut zusammen** […]. **Beherzt** schritt er auf die Mühle zu, fand die Haustür verschlossen und klopfte."* (Z. 75–77) → Krabat ist wagemutig und bereit, ein Risiko einzugehen.
- Im Laufe der Handlung erfährst du mehr über die Figur. Sie kann sich verändern. Darum musst du **während des Lesens** deine **Figurenkarte ergänzen**.

Figuren kennenlernen und in Beziehung setzen

1 Lest die Überschrift des folgenden Kapitels und tauscht euch darüber aus:
- Was ist mit der Überschrift gemeint?
- Was könnte in diesem Kapitel auf Krabat zukommen? Betrachtet hierzu auch die Illustration.

2 Lest nun zu zweit das Kapitel. Unterbrecht nach jedem Lesestopp und bearbeitet die Aufgaben zum Text. Wechselt euch nach jedem Abschnitt mit dem Lesen und Beantworten der Fragen ab.

Digital+
WES-126528-041
Text zum Ausdrucken

Kein Honiglecken

Krabat hat das Angebot des Meisters angenommen. Er ist nun einer von zwölf Müllerburschen. Schon am nächsten Tag muss er schwerste Arbeiten verrichten. Doch zum Glück gibt es den Altgesellen Tonda. Er steht Krabat hilfreich zur Seite …

Für Krabat begann eine harte Zeit, der Meister hetzte ihn unbarmherzig zur Arbeit. „Wo steckst du Krabat? Da sind ein paar Säcke Korn auf den Speicher zu schleppen!“, und: „Krabat, komm her! Das Getreide da, auf dem Schüttboden – schaufle es um, aber richtig von Grund auf, dass es nicht auskeimt!“, oder: „Das Mehl, das du gestern gesiebt hast, Krabat, ist voller Spelzen! Du wirst es dir nach dem Abendbrot hernehmen und bevor es nicht ohne Makel ist, gehst du mir nicht zu Bett!“

der Schüttboden *Dachboden für Getreide*
die Spelze *Schale des Getreidekorns*

Die Mühle im Koselbruch mahlte Tag für Tag, werktags und sonntags, vom frühen Morgen an bis zum Einbruch der Dunkelheit. Nur einmal die Woche, am Freitag, machten die Mühlknappen früher Feierabend als sonst, und samstags begannen sie mit der Arbeit zwei Stunden später. Wenn Krabat nicht Korn schleppte oder Mehl siebte, musste er Holz spalten, Schnee räumen, Wasser zur Küche tragen, die Pferde striegeln, Mist aus dem Kuhstall karren – kurzum, es gab immer genug zu tun für ihn; und des Abends, wenn er dann auf dem Strohsack lag, war er wie gerädert. Das Kreuz tat ihm weh, die Haut an den Schultern war durchgescheuert, Arme und Beine schmerzten ihn, dass es kaum zu ertragen war. Krabat bewunderte seine Mitgesellen. Das schwere Tagewerk auf der Mühle schien denen nichts auszumachen, keiner ermüdete, keiner klagte, keiner geriet bei der Arbeit in Schweiß oder außer Atem.

gerädert *erschöpft*

A) Wie erlebt Krabat die Arbeit auf der Mühle?
B) Was beobachtet er bei den anderen Gesellen?

STOP

Eines Morgens war Krabat damit beschäftigt, den Zugang zum Brunnen freizuschaufeln. Vergangene Nacht über hatte es unablässig geschneit, der Wind hatte Wege und Steine zugeweht. Krabat musste die Zähne zusammenbeißen, bei jedem Schaufelwurf spürte er einen stechenden Schmerz im Kreuz. Da kam Tonda zu ihm heraus. Nachdem er sich vergewissert hatte, dass sie allein waren, legte er ihm die Hand auf die Schulter. „Nicht aufgeben, Krabat …“ Da war es dem Jungen, als fließe ihm neue Kraft zu. Die Schmerzen waren wie weggeblasen, er packte die Schaufel und hätte mit Feuereifer darauflosgeschippt, wäre Tonda ihm nicht in den Arm gefallen. „Der Meister darf es nicht merken“, bat er ihn, „und auch Lyschko nicht!“ Lyschko, ein zaundürrer, langer Bursche mit spitzer Nase und scheelem Blick, hatte Krabat vom ersten Tag an nicht übermäßig gefallen: ein Schnüffler, so schien es, ein Ohrenspitzer und Um-die-Ecken-Schleicher, vor dem man sich keinen Augenblick sicher wusste. „Ist gut“, sagte Krabat und gab sich beim Weiterschaufeln den Anschein, als ob es ihn große Mühe und Überwindung kostete. Bald darauf kam, wie zufällig, Lyschko des Weges. „Na, Krabat, wie schmeckt die Arbeit?“ „Wie wird sie schon schmecken!“, knurrte der Junge. „Friss einen Hundedreck, Lyschko – dann weißt du es.“

mit Feuereifer *sehr eifrig, sehr motiviert*

scheel *gemein, hinterlistig*

Von nun an kam Tonda öfters zu Krabat und legte ihm heimlich die Hand auf. Dann spürte der Junge, wie frische Kraft ihn durchdrang und die Arbeit, so schwer sie auch sein mochte, ging ihm für eine Weile leicht von der Hand.

C) Durch wen erhält Krabat Hilfe?

D) Warum darf Krabat sich nicht anmerken lassen, dass er Hilfe bekommt? Erklärt.

E) Was bedeuten die Sprachbilder „Ohrenspitzer“ und „Um-die-Ecke-Schleicher“? Erläutert, was das über eine solche Person aussagt.

Der Meister und Lyschko erfuhren von alledem nichts – und ebenso wenig die anderen Müllerburschen: Nicht Michal und Merten, die beiden Vettern, von denen der eine so bärenstark war und gutmütig wie der andere; nicht Andrusch, der pockennarbige Spaßvogel und nicht Hanzo, den sie den Bullen nannten mit seinem Stiernacken und dem kurzgeschorenen Haar; auch Petar nicht, der sich am Feierabend mit Löffel-

die Pocken *eine Krankheit; dabei befallen Eiterbläschen die Haut*

schnitzen die Zeit vertrieb und nicht Staschko, der Tausendsassa, der flink wie ein Wiesel war und geschickt wie der kleine Affe, den Krabat vor Jahren in Königswartha auf dem Jahrmarkt bestaunt hatte. Kito, der immer mit einer Miene herumlief, als liege ihm ein Pfund Schusternägel im Magen und Kubo, der Schweigsame, merkten auch nichts davon – und erst recht nicht, versteht sich, der dumme Juro.
Juro, ein stämmiger Bursche mit kurzen Beinen und flachem, von Sommersprossen gesprenkeltem Mondgesicht, war nächst Tonda am längsten im Dienst hier. Zum Müllern taugte er wenig, da er, wie Andrusch zu spötteln pflegte, „zu dumm war, um Kleie von Mehl auseinander zu halten“; und dass er nicht längst aus Versehen ins Mahlwerk gestolpert und zwischen die Steine geraten sei: Das verdanke er nur dem Umstand, dass Dummheit und Glück ja mit Vorliebe Hand in Hand gingen. Solche Reden war Juro gewöhnt. Er ließ sich von Andrusch geduldig hänseln; er zog ohne Widerrede den Kopf ein, wenn Kito ihm einer Nichtigkeit halber mit Schlägen drohte; und wenn ihm, was häufig vorkam, die Mühlknappen einen Schabernack spielten, ließ er sich's grinsend gefallen, als wollte er sagen: „Was habt ihr denn – dass ich der dumme Juro bin, weiß ich sowieso.“ Bloß für die Hausarbeit war er nicht zu dumm. Da jemand auch diese Dinge erledigen musste, waren es alle zufrieden, dass Juro sie ihnen abnahm: das Kochen und Spülen, das Brotbacken und das Heizen, das Fußbodenschrubben und Treppenscheuern, das Staubwischen, Wäschewaschen und Bügeln und alles andere, was es in Küche und Haus zu tun gab. Die Hühner, die Gänse und Schweine versorgte er obendrein. Wie Juro mit seinen vielen Pflichten zu Rande kam, war dem Jungen ein Rätsel. Die Mitgesellen nahmen dies alles für selbstverständlich und vollends der Meister behandelte Juro, als ob er der letzte Dreck sei. Krabat fand das nicht richtig und einmal – da hatte er eine Ladung Holz in die Küche gebracht und zum Dank steckte Juro ihm, nicht zum ersten Mal übrigens, einen Wurstzipfel in die Rocktasche–: Einmal sprach er ihn rundheraus darauf an. „Ich versteh dich nicht, dass du dir alles gefallen lässt.“ „Ich?“, fragte Juro verwundert. „Ja – du!“, sagte Krabat. „Der Meister springt mit dir um, dass es eine Schande ist und die Burschen verspotten dich.“ „Tonda nicht“, wandte Juro ein. „Und du auch nicht.“ „Was ändert das!“, widersprach ihm Krabat. „Ich wüsste mir schon zu helfen, wenn ich an deiner Stelle wäre. Ich würde mich wehren, verstehst du, mir nichts mehr gefallen lassen – von Kito nicht und von Andrusch nicht und von keinem anderen!“ „Hm“, meinte Juro, sich im Genick kratzend. „Du vielleicht, Krabat – du könntest das ... Aber wenn man ein Dummkopf ist?“ „Dann lauf weg!“, rief der Junge. „Lauf weg hier – und such dir woanders was, wo du's besser hast!“ „Weglaufen?“ Juro wirkte für einen Augenblick gar nicht dumm, nur enttäuscht und müde. „Versuch das mal, Krabat, hier wegzulaufen!“ „Ich hab keinen Grund dazu.“ „Nein“, brummte Juro, „gewiss nicht – und hoffen wir, dass du nie einen haben wirst ...“ Er steckte ihm einen Kanten Brot in die andere Rocktasche, winkte ab, als der Junge ihm danken wollte und schob ihn zur Tür hinaus: Dümmlich grinsend, wie man's von ihm gewohnt war. [...]„Weglaufen?“, ging es ihm [Krabat] durch den Kopf. „Wovor denn? Die Arbeit, gewiss, ist kein Honiglecken – und hätte ich Tondas Hilfe nicht, stünde es schlimm um mich. Aber das Essen ist gut und reichlich, ich habe ein Dach überm Kopf – und ich weiß, wenn ich morgens aufstehe, dass mein Schlafplatz mir für den Abend sicher ist: warm und trocken und leidlich weich, ohne Wanzen und Flöhe. Ist das nicht mehr, als ein Betteljunge sich durfte träumen lassen?“

der Tausendsassa
Mensch mit vielen Talenten

die Kleie
das, was nach dem Absieben des Mehls übrigbleibt

der Schabernack
ein Streich

3 Haben sich eure Vermutungen aus Aufgabe 1 bestätigt? Tauscht euch aus.
- Wie würdet ihr euch fühlen, wenn ihr an Krabats Stelle wärt? Begründet.

4 Beschäftige dich mit der Handlung des Textes.
- Zähle auf, welche Arbeiten Krabat als Lehrling auf der Mühle erledigen muss.
- Erkläre, wodurch Krabat Hilfe erhält. Stelle Vermutungen an, woher die Kraft kommt.

5 Ergänze deine Figurenkarte zu Krabat mithilfe des Textes.

6 In diesem Kapitel erfährst du, wer noch mit Krabat auf der Mühle lebt. Lerne die Müllerburschen besser kennen: Lege mithilfe des Textes für die Müllerburschen eine Figurenkarte (Info-Kasten auf S. 122) an.

a) Lege Figurenkarten für Tonda, Lyschko und Juro an. Informationen über sie findest du in den Z. 38–60 und 72–106.

b) Lege Figurenkarten für Michal, Andrusch, Merten, Petar, Staschko, Kito, Hanzo, Kubo, Tonda, Lyschko und Juro an.

7 Bildet Gruppen und stellt euch die Figuren mithilfe der Figurenkarten vor. Überprüft gemeinsam die Angaben. Ergänzt fehlende Informationen, wenn nötig.

8 In erzählenden Texten übernehmen die Figuren unterschiedliche Rollen.
- Lest dazu den Info-Kasten auf S. 127.
- Erklärt den Unterschied zwischen folgenden Begriffen: ***Hauptfigur, Nebenfigur, Protagonist, Antagonist.***
- Ordnet die Begriffe den Figuren passend zu.

9 Wie stehen die Figuren zueinander? Betrachtet die Figurenkonstellation auf der Mühle (S. 127) und erklärt:
- Was sagen die Pfeile aus? Welche Bedeutung könnten die beiden Pfeilspitzen haben?
- Wofür stehen die Symbole auf den Pfeilen?
- Welche Bedeutung könnten die Symbolvorschläge auf dieser Seite haben?

Handlungen und Verhaltensweisen literarischer Figuren beschreiben und begründet bewerten; Beziehungen von Figuren beschreiben

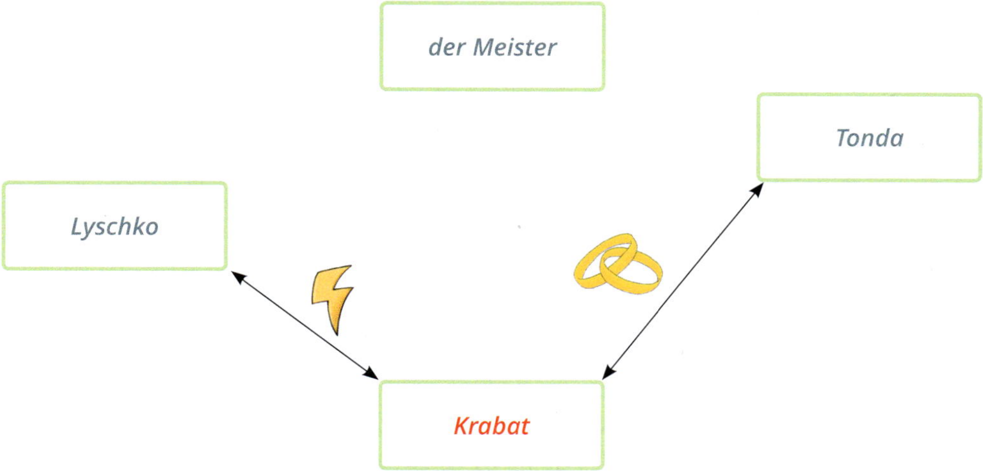

10 Übernehmt die Figurenkonstellation und führt sie weiter.
- Ergänzt die anderen Figuren um den Protagonisten.
  Erklärt dabei, weshalb ihr die Figuren auf diese Weise anordnet.
- Zeigt durch die Positionierung der Figuren (*nah – fern, oben – unten*) und durch passende Symbole (*z. B. Blitze, Ringe, lachender Smiley)* Verbundenheit, Freundschaften, Feindschaften und die Stellung innerhalb der Gruppe auf.
- Überlegt, wie ihr den Meister in diese Konstellation einbinden würdet.

11 Stellt Vermutungen an, welcher Geselle zu einer Hauptfigur werden könnte.
- Nutzt eure Figurenkonstellation.
- Begründet eure Überlegungen mit Textstellen aus dem Kapitel.

Ich vermute, dass … Ich könnte mir vorstellen, dass …
Für diese Vermutung spricht, dass … Dafür spricht, dass …
Ein Hinweis dafür ist … Darauf weist … hin.

Figuren nach ihrer Funktion unterscheiden

- Die **Hauptfiguren** sind für die Handlung am wichtigsten. Über sie erfährt man meist recht viel.
- Aus den Hauptfiguren ragt meist eine Figur besonders heraus. Um diese dreht sich die Handlung und der Konflikt. Diese Hauptfigur nennt man auch **Protagonist.**
- Sein Gegenspieler ist der **Antagonist.** Er macht dem Protagonisten das Leben schwer, aber die Geschichte interessant. Meist besitzen die Gegenspieler vor allem schlechte **Charaktereigenschaften** und **Verhaltensweisen**. Sie stehen für das Böse. Manchmal besitzen Gegenspieler aber auch positive Eigenschaften.
- Die Figuren, die für die Handlung nicht so wichtig sind, nennt man **Nebenfiguren**. Über sie erfährt man meist weniger: Man weiß nicht viel über ihre Gedanken und Gefühle. Manche Nebenfiguren sprechen auch gar nicht. Sie sind im Hintergrund.

Eine literarische Figur beschreiben

1 Ihr habt Krabat jetzt etwas besser kennengelernt. Nun sollt ihr ihn in einem zusammenhängenden Text beschreiben:
- Lest den Info-Kasten.
- Erklärt den Unterschied zwischen inneren und äußeren Merkmalen.

2 Ergänzt mithilfe eurer Figurenkarte die Figurenbeschreibung von Krabat. Tragt dazu das Wortmaterial an den passenden Stellen ein.
selbstbewusst – dem Altgesellen Tonda – Lyschko – Respekt – seiner Situation – wagemutig – dankbar – risikobereit – neue Lehrjunge – Mühle am Koselbruch – geheimnisvolle Stimme – Dreikönig – Eltern – Juro – Essen – Protagonist – 14 Jahre – betteln – zwei anderen Jungen – Korn schleppen, Holz spalten oder Schnee räumen – leichtsinnig – ihm Kraft geben – freundlich

Krabat ist der … im Jugendbuch „Krabat". Er ist … alt und hat keine … mehr. Darum muss er für Essen und ein Dach über dem Kopf … Zu Beginn des Buches zieht er deshalb als … verkleidet mit … von Dorf zu Dorf. Dann hört er des Nachts im Traum eine … Sie befiehlt ihm, zur … zu gehen. Krabat folgt dem Ruf und wird dort der … Hier muss er schwere Arbeiten verrichten wie … Obwohl Krabat jeden Abend sehr erschöpft ist, ist er … In der Mühle hat er einen Schlafplatz und regelmäßige Mahlzeiten. Krabat ist … und … Er geht an einen unheimlichen Ort, vor dem man ihn sogar warnt. Sein Verhalten erscheint dadurch auch … Er wusste nicht, was ihn auf der Mühle wirklich erwartet. Das kann man aber mit … erklären. Als Waisen- und Betteljunge hat er nicht viel zu verlieren. Krabat hat … vor dem Meister. Den anderen Müllerburschen gegenüber verhält er sich freundlich bis auf … Dieser spioniert für den Meister. Daher hält er sich von ihm fern. Krabat hat ein gutes Verhältnis zu … und zu … Beide helfen ihm, indem sie … oder ihm … zustecken. Krabat ist neben Tonda der Einzige, der sich … gegenüber Juro verhält. Er wirkt …, denn er würde sich nichts von den anderen gefallen lassen.

3 Vergleicht eure Figurenbeschreibung mit einem anderen Partnerteam.

Eine literarische Figur beschreiben

- Wenn du eine literarische Figur beschreibst, stellst du sie dem Leser genau vor. Dabei gehst du auf **äußere Merkmale** (z. B. Aussehen, Alter, Beruf, Lebensumstände) und auf **innere Merkmale** (z. B. Eigenschaften/Verhaltensweisen, Beziehungen zu anderen) ein.
- Eine literarische Figur **entwickelt sich** meist **im Laufe der Handlung**. Sie durchlebt Konflikte und Wandlungen. Dadurch können sich die Stimmung, das Verhalten oder die Ansichten ändern. Auch das musst du darstellen.
- Du schreibst eine Figurenbeschreibung **sachlich** und im **Präsens** bzw. **Perfekt**.

Einen literarischen Text begründet beurteilen

1 Lies das folgende Kapitel. Unterbrich bei dem Lesestopp und bearbeite die Aufgaben zum Textabschnitt.

Ohne Pastor und Kreuz

Digital+
WES-126528-042
Text zum Ausdrucken

Der Winter ist eingezogen und Weihnachten war wie alle anderen Arbeitstage verlaufen. Nun steht Krabats erste Silvesternacht auf der Mühle bevor. Schon seit Tagen reagieren die Müllerburschen ausgesprochen gereizt. Es scheint, als würde ihnen etwas Angst machen.

Am Silvesterabend gingen sie früher als sonst zu Bett. Der Meister hatte sich während des ganzen Tages nicht blicken lassen. Vielleicht saß er in der Schwarzen Kammer und hatte sich eingeschlossen, wie er das manchmal tat – oder er war mit dem Pferdeschlitten über Land gefahren. Niemand vermisste ihn, keiner sprach von ihm.

Wortlos verkrochen die Burschen sich nach dem Abendbrot auf die Strohsäcke. „Gute Nacht", sagte Krabat wie jeden Abend, weil es sich für den Lehrjungen so gehörte. Heute schienen ihm die Gesellen das übel zu nehmen. „Halt's Maul!", fauchte Petar, und Lyschko warf einen Schuh nach ihm. „Öha!", rief Krabat, vom Strohsack hochschnellend. „Immer sachte! Man wird doch wohl Gute Nacht sagen dürfen ..." Ein zweiter Schuh kam geflogen, er streifte ihn an der Schulter; den dritten fing Tonda ab. „Lasst den Jungen zufrieden!", gebot er. „Auch diese Nacht wird vorübergehen." Dann wandte er sich an Krabat. „Du solltest dich hinlegen, Junge, und still sein." Krabat gehorchte. Er ließ es geschehen, dass Tonda ihn zudeckte und ihm die Hand auf die Stirn legte. „Schlaf du nun, Krabat – und komm gut hinüber ins neue Jahr!"

Für gewöhnlich schlief Krabat die Nächte durch bis zum nächsten Morgen, es sei denn, man weckte ihn. Heute erwachte er gegen Mitternacht ganz von selber. Es wunderte ihn, dass das Licht in der Lampe brannte und dass auch die anderen Burschen wach waren – alle, soweit er es übersehen konnte. Sie lagen auf ihren Pritschen und schienen auf etwas zu warten. Kaum dass sie atmeten, kaum dass sich einer zu rühren wagte. Im Haus war es totenstill – so still, dass der Junge sich vorkam, als sei er taub geworden. Aber er war nicht taub, denn mit einem Mal hörte er dann den Schrei – und das Poltern im Hausflur – und wie die Gesellen aufstöhnten: halb entsetzt, halb befreit. War ein Unglück geschehen? Wer war es, der da geschrien hatte in höchster Todesnot?

die Pritsche
einfaches Bett

Krabat besann sich nicht lange. Mit einem Satz war er auf den Beinen. Er rannte zur Bodentür, wollte sie aufreißen, wollte die Treppe hinuntereilen, um nachzusehen.

A) An welchem Tag spielt dieses Kapitel?

B) Wie ist die Stimmung unter den Müllerburschen, bevor sie zu Bett gehen?

C) Wie erklärst du dir den Schrei? Von wem könnte er gekommen sein?

Die Tür war von draußen verriegelt. Sie ließ sich nicht öffnen, so wild er auch daran rüttelte. Jemand legte ihm dann den Arm um die Schulter und sprach ihn an. Es war

Juro, der dumme Juro, Krabat erkannte ihn an der Stimme. „Komm“, sagte Juro. „Leg dich jetzt wieder auf deinen Strohsack.“ „Aber der Schrei!“, keuchte Krabat. „Der Aufschrei vorhin!“ „Meinst du“, erwiderte Juro, „wir hätten ihn nicht gehört?“ Damit führte er Krabat an seinen Platz zurück.
Die Mühlknappen hockten auf ihren Pritschen. Schweigend, mit großen Augen starrten sie Krabat an. Nein – nicht Krabat! Sie starrten an ihm vorbei, auf den Schlafplatz des Altgesellen. „Ist – Tonda nicht da?“, fragte Krabat. „Nein“, sagte Juro. „Leg dich wieder hin und versuch zu schlafen. Und heul nicht, hörst du! Mit Heulen macht man nichts ungeschehen.“

Am Neujahrsmorgen fanden sie Tonda. Mit dem Gesicht nach unten lag er am Fuß der Bodenstiege. Die Mühlknappen schienen nicht überrascht zu sein; nur Krabat vermochte es nicht zu fassen, dass Tonda tot war. Schluchzend warf er sich über ihn, rief ihn beim Namen und bettelte: „Sag doch was, Tonda, sag doch was!“
Er griff nach der Hand des Toten. Gestern noch hatte er sie gespürt, auf der Stirn, vor dem Einschlafen. Jetzt war sie starr und kalt. Und sehr fremd war sie ihm geworden, sehr fremd. „Steh auf“, sagte Michal. „Wir können ihn hier nicht liegen lassen.“ Er und sein Vetter Merten trugen den Toten in die Gesindestube und legten ihn auf ein Bett. „Wie ist es dazu gekommen?“, fragte der Junge. Michal zögerte mit der Antwort. „Er hat sich“, sagte er stockend, „den Hals gebrochen.“ „Dann ist er wohl – auf der Treppe fehlgetreten – im Finstern ...“ „Kann sein“, sagte Michal. Er drückte dem Toten die Augen zu, schob ihm ein Bündel Stroh in den Nacken, das Juro geholt hatte. Tondas Gesicht war fahl. „Wie aus Wachs“, dachte Krabat. Er konnte nicht hinsehen, ohne dass ihm die Tränen kamen. Andrusch und Staschko brachten ihn in den Schlafraum.
„Lass uns hierbleiben“, meinten sie. „Unten stünden wir bloß im Weg herum.“ Krabat hockte sich auf den Rand der Pritsche. Er fragte, was nun mit Tonda geschehen werde. „Was eben so geschieht“, sagte Andrusch. „Juro versorgt ihn, der tut so was nicht zum ersten Mal – und dann werden wir ihn begraben.“ „Wann?“ „Heute Nachmittag, denke ich.“ „Und der Meister?“ „Den brauchen wir nicht dazu“, sagte Staschko barsch.

fahl (Adj.)
bleich, hell

barsch (Adj.)
unfreundlich, heftig

2 Der Leser ahnt schon nach wenigen Zeilen, dass in dieser Nacht etwas passieren wird. Suche diese Hinweise im Text und markiere sie.

3 Finde Hinweise, die darauf hindeuten, dass Tondas Tod kein Unfall war.
Folgende Umstände an Tondas Tod sind merkwürdig. Zum einen ... Außerdem ...

4 Mit dem Tod Tondas ist Krabats erstes Lehrjahr auf der Mühle vorbei. Tauscht euch über folgende Fragen aus. Begründet eure Antworten.
- War es richtig, dass Krabat Lehrjunge auf der Mühle wurde?
- Was könnte das Geheimnis der Mühle sein?

5 Wie beurteilt ihr das Jugendbuch Krabat? Ergänzt die folgenden Satzanfänge.
Mir hat die Geschichte von Krabat bisher gefallen / nicht gefallen, weil ...
Die Figur ... fand ich besonders gut / weniger gut, denn ...
Das Kapitel ... fand ich sehr spannend / weniger spannend, da ...
Ich würde das Buch gerne weiterlesen / nicht weiterlesen, weil ...

Den Autor von Krabat kennenlernen

1 Lies den Text.

Digital+
WES-126528-043
Text zum Ausdrucken

A Otfried Preußler ist der Autor von Krabat. Er wurde am 20. Oktober 1923 in Reichenberg (heute Liberec in Tschechien) geboren.
In der Schule waren seine Lieblingsfächer Deutsch und Fremdsprachen. Schon als Jugendlicher begann er zu schreiben. Otfried Preußler wuchs zur Zeit des Nationalsozialismus (1933 bis 1945) auf. 1942 machte er seinen Schulabschluss. Sein Wunsch war es danach, in Prag Geschichte zu studieren. Doch dieser Wunsch erfüllte sich nicht.

B Mit 19 Jahren meldete Preußler sich freiwillig zum Kriegsdienst. 1944 geriet er in Russland in Kriegsgefangenschaft. In dieser Zeit litt er an verschiedenen schweren Krankheiten. Trotzdem schrieb er weiterhin an literarischen Texten. Über diese schwere Zeit in Gefangenschaft sagte Preußler später: *„Ich habe fünf entscheidende Jahre meines Lebens hinter Stacheldraht verbracht: Jahre, in denen ich normalerweise studiert, mich in fremden Ländern umgesehen hätte."*

C 1949 entließ man ihn aus der Gefangenschaft. Er ging dann nach Rosenheim in Bayern. Im gleichen Jahr heiratete er seine Verlobte Annelies Kind. Das Paar bekam drei Kinder. 1951 konnte er sich doch noch seinen Wunsch erfüllen und studieren. Nach seinem Abschluss arbeitete er fast 20 Jahre als Grundschullehrer.

D 1971 erschien sein Roman Krabat. Dieser war für ihn eines seiner wichtigsten Werke. Das hatte mit seiner Begeisterung für den Nationalsozialismus als Jugendlicher zu tun, aber auch mit seinen Erlebnissen als Soldat und Gefangener:
„Mein Krabat [...] ist die Geschichte von einem jungen Menschen, der sich mit finsteren Mächten einlässt, von denen er fasziniert ist, bis er bemerkt, worauf er sich da eingelassen hat. Da gibt es nur einen Ausweg, den einzigen, den ich kenne: den festen Willen, sich davon freizumachen, die Hilfe von treuen Freunden – und jene Hilfe, die einem aus der Kraft der Liebe zuwächst, der Liebe, die stärker ist als die Macht des Bösen und alle Verlockungen dieser Welt."
Krabat wurde in 31 Sprachen übersetzt. Otfried Preußler erhielt dafür viele internationale Auszeichnungen, u. a. den Deutschen Jugendbuchpreis 1972.
Im Laufe seines Lebens hat Otfried Preußler zahlreiche bedeutende Werke der Kinder- und Jugendliteratur verfasst. Etwa 50 Millionen Exemplare wurden von seinen Büchern weltweit verkauft.

E Otfried Preußler starb am 18. Februar 2013 im Alter von 89 Jahren in Prien am Chiemsee.

Bezüge zwischen Text, Entstehungszeit und Leben des Autors herstellen und dieses Wissen zum Textverstehen nutzen

2 Deckt den Text ab und erzählt euch gegenseitig, was ihr behalten habt.

3 Ordnet den Sinnabschnitten des Textes die Überschriften zu.
Ehe und Beruf – Tod – Zweiter Weltkrieg und Kriegsgefangenschaft – Kindheit – Krabat und andere Werke

4 Markiert im Text Jahreszahlen zum geschichtlichen Hintergrund blau und Jahreszahlen zu Preußlers Lebensstationen gelb.

Digital+
WES-126528-044
Zeitstrahl zum Ausdrucken

5 Seht euch den Zeitstrahl an. Was könnt ihr ablesen?

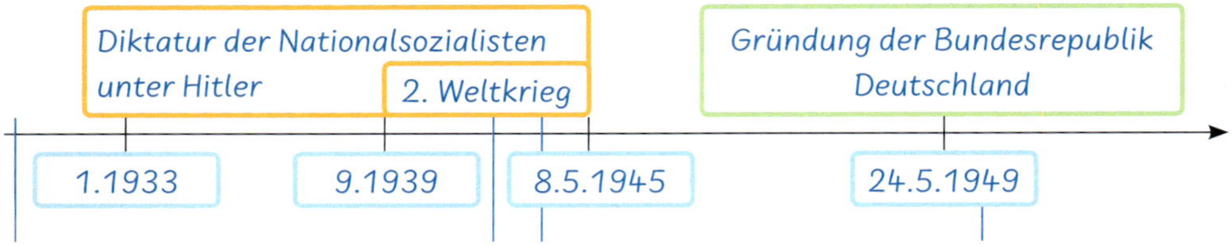

6 Ergänzt weitere Daten und Lebensstationen aus Preußlers Leben auf dem Zeitstrahl.

7 In Abschnitt **D** gibt es ein Zitat von Preußler. Lest es noch einmal.

„Mein Krabat […] ist die Geschichte von einem jungen Menschen, der sich mit finsteren Mächten einlässt, von denen er fasziniert ist, bis er bemerkt, worauf er sich da eingelassen hat.“ (Z. 24–26)

8 Wie ist dieses Zitat zu verstehen? Setzt euch damit genauer auseinander:
- Erklärt, was ihr unter „finsteren Mächten“ versteht.
- Beschreibt, welche „finsteren Mächte“ es in Preußlers Leben gab.
- Nennt Auswege, um sich von den „finsteren Mächten“ zu befreien.

9 Diskutiert, welche „finsteren Mächte“ es heute für junge Menschen gibt. Meint ihr, dass die von Preußler genannten Auswege junge Menschen davor schützen können? Begründet eure Meinung.

10 Recherchiert, welche weiteren Bücher Ottfried Preußler verfasst hat.
Stellt euch die Titel gegenseitig vor.

Zusammenfassung

Überprüfe dein Wissen und Können

Digital+
WES-126528-045
Text zum Ausdrucken

1 Lies das folgende Kapitel aus dem Jugendbuch *Krabat*.

Elf und einer

Krabat nimmt das Angebot des Meisters, Lehrjunge auf der Mühle zu werden, an. Der Meister zeigt ihm nun sein neues Zuhause.

Der Meister bedeutete Krabat, er möge mitkommen. Wortlos leuchtete er dem Jungen über die steile Holztreppe auf den Dachboden, wo die Mühlknappen ihren Schlafraum hatten. Krabat erkannte im Schein der Kerze zwölf niedrige Pritschen mit Strohsäcken, sechs auf der einen Seite des Mittelganges, sechs auf der anderen; neben jeder ein Spind und ein Hocker aus Fichtenholz. Auf den Strohsäcken lagen zerknüllte Decken, im Gang ein paar umgeworfene Schemel, auch Hemden und Fußlappen da und dort. Dem Anschein nach waren die Mühlknappen überstürzt aus den Betten geholt worden, an die Arbeit. Ein einziger Schlafplatz war unberührt, der Meister deutete auf das Kleiderbündel am Fußende. „Deine Sachen." Dann machte er kehrt und entfernte sich mit dem Licht.

Nun stand Krabat allein in der Finsternis. Langsam begann er, sich auszuziehen. [...]
Auch der Dachboden hallte vom Poltern und Stampfen der Mühle wider. Ein Glück für den Jungen, dass er zum Umfallen müde war. Kaum lag er in seinem Strohsack, da schlief er schon. Wie ein Klotz schlief er, schlief und schlief – bis ein Lichtstrahl ihn weckte.

Krabat setzte sich auf und erstarrte vor Schreck.

Es standen elf weiße Gestalten an seinem Lager, die blickten im Schein einer Stall-Laterne auf ihn herunter: elf weiße Gestalten mit weißen Gesichtern und weißen Händen.

„Wer seid ihr?", fragte der Junge ängstlich.

„Das, was du auch bald sein wirst", gab eins der Gespenster zur Antwort.

„Aber wir tun dir nichts", fügte ein zweites hinzu. „Wir sind hier die Mühlknappen."

„Elf seid ihr?"

„Du bist der zwölfte. Wie heißt du denn?"

bedeuten
hier: jemandem etwas zu verstehen geben

Pritsche
ein einfaches Bett

Schemel
ein kleiner Hocker

der Knappe
hier: andere Bezeichnung für einen Gesellen, der seine Lehre abgeschlossen hat

„Krabat. – Und du?“

„Ich bin Tonda, der Altgesell. Dies ist Michal, dies Merten, dies Juro ...“ Tonda nannte der Reihe nach ihre Namen; dann meinte er, dass es genug sei für heute. „Schlaf weiter, Krabat, du wirst deine Kräfte noch brauchen können für diese Mühle.“

Die Müllerburschen krochen auf ihre Pritschen, der letzte pustete die Laterne aus – gute Nacht und schon schnarchten sie.

Zum Frühstück versammelten sich die Mühlknappen in der Gesindestube. Sie saßen zu zwölft um den langen Holztisch, es gab eine fette Hafergrütze, je vier der Gesellen aßen aus einer Schüssel. Krabat war hungrig, er machte sich über die Grütze her wie ein Scheunendrescher. Hielten Mittagessen und Abendbrot, was das Frühstück versprach, dann ließ es sich auf der Mühle leben.

Gesindestube
ein Raum, in dem sich das niedere Personal aufhalten durfte

Hafergrütze
Haferbrei

Tonda, der Altgesell, war ein stattlicher Bursche mit dichtem, eisgrauem Haar; doch schien er noch keine dreißig zu sein, dem Gesicht nach. Ein großer Ernst ging von Tonda aus, genauer: von seinen Augen. Krabat fasste vom ersten Tag an Vertrauen zu ihm; seine Gelassenheit und die freundliche Art, wie er ihn behandelte, nahmen ihn für ihn ein.

„Ich hoffe, wir haben dich heute Nacht nicht zu sehr erschreckt“, wandte Tonda sich an den Jungen.

„Nicht allzu sehr“, sagte Krabat.

Besah er sich die Gespenster bei Tageslicht, waren es Burschen wie tausend andere. Alle elf sprachen Wendisch und waren um einige Jahre älter als Krabat. Wenn sie ihn anblickten, so geschah das nicht ohne Mitleid, wie er zu spüren meinte. Das wunderte ihn, doch dachte er sich weiter nichts dabei.

Wendisch
andere Bezeichnung für die Sprache Sorbisch

Was ihm zu denken gab, waren die Kleider, die er am Ende der Pritsche gefunden hatte: Getragene Sachen zwar, doch sie passten ihm auf den Leib wie für ihn geschneidert. Er fragte die Burschen, woher sie das Zeug denn hätten und wem es zuvor gehört habe; aber er hatte die Frage kaum ausgesprochen, da ließen die Müllergesellen die Löffel sinken und blickten ihn traurig an.

„Hab ich was Dummes gesagt?“, fragte Krabat.

„Nein, nein“, sagte Tonda. „Die Sachen ... Sie stammen von deinem Vorgänger.“

„Und?“, wollte Krabat wissen. „Warum ist er nicht mehr da? Hat er ausgelernt?“

„Ja, der hat – ausgelernt“, sagte Tonda.

In diesem Augenblick flog die Tür auf. Der Meister trat ein, er war zornig, die Mühlknappen duckten sich. „Schwätzt mir nicht!“ fuhr er sie an; und den Blick seines einen Auges auf Krabat gerichtet, fügte er barsch hinzu: „Wer viel fragt, der viel irrt. – Wiederhole das!“

Krabat stammelte: „Wer viel fragt, der viel irrt ...“

Der Meister verließ die Gesindestube – krach! Fiel die Tür hinter ihm ins Schloss.

Die Burschen begannen aufs Neue drauflos zu löffeln, doch Krabat war plötzlich satt. Ratlos starrte er auf die Tischplatte, keiner beachtete ihn. Oder ja?

Als er aufblickte, schaute Tonda zu ihm herüber und nickte ihm zu – kaum merklich zwar, doch der Junge war dankbar dafür. Es war gut, einen Freund zu haben in dieser Mühle, das spürte er.

Nach dem Frühstück gingen die Mühlknappen an die Arbeit, Krabat verließ mit den anderen die Gesindestube. Im Flur stand der Meister, er winkte ihm mit der Hand, sagte: „Mitkommen!“ Krabat folgte dem Müller ins Freie. Die Sonne schien, es war windstill und kalt, an den Bäumen hing Raureif.

Der Meister führte ihn hinter die Mühle, dort war eine Tür in der Rückwand des Hauses, die öffnete er. Dann betraten sie miteinander die Mehlkammer, einen niedrigen Raum mit zwei winzigen Fensterchen, blind von Mehlstaub. Mehlstaub auch auf dem Fußboden, an den Wänden und fingerdick auf dem eichenen Wiegebalken, der unter der Decke hing.

Wiegebalken *große Waage*

„Ausfegen!“, sagte der Meister. Er zeigte auf einen Besen neben der Tür, überließ dann den Jungen sich selbst und ging fort.

Krabat machte sich an die Arbeit. Nach wenigen Besenstrichen war er von einer dichten Staubwolke eingehüllt, eine Wolke aus Mehlstaub.

„So geht das nicht“, überlegt er. „Wenn ich bis hinten durch bin, liegt vorn wieder alles voll. Ich werde ein Fenster öffnen ...“

Die Fenster waren von außen zugenagelt, die Tür verriegelt. Da konnte er rütteln und mit den Fäusten dagegen schlagen, so viel er wollte: Es half nichts, er war gefangen hier.

Krabat fing an zu schwitzen. Der Mehlstaub verkleisterte ihm das Haar und die Wimpern, er kitzelte in der Nase, er kratzte im Hals. Es war wie ein böser Traum, der kein Ende nahm: Mehlstaub und wieder Mehlstaub in dichten Schwaden, wie Nebel, wie Schneegestöber. Krabats Atem ging mühsam, er stieß mit der Stirn gegen den Wiegebalken, ihn schwindelte. Sollte er aufgeben?

Doch was würde der Meister sagen, wenn er jetzt einfach den Besen weglegte? Krabat wollte sich's nicht verscherzen mit ihm, nicht zuletzt, weil er Angst hatte um das gute Essen. So zwang er sich weiterzukehren: von vorne nach hinten, von hinten nach vorn, ohne Unterlass, Stunde um Stunde.

Bis endlich, nach einer halben Ewigkeit, jemand kam und die Tür aufriss: Tonda.

„Komm raus!“, rief er. „Mittag!“

Das ließ sich der Junge nicht zweimal sagen, er torkelte an die Luft, holte keuchend Atem. Der Altgesell warf einen Blick in die Mehlkammer, dann erklärte er achselzuckend: „Lass gut sein, Krabat – keinem ergeht es am Anfang besser.“

Er murmelte ein paar unverständliche Worte, er schrieb mit der Hand etwas in die Luft. Da erhob sich der Staub in der Kammer, als bliese aus allen Fugen und Ritzen der Wind hervor. Eine Rauchfahne, weiß, stob zur Tür hinaus – über Krabats Kopf hinweg, dem Walde zu.

Die Kammer war leergefegt. Blank war sie, bis auf das letzte Stäubchen. Dem Jungen weiteten sich vor Staunen die Augen.

„Wie macht man das?“

Tonda blieb ihm die Antwort schuldig, er meinte: „Lass uns ins Haus gehen, Krabat, die Suppe wird kalt.“

2 Überprüfe auf S. 137 die Aussagen zum Text:
- Kreuze an, welche Aussagen richtig und welche Aussagen falsch sind.
- Korrigiere die falschen Aussagen in deinem Heft.

	wahr	falsch
Das Kapitel spielt kurz nach Krabats Aufnahme in der Mühle.		
Als Krabat aufwacht, glaubt er, elf Gespenster zu sehen.		
Auf der Mühle gibt es nur wenig zu essen.		
Krabat bekommt ganz neue Sachen zum Anziehen.		
Krabat gelingt es nicht, das Mehl aus der Kammer zu fegen.		
Tonda hilft Krabat beim Fegen.		

3 Im Text heißt es in Z. 46–47, Krabat „*machte sich über die Grütze her wie ein Scheunendrescher.*"

- Was ist mit diesem Sprachbild gemeint?
- Welche Wirkung erzielt der Autor mit diesem Sprachbild? Erkläre.

Wenn jemand wie ein Scheunendrescher isst, dann …
Durch dieses Sprachbild betont der Autor …

4 Als die Müllerburschen am Esstisch sitzen, erscheint der Müller.
Wie wirkt er in dieser Situation auf dich? Beschreibe sein Auftreten.
Der Müller wirkt in dieser Situation …

5 Wie erklärst du dir das Auftreten des Müllers in dieser Situation?
Begründe mithilfe des Textes.
Der Müller reagiert in dieser Situation …, weil … Das … Auftreten des Müllers hat mit … zu tun. Das erkennt man im Text daran, dass …

6 Obwohl Krabat Schwierigkeiten hat, die Mehlkammer auszufegen, gibt er nicht auf. Erkläre mithilfe des Textes, warum er nicht einfach aufhört.
Krabat hört nicht einfach auf zu fegen, weil …

7 In dem Text erfährt man einiges über Tonda:

- Unterstreiche im Text alle wichtigen Informationen über ihn.
- Ergänze sie auf deiner Figurenkarte (S. 122).

8 Beschreibe Tonda mithilfe deiner Figurenkarte.
Du kannst den Lückentext ergänzen.

Tonda ist der … auf der Mühle. Er steht also auf der Mühle über … Er ist noch keine … Jahre alt. Das erkennt man an … Dennoch hat er … Haare. Außerdem ist er … gebaut. Tonda hilft …, sich auf der Mühle zurechtzufinden. Bei scheinbar unlösbaren oder sehr anstrengenden Aufgaben … Er ist für Krabat wie ein …
Tonda wirkt … Er hat eine … Art.
Er verhält sich gegenüber allen … Krabat gegenüber zeigt er sich … und … Gegenüber … und … verhält er sich vorsichtig. Daher warnt er auch Krabat vor ihnen.

Digital+
WES-126528-046
Lösungen

Kurze Erzähltexte

1 Lest die Überschrift und schaut euch die Illustration an.
- Stellt Vermutungen an, wer mit der Überschrift gemeint ist. Wer könnte die „Eine“ sein?

2 Lest den Text.

Digital+
WES-126528-047
Text zum Ausdrucken

Eine

Irmela Brender

Eine drehte sich nach ihm um, als alle anderen die Köpfe schon wieder über die Bücher beugten. Er nahm das den anderen nicht übel, er wusste, ein Neuer in der Klasse ist nicht so interessant, dass man ihn die ganze Stunde hindurch anstarren könnte. Schließlich ging der Unterricht weiter, und er musste eben da sitzen und sich eingewöhnen.

Aber die eine im blauen Kleid sah immer wieder hin zu ihm, nicht neugierig, noch nicht einmal lächelnd. Das Profil, das sie ihm zeigte, manchmal auch noch ein bisschen Wangenfläche dazu, war ernst und aufmerksam, als habe sie über ihn nachzudenken. Das halbe Klassenzimmer lag zwischen ihnen, und er konnte ihre Augenfarbe nicht erkennen. Braun, schätzte er, und ein paar Sommersprossen auf der Nase, und das ganze Gesicht ein bisschen zu mager.

Die gehört nicht zu den Niedlichen, dachte er, die sich um einen Neuen kümmern, weil das so gut passt zu ihrer Niedlichkeit und weil sie dann noch einen haben, der sie nett findet. Die gehört vielleicht noch nicht mal zu den Netten. Eine Struppige ist das, überlegte er, eine, die kicken kann, fast wie ein Junge, und plötzlich wegläuft, wenn man glaubt, sie sei ein Kumpel. Eine, die nicht mit Freundinnen kichert und tuschelt, sondern viel allein herumläuft, nicht spazieren geht, sondern eben herumläuft, und die allerhand kennt in der Stadt. Eine, von der man manches erfahren kann, aber nicht unbedingt das, was zählt.

Es fiel ihm ein, dass er sich irren könnte, aber er glaubte es nicht. Ich werde ihr ein Zeichen geben, sagte er sich, und wenn sie reagiert, dann habe ich mich nicht geirrt. Dann ist sie eine, die ich mögen könnte, zumindest mögen.

Als sie sich wieder umsah, lächelte er. Da stand sie auf und brachte ihm ihr Buch. Fast unfreundlich legte sie es vor ihn auf den Tisch. Er sah dabei, dass sie magere Finger hatte mit ganz kurzen Nägeln. Das passte auch.

„Danke, ich geb’s dir nachher wieder“, sagte er schnell, bevor sie etwas sagen konnte. Sie nickte und ging zurück an ihren Platz. Alle beugten die Köpfe über die Bücher, er auch. Aber er gab acht, dass er den Augenblick nicht verpasste, in dem sie sich noch einmal nach ihm umschaute und beinahe lächelte.

3 Entscheidet, ob die Aussagen zum Text stimmen. Verbessert die falschen Aussagen.

	wahr	falsch
Der Erzähler ist neu in der Klasse.		
Das Mädchen, über das der Erzähler nachdenkt, trägt ein grünes Kleid.		
Der Erzähler findet das Mädchen außerordentlich hübsch.		
Das Mädchen leiht dem Erzähler ihr Buch.		

4 Erklärt, warum sich der Erzähler gerade über dieses Mädchen Gedanken macht.

5 Unterstreicht im Text alle Eigenschaften, die der Erzähler dem Mädchen zuschreibt.

6 Nennt eine Eigenschaft, die man über den Erzähler erfährt.

7 An einer Stelle steht im Text: „*Die gehört nicht zu den Niedlichen, dachte er, die sich um einen Neuen kümmern, weil das so gut passt zu ihrer Niedlichkeit und weil sie dann noch einen haben, der sie nett findet.*" (Z. 12–14)
Was möchte der Erzähler mit diesem Satz ausdrücken?
- Tauscht euch über diesen Satz aus.
- Lest die Vermutungen von Christin und Rieke.
- Begründet, welcher Aussage ihr am meisten zustimmt.

Christin: *Der Erzähler glaubt, dass das Mädchen nicht niedlich ist und sich nicht um neue Mitschüler kümmert. Er findet sie also nicht gut, weil sie nicht niedlich ist.*

Rieke: *Hm, aber eigentlich äußert er sich doch negativ über die niedlichen Mädchen. Denn ihnen geht es nicht um die Person. Sie wollen einfach nur gut dastehen. Der Erzähler findet es also gut, dass das Mädchen nicht so ist.*

8 Überlegt, wie die Erzählung weitergehen könnte.
- Werden sich der Junge und das Mädchen verstehen? Begründet eure Ideen.

In diesem Kapitel lernst du (,)...
- verschiedene Erzählformen zu untersuchen und zu unterscheiden.
- zwischen Autor und Erzähler zu unterscheiden.
- produktiv mit erzählenden Texten umzugehen.
- die innere und äußere Handlung zu unterscheiden.

Die Erzählform untersuchen

1 Lest die Überschrift und schaut euch die Illustrationen an.
- Stellt Vermutungen an, wer Jenny und Sebastian sind. Was könnten sie miteinander zu tun haben?

2 Lest den Text.

Digital+
WES-126528-048
Text zum Ausdrucken

Jenny und Sebastian
Irene Strothmann

Sie begegneten sich zwanzig Minuten vor acht auf dem Flur. Jenny, wie immer im Eiltempo, knallte die Wohnungstür hinter sich zu und stürzte zum Fahrstuhl. Hektisch drückte sie auf den Knopf. Sebastian aus der Wohnung schräg gegenüber sah auch nicht ausgeschlafener aus. Er gähnte ausdauernd wie ein Nilpferd und schloss dann ganz gemächlich die Wohnungstür zweimal ab. Einmal hätte gereicht, dachte Jenny, dafür hätte er sich lieber kämmen können.

Jenny und Sebastian kannten sich schon länger, hatten aber bisher kaum mehr als ein paar belanglose Worte miteinander gewechselt. „Morgen“, presste Sebastian mühsam heraus. Jenny murmelte etwas Unverständliches, drehte sich abrupt um und sprang die Treppen zum Ausgang hinunter. Sie hatte keine Lust, mit Sebastian eingequetscht im Fahrstuhl zu stehen – dann lieber neun Stockwerke zu Fuß!

Eine Minute nach acht überholte sie Frau Janssen, die immer pünktliche Klassenlehrerin, auf dem Schulflur kurz vor dem Klassenraum. Sebastian saß schon seit zwei Minuten auf seinem Platz und quatschte mit Tim, seinem Nachbarn. Er konnte es nicht leiden, zu spät zu kommen, dachte Jenny und setzte sich noch völlig außer Atem auf ihren Platz.

„Wenn ich die Tafel aufklappe“, begann Frau Janssen, „dann seht ihr die Zeichnung eines vollständigen Skeletts. Als Erstes wollen wir die Knochen benennen!“ Sie klappte die Tafel auf und erstarrte. Jenny erstarrte auch und glotzte Sebastian an. Der war ebenfalls erstarrt. Das Skelett war zwar da, aber irgendein Witzbold hatte zusätzlich ein knallrotes Herz dazu gemalt. Genau an der richtigen Stelle, mit dem Namen von Jenny und Sebastian. „So ein Quatsch“, schrie Sebastian, der sich als Erster von der Überraschung erholte. Er stürmte wütend nach vorn und griff nach dem Schwamm. Aber er war nicht schnell genug. Vor ihm er-

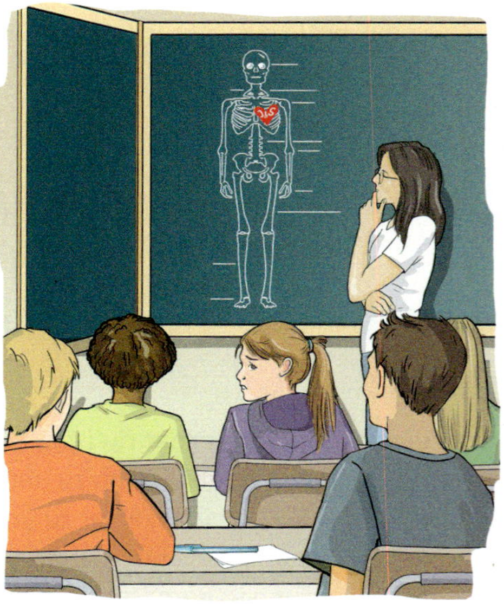

reichte Jenny die Tafel und wischte mit ihrem linken Jackenärmel quer über das Geschmiere. Das war ja absolut lächerlich! Irgendjemand in der Klasse lachte laut, und dann gingen die blöden Sprüche los: „Guck mal, unser neues Liebespaar!“ Frau Janssen hatte allerhand zu tun, um die Gemüter zu beruhigen.

In den nächsten Tagen gingen sich Sebastian und Jenny aus dem Weg. Es war wie eine geheime Absprache. Die beiden suchten in jeder Situation den größtmöglichen Abstand voneinander. Nicht nur in der Schule. Jenny ging morgens etwas früher los, um Sebastian nicht am Fahrstuhl zu begegnen, und Sebastian dafür etwas später. Und dann – es war der Mittwoch darauf – standen sie beide gleichzeitig nach der Schule vor der Fahrstuhltür ihres Wohnhauses.

Er war zuerst da und hatte den Knopf schon gedrückt, als sie durch die Eingangstür kam. Sie wendete sich sofort der Treppe zu – aber neun Stockwerke bergauf? Jenny blieb stehen. „So ein Zufall, nimmst du mich mit?“, lachte sie etwas verlegen. „Aber klar“, sagte Sebastian. Der Fahrstuhl fuhr sanft an. Jenny betrachtete aufmerksam ihre Fingernägel, und Sebastian kramte in den Taschen seiner neuen Fliegerjacke herum, als suche er etwas Bestimmtes. Zwischen dem sechsten und dem siebten Stockwerk gab es einen Ruck. Der Fahrstuhl schaukelte noch einmal kräftig, dann war Ruhe. „Verdammter Mist“, murmelte Sebastian mit belegter Stimme und bearbeitete den Knopf der neunten Etage. Nichts passierte. Jenny stellte sich neben ihn und drückte mit voller Wucht auf alle Knöpfe gleichzeitig. Der Fahrstuhl rührte sich nicht. „Wir sitzen fest! Ich fasse es nicht!“

Beide schwiegen beklommen und warteten, ob noch irgendetwas passierte. Es passierte nichts. „Hoffentlich dauert es nicht zu lange“, sagte sie, „mein Hund müsste jetzt dringend mal raus.“ „Um deinen Hund habe ich dich immer beneidet. Ich hätte zu gern einen, aber meine Eltern erlauben es nicht.“

Es entstand wieder eine Pause. Sie betrachtete ihn verstohlen von der Seite. Das klang ja direkt menschlich. Wenn er sonst mit den anderen aus der Klasse zusammen war, gab es nur die üblichen blöden Sprüche. „Du kannst ja mal mitkommen oder wenn dir das peinlich ist, kannst du ihn dir ruhig ausleihen, ja?“

Er sah sie überrascht an. Das hatte er nicht erwartet. Sie schien wirklich nett zu sein. In den Schulpausen hörte sich das allerdings ganz anders an – da ließ sie an keinem Jungen ein gutes Haar.

„Wie lange willst du das noch machen?“, fragte sie. „Was machen?“ „Na mich ansehen!“ Er spürte, dass er ganz langsam rot wurde und nichts dagegen tun konnte. „Du kannst ruhig sagen, wenn es dir nicht gefällt!“ „Nein ... nein“, sagte Jenny mit einer Stimme, die sie selbst nicht kannte – und dann wurde sie ebenfalls tomatenrot. Sie drückte auf den Alarmknopf. Da ging das Licht aus und es wurde stockfinster.

Bevor Jenny oder Sebastian etwas sagen konnten, fiel der Fahrstuhl wie ein Stein in die Tiefe. Vielleicht nur zwei bis drei Meter, dann hielt er mit einem erneuten, gewaltigen Ruck an. Beide stürzten auf den Boden, und Jenny schrie auf, weil sie sich beim Aufstützen die Hand verstauchte. Dann war atemlose Stille. „Hast du dir wehgetan?“ „Die linke Hand – aber es ist nicht so schlimm“, sagte Jenny tapfer. Ganz vorsichtig tastete er nach ihrer Hand und hielt sie fest. Millimeter für Millimeter zog er seine Hand zurück – möglichst unbemerkt sollte das geschehen. „Nicht“, flüsterte sie, und er ließ die Hand, wo sie war. So saßen sie eine Ewigkeit, ohne ein Wort zu sprechen, im Dunkeln. „Wieder das Relais“, dröhnte plötzlich von oben die Stimme von Gulwaszus, dem Hausmeister, dann knallte etwas, ein Schraubenschlüssel klirrte, das Licht ging an, und der Fahrstuhl surrte nach oben.

das Relais
eine automatische Schalteinrichtung; damit wird ein elektromagnetischer Schalter betätigt

Am nächsten Morgen sahen sie sich erst in der Schule. Sebastian saß schon und beobachtete unauffällig die Klassentür, als sie hereinkam. Jenny kam sofort zu ihm herüber, aber nur ganz kurz, dann ging sie schnell zu ihrem Platz und packte überstürzt das Mathematikbuch aus. Komisch, dachte Sebastian, wir haben doch jetzt Biologie. „Warum hast du denn deine Deutschsachen auf dem Tisch?“, hörte er Tim fragen, „wir haben doch jetzt Geschichte!“ Sebastian wurde wieder knallrot. Zum zweiten Mal in zwei Tagen – zweimal mehr als in den letzten drei Jahren. Die letzte Unterrichtsstunde – Englisch – war wie immer schrecklich einschläfernd langweilig. Sebastian überlegte die ganze Zeit, wie er es einrichten konnte, dass er und Jenny gleichzeitig den Fahrstuhl betraten, ohne dass man sie zusammen auf der Straße sah. Rein zufällig musste das aussehen.

Es klingelte zum Schulschluss, Sebastian sprang auf. „Sebastian, stop. Please, wait a moment!“, hörte er die schneidende Stimme von Frau Bindemann, der Englischlehrerin. „Wir müssen uns noch kurz über deine fehlenden Hausaufgaben in dieser Woche unterhalten!“ Sie redete und redete. Sebastian bekam nur Wortfetzen mit: – „In Zukunft deine Eltern unterrichten – demnächst Extraaufgaben – Hausaufgaben sind dazu da, dass ...“ – und sah, wie Jenny den Klassenraum verließ. Sie drehte sich nicht um – aber ging sie nicht betont langsam?

Als Sebastian endlich das Schulgebäude verlassen konnte, hatte er kaum noch Hoffnung, Jenny zu erreichen. Er fing trotzdem an zu laufen – aber von Weitem sah er, dass Jenny im Haus verschwand. Keine Chance, dachte er traurig und enttäuscht, wenn ich beim Fahrstuhl bin, ist sie längst oben. Er ging langsam weiter. Er stieß die Haustür auf.

Jenny kniete vor dem Fahrstuhl, inmitten der vielen Hefte und Bücher ihrer ausgekippten Schultasche. Sie ergriff ganz langsam einen durchsichtigen Schnellhefter. Dabei sah sie ihn an – wartend, etwas unsicher, und – wie ihm schien – mit einer leichten Röte im Gesicht.

3 Glaubt ihr, es ist Zufall, dass Jennys Schultasche ausgekippt auf dem Boden liegt? Tauscht euch darüber aus.
- Begründet eure Einschätzung.

4 Überprüfe die Aussagen zum Text. Verbessere die falschen Aussagen.

	wahr	falsch
Die Hauptfiguren wohnen im selben Haus und besuchen dieselbe Klasse.		
Im Englischunterricht hat jemand heimlich „Jenny liebt Sebastian." an die Tafel geschrieben.		
Jenny bietet Sebastian an, mit ihrem Hund spazieren zu gehen.		
Nach dem Gespräch mit seiner Englischlehrerin ist Sebastian frustriert, weil er eine schlechte Note bekommt.		

5 Beschreibe, wie sich die Beziehung zwischen Jenny und Sebastian entwickelt. An welcher Stelle im Text erkennst du einen Wendepunkt in ihrer Beziehung?
Anfangs scheinen sich Jenny und Sebastian nicht füreinander zu interessieren.
Nach dem Vorfall mit dem Herz hat man jedoch das Gefühl, dass ...
Ein Wendepunkt ist für mich ...

6 Ein Autor kann eine Geschichte aus verschiedenen Blickwinkeln wiedergeben. Dafür nutzt er die Erzählform:
- Lest den Info-Kasten.
- Erklärt den Unterschied zwischen Ich-Erzähler und Er-Erzähler.

7 Welche Erzählform hat die Autorin von „Jenny und Sebastian" gewählt? Belege mit einem Beispiel aus dem Text.

8 Warum hat die Autorin wohl gerade diese Erzählform gewählt? Begründe.

9 Stelle Vermutungen an, wie es mit Jenny und Sebastian weitergehen könnte.

10 Jenny ist nach dem Englischunterricht alleine nach Hause gegangen. Nun steht sie im Hausflur und lässt sich die Situation durch den Kopf gehen (Z. 106–107).
- Schreibe ihre Gedanken und Gefühle als inneren Monolog.
- So kannst du beginnen:

Schade, dass Sebastian von Frau Bindemann aufgehalten wurde.
Bestimmt bekommt er jetzt richtig Ärger ...

B → S. 299
Inneren Monolog schreiben

Die Erzählform

- **Er-/Sie-Erzähler**: Der Erzähler verfolgt die Handlung wie ein Beobachter. Er gibt das Geschehen, Gedanken und Gefühle in der 3. Person Singular (*er/sie*) wieder.
- **Ich-Erzähler**: Das Geschehen wird aus der Sicht einer bestimmten Figur in der **1. Person Singular** (*ich*) wiedergegeben. So kann der Leser die Gedanken und Gefühle dieser Figur hautnah miterleben. Die Gedanken und Gefühle anderer Figuren kann der Erzähler nur vermuten.

Handlungen und Verhaltensweisen literarischer Figuren beschreiben und bewerten;
Fachbegriffe zur formalen Beschreibung von Texten verwenden (Erzähler, Erzählform)

Zwischen Autor und Erzähler unterscheiden

Digital+
WES-126528-049
Text zum Ausdrucken

1 Sprecht über die Überschrift: Wer ist Romeo? Was bedeutet dieser Name im Zusammenhang mit der Überschrift?

2 Lest den Text. Wechselt euch nach jedem Abschnitt ab.

Romeo
männliche Hauptfigur aus der Liebesgeschichte „Romeo und Julia" von William Shakespeare

romantisch sein
hier: eine Idealvorstellung von der Liebe haben

Tunesien
Land in Nordafrika

Nicht jeder ist zum Romeo geboren

Kirsten Boie

Ich hatte beschlossen, diese Reise als einen Wink des Schicksals zu begreifen. Warum sonst hätten wir sie gerade zu diesem Zeitpunkt geplant? Gerade jetzt, wo ich meine Romeo-Niederlage erlebt hatte. Mir war ganz klar, ich durfte diese Reise nicht ungenutzt verstreichen lassen. Und damit meinte ich nicht nur, dass ich versuchen wollte, meinen Schwimmstil zu verbessern und eine tiefe Bräune zu ergattern.

Es gibt ja Menschen, die meinen, auf die Liebe muss man warten. So ganz romantisch eben: Du gehst die Straße entlang, kein besonderer Nachmittag, meinetwegen sogar noch Regen, und boing! steht sie vor dir. Unter ihrem Regenschirm. Und sie sieht dich an und ihr spürt beide gleichzeitig, dass ihr füreinander bestimmt seid. Jede Wette hast du dann keinen Schirm bei dir und sie lädt dich ein, unter ihren zu kommen, und weil ihr ja füreinander bestimmt seid, muss man sich über alles weitere keine Sorgen mehr machen, das läuft ganz von selbst: Händchenhalten, erster Kuss und so weiter.

Ich bin bei Sachen, die mit einem Boing! anfangen sollen, aber eher skeptisch. Und was ist, wenn du genau fühlst, sie ist für dich bestimmt, aber sie nimmt nur ihren Regenschirm und geht weiter? Ganz so einfach laufen die Dinge im Leben nämlich meistens nicht, das ist jedenfalls meine Erfahrung. Und dass man beim ersten Mal gleich weiß, was man zu tun hat, vor allem bei so neuartigen Dingen wie Händchenhalten und erster Kuss, glaube ich auch nicht. Ich habe bisher alles immer erst üben müssen, Schwimmen, Schlittschuhlaufen, beim ersten Mal ging das alles noch sehr matt. Warum sollte es in Liebesdingen anders sein? Vor allem, wenn man bedenkt, dass ich offenbar nicht zum Romeo geboren bin. Da musste schon ein bisschen Taktik her. Übung konnte nicht schaden.

Und dafür kam mir Tunesien gerade recht. Man hört ja immer wieder, dass auf Reisen die unglaublichsten Liebesgeschichten passieren. Irgendwie sind die Leute da romantischer gestimmt. Da sehen sie vielleicht auch schon mal über ein bisschen Bauchspeck weg. Hinterher fährt man dann jeder wieder nach Hause und wenn es beim Küssen oder so vielleicht nicht gleich geklappt hat, macht das auch nichts aus: Kein Mensch wird je davon erfahren.

Ich beschloss, den Urlaub nicht zu verplempern. Darum ging ich zum Friseur und danach kaufte ich mir eine neue Badehose. Einen Augenblick schwankte ich, ob ich wieder so eine dezente dunkelblaue aus Lycra-Stretch nehmen sollte oder eine von diesen kühn gemusterten Schwimm-Shorts, wie sie jetzt überall im Angebot waren. Ich entschied, dass so eine bunte Hose zumindest demonstrieren würde, dass ich wegen meiner Figur keine Minderwertigkeitsgefühle hatte. Und Selbstbewusstsein zu zeigen ist ja immer wichtig. Wer verliebt sich schon in einen verschämten Dicken! Ein stattlicher Mensch, der sein Gewicht nicht verbirgt, hat da schon größerer Chancen.

Ich war also vorbereitet. Wollten wir doch mal sehen, ob es mir in Afrika nicht gelingen würde, Herzen zu brechen.

der Lycra-Stretch
elastischer Stoff

stattlich
eine große, kräftige Körperform haben

3 Im Text spricht der Erzähler von seiner *Romeo-Niederlage* (Z. 3). Was ist mit dieser Wortneuschöpfung gemeint? Tauscht euch aus und vervollständigt die Satzanfänge.
Der Erzähler hätte gerne eine ...
Ein Mädchen, das ihn interessierte, hat ihn aber wahrscheinlich ...
Dieses Erlebnis nennt er Romeo-Niederlage, weil ...

4 Was möchte der Erzähler tun, damit er eine solche Niederlage nicht noch einmal erlebt? Gebt seine Gedanken und Pläne in eigenen Worten wieder.
Nach der letzten „Romeo-Niederlage" will sich der Junge in Sachen Liebe üben und nicht mehr alles nur auf sich zukommen lassen. Er glaubt, dass ...

5 Von wem wird die Geschichte erzählt? Lest dazu das Gespräch.

Anna: Erzählt wird der Text von Kirsten Boie.
Viktor: Nein, erzählen tut doch der Junge!
Anna: Stimmt nicht! Kirsten Boie hat den Text geschrieben!
Viktor: Ja, aber erzählt Kirsten Boie den Text dann auch?
Anna: Hm. Kirsten Boie ist eine Frau! Und der Erzähler ist ein Junge ...
Viktor: Kirsten Boie hat sich den Jungen ausgedacht, also auch seine Stimme.
Anna: Ach so! Kirsten Boie lässt den Jungen erzählen. Sie ist die Autorin, er ist der Erzähler.
Viktor: Wenn du Autor bist, kannst du Figuren schaffen, die ganz anders sind als du selbst. Du kannst die Welt aus ihren Augen sehen, z. B. als Junge aus der Sicht eines Mädchens, oder eben als Frau aus der Sicht eines Jungen.

6 Erklärt den Unterschied zwischen Erzähler und Autor.

7 Welche Erzählform verwendet die Autorin in der Geschichte? Belege deine Antwort mit einer Textstelle.

Zwischen Autor und Erzähler unterscheiden

Innerhalb eines Erzähltextes erzählt ein **Erzähler** eine Geschichte.
Der **Erzähler** und der **Autor** sind aber **nicht dieselbe Person**. Der Autor hat sich eine Figur ausgedacht, die in der Geschichte spricht, denkt und fühlt.

Fachbegriffe zur formalen Beschreibung von Texten verwenden (Figur, Autor, Erzähler); zwischen Autor und Erzähler unterscheiden

Die innere und äußere Handlung untersuchen

1 Wann seid ihr eifersüchtig? Um was könnte es in der folgenden Geschichte gehen? Tauscht euch darüber aus.

Digital+
WES-126528-050
Text zum Ausdrucken

2 Lies den Text.

Eifersucht

Tanja Zimmermann

Diese Tussi! Denkt wohl, sie wäre die Schönste. Juhu, die Dauerwelle wächst schon raus. Und diese Stiefelchen von ihr sind auch zu albern. Außerdem hat sie sowieso keine Ahnung. Von nix und wieder nix hat die 'ne Ahnung. Immer, wenn sie ihn sieht, schmeißt sie die Haare zurück wie 'ne Filmdiva. Das sieht doch ein Blinder, was die für 'ne Show abzieht. Ja, o.k., sie kann ganz gut tanzen. Besser als ich. Zugegeben. Hat auch 'ne ganz gute Stimme, schöne Augen, aber dieses ständige Getue. Die geht einem ja schon nach fünf Minuten auf die Nerven.
Und der redet mit der, stundenlang. Extra nicht hingucken. Nee, jetzt legt er auch noch den Arm um die. Ich will hier weg! Aber aufstehen und gehen, das könnte der so passen. Damit die ihren Triumph hat.
Auf dem Klo sehe ich in den Spiegel, finde meine Augen widerlich, und auch sonst, ich könnte kotzen. Genau, ich müsste jetzt in Ohnmacht fallen, dann wird ihm das schon leidtun, sich stundenlang mit der zu unterhalten.
Als ich aus dem Klo komme, steht er da. „Sollen wir gehen?" Ich versuche es betont gleichgültig mit einem Wenn-du-willst, kann gar nicht sagen, wie froh ich bin. An der Tür frage ich, was denn mit Kirsten ist. „O Gott, eine Nervtante, nee, vielen Dank!" „... Och, ich find die ganz nett, eigentlich", murmele ich.

die Dauerwelle
Frisur, bei der die Haare mit einer chemischen Behandlung künstlich gelockt werden.

3 Beantworte die Fragen zum Text.
- Über wen denkt die Erzählerin im ersten Abschnitt (bis Z. 8) nach?
- Wie denkt die Erzählerin über sich selbst?
- Warum ist die Erzählerin eifersüchtig?
- Ist ihre Eifersucht berechtigt?

4 Was ist der Unterschied zwischen innerer und äußerer Handlung? Lest dazu den Info-Kasten.

5 Markiere im Text die innere Handlung rot und die äußere Handlung blau.

Die innere und äußere Handlung unterscheiden

Die **innere Handlung** beschreibt, was eine Figur denkt und fühlt – was also in ihrem Inneren passiert.
Die **äußere Handlung** beschreibt auch das, was andere sehen und hören können.

Produktiv mit erzählenden Texten umgehen

1 Lest die Überschrift und schaut euch die Illustrationen an. Stellt Vermutungen an, worum es in dem Text gehen könnte.

2 Lies den Text.

Caroline, über Wiesen laufend

Irmela Brender

Für ein Mädchen, das noch nie einen Freund gehabt hatte, war Joschi so etwas wie – wie … Caroline fiel nur das Wort Wunder ein. Joschi sah gut aus, Joschi war lustig, Joschi war freundlich, Joschi spielte Gitarre, Joschi unterhielt alle, Joschi hatte ein Motorrad – und vor allem: Joschi mochte Caroline. Darüber war Caroline nicht so verwundert wie die meisten ihrer Freundinnen.

Sie hatte schon immer gewusst, dass eines Tages jemand kommen werde, der ausgerechnet sie, die dünne, blasse Caroline, mochte. Denn statt dünn konnte man auch schlank sagen, statt blass auch zart, statt „die hat ja nix zu sagen“, konnte auch einer finden: „Die hört gut zu.“

Aber wenn man in der achten Klasse, in der die meisten Mädchen, nicht nur die Wiederholer, schon den zweiten oder dritten Freund hatten, noch nicht einmal von dem ersten erzählen konnte, dann galt man fast als verschmäht. Caroline hatte sich nie so gefühlt. Auch ohne Freund war sie immer beschäftigt genug und glücklich gewesen.

Aber mit Joschi war es besser. Mit Joschi konnte sie zu Partys gehen und beneidet Stehblues tanzen, mit Joschi konnte sie durch die Stadt streifen, gemeinsam Musik hören und lachend wieder gehen, auf dem Rummel Autoscooter fahren und im Kino seine Hand halten. Mit Joschi erlebte Caroline Szenen, die sie schon oft gesehen, von denen sie gelesen hatte, von denen sie wusste, dass sie zu den Jahren gehörten, die sie jetzt durchlebte.

Erleben, dachte Caroline, durchleben – ja, mit Joschi war es immerzu Leben, LEBEN, in riesigen Buchstaben geschrieben, wie man sie an Reklamewänden, auf CD-Covern und im Fernsehen sah.

Caroline sah das Bild, das andere von ihnen haben mussten: Sie zart und schlank, er groß und dunkel, beide lachend, gepflegt, voll Leben und jung – es war perfekt. Und dann Caroline, über Wiesen laufend, ganz langsam in Zeitlupe, sodass ihr Blusenkragen sich langsam hob und senkte und ihr Haar ganz weich im Wind schwang, dahinter, halb von ihr verdeckt, Joschi, der behutsam nach ihrer Hand griff, im

Digital+
WES-126528-051
Text zum Ausdrucken

der Stehblues
Tanzart, bei der sich die Tanzpartner sehr nahe kommen

langsamen Laufen ... Nein, dieses Bild hatte es noch nicht gegeben mit Joschi und ihr, sie hatte es anderswo gesehen. Aber es gehörte dazu, das wusste Caroline, und sie würde es noch erleben. Vielleicht heute noch, auf diesem Ausflug. Zehn Kilometer Landstraße, das schaffte das Motorrad in etwa fünfzehn Minuten, dann waren sie am Ziel, trafen die anderen zum Picknick, und anschließend ... Das Motorrad bockte und riss Caroline unsanft aus ihren Träumen. Joschi bremste, und hart an der Straßenböschung kamen sie zum Stehen.

„Ist was?", fragte Caroline. „Klar ist was. Aber was? Verdammter Ofen!" Joschi stieg ab und hockte sich vor das Motorrad.
„Du wirst es schon wieder hinkriegen", sagte Caroline und strich sich die Haare aus der Stirn.
„Dein Wort in Gottes Ohr – bloß heute wird er taub sein. Ich habe keine Ahnung. Da kann alles Mögliche kaputt sein."
Caroline lächelte immer noch. Jungen wie Joschi kannten sich aus. Sie beugte sich über die Böschung und fing an, Gänseblümchen zu pflücken.
„Du musst ins nächste Dorf und jemanden holen." Joschi trat auf den Anlasser, aber der Motor sprang nicht an. „Benzin ist noch drin, daran kann's nicht liegen. Aber was sonst los sein könnte, weiß ich nicht. Schließlich habe ich das Ding erst seit drei Wochen. Und bezahlt hab ich's dem Kumpel, der es vor mir hatte, auch noch nicht. Na, vielleicht kommt's jetzt gar nicht mehr dazu. Los, Caroline, geh schon."
„Es sind noch zehn Kilometer", sagte Caroline und pflückte ein paar Blätter zu ihrem Strauß. „Das ist viel zu weit."
„Nicht laufen – trampen", sagte Joschi. „Bei Mädchen halten sie eher."
„Autostop?", fragte Caroline ungläubig. „Na klar." „Das darf ich nicht", sagte Caroline. Autostop gehörte zu den wenigen Dingen, die ihr von zu Hause aus verboten waren, und Caroline sah ein, warum. Jeder wusste, was bei Autostop mit jungen Mädchen passieren konnte. „Autostop mache ich nie im Leben."

der Autostop
Autos anhalten und die Fahrer bitten, einen mitzunehmen

Joschi hob den Kopf. Er war rot im Gesicht vom Bücken, und die Haare klebten ihm verschwitzt in der Stirn. Er sah nicht mehr so gut aus. „Hör mal, hast du sie noch alle? Das ist eine Notlage. Ich krieg' die Karre nicht mehr flott, da kannst du an mich glauben, wie du willst."
„Ich mache keinen Autostop", sagte Caroline nicht unfreundlich, aber bestimmt.
„Okay, Prinzessin auf der Erbse. Dann musst du dich eben hier neben das Motorrad setzen und warten, bis ich zurückkomme. Aber bei mir wird's länger dauern. Bei einem Kerl – noch dazu mit langen Haaren – hält keiner so schnell."
„Du willst mich hier allein sitzen lassen?"
„Na klar, einer muss bei der Maschine bleiben. Sonst kann doch alles Mögliche geklaut werden. Ich sag dir ja, das Ding ist noch nicht bezahlt."

Caroline erklärte es ihm freundlich und sachlich, wie man es tun musste, damit das schöne Bild nicht verdorben wurde – das Bild von einem Jungen neben einem Motorrad und einem Mädchen, das Blumen pflückte. Es war zu gefährlich, wenn sie hier allein sitzen blieb. Jeder Autofahrer konnte anhalten, sie in den Wagen zerren und wer weiß was mit ihr tun. Trampen kam nicht in Frage. Es blieb nichts anderes übrig, als dass sie zu zweit zehn Kilometer bis zu den anderen liefen, wenn es schon sein musste. Und das Motorrad blieb dann eben allein. Was war wichtiger – sie oder das Motorrad? „Das musst du doch einsehen, Joschi. Was ist wichtiger – das Motorrad oder ich?" Joschi trat dicht auf sie zu. Sein Gesicht war jetzt noch röter, auf der Stirn und unter der Nase hatte er kleine Schweißperlen. „Du meinst das ernst?" „Natürlich", sagte Caroline lächelnd und hielt ihm die Blumen hin ... „Sind die nicht hübsch?"

„Blöde Ziege", sagte Joschi, drehte sich um und ging mit erhobenem Daumen die Landstraße entlang. Caroline hatte noch nicht ganz verstanden, was geschah, da war Joschi schon zweihundert Meter entfernt, ein Auto fuhr an ihr vorbei und hielt neben ihm, Joschi sprach mit dem Fahrer und stieg ein. Als der Wagen wieder startete, schleuderte er ein Staubwölkchen hoch.

„Joschi!", rief Caroline hinter dem Auto her. „Joschi! Du kannst doch nicht – ich habe dir doch erklärt – Joschi!"

Das Auto war schon nicht mehr zu sehen.

Caroline fing an zu weinen. Sie hatte kein Taschentuch dabei. Sie fuhr sich mit der Hand übers Gesicht und sah hoch. Blöde Ziege, von wegen! Verdammtes Motorrad! Sie würde – O nein, sie würde nicht. Während sie den Picknickkorb vom Gepäckträger band, sah sie Bilder vor sich von Dingen, die mit Mädchen passierten, wenn sie allein am Landstraßenrand saßen und warteten, bis ein Auto kam und hielt und ...

Caroline lief. Sie weinte immer noch, und die Nase rann ihr, und sie musste den Picknickkorb abwechselnd in die rechte und in die linke Hand nehmen. Und so lief Caroline über die Wiesen.

3 Glaubt ihr, dass Caroline und Joschi am Ende der Geschichte noch ein Paar sind? Begründet eure Meinung.

4 Welchen Eindruck habt ihr von Caroline und Joshi? Nennt jeweils drei passende Ausdrücke, um die beiden zu beschreiben. Der **Wortschatz** kann euch helfen.

5 Lies die blaue Markierung im Text (Z. 20–22). Tauscht euch darüber aus, was mit diesem Satz gemeint sein könnte.

Wortschatz

selbstbewusst
verträumt
kindisch
verärgert
verliebt
unsensibel
aufbrausend
ängstlich
draufgängerisch
verständnislos
eingebildet
rücksichtslos
verständnisvoll

6 Lest, wie Maja und Samet diesen Satz deuten. Begründet, welcher Aussage ihr am meisten zustimmt.

> **Maja**: *Mit dem Satz ist gemeint, dass Caroline sehr viel mit ihrem Freund Joschi in ihrer Freizeit unternimmt und erlebt. Sie gehen zum Beispiel tanzen oder machen Ausflüge.*

> **Samet:** *Der Satz soll aussagen, dass Caroline mit Joschi eine sehr glückliche Beziehung hat. Ihr Leben ist so perfekt wie in Liebesfilmen oder auf Werbeplakaten dargestellt.*

7 Was erwartet Joschi von Caroline, nachdem das Motorrad kaputtgegangen ist? Erläutert.

8 Beschreibt, wie Caroline darauf reagiert.

9 Beurteilt Carolines Reaktion auf Joschis Bitte. Könnt ihr sie nachvollziehen? Begründet eure Meinung.

10 An den rot markierten Stellen im Text (Z. 27/28 und 114) findet man den Titel wieder.
- Lest diese Stellen noch einmal im Text nach.
- Erklärt, wie sich Caroline hier jeweils fühlt.
- Beschreibt in wenigen Sätzen, wie sich Carolines Gefühlwelt zwischen den beiden Textstellen verändert. Warum verändern sich ihre Gefühle?

B → S. 300
Tagebucheintrag schreiben

11 Stell dir vor, Caroline kommt nach einem sehr langen Fußmarsch zuhause an. Der Weg war sehr anstrengend, weil sie den schweren Picknickkorb getragen hat. Am Abend denkt sie an den Tag mit Joschi zurück.
- Verfasse einen Tagebucheintrag aus Sicht von Caroline. Gib darin in der Ich-Form wieder, wie Caroline den Tag erlebt hat.
- Gehe auch darauf ein, ob sie die Beziehung mit Joschi fortsetzen möchte.
- Achte darauf, dass du Carolines Gedanken und Gefühle passend zum Text wiedergibst. So kannst du beginnen:

Schwetzingen, am 28. Juni 20..
Was für ein schlimmer Tag … Eigentlich wollte ich heute mit Joschi einen schönen Ausflug machen. Aber dann …

B → S. 298
Dialog schreiben

12 Stell dir vor, Caroline trifft sich am nächsten Tag mit ihrer Freundin. Dabei erzählt sie ihr von dem Ausflug und dem Streit mit Joschi. Sie erhofft sich von ihrer Freundin einen Rat, ob sie noch weiter mit Joschi zusammenbleiben sollte.
- Verfasse diesen Dialog zwischen Caroline und ihrer Freundin. Überlege dazu, wie die Freundin auf Carolines Erlebnis reagieren könnte.
- Achte außerdem darauf, dass du Carolines Gedanken und Gefühle passend zum Text wiedergibst.

Zusammenfassung

Überprüfe dein Wissen und Können

Digital+
WES-126528-052
Text zum Ausdrucken

1 Lies den Text.

Is there anybody out there?

Tamara Bach

Name
Adresse
Geburtstag
Größe
Gewicht
Hobbys
Lieblingsgetränk
Lieblingsessen
Lieblingsfilm
Lieblingslied
Lieblingsstar
Freunde
Das mag ich
Das mag ich nicht
Das wünsche ich dir

Name

Mein Name ist Miriam.
Alter, Geburtstag, Ort
Ich bin 15 Jahre alt. Fünfzehn.
Adresse

Die Stadt, in der ich wohne, ist hübsch und klein, im Sommer kommen Touristen, um sich die Kirche und die alte Burg anzuschauen und durch die alten Gassen zu spazieren. Im Sommer ist es hier schön. Man kann auf einem Feld sitzen, ins Tal schauen und sich mit jemandem eine Flasche Wein teilen, vielleicht ist es dann Abend. Man kann an den Baggersee fahren, wenn es Tag ist, oder ins Schwimmbad einbrechen, wenn es Nacht ist. Man muss gar nicht viel im Sommer machen, um etwas zu machen. Im Sommer reicht es, wenn man einfach da ist. Egal wo.

Im Winter ist die Stadt zu klein und friert ein. Die Stadt ist nirgendwo, keiner kennt sie, die Leute vergessen im Winter, dass es hier eine Kirche und eine Burg und alte Gassen gibt, und die Leute, die hier wohnen, vergessen sich plötzlich auch. Und verstecken sich.

Ich bin kein Wintermensch. Ich bin Miriam. 15. Blond. Braune Augen. 1,62 m, 59 kg oder auch nicht. Kind, Schwester, Schülerin, Banknachbarin.

Ich bin Miriam. Ich bin müde. Und das war es.

Das bin ich. Mehr nicht und nicht weniger. Einfach nicht mehr.

Was mag ich und was nicht?

Lieblings ..., Lieblings ...

Ich bin unsportlich. Ich bin faul, sagt Mama. Ich bin nicht blöd, sagt der Mathelehrer. Manchmal bin ich so. Und manchmal bin ich doch anders.

Ich starre auf das Buch. Nach dem Sommer haben sie uns in eine neue Klasse gesteckt. Neu, mit neuen Leuten, weil der Jahrgang zu klein geworden ist. Vor zwei Wochen hat mir eine aus der neuen Klasse dieses Buch in die Hand gedrückt. Und gestern ist sie sauer geworden, weil ich es ihr noch nicht zurückgegeben habe, „morgen“, hab ich gesagt.

Steckbrief. Das heißt, man soll sich so genau wie möglich beschreiben. Warum will die, dass ich mich so genau beschreibe, was will die denn von mir?

Ich blättere vor. Das Buch ist schon halb voll. Das ist keins, wie man es in den Schreibwarenläden kaufen kann. Nein, hier schreibt jeder das, was er will, aber die meisten halten sich an Lieblingsweißnichtwaslisten. Haben vielleicht ein schönes Foto von sich reingepappt. Da, die Bille, die sieht eigentlich gar nicht so aus. Fredi hat das ganze Blatt vollgemalt mit irgendwelchen Schriftzügen, die nach Sprayer aussehen sollen. Fredi hat noch nie eine Farbdose in der Hand gehabt.

Bambambam, Kuli trommelt aufs Buch. Heute braucht die das zurück.

Was ich dir wünsche.

Ich wünsche ...

Was ich mir wünsche. Ich wüsste gerne, was ich schreiben soll.

Stell dir ein Mädchen vor. Eine mit Begabung, eine, die strahlt, nach der man sich umschaut. Der man hallo sagt und lächelt. Und die selbst ganz gerne lächelt. Und dann stell dir eine vor, die niemand mag, weil sie vielleicht irgendwie stinkt oder eine komische Lache hat. Ich bin dazwischen. Bin ein bisschen hübsch vielleicht. Ja, sagt Mama, sagt der alte Pit im Kiosk. Ich bin vielleicht ein bisschen hässlich, sagt Alex aus der Zehnten, sagt Dennis, aber der ist egal.

Ich bin ganz klug, sagen meine Noten in Mathe und Französisch. Aber Geschichte und Chemie sagen, ich sei der letzte Idiot.

Was ist man denn, wenn man immer mittendrin ist, nicht ihm und nicht ihr, nicht Fleisch oder Fisch? Langweilig ist man dann.

Was soll ich denn nur schreiben?

2 Beantworte folgende Fragen zum Text:
- Um was für ein Buch geht es in der Geschichte?
- Wie sieht sich die Erzählerin selbst?
- Wie denkt die Erzählerin über ihre Mitschüler und Mitschülerinnen?
- Welche Informationen bekommst du über die Erzählerin?

3 Erkläre kurz in eigenen Worten den Unterschied zwischen Autor und Erzähler.

4 Bestimme die Erzählform. Belege deine Wahl mit einem Textbeispiel.

A Ich-Erzähler

B Er-Erzähler

5 Gib an, ob im Text eine innere oder eine äußere Handlung vorliegt.

Digital+
WES-126528-053
Lösungen

Sachtexte

1 Beim Arbeiten in der Küche muss man Hygieneregeln einhalten. Betrachtet die Abbildungen dazu und lest die Texte darunter.

Alltagskultur, Ernährung, Soziales

1

Trage saubere Kleidung und eine Kochschürze!
Auf verschmutzter Kleidung leben Millionen Keime.

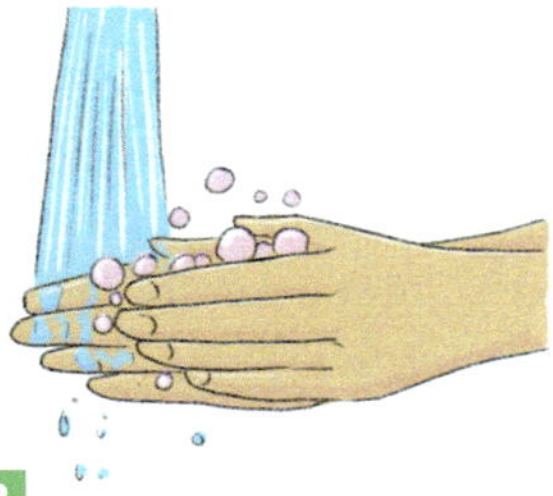

2

Wasche deine Hände gründlich mit Seife und warmem Wasser!
Auf den Händen befinden sich zahlreiche Krankheitserreger.

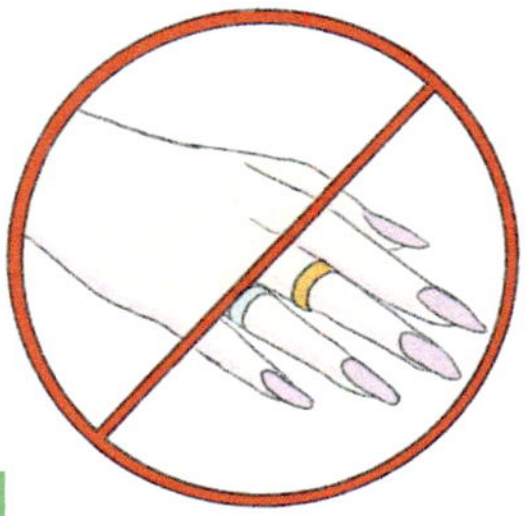

3

Ringe und lange, lackierte oder künstliche Fingernägel sind bei der Küchenarbeit nicht erlaubt!
An Ringen, aber auch unter langen, künstlichen Fingernägeln sammeln sich Keime. Nagellack kann abblättern und ins Essen geraten.

2 Tauscht euch wie im Beispiel darüber aus, welchen Zweck die Hygieneregeln haben.

- An welchen Stellen liegt eine **Aufforderung** vor?
- Wo werden **Informationen** gegeben?

Im Text zu Abbildung 1 steht, dass man saubere Kleidung und eine Kochschürze tragen soll. Das ist eine ***Aufforderung****.*

Im Text zu Abbildung 1 steht außerdem, dass sich auf verschmutzter Kleidung sehr viele Keime befinden. Das ist eine ***Information****.*

3 Was besagen die Hygieneregeln 4–6?
- Beschreibe die Abbildungen. Achte auf Details.
- Ordne den Abbildungen die Texte A–C passend zu.

4

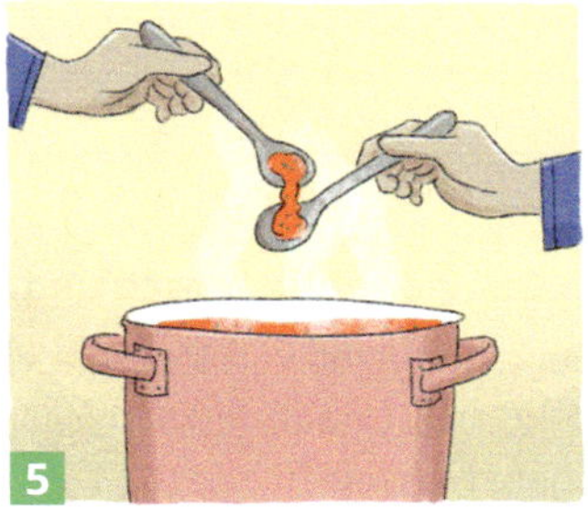
5

6

A Verwende zum Abschmecken zwei Löffel! Im Speichel finden sich zahlreiche Keime.

B Halte deinen Arbeitsplatz sauber. Wische dazu die Arbeitsflächen regelmäßig und trockne sie mit einem sauberen Tuch ab!
Keime vermehren sich besonders gern in feuchter Umgebung.

C Achte auf die Kühlkette! Leicht verderbliche Lebensmittel müssen durchgehend kühl gelagert werden.

die Kühlkette
durchgängige Kühlung von leicht verderblichen Lebensmitteln (bei der Produktion, beim Transport, Verkauf ...)

4 Welche Hygieneregeln sollte man noch beachten? Formuliere für die Abbildungen 7–9 passende Texte zur Erklärung. Denke daran, dass sie eine Aufforderung und Informationen enthalten sollen.

7

8

9

Digital+
WES-126528-054
Abbildungen zum Ausdrucken

5 Erstellt ein Lernplakat mit allen Regeln, die in der Küche beachtet werden müssen. Formuliert in eigenen Worten.

In diesem Kapitel lernst du (,)...
- verschiedene Arten von Sachtexten kennen.
- linearen und nichtlinearen Texten zielgerichtet Informationen zu entnehmen.
- Sachtexte aufgrund ihrer Funktion zu bestimmen und unterscheiden (z. B. Bedienungsanleitungen und einfache Gesetzestexte).

Handlungsanweisungen verstehen

B → S. 304
Schlüsselwörter

Digital+
WES-126528-055
Text zum Ausdrucken

Alltagskultur, Ernährung, Soziales

In der Küche geschehen viele Unfälle mit Messern. Die folgende Handlungsanweisung hilft beim sicheren Umgang mit Messern.

1 Lies die Handlungsanweisung und betrachte die Symbole.

1. Gefahren für Mensch und Umwelt

Gefahren beim Benutzen von Messern ergeben sich durch:
- Stress, Zeitdruck, Unaufmerksamkeit
- ungeeignete Messer
- unscharfe Messer [...]
- falsches Halten des Schneidgutes
- ungünstige Körperhaltung
- unzureichende Lichtverhältnisse
- falsches Ablegen und ungeeignetes Aufbewahren der Messer

2. Schutzmaßnahmen und Verhaltensregeln

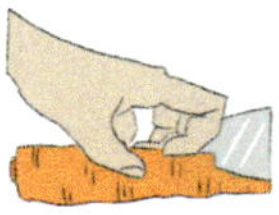

- vorausschauende Planung [...]
- gute Beleuchtung [...]
- richtige, der Körpergröße angepasste Arbeitshöhe [...]
- für die jeweilige Schneidaufgabe geeignete Messer benutzen
- ausreichend große und rutschsicher gelagerte Schneideunterlage verwenden
- sich stets auf die zu verrichtende Schneidarbeit konzentrieren [...]
- beim Schneiden eine gerade Körperhaltung einnehmen
- nur scharfe Messer benutzen
- sicheres Halten des Schneidgutes (Krallengriff richtig anwenden)
- Ordnung am Arbeitsplatz halten
- Messer nicht in der Spülmaschine reinigen
- sichere Aufbewahrungs- und Ablageeinrichtungen für Messer am [A]rbeitsplatz benutzen [...]

3. Erste Hilfe

- Ruhe bewahren
- Ersthelfer heranziehen
- Notruf: 112 [...]
- Unfall melden und dokumentieren lassen

4. Instandhaltung; Entsorgung

- Messer [...] in angemessenen Abständen auf die richtige Schärfe hin prüfen und ggf. nachschärfen (lassen)
- defekte und unbrauchbare Messer austauschen [...] bzw. gefahrfrei entsorgen

[Text verändert]

2 Beschreibt die Symbole der Handlungsanweisung und erklärt ihre Bedeutung.

3 Der Text enthält einige unbekannte Wörter und Fachbegriffe.
- Notiert die Wörter, die ihr nicht versteht, in einer Tabelle.
- Versucht, sie euch gegenseitig zu erklären.
- Recherchiert die Wörter und Fachbegriffe. Schreibt ihre Erklärung in die Tabelle.

M → S. *32*
Fachbegriffe erschließen

Unbekanntes Wort / Fachbegriff	**Erklärung**
Schneidgut	Lebensmittel oder Material, das geschnitten werden soll
Körperhaltung	der Körper nimmt eine bestimmte Stellung ein, z. B. aufrechtes Sitzen
…	…

4 Arbeitet mit dem Text. Entscheidet, ob die Aussagen richtig oder falsch sind.
- Belegt eure Antwort anhand des Textes.
- Korrigiert falsche Aussagen.

	richtig	falsch
Um Verletzungen zu vermeiden, sollte man mit unscharfen Messern arbeiten.		
Am Arbeitsplatz sollte man immer auf Ordnung achten.		
Messer sollten immer in der Spülmaschine gereinigt werden, damit sie richtig sauber werden.		
Bei Unfällen sollte man ruhig bleiben, Erste Hilfe leisten und im Notfall 112 wählen, damit der Verletzte gut versorgt wird.		

5 Nennt jeweils zwei Beispiele für appellierende und informierende Textabschnitte.

6 Stellt die wichtigsten Hinweise für den sicheren Umgang mit einem Messer zusammen. Erstellt dazu ein Infoplakat oder einen Flyer für eure Mitschüler.

Handlungsanweisungen verstehen

- Eine **Handlungsanweisung** erklärt, wie man in bestimmten Situationen **handeln** und **vorgehen** sollte.
- Zu Beginn wird die **Situation** beschrieben. Oft gibt es Warnhinweise:
  Der Umgang mit Messern kann unter bestimmten Voraussetzungen gefährlich sein.
- Es folgen **Anweisungen**, wie man in dieser Situation richtig handelt.
  Dabei werden z. B. **Schutzmaßnahmen** *(gute Beleuchtung)* und **Verhaltensregeln** *(nur scharfe Messer benutzen)* genannt.
- Handlungsanweisungen erfüllen häufig mehrere Textfunktionen:
  Appellierende Textabschnitte fordern zu einem bestimmten Verhalten auf:
  Verwende beim Schneiden eine ausreichend große Unterlage.
- **Informierende** Textabschnitte vermitteln Hintergrundwissen:
  Unfälle beim Schneiden entstehen häufig durch eine ungeeignete Schneideunterlage.

Linearen und nichtlinearen Texten Informationen entnehmen

1 Die Abbildung zeigt Jugendliche in einem Fachraum der Schule.
- Beschreibe, was die Schülerinnen und Schüler machen.

Naturwissenschaft und Technik

2 Viele Schüler verhalten sich in dem Fachraum nicht richtig.
- Nennt die falschen Verhaltensweisen.
- Erklärt, warum man sich nicht auf diese Weise verhalten darf.

3 Stellt Regeln für das richtige Verhalten in einem Fachraum auf.

a) Ergänzt die folgenden Satzanfänge:

Essen und Trinken ist …
Beim Riechen darf man …
Lange Haare …
Taschen sollten nicht …
Eine Schutzbrille muss man …
Abfälle gehören …

b) Formuliert zu jeder falschen Verhaltensweise auf der Abbildung eine passende Regel.

4 In der Schule gibt es eine Fachraumordnung.
- Nennt mögliche Gründe, warum eine Fachraumordnung benötigt wird.
- Sprecht darüber, was in einer Fachraumordnung stehen könnte.

5 Lies den Text.
- Markiere beim Lesen unbekannte Wörter.

Rechtliche Grundlage und Rahmenbedingungen

An Schulen müssen Lehrkräfte Schülerinnen und Schüler über allgemeine Verhaltensregeln in Fachräumen, Sicherheitsmaßnahmen, mögliche Gefährdungen und über das Verhalten im Gefahrfall informieren. Eine allgemeine Unterweisung ist zu Beginn eines jeden Schulhalbjahres durchzuführen.
In naturwissenschaftlichen Fachräumen ist wegen der möglichen Gefährdungen durch zum Beispiel Gefahrstoffe, Biostoffe, Geräte und Werkzeuge eine Unterweisung besonders wichtig. Die Unterweisung muss schriftlich z. B. im Klassenbuch oder Kursheft dokumentiert werden.

[Text verändert]

Digital+
WES-126528-056
Text zum Ausdrucken

6 Der Text enthält viele unbekannte Wörter und Fachbegriffe.
- Notiert die Wörter, die ihr nicht versteht, in einer Tabelle.
- Tauscht euch darüber aus, was ihr unter den Wörtern versteht. Versucht, sie euch gegenseitig zu erklären.
- Schlagt die ungeklärten Wörter in einem Bedeutungswörterbuch nach.

Die Seite 160 hilft dir weiter.

Unbekanntes Wort / Fachbegriff	Erklärung
Sicherheitsmaßnahmen	Vorgehen, das der Sicherheit von Personen dient
Unterweisung	Vermittlung von notwendigen Fähigkeiten und Kenntnissen
…	…

7 Beantworte folgende Fragen mithilfe des Textes. Belege die Antworten mit einer passenden Textstelle (Zeilenangabe).
- Worüber werden die Schüler zu Beginn des Schulhalbjahres informiert?
- Was sind mögliche Gefährdungen in naturwissenschaftlichen Fächern?
- Wann muss eine Unterweisung stattfinden?
- Wo muss die Lehrkraft eine erfolgreiche Unterweisung dokumentieren?

8 Führe auf Grundlage des Textes folgende Sätze weiter:

Zu Beginn jedes Schulhalbjahres müssen Lehrkräfte …
Besonders in naturwissenschaftlichen Fachräumen …
Nach der Unterweisung müssen die Lehrkräfte …

Mit einem Bedeutungswörterbuch arbeiten

Bei der Arbeit mit Texten begegnen dir immer wieder unbekannte Wörter und Fachbegriffe. Ihre Bedeutung kannst du in einem Bedeutungswörterbuch nachschlagen.

1 Sieh dir den Ausschnitt aus einem Bedeutungswörterbuch an.

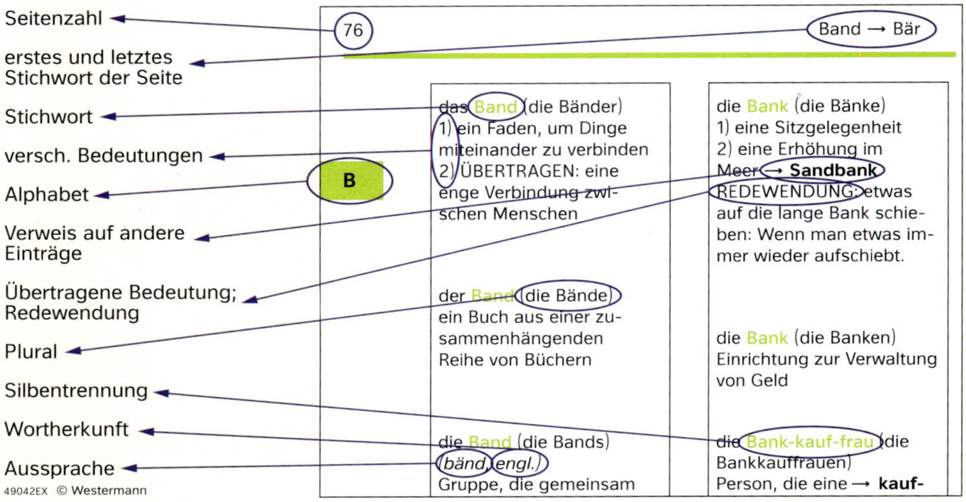

2 Beschreibt diesen Auszug aus einem Bedeutungswörterbuch.
Nutzt dafür die Erklärungen am Rand und den Info-Kasten:

- Was hilft dem Nutzer dabei, sich auf der Seite zu orientieren?
- Welche Informationen erhält man zu den nachgeschlagenen Wörtern?

Beispiel: *Stichwort: Es ist farblich hervorgehoben.*

3 Übt nun den Umgang mit dem Bedeutungswörterbuch.
Schlagt folgende Stichwörter nach und erklärt sie euch gegenseitig:
Basis – Großraumbüro – Fehltritt – kandiert – Novize – Pensum – zaghaft

Mit einem Bedeutungswörterbuch arbeiten

- In einem Bedeutungswörterbuch erfährst du, was ein Wort genau bedeutet. Häufig erhältst du noch weitere Informationen zu dem Wort wie z. B. zur **Herkunft, Aussprache** oder **Silbentrennung**.
- Die Stichwörter sind nach dem **Alphabet** geordnet. Der Buchstabe, mit dem die Einträge einer Seite beginnen, steht oft am Rand.
- Oben gibt es eine **Kopfzeile**. Hier steht **links** meist das **erste Stichwort** der Seite und **rechts** das **letzte Stichwort** der Seite.
- Die **Stichwörter**, die erklärt werden, sind oft **hervorgehoben**.

Vorschriften und Gesetzestexte verstehen

1 Im Jugendarbeitsschutzgesetz steht, wie lange Jugendliche arbeiten dürfen.
- Lies den Text.
- Markiere wichtige Textstellen.
- Recherchiere unbekannte Wörter und Fachbegriffe.

Digital+
WES-126528-057
Text zum Ausdrucken

Wirtschaft, Berufs- und Studienorientierung

§ 8 Dauer der Arbeitszeit

(1) Jugendliche dürfen nicht mehr als acht Stunden täglich und nicht mehr als 40 Stunden wöchentlich beschäftigt werden. [...]

(2a) Wenn an einzelnen Werktagen die Arbeitszeit auf weniger als acht Stunden verkürzt ist, können Jugendliche an den übrigen Werktagen derselben Woche achteinhalb Stunden beschäftigt werden.

(3) In der Landwirtschaft dürfen Jugendliche über 16 Jahre während der Erntezeit nicht mehr als neun Stunden täglich und nicht mehr als 85 Stunden in der Doppelwoche beschäftigt werden.

2 Arbeitet mit dem Text.

a) Entscheidet, ob die Aussagen richtig oder falsch sind. Korrigiert falsche Aussagen.

	wahr	falsch
Die Wochenarbeitszeit darf 40 Stunden überschreiten.		
Jugendliche dürfen achteinhalb Stunden arbeiten, wenn sie an anderen Werktagen weniger als acht Stunden arbeiten.		
In der Landwirtschaft dürfen Jugendliche während der Erntezeit mehr als neun Stunden täglich arbeiten.		

b) Lest die Aussagen von drei Jugendlichen.
Nennt die gesetzlichen Regelungen, die nicht eingehalten wurden.

1 *Ich habe letzte Woche 45 Stunden gearbeitet. Das war hart!*

2 *Ich war am Wochenende 12 Stunden am Tag auf dem Feld.*

3 *Im Restaurant war so viel los, dass ich eine Woche lang jeden Tag achteinhalb Stunden arbeiten musste.*

Vorschriften und Gesetzestexte verstehen

- **Vorschriften** (z. B. eine Schulordnung) und **Gesetzestexte** (z. B. das Jugendarbeitsschutzgesetz) enthalten verpflichtende Regeln. Sie gelten für alle Menschen.
- Solche Texte sind wichtig, damit das Zusammenleben funktioniert. Wenn eine Person dagegen verstößt, kann sie dafür bestraft werden.
- Vorschriften und Gesetzestexte gehören zu den **regulierenden** Texten, denn sie **regeln** das Zusammenleben, Handeln und Verhalten von Menschen.
- Meist sind Vorschriften und Gesetzestexte in mehrere Abschnitte gegliedert. Man erkennt sie an dem **Paragraphenzeichen** (§).

Eine Bedienungsanleitung verstehen

Eine Bedienungsanleitung zeigt dir, wie du ein Gerät richtig nutzt, also bedienst. Meist werden dafür Text- und Bildinformationen miteinander verknüpft.

1 Sieh dir den Ausschnitt aus der Bedienungsanleitung einer Geschirrspülmaschine an.

Bedienungsanleitung: Erste Inbetriebnahme einer Geschirrspülmaschine

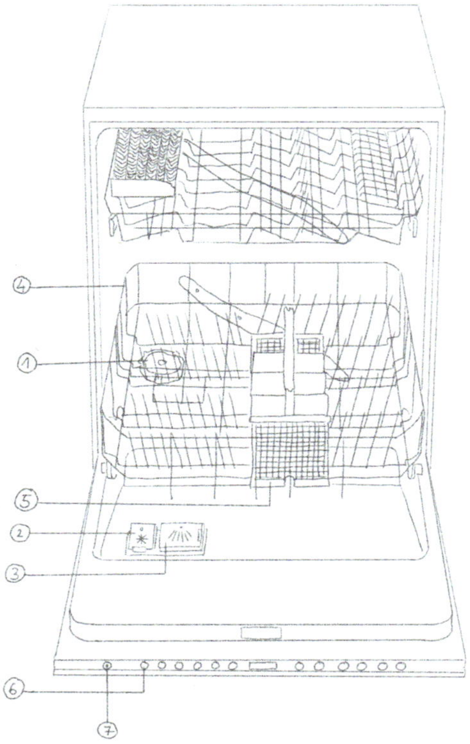

1 Spülmaschinensalz einfüllen

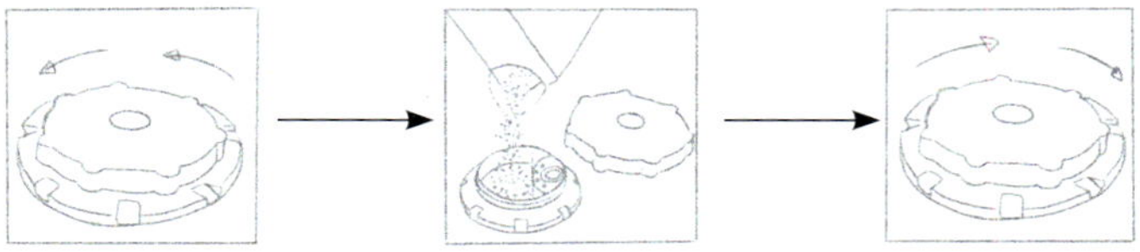

Deckel aufdrehen – Salz einfüllen – Deckel schließen

2 Klarspüler einfüllen

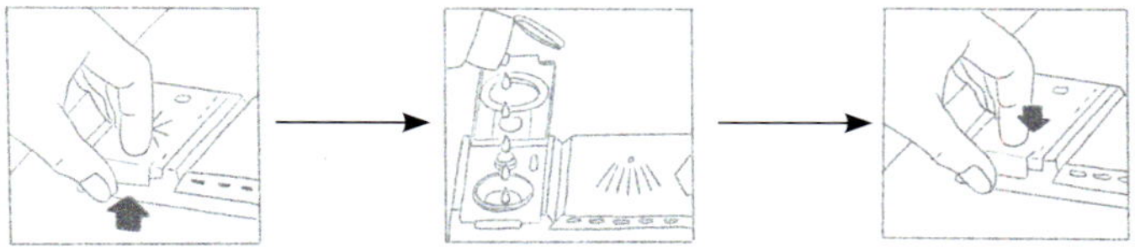

Abdeckung öffnen – Klarspüler einfüllen – Abdeckung schließen

3 Reiniger einfüllen

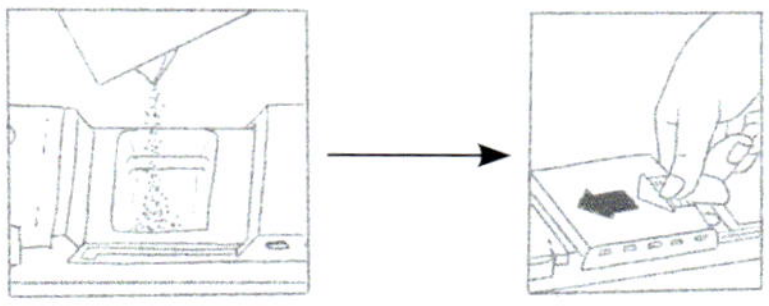

Reiniger einfüllen – Abdeckung schließen

4 Geschirr einräumen

Teller und Töpfe in den unteren Geschirrkorb stellen. Tassen und Gläser stehen im oberen Geschirrkorb

5 Besteck einräumen

Das Besteck unsortiert in den Besteckkorb einräumen. Die spitze Seite zeigt nach unten.

6 Programm wählen

Für stark verschmutztes Geschirr. – Für normal verschmutztes Geschirr. – Für leicht verschmutztes Geschirr.

7 Gerät einschalten

Den Schalter zum Einschalten etwa 1 Sekunde drücken.

2 Die Bedienungsanleitung enthält einige unbekannte Wörter und Fachbegriffe.
- Notiert die Wörter, die ihr nicht versteht.
- Versucht euch die Wörter gegenseitig zu erklären.
- Recherchiert unbekannte Wörter im Bedeutungswörterbuch oder im Internet.

3 Erschließt die Bedienungsanleitung. Findet dafür Antworten auf folgende Fragen:
- Um was für ein Gerät geht es?
- Woher weiß man, wo im Gerät welches Teil zu finden ist und wie es heißt?
- Aus welchen Teilen setzt sich das Gerät zusammen?
- Welche Reihenfolge muss man bei der Bedienung des Geräts einhalten?
- Was ist beim Einräumen des Geräts zu beachten?
- Welche Programme gibt es? Wovon hängt die Wahl des Programms ab?

M → S. 160
Mit einem Bedeutungswörterbuch arbeiten

4 Wie werden diese beiden Geschirrladungen mit der Spülmaschine richtig gereinigt? Teilt die Aufträge A und B unter euch auf.
- Betrachtet eure Abbildung und überlegt:
  - Was soll gereinigt werden?
  - Welches Programm passt dazu?
  - Wie räume ich das Geschirr richtig ein?
  - In welcher Reihenfolge gehe ich vor?
- Erklärt eurem Partner dann anhand der Bedienungsanleitung, wie ihr für euren Auftrag vorgeht.
- Euer Partner gibt euch eine Rückmeldung, ob ihr richtig vorgegangen seid.

5 Formuliere einen Text, wie eine Spülmaschine bedient wird. Verwende die Infinitiv-Form.
Zuerst das Spülmaschinensalz einfüllen.
Dann …

Anredeform → S. 67

Bedienungsanleitungen verstehen

- Eine **Bedienungsanleitung** erklärt, wie ein bestimmtes Gerät zu bedienen ist.
- Am Anfang gibt es eine Übersicht, aus welchen Teilen sich das Gerät zusammensetzt.
- Danach folgen Abschnitte, wie das Gerät richtig eingesetzt wird.
  Je nach Gerät ist eine bestimmte **Reihenfolge** einzuhalten. Wenn ein Gerät das erste Mal genutzt wird, muss man meist zusätzliche Schritte berücksichtigen.
- Bedienungsanleitungen bestehen meist aus **Texten und Bildern.** So werden Bestandteile des Geräts und wichtige Handlungsschritte veranschaulicht.
- Eine Bedienungsanleitung ist ein **instruierender** Text:
  Er leitet den Nutzer an, ein Gerät auf eine bestimmte Art und Weise zu bedienen.

Zusammenfassung

Überprüfe dein Wissen und Können

1 Betrachte die Handlungsanweisung.

Beachte die Pflegehinweise der Textilien.

Sortiere die Wäsche nach Farben und Materialien.

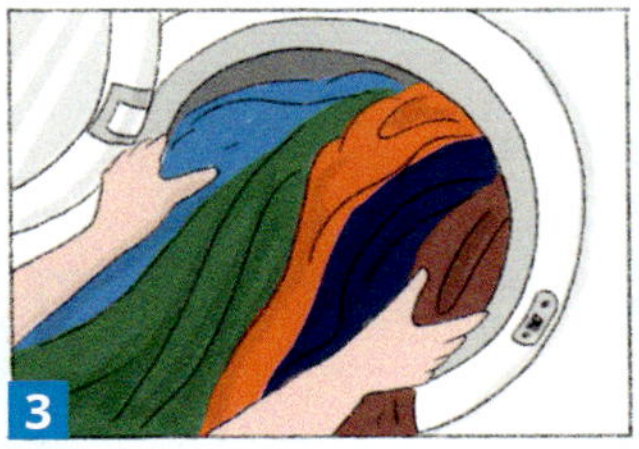

Belade die Maschine. Die Wäschetrommel sollte nicht zu voll sein.

Wähle ein geeignetes Waschmittel und dosiere es wie angegeben.

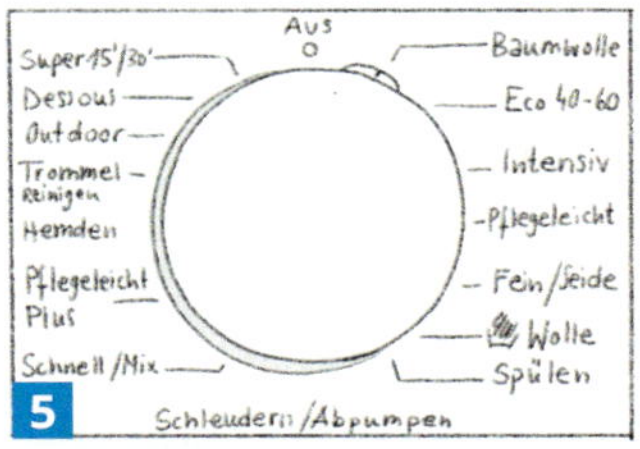

Wähle ein geeignetes Waschprogramm und starte den Waschvorgang.

2 Das sind die Pflegesymbole aus Bild 1.
- Beschreibe die Symbole genau.
- Gib in eigenen Worten wieder, was sie bedeuten.

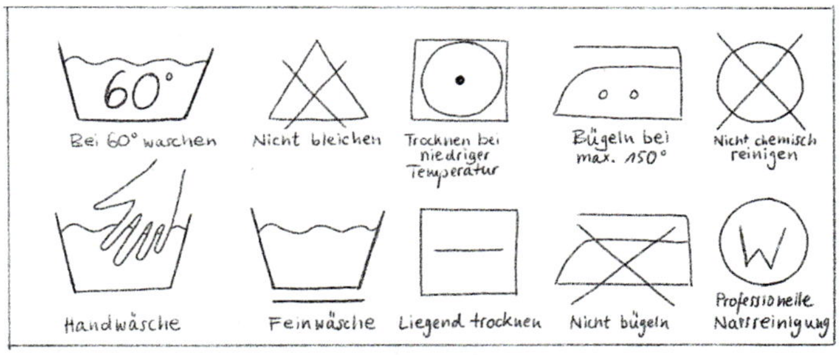

3 Arbeite mit der Bildfolge. Entscheide, ob die Aussagen richtig oder falsch sind. Korrigiere falsche Aussagen.

	richtig	falsch
Rote und weiße T-Shirts wäscht man zusammen.		
Die Wäschetrommel sollte man immer voll beladen.		
Die Punkte in dem Pflegesymbol zeigen, ob die Wäsche warm oder heiß gewaschen werden kann.		
Die Zahl in dem Pflegesymbol gibt an, wie viele Teile man pro Waschmaschinenladung waschen kann.		

4 Was sollte man beim Waschen von Wäsche beachten?
a) Nennen fünf Tipps.
b) Formuliere eine zusammenhängende Handlungsanweisung. Nutze den Infinitiv.

Digital+
WES-126528-058
Lösungen

Zeitungen lesen und verstehen

1 Betrachtet die Abbildung und beschreibt sie.

2 Überlegt, wo und mit welchen Medien man sich über aktuelle Nachrichten informieren kann.

3 Führt eine kleine Abfrage in eurer Klasse durch. Orientiert euch an der Abbildung.

	Ja	Nein
1. Ich informiere mich über aktuelle Nachrichten.		
2. Über aktuelle Nachrichten informiere ich mich hauptsächlich in gedruckten Medien.		
3. Über aktuelle Nachrichten informiere ich mich hauptsächlich digital.		
4. Um mich zu informieren nutze ich: • … • … • …		

4 Wertet eure Abfrage aus.
- Beschreibt die Ergebnisse.
- Welche Rückschlüsse könnt ihr aus den Zahlen ziehen?
- Gibt es ein Ergebnis, das euch überrascht? Begründet.

Es hat mich gewundert, wie viele / wenige sich über … informieren.
Es hat mich überrascht, dass sich die Mehrheit mit … Medien informiert.

In diesem Kapitel lernst du(,) …
- Wissenswertes über die Geschichte der Zeitung.
- ein Diagramm auszuwerten.
- den Weg einer Nachricht in die Zeitung kennen.
- die Titelseite einer Zeitung zu verstehen.
- die Ressorts einer Zeitung kennen.
- Zeitungsarten zu unterscheiden.
- journalistische Textsorten zu unterscheiden.
- Zeitungsberichte zu untersuchen und zu verstehen.
- einen eigenen Zeitungsbericht zu schreiben.
- eine journalistische Mischform kennen: das Feature.

Wissenswertes über die Geschichte der Zeitung erfahren

B → S. 303
Lesetechniken

1 Lest euch den Text gegenseitig vor. Wechselt nach den Abschnitten.

Digital+
WES-126528-059
Text zum Ausdrucken

Wie die Zeitung in die Welt kam

A Die Zeitung war das erste Massenmedium. Sie entstand im 17. Jahrhundert, um schneller aktuelle Nachrichten weitergeben zu können. Eine massenhafte Verbreitung gedruckter Texte war erst Mitte des 15. Jahrhunderts möglich geworden. Johannes Gutenberg erfand dazu den Druck mit beweglichen Metallbuchstaben. Zuvor konnten Texte nur durch Abschreiben vervielfältigt werden. Das war nicht nur zeitaufwändig, sondern auch teuer, denn nur wenige Experten (z. B. in der Kirche oder Universität) konnten lesen und schreiben. Daher wurden nur ausgewählte Texte (z. B. religiöse Texte wie die Bibel) kopiert. Solche Schriften konnten sich nur wenige Menschen leisten. Nachrichten, Erlasse oder Gesetze wurden vor allem über mündliche Boten verbreitet.

Erlass
eine Anordnung oder ein Befehl einer mächtigen Person

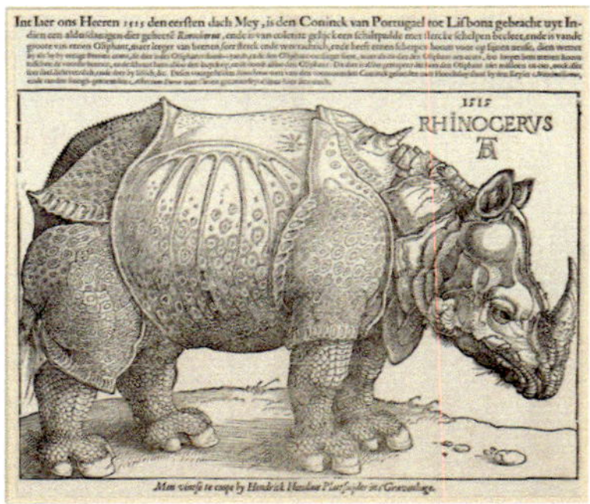

B Die Erfindung Gutenbergs revolutionierte das Leben der Menschen. Man konnte nun immer mehr Personen mit neuen Ideen und Neuigkeiten erreichen, auch wenn die meisten nicht lesen konnten. Daher setzte man zunächst Flugschriften und Flugblätter ein. Dabei handelte es sich um einseitige Drucke mit Bilddarstellungen. Sie waren günstig herzustellen und unter das Volk zu bringen. Die Flugblätter hingen z. B. an Rathaustüren oder wurden öffentlich vorgelesen. Seitdem entwickelte sich die Drucktechnik immer weiter und machte Printmedien zu einer wirklichen Massenware. Dies führte dazu, dass immer mehr Menschen Lesen und Schreiben lernen wollten.

C Die ersten Zeitungen im deutschsprachigen Raum erschienen zu Beginn des 17. Jahrhunderts in einem wöchentlichen Rhythmus. Um das Jahr 1700 gab es 70 verschiedene Zeitungen mit einer Auflage von bis zu 400 Exemplaren. Damit konnten bis zu 250.000 Leser erreicht werden. Bereits ein Jahrhundert später hatte man die Wahl zwischen 200 verschiedenen Zeitungen, die von bis zu 3 Millionen Menschen gelesen wurden.

Auflage
Zahl der insgesamt gedruckten Exemplare

D Die Zeitung gewann also immer mehr an Bedeutung und veränderte die Gesellschaft. In dieser hatten bislang nur diejenigen das Sagen, die in einen bestimmten Stand hineingeboren wurden. Die Zeitungen brachen dieses System auf, indem sie

Stand
eine Gruppe in einer hierarchisch gegliederten Gesellschaft

die alten Vorstellungen hinterfragten und öffentlich kritisierten. Es entstand ein gebildetes Bürgertum, das nun auch an der Politik teilhaben wollte und seine Forderungen in der Presse selbstbewusst zum Ausdruck brachte. Die Herrschenden wollten dies jedoch nicht einfach hinnehmen, da die Veröffentlichung unliebsamer Informationen (z. B. über Missstände) für sie gefährlich werden konnte. Sie reagierten daher mit einer Zensur. Das bedeutete, dass Medien einer Kontrollstelle vorgelegt werden mussten. Sie entschied, welche Inhalte veröffentlicht werden durften. Das Bürgertum wollte das nicht akzeptieren und forderte eine Pressefreiheit. Einige Herrscher gewährten sie auch zeitweise. Je nach politischer Situation oder Machtinhaber wurde sie aber widerrufen. Heute sind das Recht auf freie Meinungsäußerung und öffentliche Meinungsbildung wichtige Merkmale einer freien Demokratie. In Deutschland ist dies im Grundgesetz verankert.

E Bis in die 1920er-Jahre konnte allein die Zeitung Neuigkeiten am schnellsten verbreiten. Dies führte zu dem Druck, Aktuelles so schnell wie möglich zu veröffentlichen. Daher wurden zu Beginn des 20. Jahrhunderts zum Teil mehrere Ausgaben täglich gedruckt. Das änderte sich erst durch das Radio, da dieses Medium Informationen noch schneller und aktueller vermitteln konnte. Daher konzentrierten sich die Zeitungen stärker auf ausführliche Hintergrundberichte und Zusatzinformationen zu einem Geschehen.
Ein weiterer Wandel setzte durch das Internet ein. Dieses stellt eine unüberschaubare Fülle an Informationen digital so schnell bereit, dass Printmedien da nicht mithalten können. Zudem können sämtliche Inhalte abgerufen werden, die bereits früher veröffentlicht wurden. Diese besonderen Möglichkeiten führen zu der Frage, inwieweit Printmedien noch eine Zukunft haben. Die modernen Zeitungsverleger haben die Vorteile des neuen Mediums erkannt und bieten ihre Inhalte sowohl gedruckt als auch online an. Es werden kostenlose Auszüge aus aktuellen Printausgaben zum Hineinschnuppern zur Verfügung gestellt und man kann ältere Ausgaben abrufen. Das Interesse an Printmedien ist immer weiter rückläufig. Vor allem die jüngere Generation informiert sich fast nur noch über das Internet.

archivieren
an einem sicheren Ort aufbewahren

2 Arbeitet aus dem Text folgende Informationen heraus:
- Was erfand Johannes Gutenberg?
- Warum wäre ohne seine Erfindung keine Zeitung möglich gewesen?
- Warum setzte man im 16. Jahrhundert Flugblätter und Flugschriften ein?
- Wann erschienen die ersten Zeitungen in Deutschland?
- Zu welchen gesellschaftlichen Veränderungen führte die Erfindung der Zeitung?
- Was ist unter den Begriffen *Zensur* und *Pressefreiheit* zu verstehen?
- Welche Vorteile bieten modernere Medien im Gegensatz zur gedruckten Zeitung?

3 Ordnet die Zwischenüberschriften den passenden Textabschnitten zu.

Gesellschaftliche Folgen – Flugblätter – Erfindung des Drucks mit beweglichen Lettern – Konkurrenz durch andere Medien – Zunehmendes Zeitungsangebot

Wortschatz

massenhaft
Vervielfältigung
revolutionieren
Flugblatt
Veröffentlichung
Forderung
Unterdrückung
Meinungsbildung
Printmedien
Digitale Medien
Hintergrundberichte

Ein Diagramm auswerten

B → S. 301
Diagramme

1 Betrachtet das Balkendiagramm.
- Stellt Vermutungen an, worum es gehen könnte.

Ich erfahre über das aktuelle Weltgeschehen durch ...
– täglich/mehrmals pro Woche –

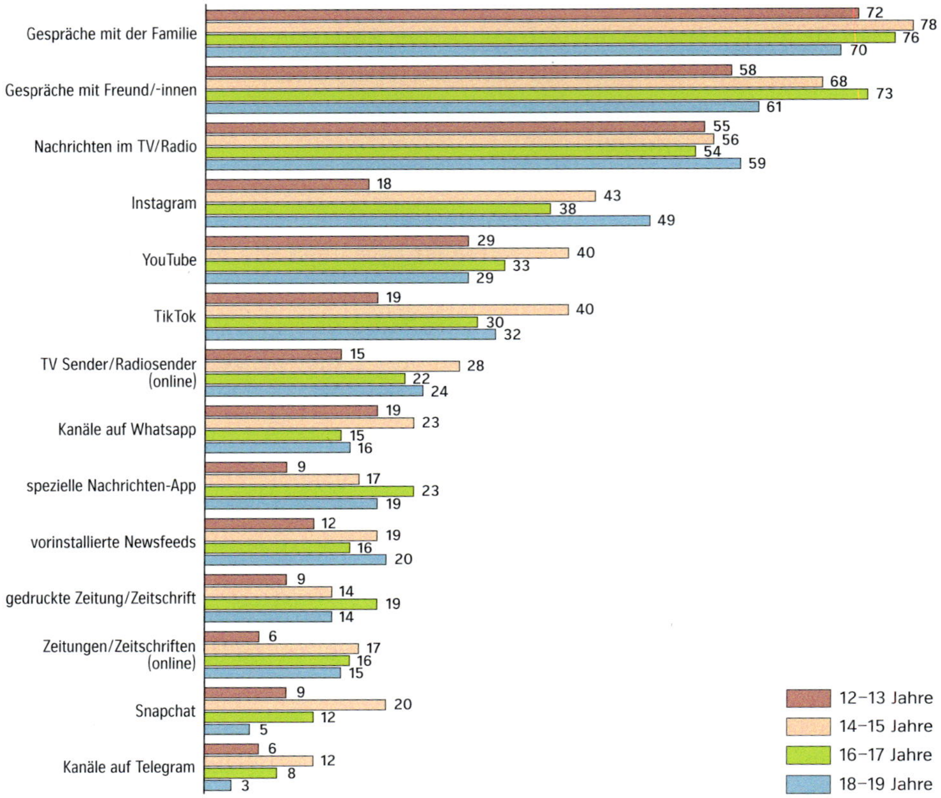

Angaben in Prozent
Basis: alle Befragten, n=1200
Quelle: JIM 2024

2 Beschreibt das Balkendiagramm.
- Worüber informiert die **Überschrift**?
- Aus welchem **Jahr** stammen die Zahlen?
- Wie lautet die **Quelle**?
- Was bedeuten die **Zahlenangaben** auf der **x-Achse**?
- Welche Angaben stehen auf der **y-Achse**?

3 Wertet das Balkendiagramm aus.
- Welche drei Informationsquellen werden am häufigsten genannt?
- Welche drei Informationsquellen werden am wenigsten genannt?

4 Sprecht darüber, ob sich eure Erfahrungen mit dem Diagramm decken.
- Bezieht die Abfrage von S. 167 in eure Überlegungen ein.

Den Weg der Nachricht in die Zeitung kennenlernen

Zur Berichterstattung in einer Zeitung gehören auch Nachrichten aus Deutschland und der Welt. In der Grafik wird der Weg einer Nachricht in die Zeitung dargestellt.

1 Betrachte das Flussdiagramm, das den Weg einer Nachricht beschreibt.

Ereignisse

↓

Artikel
- **Reporterinnen** und **Reporter** sind vor Ort und berichten über das Ereignis.
- **Presseagenturen** (z. B. dpa = Deutsche Presse-Agentur) bieten Artikel und Bilder zu überregionalen und internationalen Ereignissen an.
- **Korrespondenten** (= Redakteurinnen und Redakteure im Ausland) liefern fertige Artikel.

↓

Zeitungsredaktion
Die Redaktionen der verschiedenen Abteilungen (= Ressorts) sortieren, überprüfen und kürzen eingehende Artikel. Sie ergänzen diese auch oder verfassen eigene Beiträge. Außerdem bereiten sie die Texte für die Veröffentlichung vor.

Dazu besprechen Redaktionen aus unterschiedlichen Abteilungen in der **Redaktionskonferenz**, welche Artikel in die nächste Ausgabe aufgenommen werden sollen. Sie stimmen sich ab, wo in der Zeitung diese Artikel stehen werden.
Der Redaktionsleiter leitet die Konferenz und hat die letzte Entscheidung.

↓

Veröffentlichung

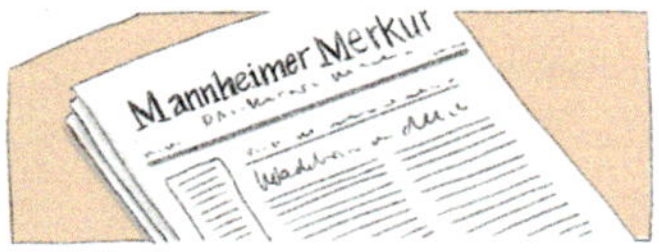

2 Erklärt euch gegenseitig den Weg einer Nachricht in die Zeitung.

3 Erkläre in einem kurzen Sachtext, wie eine Nachricht in die Zeitung gelangt.

Nichtlinearen Texten Informationen entnehmen; den eigenen Umgang mit Medien im Alltag beschreiben

Die Titelseite einer Zeitung verstehen

Das lange Warten: Unterwegs mit Angehörigen von Geiseln in Nir Oz › Die Seite Drei

1

Süddeutsche Zeitung

MÜNCHNER NEUESTE NACHRICHTEN AUS POLITIK, KULTUR, WIRTSCHAFT UND SPORT

WWW.SZ.DE 2 HM2 MÜNCHEN, DIENSTAG, 21. JANUAR 2025 81. JAHRGANG / 4. WOCHE / NR. 16 / 4,20 EURO

Das Streiflicht

(SZ) Von Pythagoras kennen die meisten nur den nach ihm benannten Lehrsatz von den Quadraten über den … – aber das nehmen wir ein andermal durch. Menschlich ansprechender ist seine Theorie, wonach unsere Seelen in dem Sinne unsterblich sind, dass sie nach dem Tod in ein anderes Wesen eingehen, und zwar in ein solches, dessen Wert dem der jeweiligen Seele entspricht. Dieser Lehre zufolge wandert die Seele eines Menschen, dessen Ethos beispielsweise das eines Wolfes war, später in den Körper eines Wolfes, und so weiter durch das ganze Tierreich. Es wäre nun äußerst reizvoll zu wissen, ob das auch umgekehrt gilt, ob also die Seele eines sehr menschlichen Wolfes nach dessen Tod in einen Menschen aufsteigt. Wäre dem so, hätte jeder Mensch gewissermaßen seinen Paten in der Tierwelt. Doch was, wenn es das Patentier – sagen wir mal: den Wuschelbären – überhaupt nicht gibt?

Die Frage ist relevant geworden, weil Friedrich Merz über Robert Habeck sagte, dieser sei nicht nur ein Wuschelbär, sondern habe auch manchmal ziemlich wuschelige Gedanken. Wenn in der Politik der Bär zu Vergleichszwecken herangezogen wird, dann fast immer in Gestalt des Problembären. Man kennt ihn in der Zoologie so wenig wie den Wuschelbären, aber zur handfesten Beleidigung eignet er sich besser als alle anderen Tiere: Anders als beim frei laufenden Problembären, dessen Problem nicht er selbst ist, sondern eine ihm
6
feindliche Umwelt, kann man beim politischen Problembären sehr wohl sagen, dass die Probleme von ihm herrühren und er sich besser verdrücken sollte. Leider tut er das nicht. An dem Befund, dass es zurzeit und weltweit an den Leitstellen der Macht mehr Problembären gibt als je zuvor in der Geschichte, führt kein Weg mehr vorbei, und man wäre schon froh, könnte man dem einen oder anderen von ihnen nachsagen, er habe wenigstens hin und wieder so etwas wie wuschelige Gedanken.

Was wollte Merz mit „Wuschelbär" über Habeck sagen? Gewiss nicht, dass er ein Problembär sei, obwohl ein Großteil der Bevölkerung überzeugt ist, dass es sich bei Habeck sehr wohl um einen solchen handle. Immerhin könnte man als das Verbindende zwischen dem Problem- und dem Wuschelbären die Tatsache herausstellen, dass beider Gedankenwelt wuschelig im Sinne von zerzaust ist. Damit wird freilich auch deutlich, worin sich Problem- und Wuschelbär unterscheiden: Beim Wuschelbären sind die Gedanken zwar auch zerzaust, darüber hinaus aber auch lockig und flauschig beziehungsweise, wie das heute heißt, fluffig. Da sich diese Fluffigkeit nach außen schlägt, ist der Wuschelbär nur schwer zu erkennen und noch schwerer zu vergrämen. Zutraulich, wie er von Natur aus ist, nützt er das aus und setzt sich oft zu wildfremden Menschen an den Küchentisch. Dann ist es zu spät, und man bringt ihn so schnell nicht wieder weg.

HEUTE

FOTO: ULLSTEIN/GETTY

23004
4 190655 804200

Donald Trump wird als 47. Präsident der USA vereidigt – ohne Hand auf der Bibel. Es werde ein „goldenes Zeitalter" kommen, verspricht er. FOTO: CHIP SOMODEVILLA/REUTERS

4

Trump spricht von „Tag der Befreiung" 5

Zum ersten Mal seit der Gründung der USA zieht ein verurteilter Straftäter ins Weiße Haus ein. Der neue Präsident kündigt die Ausrufung des Notstandes an der Grenze zu Mexiko an.

Von Boris Herrmann

New York – Er ist wieder da, jetzt auch ganz offiziell. Donald Trump, der 45. Präsident der USA, wurde am Montagmittag als 47. Präsident der USA vereidigt. Mit seiner gehobenen rechten Hand und zwei Bibeln links neben sich schwor er, dass er „die Verfassung der Vereinigten Staaten nach besten Kräften erhalten, schützen und verteidigen" wolle.

Dieser Moment markiert den vorläufigen Höhepunkt eines der wohl unwahrscheinlichsten Comebacks in der Geschichte Amerikas. 1475 Tage ist es her, seit Trump an Ort und Stelle, im Zentrum von Washington D.C., den radikalsten Teil seiner Anhänger zum Sturm auf das Kapitol animierte, weil er seine Wahlniederlage im Jahr 2020 gegen Joe Biden nicht akzeptierte. Damals schien die politische Karriere des Donald J. Trump selbst aus Sicht führender Republikaner ein für alle Mal beendet zu sein – ein großer Trugschluss. Nun ist er mit 78 Jahren wieder mächtigster Mann der Welt und kündigt ein neues „Goldenes Zeitalter" für Amerika an.

In seiner „Inaugural Address" im Kapitol, seiner ersten Rede als neuer Präsident, unternahm er gar nicht erst den Versuch, die tiefen Gräben in der amerikanischen Gesellschaft zu überbrücken und oder die Ängste und Vorbehalte unter bisherigen internationalen Verbündeten der USA zu relativieren. Trump erwähnte seinen Vorgängen Joe Biden nicht namentlich, stellte aber dessen Regierung als betrügerisch und als „korrupt" dar, sie habe sich geweigert, „die eigenen Leute zu verteidigen", so Trump. Für amerikanische Bürger sei dieser 20. Januar daher ein „Tag der Befreiung". Trump kündigte an, er werde als erste Amtshandlung den Notstand an der Südgrenze der USA ausrufen. Alle illegalen Migranten würden dann direkt zurückgewiesen. Zudem werde sich die USA den Panamakanal „zurückholen" und den Golf von Mexiko in „Golf von Amerika" umbenennen. Ferner sagte er: „Ab jetzt wird es die offizielle Politik der US-Regierung sein, dass es nur zwei Geschlechter gibt: männlich und weiblich." Dessen ungeachtet sagte Trump, er wolle als Präsident ein „Friedensstifter und Versöhner" sein.

Zwischen beiden Amtszeiten wurde Trump vier Mal strafrechtlich angeklagt und in einem Fall auch verurteilt. Erstmals seit der Gründung der USA zieht ein verurteilter Straftäter ins Weiße Haus ein. Trump ist erst der zweite Präsident der US-Geschichte, der gewählt, abgewählt und erneut gewählt wurde. Der erste war Grover Cleveland Ende des 19. Jahrhunderts, der anders als Trump seine zwischenzeitliche Niederlage akzeptiert hatte.

Wegen des Wintereinbruchs an der Ostküste fand die Amtseinführung nicht im Freien statt, sondern in der Kuppelhalle des Kapitols. Neben dem scheidenden Präsidenten und der gescheiterten demokratischen Kandidatin Kamala Harris nahmen Trumps Vorgänger Barack Obama, George W. Bush und Bill Clinton an der Vereidigung teil. Beste Plätze hatte auch die Riege um die Tech-Milliardäre Elon Musk, Jeff Bezos und Mark Zuckerberg.

Der Tag der zweiten Amtsübernahme begann für Trump mit einer Morgenandacht. Danach trafen sich der scheidende und der neue Präsident mit ihren Frauen im Weißen Haus zur traditionellen Tee-Zeremonie. Biden begrüßte Trump mit den Worten: „Willkommen zu Hause." Dieser Empfang gehört zur protokollarischen Normalität bei der Amtsübergabe zwischen US-Präsidenten, aber vor vier Jahren verweigerte Trump all das, indem er Washington vor Vereidigung seines Nachfolgers verließ. Biden war dagegen sehr bemüht, sein Bekenntnis zu einem ordentlichen, friedlichen Machtübergang zu zeigen. Am späten Vormittag verließen er und Trump das Weiße Haus, um in einer schwarzen Limousine zum Kapitol zu fahren. Es war am Ende der langen Politikkarriere des 82-jährigen Biden vermutlich eine seiner schwersten Fahrten. Er tat es eher nicht aus Respekt vor Trump, sondern weil er es als demokratische Pflicht begriff.

Für den ersten Tag hatte Trump einen Tag des „Schocks und der Ehrfurcht" versprochen. Dem Vernehmen waren dafür rund hundert Dekrete, „Executive Orders", vorbereitet worden. Dazu gehörte offenbar ein Dekret zur Abschaffung des Geburtsrechts auf die Staatsbürgerschaft in den USA sowie die Begnadigung verurteilte Straftäter des Kapitolsturms vom 6. Januar 2021, die er als „Geiseln" sieht.

Laut Mitteilung des Weißen Hauses wollen die USA wie 2017 zu Beginn Trumps erster Amtszeit erneut das Pariser Klimaabkommen verlassen. Dies erwähnte Trump in seiner Antrittsrede jedoch nicht. Er kündigte aber einen nationalen Energienotstand sowie Öl- und Gasbohrungen im großen Stil an. „We will drill, baby, drill", sagte er unter Beifall der Ehrengäste. Biden und Harris, mit versteinerten Mienen neben dem Rednerpult, klatschten nicht.

Wegen des Wintereinbruchs ist die Amtseinführung kurzfristig ins Innere des Kapitols verlegt worden. FOTO: REUTERS

Außerdem in dieser Ausgabe

Meist ereignislos: Der friedliche Machtwechsel gehört eigentlich zu den Konstanten in den USA › *Thema des Tages*

Bereit für Trump: Die Zustimmung für Trumps wichtigste Pläne geht über das Lager seiner Wähler hinaus › *Meinung*

Alte Feinde: Die Konflikte Trumps mit linken Machthabern in Lateinamerika gehen in die zweite Runde › *Politik*

Wieder online: Das Schicksal der Kurzfilm-Plattform Tiktok liegt in den Händen des neuen Präsidenten › *Wirtschaft*

Panzer statt Porsche

Baden-Württembergs Grüne sehen in der Rüstungsindustrie einen möglichen Motor für Wachstum und Innovation.

An schlechten Nachrichten mangelt es im Autoland Baden-Württemberg nicht. Die Stuttgarter Hersteller Mercedes-Benz und Porsche verkauften 2024 im wichtigen Markt China weniger Autos als im Vorjahr. Zulieferer wie Bosch oder ZF Friedrichshafen kündigten Stellenstreichungen an. 2025 droht Baden-Württemberg das dritte Rezessionsjahr in Folge.

Die starke Stellung der Autoindustrie war in besseren Zeiten ein Wohlstandsgarant. Nun ist sie ein Problem, und die Politik sucht nach Lösungen. Die grüne Regierungspartei von Ministerpräsident Winfried Kretschmann setzte bislang vor allem auf die Versöhnung von Ökologie und Ökonomie, das Versprechen, Wachstum und Wohlstand mit nachhaltigen Produkten zu sichern. „Mit grünen Ideen schwarze Zahlen schreiben" lautet das wirtschaftspolitische Mantra der Südwest-Grünen. Nun aber könnte der Slogan um die Farbschattierung Olivgrün erweitert werden.

Denn Kretschmanns Partei zeigt sich zugänglich für eine Anregung, die der Ökonom Achim Wambach als Gast auf der jüngsten Klausurtagung der Grünen-Landtagsfraktion vorbrachte: Baden-Württemberg solle künftig auch auf die Verteidigungsindustrie als Innovations- und Wachstumsmotor setzen. „Diesen Ansatz sollten wir aufgreifen", sagt der Fraktionschef Andreas Schwarz.

Die Hoffnung auf olivgrünes Wachstum entfernt die Partei einerseits maximal von ihren pazifistischen Wurzeln, von den Anfangsjahren, als Rüstungsunternehmen noch mit Verve als Kriegsindustrie geschmäht wurden. Andererseits ist die wirtschaftspolitische Neuausrichtung durchaus konsequent. Schließlich sind es heute Grünen-Politiker, die mit am lautesten nach Waffen für die Ukraine rufen. Gerade erst hat sich Robert Habeck, der Spitzenkandidat für die Bundestagswahl, für eine deutliche Erhöhung der Verteidigungsausgaben ausgesprochen.

Der Ökonom Wambach sieht Baden-Württemberg gut gerüstet, von steigenden Ausgaben zu profitieren. „Das Land hat bereits eine solide Verteidigungsindustrie", sagt der Präsident des Mannheimer Forschungsinstituts ZEW. Zudem sei es führend im Maschinenbau, im Automobilsektor, in der Elektrotechnik – alles Sektoren, die Überschneidungen mit der Verteidigungsindustrie haben. Der Landespolitik rät er daher, „nicht nur strategische Dialoge mit der Automobilindustrie, sondern auch mit der Verteidigungsindustrie" zu führen.

Zu den bekannteren baden-württembergischen Rüstungsfirmen zählt Heckler & Koch, der Hersteller von Handfeuerwaffen. In Baden-Württemberg werden aber auch Motoren für Kriegsschiffe und Militärfahrzeuge, Beobachtungssatelliten oder Lenkflugkörper hergestellt. Häufig sind die über das ganze Land verstreuten Unternehmen im zivilen und im militärischen Bereich tätig und bauen etwa Motoren für Nutz- wie Kriegsfahrzeuge. Daher fehlen valide Zahlen zum Gesamtumsatz. Das Stuttgarter Wirtschaftsressort schätzt die Zahl der direkt und indirekt Beschäftigten in der Verteidigungsindustrie im Südwesten auf 42 000. Tendenz: steigend. **Roland Muschel**

SZ FERNSEHEN

TV-Programm vom 21. bis 27. Januar 2025

Milliardenschwere Wahlversprechen

Pläne von Union, AfD und FDP würden hohe Verluste für die Staatskasse bedeuten. 3

München – Die Wahlversprechen der deutschen Mitte-rechts-Parteien würden teils große Löcher in die Staatskasse reißen. Das geht aus Berechnungen des Zentrums für Europäische Wirtschaftsforschung (ZEW) in Kooperation mit der SZ hervor. Demnach verursachten die vom ZEW berechneten Vorschläge der CDU/CSU zu Steuersenkungen und andere Maßnahmen Einnahmeausfälle von 47 Milliarden Euro pro Jahr. Bei der AfD wären es 97 Milliarden Euro, bei der FDP 116 Milliarden Euro. Diese Einnahmeausfälle dürften eher am unteren Rand der realen Wirkungen liegen. Die ZEW-Ökonomen rechnen nur Vorschläge durch, deren Auswirkungen auf jeden einzelnen Bürger sich beziffern lassen. Das Deutsche Institut für Wirtschaftsforschung (DIW) betrachtet auch andere Wahlversprechen und kommt etwa bei der FDP auf Mindereinnahmen von 188 Milliarden Euro. Ökonomen kritisieren, dass alle drei Parteien keine ausreichenden Konzepte dafür vorlegten, wie Wahlversprechen zu finanzieren sind. Alle drei Parteien halten zudem uneingeschränkt an der Schuldenbremse fest. Die vom ZEW berechneten Wahlversprechen der anderen Parteien dagegen würden demnach zu Mehreinnahmen führen. Denn diese Parteien wollen ihre Steuersenkungen für kleine und mittlere Einkommen und andere Maßnahmen mit einer höheren Belastung von Gutverdienern kombinieren. AHA › *Wirtschaft*

Bund gibt 2024 weniger Geld aus als geplant

Berlin – Die Bundesregierung hat das Jahr 2024 ohne Nachtragshaushalt und Ausgabensperre gesetzeskonform abschließen können. Wie das Finanzministerium mitteilte, gab der Bund in den vergangenen zwölf Monaten insgesamt knapp 475 Milliarden Euro aus. Das sind zwei Milliarden weniger als geplant. Die Neuverschuldung blieb mit gut 33 Milliarden Euro um knapp sechs Milliarden Euro geringer als erwartet. Finanzminister Jörg Kukies (SPD) warnte jedoch vor finanziellen Risiken im laufenden Jahr: „Für den Bundeshaushalt 2025 ergibt sich weiterhin ein erheblicher Handlungsbedarf." HUL › *Seite 5*

Grüne gehen möglicher Falschaussage nach

Berlin – Wegen einer mutmaßlichen Falschaussage zulasten des Berliner Bundestagsabgeordneten Stefan Gelbhaar wollen die Grünen Strafanzeige stellen – sowohl gegen eine der Partei bekannte Person als auch gegen unbekannt. Das kündigte der Parteivorsitzende Felix Banaszak nach einer Sitzung des Bundesvorstands in Berlin an. Am Wochenende hatte eine Affäre um mutmaßlich erfundene Vorwürfe gegen Gelbhaar die Partei erschüttert. Eine Kommission unter Führung der Grünen-Politiker Anne Lütkes und Jerzy Montag soll die Vorwürfe gegen Gelbhaar aufklären. SZ › *Seiten 4, 5*

Dax ▲	Gaspreis ▲	Gas-Speicher ▼
Xetra Schluss	Börse TTF Schluss	Ø Füllstand
20990 Punkte	47,85 Euro/MWh	65,03 Prozent
+ 0,41%	+ 2,06%	- 1,01%

DAS WETTER

TAGS 7° / -5° NACHTS

Im Norden und Nordwesten überwiegen graue Wolken. Im Osten, über der Mitte und im Süden wird es nach der Auflösung von teils zähen Nebelfeldern oft sonnig oder heiter. Höchstwerte minus ein bis plus sieben Grad. › *Seite 18 und Bayern*

Süddeutsche Zeitung GmbH, Hultschiner Straße 8, 81677 München; Telefon 089/2183-0, Telefax -9777; Redaktion: redaktion@sz.de, Leserbriefe: forum@sz.de
Abo-Service: Telefon 089/21 83-80 80, www.sz.de/abo, aboservice@sz.de
Anzeigen: Telefon 089/2183-1010 (Immobilien- und Mietmarkt), 089/2183-1020 (Motormarkt), 089/2183-1030 (Stellenmarkt, weitere Märkte).
A, B, F, GR, I, L € 4,50; SFr. 5,60

1 Schaut euch die Titelseite der Zeitung an und beschreibt sie.
Achtet dabei besonders auf:
- Bild und Text
- Schriftgrößen
- farbige Gestaltung

2 Informiert euch im Info-Kasten über den Aufbau einer Titelseite.

3 Ordnet den Fachbegriffen und Definitionen die richtige Zahl zu.
Ergänzt fehlende Definitionen mithilfe des Wortschatzes.

größtes Bild – zentral platzierter Artikel zu einem zentralen Thema – oberer Teil der Seite mit Titel, Ausgabennummer, Datum und Preis – großgedruckte Textüberschrift, die Interesse wecken soll – Platz in der Zeitung, der an Werbekunden verkauft wird

Zahl	Begriff	Definition
	Zeitungskopf	
	Schlagzeile	
	Titelbild	
	Leitartikel	
	Werbeanzeigen	

Ein Element findest du auf der Titelseite links nicht.

Aufbau einer Titelseite

Die Titelseite von Zeitungen hat meistens einen ähnlichen Aufbau.
- Im **Zeitungskopf** (oberer Teil) stehen der **Titel** (z. B. Stuttgarter Zeitung), die **Ausgabennummer**, das **Erscheinungsdatum** und der **Preis**.
- Direkt darunter finden sich verschiedene **Schlagzeilen** (Headlines) einzelner Sachgebiete (Ressorts). Sie sollen das Interesse des Lesers wecken.
- Dann folgt das **größte Bild** der Seite, das **Titelbild**.
- An zentraler Stelle findet man den **Leitartikel**. Hier wird die Meinung eines Redakteurs oder der gesamten Redaktion zu einem zentralen Thema deutlich.
- Daneben gibt es weitere **kürzere Nachrichten** und **Meinungsbeiträge** zu Themen, die von besonderem Interesse sind. Manche Themen werden hier auch nur kurz angerissen und im Innenteil weiter ausgeführt.
- An den Rändern findet man manchmal **Werbeanzeigen**.
Sie sind eine wichtige Einnahmequelle für die Zeitung.

Ressort
ein Sachgebiet in einer Zeitung wie z. B. Politik

Die Ressorts einer Zeitung kennenlernen

In einer Zeitung werden die Inhalte in einzelne Themenbereiche eingeteilt.
Diese Bereiche nennt man Ressorts.

Politik

Lokales & Regionales

Wirtschaft

Sport

Kultur

1 Welche Themenbereiche findest du am interessantesten und warum?

2 Ordne die Schlagzeilen passend in die Tabelle ein.

Politik	Wirtschaft	Sport	Kultur	Lokales & Regionales

Bundesregierung verabschiedet neues Gesetzespaket

Turbulente Niederlage für VfB Stuttgart

Neues Festival am Bodensee ist voller Erfolg

Bauarbeiten am Hauptbahnhof Mannheim gehen weiter

Versicherungsbeiträge werden im neuen Jahr erneut teurer

Hockeyfrauen siegen erneut

Bauwirtschaft verzeichnet Einbußen

Neues Ärztehaus für Freiburg

Großer Ansturm auf Theater für Kinder

Wahlkampf für Europawahlen hat begonnen

Turnerinnen qualifizieren sich für Olympia

3 Lies die Zeitungsmeldungen. Worüber informieren sie?

4 Ordne die Zeitungsmeldungen den typischen Ressorts einer Tageszeitung zu.

A TVB Stuttgart verliert in Lemgo

Die Handballer des TVB Stuttgarts haben am vergangenen Wochenende eine Niederlage beim Auswärtsspiel in Lemgo erlitten. Der Punktestand am Ende der Partie betrug 24:28.

B Stuttgarter Ballett muss Vorstellungen absagen

Die für Samstag und Sonntag geplanten Vorstellungen des Stuttgarter Balletts wurden abgesagt. Begründet werden die Absagen mit mehreren Krankheitsfällen im Ensemble.

C UN-Klimakonferenz 2024 in Baku

Ab dem 11. November wird in Baku, der Hauptstadt von Aserbaidschan, die nächste Weltklimakonferenz stattfinden. Gegenstand der Diskussionen ist es, eine klimaneutrale Welt zu erreichen. Ein besonderer Schwerpunkt der Gespräche liegt zudem auf dem Thema der Klimafinanzierung.

D Oberleitungsstörung legt S-Bahn in Raum Stuttgart lahm

Zu Beginn dieser Woche mussten sich Pendler und Reisende auf Ausfälle und Verspätungen bei der S-Bahn in Stuttgart einstellen. Grund hierfür waren diverse Störungen an den Oberleitungen, die für einen Ausfall des gesamten Netzes sorgten. Die S-Bahn informierte ihre Reisenden über Lautsprecherdurchsagen über einen spontan eingerichteten Ersatzverkehr mit Bussen. Techniker konnten die Störung im Laufe des Montagabends schließlich beseitigen.

E Fruchtsäfte werden nun noch teurer

Die Preise für Fruchtsäfte steigen weiter. Grund hierfür sind vor allem die durch Extremwetter hervorgerufenen schlechten Ernten. In den letzten Jahren hat sich beispielsweise der Preis für Orangensaft um 300 Prozent erhöht.

Die Ressorts einer Zeitung

- Zeitungsleser möchten ihre Lieblingsseiten schnell finden. Deshalb brauchen Zeitungen eine gewisse Ordnung. Zeitungen sind daher nach **Sachgebieten** geordnet.
- Diese Sachgebiete nennt man Ressorts.
- Wichtige Ressorts in der Tageszeitung sind **Politik**, **Wirtschaft**, **Lokales & Regionales**, **Kultur** und **Sport**.
- Die Seitenüberschriften in der Zeitung weisen auf die Ressorts hin. Sie dienen zur schnellen Orientierung. Zudem beschreiben Ressorts die Arbeits- und Fachgebiete der Redaktionen. So wird z. B. der Lokalteil einer Zeitung von der Lokalredaktion betreut.

Zeitungsarten unterscheiden

DIENSTAG, 21.01.2025

1,40 €

Dänemark 17,50 DKK

Bild

UNABHÄNGIG · ÜBERPARTEILICH

BILD ohne Ende
www.bild.de

Mit Kuss-Panne an die Macht

Vor seiner offiziellen Amtseinführung wollte Donald Trump (78) seiner Frau Melania (54) einen Wangenkuss aufdrücken. Die Hutkrempe war im Weg. Trump lächelte die Panne weg

Donald Trump ist der 47. Präsident der USA. Er verspricht seinem Volk Kehrtwenden bei Asyl, Zöllen, Klimaschutz, Gender-Politik – Seite 2 und 3

FOTO: SAUL LOEB/AFP

BILD rechnet mit vier Dortmund-Stars ab
Sport

FOTO: MARCO STEINBRENNER/DEFODI IMAGES

Die ganze Story der Hamas-Geisel Romi
Seite 5

FOTO: HANDOUT/VIA REUTERS

Abnehmen ohne Verzicht! Wie Männer bis zum Sommer ihre Plauze loswerden

Seite 6

Leserbriefe

Zu: Die ersten Geiseln sind endlich frei!
Ich freue mich für die freigelassenen Geiseln und deren Familien, aber der Preis ist viel zu hoch. 1700 Verbrecher kommen dafür frei und werden wieder morden. Mr. Trump – this is not a good deal!
Silke Nitschke, Dessau-Rosslau (Sachsen-Anhalt)

Zu: Syrischer Steinewerfer verübt 4. Anschlag!
Allein der Austausch der Scheiben kostet den Steuerzahler eine hohe fünfstellige Summe, selbst die verhängten 2400 Euro Strafe wird nicht zu erwarten sein. Hier kommt der Abflug nach Syrien deutlich günstiger!
Andreas Kaulfuß, Moers (NRW)

Zu: Das Trump-Feuerwerk
Donald Trump lässt seinen Worten Taten folgen, hauptsächlich bei der illegalen Migration. Unser Noch-Kanzler kündigt einen Wumms nach dem anderen an, und es passiert: gar nichts!
Gernot Walter, Oberzent (Hessen)

Fax 030/25 91 76 336 **E-Mail** Leserbriefe@bild.de
Einsendung bitte mit Namen, vollständiger Adresse und Handynummer. Hinweise zum Datenschutz siehe Impressum

LOTTO

Gewinnquoten: **1. Rang:** unbesetzt **2. Rang:** 2.262.878,80 Euro **3. Rang:** 6.592,10 **4. Rang:** 2.803,70 **5. Rang:** 121,30 **6. Rang:** 37,10 **7. Rang:** 15,10 **8. Rang:** 8,90 **9. Rang:** 6,00 (o.G.)

GEWINNER
US-Schauspieler **Kevin Costner** (70, „Bodyguard") erinnerte an seinem Geburtstag an seine verstorbene Kollegin Whitney Houston. Der Schauspieler teilte ein Bild der beiden von einem Dreh in seiner Instagram-Story. „Dieses Foto erinnert mich daran, wie viel Glück ich habe, einen weiteren Geburtstag zu erleben." **BILD meint:** Nicht endende Film-Liebe!

VERLIERER
Bitterer Verlust für US-Tennislegende **Pam Shriver** (62): Mit ihrer Familie war die Doppel-Spezialistin vor den verheerenden Feuern in Los Angeles in ein Hotel geflohen und hatte ihre elf wichtigsten Grand-Slam-Trophäen in den Kofferraum ihres Autos gepackt. Doch dort wurde ihr Auto geklaut, alle Pokale weg. **BILD meint:** Doppeltes Pech!

Bild des Tages

FOTO: ACTION PRESS

Olaf trifft Olaf (und noch einen Olaf)

Frankfurt – **Wird hier ein Kanzler eiskalt abserviert?** Bei der 100. Ausgabe des hessischen Kult-Talks „Bembel und Gebabbel" in Frankfurt (Main) traf Kanzler Olaf Scholz (66, SPD) auf Schneemann Olaf aus Disneys „Eiskönigin". „Gutherzig" sei er, so Eis-Olaf über SPD-Olaf. Aber auch „unbeholfen". Gemeint: die Augenklappe, die Scholz 2023 nach einem Sturz beim Joggen trug. Kanzler-Konter: Er habe die „recht cool" gefunden. Noch ein weiterer Olaf trat auf: Comedian Olaf Schubert. Dessen Ständchen am Klavier (zum Wahlkampf gegen Unions-Kandidat Merz): ***„Weine nicht, wenn's der Friedrich wird."*** **Dam-dam, dam-dam.**

Superreiche jeden Tag 2 Millionen reicher

Davos – **Das Vermögen der Superreichen wächst rasant.** Laut Bericht der Entwicklungsorganisation Oxfam gibt es weltweit 2769 Milliardäre, 204 mehr als letztes Jahr. Ihr Durchschnitts-Vermögen stieg von 13 auf 15 Milliarden Dollar. Täglich werden sie um zwei Millionen Dollar reicher. In Deutschland gibt es 130 Milliardäre, deren Vermögen meistens aus Erbschaften stammt.

Bayern fahren auf E-Autos ab

Flensburg – **Bayern ist wieder die Nummer eins bei den Neuzulassungen von Elektroautos.** Der Freistaat (81.054 Neuzulassungen) überholte NRW (81.010) knapp: Baden-Württemberg folgt mit 66.479. Bundesweit sanken die Neuzulassungen 2023 um 27 %. Der Anteil der Neuzulassungen auf Privatpersonen sank von 43 auf 36 %.

39 Prozent der Deutschen greifen zu Einschlafmitteln

Leverkusen – **Die Einnahme von Schlafmitteln ist in Deutschland weit verbreitet: Fast vier von zehn Deutschen greifen laut einer Studie zu Medikamenten oder anderen Hilfsmitteln für einen besseren Schlaf.**

Alarmierend: Mit 57 % ist der Anteil unter den 18- bis 29-Jährigen besonders hoch, so die Untersuchung der Betriebskrankenkasse Pronova BKK. Deutlich niedriger ist der Wert in der Altersgruppe der über 60-Jährigen mit nur 28 %.

29 % greifen laut Studie zu pflanzliche Schlafmittel wie Baldrian, Passionsblume, Melisse oder Hopfen, fast genauso viele greifen nach melatoninhaltigen Produkten – ein körpereigenes Hormon, das den Schlaf-Wach-Rhythmus reguliert.

22 % der Deutschen nehmen aber auch verschreibungspflichtige Schlafmittel. Auch hier ist der Anteil der 18- bis 29-Jährigen mit 40 % besonders hoch: **Benzodiazepine wie etwa Valium helfen zwar gegen Schlafstörungen, machen aber abhängig", warnt Pronova-Beratungsarzt Gerd Herold.„ Das gilt vor allem, wenn sie über mehrere Wochen eingenommen werden."** *mqu*

Printmedien hinsichtlich ihrer Darbietungsform und Kommunikationsfunktion beschreiben; grundlegende Funktionen von Medien unterscheiden (Information, Unterhaltung); die Wirkung von Gestaltungsmitteln beschreiben

Die BILD-Zeitung und die Süddeutsche Zeitung gehören zu unterschiedlichen Zeitungsarten.

1 Betrachtet die Titelseite der Zeitung und beschreibt sie.
- Wie ist euer erster Eindruck? Begründet.

2 Vergleicht die Titelseite der BILD-Zeitung mit der Titelseite der Süddeutschen Zeitung (S. 172).
- Geht dabei auf die Anordnung von Texten, Fotos und Grafiken auf der jeweiligen Titelseite ein.
- Nennt Gemeinsamkeiten und Unterschiede zwischen den beiden Titelseiten.

3 Lest den Info-Kasten und vergleicht die Informationen mit euren Ergebnissen.

4 Bewertet die beiden Titelseiten, indem ihr ihnen einige der folgenden Eigenschaften zuordnet.

aufregend – bunt – ehrlich – informativ – interessant – langweilig – provozierend – reißerisch – ruhig – sachlich – seriös – sensationslüstern – spannend – unterhaltsam – unsachlich – übersichtlich – glaubwürdig – vertrauenswürdig – überladen – unübersichtlich

5 Versuche eine Erklärung zu finden, warum Boulevardzeitungen mit vielen Bildern und wenig Text arbeiten.

6 Welche Zeitung spricht dich mehr an? Begründe.

7 Stellt Vermutungen an, welches Ziel die jeweilige Zeitung haben könnte.

Zeitungsarten unterscheiden

Man kann Zeitungen in unterschiedliche Kategorien einteilen:

- **Tages- und Wochenzeitungen** (Abo-Zeitungen): Zeitungen, die entweder täglich oder wöchentlich erscheinen, meist nach Hause geliefert werden und von vielen Leuten abonniert (bestellt) werden. Aktuelle Ereignisse werden informativ aufbereitet, kommentiert und analysiert, z. B. die *Stuttgarter Zeitung*.
- **Boulevardzeitungen**: Zeitungen, die hauptsächlich im Einzelhandel (Kiosk, Supermarkt etc.) vertrieben werden. Besonders auffällige Überschriften und Bilder sollen die Aufmerksamkeit wecken. Häufig wird über Sensationen und Skandale berichtet, z. B. die *BILD-Zeitung*.

Darüber hinaus kann man Zeitungen noch in **regional** und **überregional** einteilen. Regionale Zeitungen richten sich nur an eine bestimmte Region wie z. B. einen Landkreis. Überregionale Zeitungen haben ihre Leser über das ganze Land verteilt, z. B. die *Süddeutsche Zeitung*.

Journalistische Textsorten unterscheiden

1 Lies die Texte oder höre sie dir an.

Digital+
WES-126528-060
Text zum Anhören

(A) Vorlesewettbewerb der Stadt Karlsruhe

Auch in diesem Jahr findet wieder der Vorlesewettbewerb der Stadt Karlsruhe statt. Schulen aus dem ganzen Stadtgebiet nehmen teil und schicken ihre besten Leserinnen und Leser zum Stadtentscheid, der am 9. Dezember in Karlsruhe stattfinden wird.

Digital+
WES-126528-061
Text zum Anhören

(B) Vorlesewettbewerb der Stadt Karlsruhe

Auch in diesem Jahr findet wieder der Vorlesewettbewerb der Stadt Karlsruhe statt. Schulen aus dem ganzen Stadtgebiet nehmen teil und schicken ihre besten Leserinnen und Leser zum Stadtentscheid, der am 9. Dezember in Karlsruhe stattfinden wird.

Der Gewinner oder die Gewinnerin des Stadtentscheids wird die Stadt beim Bezirksentscheid vertreten. Ziel des Vorlesewettbewerbs ist es, Schülerinnen und Schüler durch spannende Texte für das Lesen zu begeistern und Werbung für das Medium Buch zu machen. Finanziell unterstützt wird der Wettbewerb durch zahlreiche städtische Buchhandlungen.

Digital+
WES-126528-062
Text zum Anhören

(C) Vorlesewettbewerb der Stadt Karlsruhe

Auch in diesem Jahr findet wieder der Vorlesewettbewerb der Stadt Karlsruhe statt. Schulen aus dem ganzen Stadtgebiet nehmen teil und schicken ihre besten Leserinnen und Leser zum Stadtentscheid, der am 9. Dezember in Karlsruhe stattfinden wird. Der Gewinner oder die Gewinnerin des Stadtentscheids wird die Stadt beim Bezirksentscheid vertreten.

„Für mich war der Vorlesewettbewerb eine sehr schöne Erfahrung. Ich hätte nicht gedacht, dass ich so weit kommen werde, als ich mich entschieden habe, beim Lesewettbewerb teilzunehmen", so die Landessiegerin des letzten Jahres. Ziel des Vorlesewettbewerbs ist es, Schülerinnen und Schüler durch spannende Texte für das Lesen zu begeistern und Werbung für das Medium Buch zu machen. Vorlesen sei nicht nur gut für das Training der Leseflüssigkeit, sondern auch für die Konzentration, sind sich führende Bildungsexperten einig. Finanziell unterstützt wird der Wettbewerb durch zahlreiche städtische Buchhandlungen. „Uns ist wichtig, dass auch die junge Generation an das Lesen herangeführt wird. Ein Vorlesewettbewerb ist daher eine tolle Möglichkeit, Werbung für das Buch zu machen", so Buchhändlerin Carina Meyer.

Printmedien hinsichtlich ihrer Darbietungsform und Kommunikationsfunktion beschreiben; grundlegende Funktionen von Medien unterscheiden (Information, Unterhaltung)

2 Auf welche Fragen geben diese drei Textsorten Antworten? Untersuche einen der Texte mithilfe der Tabelle.
a) Arbeite mit Text A.
b) Arbeite mit Text B.
c) Arbeite mit Text C.

	A:	B:	C:
Wer?			
Wann?			
Wo?			
Was?			
Warum?			
Wie?			

Digital+
WES-126528-063
Texte zum Bearbeiten

B → S. 300
W-Fragen

3 Vergleicht eure Ergebnisse und ergänzt die Tabelle.

4 Ordnet eure Texte mithilfe des Info-Kastens einer Textsorte zu.

5 Erklärt anhand der Merkmale, was für eine Textsorte hier vorliegt.

Tempokontrollen auf der B14 bei Tuttlingen
Gestern Abend führte die Polizei Tempokontrollen auf der B14 bei Tuttlingen durch. Insgesamt blitzte die Polizei über 200 Fahrerinnen und Fahrer, die sich nicht an das Tempolimit hielten.

Meldung, Nachricht und Bericht

Die Meldung, die Nachricht und der Bericht gehören zu den **journalistischen Textsorten**. Alle haben das Ziel, den Leser zu **informieren**.

Sie beantworten die wichtigsten **W-Fragen** (Wer? Was? Wo? Wann?) und zeichnen sich durch **Sachlichkeit** und **Neutralität** aus. Ihr Hauptunterscheidungsmerkmal ist die Länge:

Die **Meldung** ist nur wenige Zeilen lang und beschränkt sich auf die wichtigsten Informationen. (*Wer ist beteiligt? Was ist geschehen? Wann ist etwas geschehen? Wo ist etwas geschehen?*)

Die **Nachricht** ist etwa eine Zeitungsspalte lang und beleuchtet auch die Hintergründe. (*Warum ist etwas geschehen?*)

Der **Bericht** bietet auch Hintergrundinformationen mit Zitaten und einem Ausblick. Er kann mehrere Spalten lang sein. (Wie ist etwas geschehen?)

Einen Zeitungsbericht untersuchen und verstehen

1 Betrachtet das Foto und lest nur den Titel des Zeitungsartikels.
- Stellt Vermutungen darüber an, um was es in dem Artikel gehen könnte.
- Lest euch den Text im Wechsel Abschnitt für Abschnitt vor.

Digital+
WES-126528-064
Text zum Bearbeiten

Wie werden unsere Schulklos besser?

Alt, stinkig, dreckig: Viele unserer Schultoiletten sind in einem üblen Zustand. Woran das liegt und was dagegen getan wird, war Thema beim ersten Deutschen Schultoilettengipfel. Deutschlands Schulen sind in einem maroden Zustand – das ist gemeinhin bekannt. Über einzelne Bereiche sprechen wir dagegen nicht so gerne: die Toiletten. Und das wenig überraschend. Oft sind die Anlagen marode, schmutzig und kaputt, es fehlt an Privatsphäre und Toilettenpapier; manchmal alles zusammen.

marode
heruntergekommen

Aus diesen Gründen nimmt eine Mehrheit der Schülerinnen und Schüler die Schultoiletten als einen negativen Ort wahr. Ein Viertel trinkt und isst in der Schule weniger, um nicht auf Klo zu müssen. […] Andrea Rechenburg, die die Auswertung der Daten am IHPH leitete, erklärt, welche Folgen das für unsere Gesundheit hat: „Wird der Toilettengang vermieden, kann das direkt die körperliche Gesundheit beeinträchtigen, es kann Verstopfungen und Harnwegsinfekten fördern und auch die kognitive Leistung belasten. Wenn wir zu wenig trinken, beeinflusst das unser Denken, wir können uns schlechter konzentrieren und die Verständnisfähigkeit lässt nach." […]

IHPH
Das Institut für Hygiene und Public Health. Dort findet Forschung über Themen der Hygiene statt.

Doch die Probleme gibt es nicht nur in Berlin, betont Svenja Ksoll, Projektkoordinatorin Schulen bei dem gemeinnützigen Verein GTO. „Egal ob Land oder Stadt, Gymnasium oder Grundschule – die Situationen sind überall ähnlich." Der GTO beschäftigt sich seit rund 15 Jahren mit dem Thema Schultoiletten in ganz Deutschland. Nun hat der GTO zum ersten Deutschen Schultoilettengipfel geladen. Bei einer Diskussionsrunde nannte Torsten Kühne, Staatssekretär für Schulbau und Schuldigitalisierung in Berlin, vier Hauptgründe für die aktuelle Lage: Deutliche Überbelegung der Schulen, sanierungsbedürftige Schulgebäude, schlechte Reinigungsleistung von Unternehmen, nutzerbedingtes Verhalten.

GTO
Die German Toilet Organization ist ein Verein, der sich u. a. für die Verbesserung von Schultoiletten einsetzt.

Doch es gibt auch Schulen, die dem Problem mit Kreativität und Erfindungsreichtum dem Kampf ansagen. Beim Schultoilettengipfel wurden drei Schulen für ihre neu gestalteten Sanitäranlagen ausgezeichnet. Beim Wettbewerb „Toiletten machen Schule" hatten sich laut Ksoll 135 Schulen aus 14 Bundesländern beteiligt. […]

Beteiligung ist auch für Ksoll ein wichtiger Bestandteil der Lösung: „Das Wichtigste ist, dass die Schülerschaft mitgenommen wird. Deswegen versuchen wir erst einmal

Printmedien hinsichtlich ihrer Darbietungsform und Kommunikationsfunktion beschreiben; linearen Texten Informationen zielgerichtet entnehmen; Gestaltungsmittel eines Textes erkennen und beschreiben

durch Umfragen herauszufinden, was genau an der Schule los ist. Auf der Basis der Wünsche und Bedürfnisse können dann zielgerichtete Lösungen entwickelt werden. Manchmal helfe schon eine Umgestaltung, mehr Kleiderhaken oder – wenn erlaubt – eine Handyhalterung. „Es darf nicht unterschätzt werden, dass die Toiletten als Ruhe oder Rückzugsraum gesehen werden – insbesondere, wenn es keine anderen solcher Räume gibt – und auch mal, um dort Frust abzulassen." Laut Ksoll ist das nicht nur Thema der Infrastruktur, sondern auch der Bildung. „Die Schultoilette ist der erste (halb-)öffentliche Raum, wo Kinder und Jugendliche ohne Aufsicht durch Erwachsene lernen, mit Gemeingut umzugehen." **[Text gekürzt]**

Infrastruktur
Ausstattung, die ein Staat für seine Einwohnerinnen und Einwohner bereithält.

2 Tauscht euch aus, ob sich eure Vermutung aus Aufgabe 1 bestätigt hat.

3 Beschäftige dich genauer mit dem Inhalt des Textes.
a) Entscheide, ob die Aussage richtig oder falsch ist.
b) Entscheide, ob die Aussage richtig oder falsch ist. Nenne Textbelege.

	richtig	falsch
An vielen Schulen gibt es Probleme mit den Schultoiletten.		
Obwohl es Probleme mit den Schultoiletten gibt, hat dies keine negativen gesundheitlichen Auswirkungen auf die Schülerinnen und Schüler.		
Beim Deutschen Schultoilettengipfel wird als einziger Grund für das Problem mit den Schultoiletten das Verhalten der Schülerinnen und Schüler genannt.		
An dem Wettbewerb „Toiletten machen Schule" haben sich 135 Schulen aus 14 Bundesländern beteiligt.		
Beim Schultoilettengipfel wurden drei Schulen ausgezeichnet, deren Toiletten immer sauber sind.		
Durch Schultoiletten lernen Kinder und Jugendliche den Umgang mit Gemeingut.		

4 Erkläre den Satz „Laut [Svenja] Ksoll ist das nicht nur Thema der Infrastruktur, sondern auch der Bildung".

5 Ordne die Überschriften den Abschnitten im Text zu.

Aktueller Zustand der Schultoiletten – Gesundheitliche Auswirkungen – Deutscher Schultoilettengipfel – Kreative Lösungen durch Wettbewerb – Einbindung der Schülerschaft

6 Fasse den Text in eigenen Worten zusammen. So kannst du beginnen:

In dem Zeitungsartikel „Wie werden unsere Schulklos besser?" wird die Problematik behandelt, dass es in vielen Schulen große Probleme mit den Toiletten gibt.

7 Tauscht euch über die Toiletten-Situation an eurer Schule aus.
- Welche Probleme gibt es?
- Überlegt, wie man Probleme mit den Schultoiletten an eurer Schule lösen könnte.

Printmedien hinsichtlich ihrer Darbietungsform und Kommunikationsfunktion beschreiben; linearen Texten Informationen zielgerichtet entnehmen; Gestaltungsmittel eines Textes erkennen und beschreiben

Einen eigenen Zeitungsbericht schreiben

Stell dir vor, du arbeitest als Reporter oder Reporterin bei einer Tageszeitung. Du hast selbst eine Recherche zu dem Problem der Schultoiletten durchgeführt, eine Schule besucht und dir Notizen gemacht. Mithilfe der Notizen sollst du nun einen eigenen Zeitungsbericht schreiben.

1 Lies die Notizen und Zitate.

Schultoiletten sind ein großes Problem: Oft sind Schulgebäude und Sanitärräume in einem schlechten Zustand. Es fehlt Seife und Toilettenpapier.

Svenja Ksoll vom Verein GTO: „Man redet nicht darüber, es wird vernachlässigt. Es spielt keine Rolle, sondern es nervt ja eigentlich nur."

„Die Toiletten sind neben Schulessen und Mobbing ein Hauptthama der Schüler", sagt Ksoll.

Auf den Toiletten der Realschule gibt es nun Discokugeln, Pflanzen, Duftspender, Kleiderhaken, Handyhalter, genügend Toilettenpapier, Seife und Licht.

Hellweg Realschule in Unna hat im Wettbewerb „Toiletten machen Schule" gewonnen.

Achtklässler Hendrik Simon über die Situation vor der Umgestaltung: „Urin war auf dem Boden. Der war dadurch auch klebrig und hat sehr gestunken. Die Toilette war sehr dunkel und viele Toilettendeckel waren zerstört. Es herrschte eine deprimierende Stimmung."

Thema wurde in Schülervertretung besprochen: „Wir haben beschlossen, dass es so nicht weitergeht und wir etwas ändern wollen."

Schulwettbewerb „Toiletten machen Schule" möchte auf Probleme aufmerksam machen und Schulen bei der Lösung des Toilettenproblems unterstützen.

Schule erhielt 4000 Euro in bar sowie Sachpreise im Wert von 10 000 Euro.

In medialen Kommunikationssituationen eigene Beiträge adressaten- und situationsbezogen formulieren und alternative Möglichkeiten reflektieren

2 Schreibe mithilfe der Notizen einen eigenen Zeitungsbericht.

a) Arbeite mit dem Textgerüst.

Discokugeln auf der Toilette
Die Hellweg Realschule in Unna ist … im Wettbewerb … ausgezeichnet worden.
Der Wettbewerb möchte darauf aufmerksam machen, dass …
Deutschlandweit kommt es an Schulen zu Problemen mit …
Konkret bedeutet dies, dass …
…, so Svenja Ksoll vom Verein GTO.
Auch die Hellweg Realschule in Unna war betroffen. Probleme waren hier vor allem …, äußert …
An der Schule wollte man etwas ändern. Das Problem war Thema für die Schülervertretung: …
Im Rahmen des Wettbewerbs gestaltete man die Toiletten der Hellweg Realschule um. Nun …
Als Auszeichnung erhielt die Schule …

b) Schreibe den Text weiter. Nutze dafür den Wortschatz.

Discokugeln auf der Toilette
Die Hellweg Realschule in Unna ist als Siegerin im Wettbewerb „Toiletten machen Schule“ ausgezeichnet worden. Der Wettbewerb möchte darauf aufmerksam machen, dass …

Wortschatz

deutschlandweit Probleme mit Schultoiletten – heruntergekommene Schultoiletten und -gebäude – Schultoiletten sind wichtiges Thema bei Schülerinnen und Schülern – frühere Probleme an Hellweg Realschule – Problem ist Thema für die Schülervertretung – Umgestaltung im Rahmen des Wettbewerbs

c) Schreibe den Text weiter. Du kannst auch eine eigene Überschrift formulieren.

Discokugeln auf der Toilette
Die Hellweg Realschule in Unna ist als Siegerin im Wettbewerb „Toiletten machen Schule“ ausgezeichnet worden. Der Wettbewerb möchte darauf aufmerksam machen, dass …

Checkliste

- Ich formuliere eine **interessante Überschrift**, die Neugier beim Leser weckt.
- Meine **Einleitung** ist informativ.
- In meinem Text werden die **W-Fragen** beantwortet.
- Mein Text enthält **Zitate**.
- In meinem Text gebe ich **Ausblicke**.
- Der Text ist **sachlich** und **neutral** geschrieben.

In medialen Kommunikationssituationen eigene Beiträge adressaten- und situationsbezogen formulieren und alternative Möglichkeiten reflektieren

Mischformen kennenlernen: Das Feature

Digital+
WES-126528-065
Text zum Bearbeiten

1 Sieh dir die Überschrift und das Foto an. Worum könnte es in dem Text gehen?

2 Lies den Text.

Stressfaktor: Lärm im Klassenraum

A Es ist laut im Klassenraum. Die sechste Stunde ist die letzte Schulstunde des Tages. 35 Schülerinnen und Schüler sitzen verteilt auf fünf Gruppentische in dem etwa 60 Quadratmeter großen Klassenraum. An den Wänden hängen bunte Plakate zu unterschiedlichen Themen. Die Schülerinnen und Schüler der 8b sollen eine Aufgabe in Gruppenarbeit erarbeiten. Aufgeregt reden die Schülerinnen und Schüler durcheinander. An der langen Seite des Klassenraums sitzt Mariam. Sie stützt ihren Kopf auf ihren rechten Arm. Sie hat mal wieder Kopfschmerzen von der Lautstärke im Klassenraum.

B So wie Mariam geht es täglich Hunderten von Schülerinnen und Schülern. In den meisten Klassenräumen in Deutschland ist es häufig zu laut. Messungen haben ergeben, dass der durchschnittliche Geräuschpegel zwischen 60 und 85 Dezibel liegt. Die Lautstärke im Klassenzimmer ist mit dem Geräuschpegel an einer vielbefahrenen Straße vergleichbar. Man kann dies als Lärm einstufen. Als Lärm bezeichnet man Geräusche, die für den Menschen störend oder belastend wirken. Dabei ist zu beachten, dass die Lärmempfindlichkeit von Mensch zu Mensch unterschiedlich ist: Eine Schülerin nimmt die Lautstärke vielleicht als ganz normal wahr, während eine andere sich von der Lautstärke gestört fühlt und sie als Lärm wahrnimmt.

Dezibel
eine Einheit, mit der man Lautstärke misst

C Das Problem ist: Lärm kann der Gesundheit schaden, Schlafstörungen verursachen und die Konzentration beeinträchtigen. Schwierig, wenn gerade der Ort gestört wird, an dem eigentlich konzentriert gelernt werden soll. Studien beweisen, dass Schülerinnen und Schüler in ruhigen Umgebungen bessere Leistungen erbringen als solche, die von Lärm abgelenkt werden.

D Doch warum ist es zu laut in deutschen Klassenzimmern? Ein Grund ist offensichtlich: Aufgrund des Lehrermangels lernen zu viele Schülerinnen und Schüler in einem zu kleinen Klassenraum. Dass eine Lehrkraft 35 Schülerinnen und Schüler unterrichtet, sei heute zum Normalfall geworden, so der Schulleiter Wolfgang Meyer. Laut einer aktuellen Studie sehen über 70 Prozent der Befragten den Lehrkräftemangel aktuell als das größte Problem des deutschen Schulsystems an. Ein anderes Problem besteht darin, dass die Klassenräume in ihrer Bauweise häufig veraltet sind. Als die Klassenräume von heute gebaut wurden, hat man sich oftmals keine Gedanken um den Lärmschutz gemacht. Einige Schulen rüsten mit Schallschutz-Elementen nach. Doch auch hierfür ist nicht überall das nötige Geld da.

Printmedien hinsichtlich ihrer Darbietungsform und Kommunikationsfunktion beschreiben; linearen Texten Informationen zielgerichtet entnehmen; Gestaltungsmittel eines Textes erkennen und beschreiben

E Neben der Nachrüstung der Räume mit Schallschutzelementen könnte die Bereitstellung von Gehörschutz eine mögliche Lösung sein. In vielen Schulen können sich Schülerinnen und Schüler bereits für das konzentrierte Arbeiten Gehörschützer ausleihen.

F Kommen wir zurück zu Mariam und der 8b. Die Gruppenarbeit ist mittlerweile zu Ende und die Ergebnisse wurden besprochen. Mariams Klassenlehrerin erklärt gerade die Hausaufgaben und beendet die Stunde. Endlich kann Mariam nach Hause gehen. Sie ist froh, dass sie wieder einen Schultag geschafft hat und zuhause ihre Ruhe haben wird. Hoffentlich hören dort ihre Kopfschmerzen auf. Gehörschützer zum Ausleihen gibt es an ihrer Schule bisher nicht.

3 Haben sich deine Vermutungen zum Text bestätigt? Begründe.

4 Überprüfe die Aussagen zum Text. Entscheide, ob die Aussagen richtig oder falsch sind. Berichtige die falschen Aussagen.

	richtig	falsch
Mariam ist ein Einzelfall: Nur ganz wenige Schülerinnen und Schüler leiden unter dem Lärm in der Schule.		
Der durchschnittliche Geräuschpegel in Klassenräumen liegt zwischen 60 und 85 Dezibel.		
Lärm kann keine gesundheitlichen Folgen haben; er stört nur.		
Gründe für den Lärm im Klassenraum sind der Lehrermangel und fehlendes Geld für Renovierungen.		

5 Ordne den Textabschnitten A–F folgende Unterüberschriften zu:

Zu Besuch in einer achten Klasse – Was ist Lärm? – Folgen von Lärm – Ursachen von Lärm im Klassenraum – Mögliche Lösungen – Schulschluss in der 8b

6 Der Text ist ein Feature. Informiere dich im Info-Kasten über diese Textsorte.

7 Ordne die Textabschnitte A–F der typischen Gliederung eines Features zu.

Einleitung – Hauptteil – Schluss

8 Stellt Vermutungen an, warum im Text das Beispiel von Mariam angeführt wird.

Das Feature

Das Feature ist eine **journalistische Mischform,** die mehrere Textsorten beinhaltet. In der Einleitung wird ein **Beispiel** gegeben, das für ein allgemein aktuelles Thema steht. Im Hauptteil wird dann anhand von **Fakten** gezeigt, dass das Beispiel kein Einzelfall ist. Im Schluss wird wieder auf das Eingangsbeispiel **Bezug genommen**. Der allgemein berichtende Hauptteil wird also von einem konkreten Beispiel in Einleitung und Schluss **eingerahmt**.

Printmedien hinsichtlich ihrer Darbietungsform und Kommunikationsfunktion beschreiben; linearen Texten Informationen zielgerichtet entnehmen; Gestaltungsmittel eines Textes erkennen und beschreiben

Zusammenfassung

Zeitungen lesen und verstehen

1. Ausgabe 01.08.2025 3,00€

Aufbau einer Titelseite

- Zeitungskopf, Ausgabennummer, Preis
- Schlagzeilen
- Titelbild
- Leitartikel
- kürzere Nachrichten
- Werbeanzeigen

Zeitungsarten unterscheiden

-Tages- und Wochenzeitungen: erscheinen in regelmäßigen Abständen und werden meist abonniert. Informative Darstellung aktueller Ereignisse

-Boulevardzeitungen: werden hauptsächlich im Einzelhandel gekauft und berichten häufig über Sensationen und Skandale.

Ressorts einer Zeitung

→Sachgebiete einer Zeitung

-Politik
-Wirtschaft
-Lokales und Regionales
-Kultur
-Sport

SALE
20% auf alles
ab Donnerstag

Meldung, Nachricht, Bericht

Meldung: kurz und auf die wichtigsten Informationen beschränkt.

Nachricht: beleuchtet auch die Hintergründe.

Bericht: ausführlich und beinhaltet auch Zitate und Ausblicke.

Das Feature

Journalistische Mischform, die mehrere Textformen beinhaltet.

Beispiel, das für ein allgemein aktuelles Thema steht, rahmt den berichtenden Hauptteil ein.

Überprüfe dein Wissen und Können

1 Lies den Text.

Schüler in Plochingen dürfen länger schlafen

Digital+
WES-126528-066
Text zum Bearbeiten

Früh aufstehen oder lieber ausschlafen? Schülerinnen und Schüler am Gymnasium Plochingen können testweise an zwei Wochentagen selbst entscheiden, wann sie zur Schule gehen. Am Gymnasium Plochingen (Kreis Esslingen) können sich die Schüler und Schülerinnen der Klasse 7a von dieser Woche an zweimal in der Woche aussuchen, ob sie um 7:50 Uhr oder um 9:40 Uhr zum Unterricht kommen möchten. Am Dienstag konnten sie das erste Mal selbst entscheiden. Zwei von 27 Schülerinnen und Schüler seien anwesend gewesen, sagte Deutsch-Lehrer Till Richter. Er gehe davon aus, dass der erste Tag des Versuchs nicht repräsentativ sei, so Richter, da die Aufgaben, die die Schüler in der Zeit bearbeiten sollen, bereits vor den Osterferien verteilt und in den Ferien vermutlich erledigt wurden. Das Gleitzeit-Modell soll nach Angaben der Schule sechs Wochen lang erprobt werden. Forderungen nach einem gestaffelten Unterrichtsbeginn gibt es in Baden-Württemberg schon lange – aus unterschiedlichen Gründen. [...] Seit nach den Osterferien gibt es immer dienstags und freitags statt des regulären Deutsch- und Englischunterrichts eine sogenannte freiwillige Lernzeit. Für diese bekommen die Schülerinnen und Schüler dann Aufgaben, die sie entweder unter Aufsicht im Unterricht bearbeiten können oder zu einem anderen Zeitpunkt zu Hause.

[Text gekürzt]

2 Arbeite mit dem Text. Beantworte die W-Fragen.
- Wer ist beteiligt?
- Was ist geschehen?
- Wann ist etwas geschehen?
- Wo ist etwas geschehen?
- Warum ist etwas geschehen?

Digital+
WES-126528-067
Lösungen

3 Ist der Text eine Meldung, eine Nachricht oder ein Bericht? Begründe.

4 Verfasse auf Grundlage des Textes eine Meldung.

Werbung

1 Betrachtet die Werbeanzeigen.

1

2

3

2 Benennt, was euch als Erstes auffällt.

3 Tauscht euch darüber aus, wofür die Anzeigen jeweils werben.

4 Wählt ein Plakat aus und beschreibt es euch gegenseitig.
- Achtet besonders auf Text, Farben, Schrift und Bild.
- Der Wortschatz kann euch helfen.

Wortschatz

auffällige Farben – große Schrift – besondere Schriftarten – Produkt – Botschaft – wenig Text – im Mittelpunkt – dunkel – hell – Hintergrund – Vordergrund – ausgefallene Sprüche – Spiel mit Sprache

5 Besprecht, welche Werbungen ihr kennt.
- Wo begegnet euch Werbung im Alltag?

6 Tauscht euch darüber aus, wozu es Werbung überhaupt gibt.
- Beschreibt, wie die Werbung euch davon überzeugen möchte, ein Produkt zu kaufen.
- Die folgenden Formulierungen können euch dabei helfen.

Wortschatz

Neugierde wecken – zum Kaufen verführen – Gefühle ansprechen – Sehnsüchte wecken – so tun, als würde man durch das Produkt erfolgreich oder attraktiv werden – unterhalten – das Produkt als begehrenswert und gut darstellen – so tun, als ob jeder das Produkt haben muss, um „in" zu sein – zum Lachen bringen – das Produkt besser darstellen, als es ist – die Bekanntheit eines Produkts steigern

7 Besprecht, ob ihr schon einmal ein Produkt nur wegen der Werbung gekauft habt. Was war das für ein Produkt?

8 Begründet, wann eine Werbung für euch gelungen ist.

9 Stellt Vermutungen an, wann eine Werbung für ein Unternehmen gelungen ist.

In diesem Kapitel lernst du (,)...
- über Werbeanzeigen zu sprechen.
- die Funktionen von Werbung kennen.
- Werbung zu analysieren und zu verstehen.
- Werbeanzeigen Informationen zu entnehmen und als Text zu gestalten.

Die Bausteine einer Werbeanzeige untersuchen

Wenn Werbefachleute eine Werbeanzeige entwerfen, dann überlassen sie nichts dem Zufall. Jeder Baustein muss genau passen. Erst dann entsteht eine erfolgreiche Werbeanzeige, die den Betrachter dazu bringt, sich für das Produkt zu interessieren. Bei der folgenden Werbeanzeige sind die wichtigsten Bausteine schon hervorgehoben.

1 Schaut euch die Werbeanzeige an.
- Aus welchen Bestandteilen besteht sie? Beschreibt.

2 Lies den Info-Kasten zu den Bausteinen einer Werbeanzeige.

3 Ordnet die verschiedenen Bausteine der folgenden Werbeanzeige zu.

Info-Text – Firmenlogo – Slogan – Kaufanreiz – Eye-Catcher – Abbildung des Produkts

Die Bausteine einer Werbeanzeige

Eine Werbeanzeige besteht aus verschiedenen **Bausteinen**.
Nicht in jeder Anzeige sind alle Bausteine enthalten.
Eye-Catcher: Hier wird die Aufmerksamkeit des Betrachtenden eingefangen. Sein Interesse soll geweckt werden.
Info-Text: Durch einen kurzen Text soll der Betrachtende über das Produkt informiert werden. Häufig werden Vorteile des Produkts dargestellt. Beim Betrachtenden soll der Wunsch entstehen, das Produkt zu besitzen.
Firmenlogo: Es handelt sich um ein Symbol, das man mit einer bestimmten Marke oder Firma verbindet.
Slogan: Der kurze, nur aus wenigen Wörtern bestehende Spruch soll sich einprägen.
Kaufanreiz: Hier soll der Betrachtende dazu motiviert werden, das Produkt zu kaufen.
Abbildung des Produkts: Das Produkt selbst wird abgebildet.

Medien hinsichtlich ihrer Darbietungsform und Kommunikationsfunktion beschreiben; Funktionen von Medien unterscheiden (Werbung)

Den Eye-Catcher erkennen

1 Schau dir die Werbeanzeige an.

2 Tauscht euch darüber aus, welcher Baustein euch als Erstes aufgefallen ist. Begründet, woran dies eurer Meinung nach liegt.

3 Lies den Info-Kasten.

4 Untersucht nun die anderen Werbeanzeigen aus dem Kapitel.
- Findet jeweils den Eye-Catcher.

Der Eye-Catcher

Ein **Eye-Catcher** (Blickfang) ist ein auffälliges Bild- oder Textelement. Es soll die **Aufmerksamkeit** des Betrachtenden einfangen.
Häufig wird mit folgenden Elementen gearbeitet:
- besonders große **Fotomotive,**
- besonders große **Schlagzeilen,**
- irritierende **Fotos** oder **Abbildungen** (z. B. *ein müllfressender Delfin*),
- auffällige **Farben**.

Das Ziel der Eye-Catcher ist, dass der Betrachtende sich weiter mit der Werbeanzeige beschäftigt.

Medien hinsichtlich ihrer Darbietungsform und Kommunikationsfunktion beschreiben; Funktionen von Medien unterscheiden (Werbung)

Die Sprache von Werbeslogans untersuchen

1 Lest die Slogans.

Merci, dass es dich gibt!	**We kehr for you.**	**Actimel aktiviert Abwehrkräfte.**	**Quadratisch. Praktisch. Gut.**	**Alles müller oder was?**

2 Tauscht euch aus.
- Kennt ihr die Slogans?
- Gefallen sie euch?
- Wofür werben sie?

3 Nennt Slogans, die ihr kennt oder die gerade aktuell sind.
- Erklärt, zu welchen Produkten eure Slogans gehören und warum ihr sie euch so gut merken könnt.

4 Diskutiert darüber, welche Art Slogans euch gefallen und welche ihr nicht mögt. Woran liegt das? Begründet eure Meinung.

5 Lies den Text.

Der Slogan

Ganz gleich, ob für Autos, für Zahnpasta oder für Handys geworben wird – Werbeanzeigen und Werbespots haben immer einen Slogan. Alle Slogans sind knapp und einprägsam, denn Radio- oder TV-Werbespots sind kurz. Auch der Zeitschriftenleser widmet einer Werbeanzeige in der Regel nur wenige Sekunden. Schafft der Slogan es in dieser Zeit nicht, sich einzuprägen oder Aufmerksamkeit zu wecken, hat er versagt. Nur wenn Slogans kurz und „knackig" sind, prägen sie sich ein. Deshalb sollte der Slogan aus fünf bis sieben Wörtern bestehen. In seiner Kürze vermittelt der Slogan die Vorteile des Produkts. Dies gelingt mithilfe verschiedener sprachlicher Gestaltungsmittel:

A Slogan mit einem Befehl (Imperativ): *Glänzen Sie mit Ihrem Haarstyling!*
B Frage-/Antwort-Slogan: *Husten? Da gibt's doch was von Ratiopharm.*
C Ich-/Mein-Slogan: *Ich will so bleiben, wie ich bin.*
D Du-/Dein-Slogan: *Du bist Deutschland.*
E Wir-/Unser-Slogan: *Wir geben deiner Zukunft ein Zuhause.*
F Stabreim-Slogan: *Actimel aktiviert Abwehrkräfte.*
G Fremdsprachlicher Slogan: *Just do it.*
H Slogan mit Begründung: *Weil das Leben kurz ist.*
I Zwei-Wort-Slogan: *Abenteuer pur.*
J Gegensatz-Slogan: *Außen klein – innen groß!*
K Slogan, der provoziert: *Geiz ist geil!*

Stabreim
Abfolge aus mehreren Wörtern mit dem gleichen Anfangsbuchstaben

Medien hinsichtlich ihrer Darbietungsform und Kommunikationsfunktion beschreiben; Funktionen von Medien unterscheiden (Werbung)

Manche Slogans lassen sich gleich mehreren sprachlichen Gestaltungsmitteln zuordnen: So ist der Slogan „Geiz ist geil!“ ein provozierender Slogan. Einerseits wegen des umgangssprachlichen Wortes „geil“, aber auch wegen seiner Aussage. Geiz gilt meist nicht als gute Eigenschaft, sondern eher als Charakterschwäche. Zugleich gehört er zu der Gruppe der Stabreim-Slogans, weil die Wörter „Geiz“ und „geil“ mit dem gleichen Anfangslaut „gei-“ beginnen.

6 Beantwortet die Fragen zum Text.
- Warum sind Slogans in der Regel sehr kurz?
- Was ist ein Stabreim-Slogan?
- Warum lassen sich manche Slogans mehreren Kategorien zuordnen?

Manche Slogans lassen sich mehreren sprachlichen Gestaltungsmitteln zuordnen.

7 Ordnet den Slogans die sprachlichen Gestaltungsmittel **A** bis **K** (S. 193) zu. Schreibt eure Ergebnisse so auf: *1) → C*

1) *Die behalt' ich gleich an.*
2) *Das Erlebnisheft*
3) *Die ganze Welt in deinen Händen.*
4) *Lecker liefern lassen.*
5) *There's no better way to fly.*
6) *Ich bin doch nicht blöd!*
7) *Wir leben Autos.*
8) *Kalk geht – Glanz entsteht.*

8 Ergänze die Liste mit aktuellen Slogans aus Zeitschriften, Radio, Internet und Fernsehen.
- Ordne die Slogans den verschiedenen sprachlichen Gestaltungsmitteln zu.

9 Verfasse selbst einen Slogan.
- Formuliere einen passenden Slogan, z. B. für Turnschuhe, ein Fahrrad, ein Kleidungsstück, einen Sportverein ...
- Der Slogan soll sich an Jugendliche in deinem Alter richten.
- Du kannst deinem Produkt einen kreativen Namen geben.
- Verwende Adjektive, die positive Eigenschaften des Produkts betonen.
- Nutze Nomen, die eine positive Stimmung betonen.
- Fordere die Adressaten mit Verben zum Handeln auf.
- Dein Slogan sollte kurz und einprägsam sein.

Wortschatz

exklusiv, trendy, frisch, sportlich, flexibel, besonders, modisch, attraktiv, erleben, genießen, erfüllen, bewegen, fühlen, verwirklichen, Freiheit, Energie, Gesundheit, Bewegung, Spaß, Unabhängigkeit

Eine Werbeanzeige beschreiben

1 Schaut euch die Anzeige an.

2 Beschreibt, wofür die Anzeige wirbt.

3 Findet den Eye-Catcher in der Anzeige.

4 Benennt weitere Bausteine einer Werbeanzeige.

Auf S. 191 werden die Bausteine erklärt.

5 Auf Seite 196 findest du einen Text über die Werbeanzeige. Darin fehlen aber noch einige Informationen, die ergänzt werden müssen.
- Lest euch den Lückentext zuerst ganz durch.
- Überlegt dann, welche Informationen an welche Stellen im Text passen. Die Notizen in der Randspalte geben euch wichtige Tipps.
- Verwendet das Wortmaterial als Hilfe.
- Schreibt den vollständigen Text abschließend auf.

Ein Wort musst du zweimal einsetzen.

Digital+
WES-126528-068
Text zum Ausdrucken

Wortschatz

Aufforderung – „Komm zu Hornbach, bevor es dein Garten tut." – Eye-Catcher – Fernsehzeitschrift – Garten oder Balkon – Pflanzen – „Es gibt immer was zu tun." – grün, orange und grau-weiß – Slogan – Firmenlogo – Gartengeräte – Informationen – Cabrio ohne Fahrer

Die Werbeanzeige für den Baumarkt „Hornbach"

Wo werden Pflanzen angepflanzt?

Diese Werbeanzeige habe ich in einer (1)__ entdeckt. Auf die Anzeige bin ich sofort durch die Bäume, die Auto fahren, aufmerksam geworden. Die Anzeige richtet sich meiner Meinung nach an Käufer, die einen (2)__ haben.

Was ist der Eye-Catcher dieser Anzeige?

Direkt beim ersten Hinsehen ist mir der Eye-Catcher der Anzeige aufgefallen: Ein (3)__ nimmt die Hälfte der Werbeanzeige ein. Anstatt eines Fahrers befinden sich in dem Cabrio verschiedene (4)__. Man erkennt einen Obstbaum, einen kleineren Busch, eine Sonnenblume und verschiedene Gräser. Lustig ist, dass es scheint, als ob die Pflanzen das Auto fahren würden. Erst auf den zweiten Blick wird man im vorderen Teil der Anzeige auf den (5)__ aufmerksam. Unten links ist außerdem das (6)__ von Hornbach mit dem Slogan (7)__ abgebildet.

Hier fehlen Farbadjektive.

Bei den Farben ist mir aufgefallen, dass alles in einem ähnlichen Farbton gehalten ist, nämlich in (8)__. Die Farben des Firmenlogos werden also zum Teil auch in der abgebildeten Landschaft wieder aufgegriffen.

Wo findet man genauere Informationen?

Warum die Pflanzen im Auto „sitzen", erfährt man erst, wenn man den (9)__ liest.

Wie lautet der groß gedruckte Slogan?

Der Slogan heißt (10)__. Ich glaube, die Werbeleute wollen mit diesem Slogan sagen, dass man zu Hornbach fahren soll, wo man (11)__ kaufen kann, um sich um seine Pflanzen zu kümmern.

Der Slogan enthält keine direkte (12)__ zum Kauf eines bestimmten Produkts. Durch das Bild und durch den Slogan wird der Leser aber dazu aufgefordert, sich um seine Pflanzen zu kümmern. Der Betrachter soll zu Hornbach fahren und dort das notwendige Material kaufen.

Hier fehlt der Fachbegriff für „Hingucker".

An dieser Werbeanzeige gefällt mir das Auto mit den Pflanzen sehr gut. Das ist ein echter (13)__. Auch der Slogan ist toll. Was mir nicht so gut gefällt, ist, dass man keine weiteren (14)__ über die Pflege von Pflanzen oder konkrete Produkte erhält.

Medien hinsichtlich ihrer Darbietungsform und Kommunikationsfunktion beschreiben; Zusammenhänge zwischen Bild und Text erläutern (Werbetexte)

Mit einem Textgerüst eine Werbeanzeige untersuchen

1 Seht euch die Werbeanzeige an.

2 Erklärt, für was die Anzeige wirbt.

3 Nehmt eure Werbeanzeige nun genauer unter die Lupe.
- Beschreibt die Werbeanzeige.
- Arbeitet mit dem Textgerüst.

Auf die Anzeige bin ich durch … aufmerksam geworden.
Die Anzeige richtet sich meiner Meinung nach an …
Sofort beim ersten Hinsehen ist mir der Eye-Catcher des Werbebildes aufgefallen: …
Im Vordergrund sind … abgebildet. … trägt …, hält die Arme … vor dem Körper und hat einen … Blick. Der andere hält in der Hand … Auch er hat einen … Blick.
… stehen der Name … und der Beruf …, nämlich …
Der Beruf, für den konkret geworben wird, ist …
Bei den Farben ist mir aufgefallen, dass der Hintergrund … ist.
Die Personen sind jedoch … abgebildet.
Der Slogan heißt …
Er ist in der Farbe … auf … Hintergrund abgebildet.
Auch das Logo … und der Slogan sind in diesen Farben erstellt.
Ich glaube, die Werbeleute wollen mit dem Slogan sagen, dass …
Die Werbeanzeige wurde von … in Auftrag gegeben. Dies steht unten rechts.
Außerdem wird noch ein Link zu einer Internetseite angegeben: …
An dieser Werbeanzeige gefällt mir …
Weniger gut gefällt mir, dass …

Medien hinsichtlich ihrer Darbietungsform und Kommunikationsfunktion beschreiben; Bilder analysieren, dabei Zusammenhänge zwischen Bildelementen und anderen Medien herstellen (Werbetexte)

Zusammenfassung

Überprüfe dein Wissen und Können

1 Ordne die Fachbegriffe ihren Erklärungen zu.

Eye-Catcher	**A** Kurzer, einprägsamer Spruch
Info-Text	**B** Weckt die Aufmerksamkeit des Betrachters
Slogan	**C** Aufforderung, das Produkt zu kaufen
Firmenlogo	**D** Symbol, das man mit einer Marke verbindet
Kaufanreiz	**E** Bietet Informationen über das Produkt

2 Welche Aussagen über Slogans sind richtig?
A Jede Werbung hat einen Slogan.
B Slogans sind immer frei erfunden.
C Slogans sollen einfach, kurz und aussagekräftig sein.
D Slogans bestehen immer nur aus einem sprachlichen Gestaltungsmittel.
E Slogans vermitteln die zentrale Werbeaussage für ein Produkt oder eine Marke.

3 Betrachte die Werbeanzeige.

Digital+
WES-126528-069
Lösungen

4 Untersuche die Werbeanzeige genauer:
- Wofür wirbt die Anzeige?
- Was ist der Eye-Catcher?
- Beschreibe die farbliche Gestaltung.
- Wie sind Text und Bild angeordnet? Wo befinden sie sich?
- Untersuche die Textteile. Was ist die Besonderheit des Textes?

5 Beurteile, ob du die Werbeanzeige gelungen findest. Begründe deine Meinung.

Wortschatz
Baden-Württemberg
Bundesland
auffällig
gelb
schwarz
weiß
oben links
zentral
fettgedruckt
Dialekt

Aufbau und Schreibung von Wörtern

Rechtschreibung und Rechtschreibfehler begegnen uns überall im Alltag.

1 Lest die Texte auf den Schildern.
Vielleicht fallen euch schon Rechtschreibfehler auf.

B → S. 317
Rechtschreibgespräch

2 Führt ein Rechtschreibgespräch.
- Bei welchen Wörtern seid ihr euch bei der Schreibweise unsicher?
- Was könnt ihr tun, um die richtige Schreibung der Wörter herauszufinden?
- Entscheidet euch für eine Strategie und wendet sie an.
- Schreibt die Texte auf den Schildern richtig auf.

3 Besprecht, warum man die Texte auf den Schildern trotz der Fehler lesen kann.

In diesem Kapitel lernst du (,)...
- die Strategie des Zerlegens von Wörtern in ihre Bausteine kennen.
- eine Strategie zur Unterscheidung von *das/dass* kennen.
- weitere Fremdwörter kennen.
- Wörter mit zwei Schreibungen (Variantschreibungen) kennen.

Rechtschreibstrategien wiederholend anwenden

1 Sprecht über die unterstrichenen Wörter in den folgenden Sätzen.

a) Notiert, mit welcher Rechtschreibstrategie ihr die richtige Schreibung herausfindet.
- Schreibt das Wort in der richtigen Schreibweise auf.
- Schreibt jeweils drei weitere Wörter der Wortfamilie daneben.
- Markiert den Fehlerschwerpunkt.

Beispiel: nass / nas: nass, da kurzer Vokal = doppelter Konsonant, nas ser, nasskalt, klatschnass, Nassrasur

1) Da kommst du ja endlich / entlich.
2) Gib mir mal einen Tip / Tipp.
3) Bedeutet das Hekchen / Häkchen einen ganzen Punkt?
4) Der Grieß / Gries schmeckt etwas alt.

Grieß
grob gemahlenes Getreidekorn

b) Notiert, mit welcher Rechtschreibstrategie ihr die richtige Schreibung herausfindet.
- Schreibt das Wort in der richtigen Schreibweise auf.
- Schreibt jeweils drei weitere Wörter der Wortfamilie daneben.

5) Der Vogel fraß / fras / frass den Regenwurm.
6) Die Fans grölten / gröhlten / gröllten laut ihr Lied.
7) Bienen besteuben / bestäuben / bestäupen die Blüten.
8) Wir sahen uns ein Balett / Ballett / Ballet an.
9) Der Weg führt / fürt / führd direkt nach Hause.

c) Notiert, mit welcher Rechtschreibstrategie ihr die richtige Schreibung herausfindet.
- Schreibt das Wort in der richtigen Schreibweise auf.
- Schreibt jeweils drei weitere Wörter der Wortfamilie daneben.

10) Einige schlagen wieder über die Stränge / Strenge.
11) Wir kaufen Gelantine / Gelatine.
12) Warum piekst / pikst du mich mit deinem Zirkel?
13) Wir genießen / geniesen ein kühles Bad.
14) Gestern haben wir Holz gehackt / gehakt.

Rechtschreibstrategien

Mithilfe von Rechtschreibstrategien kann man die **richtige Schreibung** von Wörtern erschließen. Rechtschreibstrategien sind z. B.
- lange und kurze Stammvokale erkennen,
- Silben schwingen,
- Wörter verlängern,
- Wörter ableiten,
- Merkschreibung,
- Wörter zerlegen.

2 Arbeitet mit dem folgenden Diktattext.

a) Lest den Text aufmerksam.
- Führt ein Rechtschreibgespräch, um die falsch geschriebenen Wörter zu finden.
- Verbessert die Wörter.

Digital+
WES-126528-070
Texte zum Bearbeiten

Spinnenphobie	
Manche Menschen haben Angst vor Spinen. Diese Angst könnte noch	1 F
aus der Früzeit der menschlichen Endwicklung stammen. Denn unsere	2 F
Vorfaren lebten in Gebieten, in denen fiele giftige Spinnen zu Hause	2 F
waren. Die Bise der Spinnen waren sehr schmertzhaft. Deshalb	2 F
neherten sich die Menschen den achtbeinigen Tieren mit Vorsicht.	1 F

b) Lest den Text aufmerksam. Es sind acht Wörter falsch geschrieben.
- Markiert beim Lesen Wörter, die falsch geschrieben sein könnten.
- Führt über diese Wörter ein Rechtschreibgespräch.
- Verbessert die falsch geschriebenen Wörter.

Spinnenphobie

Eine Ursache für die Angst vor Spinnen könnte das Vorbilt Erwachsener sein. Kinder amen das Verhalten ihrer Eltern nach. Beobachten sie, dass ihre Eltern fast panisch auf Spinnen reagiren, können sie ebenfals diese Angst entwickeln. In Elternheusern, in denen ein endspannter Umgang mit den Krabeltieren gepflegt wird, kann man Spinnen sogar als Haustiere antrefen.

Digital+
WES-126528-071
Text zum Anhören

3 Schreibt ein Partnerdiktat.
- Diktiert euch jeweils einen Abschnitt des Textes oder hört ihn euch an.
- Überprüft Wort für Wort, ob ihr richtig geschrieben habt.
- Wendet das Rechtschreibgespräch an, wenn ihr euch bei einer Schreibweise unsicher seid.

A

Während heimische Spinnen für Menschen relativ harmlos sind, wandern immer mehr giftige Spinnen aus Südeuropa ein. Durch die Klimaerwärmung finden sie auch in Deutschland geeignete Lebensräume.

B

Beißt eine Spinne wirklich einmal zu, fühlt sie sich bedroht. Dann ist aber der Schreck meist größer als der Schmerz. Für Menschen mit einer Spinnenphobie macht es aber keinen Unterschied, ob eine Spinne giftig ist oder nicht. Sie haben einfach Angst.

Wörter zerlegen, Strategien anwenden

1 Schaut euch die Tabelle an und besprecht:
Welcher Wortbaustein wird immer gleich geschrieben?

Präfix/Partikel	Wortstamm	Suffix	Flexionsendung
	les		*en*
vor	*les*		*en*
ab	*les*	*bar*	

2 Tragt die folgenden Wörter in die Tabelle (Aufgabe 1) ein.
- Zerlegt sie in ihre Bausteine (Präfix/Partikel, Wortstamm, Flexionsendung).
- Besprecht: Welche Wortbausteine werden immer gleich geschrieben?
- Markiert die Bausteine wie in der Tabelle.

schreiben, vorschreiben, sprechen, aussprechen, fahren, durchfahren, reiten, nachreiten, verschreiben, versprechen, fortfahren

3 Formuliert eine Regel für die Schreibung von Vorsilbe und Wortstamm.

4 Setzt die Verben aus dem Wortmaterial in die Lücken ein.
- Arbeitet wie im Beispiel und ergänzt Präfix/Partikel und Flexionsendung.
- Unterstreicht Präfix/Partikel, Wortstamm und Flexionsendung unterschiedlich.

fahren, legen, pflegen, stellen, putzen, schlucken, gehen

1) Das Haus ist neu *verputzt*.
2) Wir haben uns mehrmals mit dem Auto ___.
3) Oma hat ihre Brille ___.
4) Wir ___ uns heute selbst mit mitgebrachten Broten ___.
5) Wir ___ unser Projekt ___.
6) Ich habe mich ___.
7) Ich ___ schon mal ___.

Digital+
WES-126528-072
Vorlage Wörterliste

Wörterliste *vor-*
vorlesen, Vorleser,

5 Legt Wörterlisten mit dem Präfix *ver-* und der Partikel *vor-* an.

Strategie: Wörter zerlegen, Strategien anwenden

Wörter bestehen aus unterschiedlichen **Bausteinen**.
Sie verändern sich in der Regel nicht: *reiten, eilig.*
- Wortstamm: Kern des Wortes: ***reit** en, **eil** ig*
- Flexionsendung: *reit **en***
- Präfix, Partikel: Vorsilbe: ***be** rufen, **vor** reiten, **vor** eil ig*
- Suffix (Nachsilbe): *Vor reit **er**, vor eil **ig***

Treffen bei der Verbindung von Wortstamm und Präfix/Partikel gleiche Buchstaben zusammen, werden alle ausgeschrieben: vo**r** **r**eiten.

Das und *dass* unterscheiden

1 In den Sätzen fehlt *s/ss*. Entscheidet, wo ihr welchen s-Laut einsetzen würdet.

1) Das Buch, da__ ich lese, ist spannend.
2) Mein T-Shirt ist da__.
3) Am Stundenplan steht, da__ morgen die erste Stunde ausfällt.

2 Lest den Info-Kasten und besprecht:
- Mit welcher Probe kann man den s-Laut ermitteln?
- Wie wendet man die Probe an?

3 Schreibt die Sätze aus Aufgabe 1 auf jeweils eine Zeile.
- Schreibt über *das/dass* das passende Ersatzwort.
- Schreibt dann *das/dass* mit dem richtigen s-Laut auf.
- Beachtet: *dass* kann nicht ersetzt werden.

Beispiel: *Das Buch, das (welches) ich lese, ist spannend.*

4 Setzt in die Lücken der Sätze den richtigen s-Laut ein. Wendet die Ersatzprobe an.

a) Arbeitet mit den Sätzen 4) bis 8).

4) Da__ ist das T-Shirt, da__ ich gesucht habe.
5) Er schlug das Buch so laut zu, da__ einige erschraken.
6) Wir freuen uns, da__ wir ins Freibad gehen.
7) Kannst du mir da__ genau erklären?
8) Er sieht, da__ das neue Hemd kaputt ist.

b) Arbeitet mit den Sätzen 9) bis 13).

9) Nimm das Tablet, da__ auf dem Tisch liegt.
10) Das Mädchen, da__ das Eis isst, sitzt rechts.
11) Ich hoffe, da__ ich in das Feriencamp fahren kann, da__ sich im Allgäu befindet.
12) Erzähl mir da__ ein anderes Mal.
13) Da__ da__ nicht das Kleid ist, da__ ich bestellt habe, sehe ich sofort.

Das oder *dass* mit der Ersatzprobe unterscheiden

- Die richtige Schreibung von *das* oder *dass* ermittelt man mit der **Ersatzprobe**:
  das Buch, das (welches) ich dir geliehen habe | Mein Fahrrad ist das (dieses) dort.
- *Dass* kann **nicht ersetzt** werden: *Ich sehe, dass du traurig bist.*
  Ich sehe, ~~dieses / welches~~ du traurig bist.

Merkwörter

Fremdwörter

1 Lest die Sätze 1–5 und benennt die Fremdwörter.
- Besprecht, warum Fremdwörter Merkwörter sind.

1) Fertigt für eure Präsentation ein Handout an.
2) Korrigiere die Fehler in deinem Text.
3) Gemeinsam diskutierten wir über das Thema.
4) Der Hund war äußerst aggressiv.
5) Die weiße Taube ist ein Symbol für den Frieden.

2 Tragt die Fremdwörter aus Aufgabe 1 in die Tabelle ein.
- Ergänzt die übrigen Spalten mit verwandten Wörtern.
- Markiert die Merkmale der Fremdwörter.

Achtung: Für manche Fremdwörter gibt es nicht alle Formen.

Nomen	Verb	Adjektiv
Präsentation	präsentieren	

3 Schreibt die folgenden Fremdwörter ab.
Ergänzt dabei die fehlenden Buchstaben. Benutzt ein Wörterbuch.

die Apo ___ eke, das Rest ___ ran ___, das T- ___ irt, das Triko ___, das Inter ___,
die Atmos ___ äre, das S ___ stem, die T ___ lette, das Displ ___, die Funk ___

4 Immer drei Fremdwörter haben dasselbe Suffix. Benennt diese Suffixe.
- Schreibt die Fremdwörter nach Suffixen geordnet auf.
- Ergänzt zu jedem Suffix zwei weitere Beispiele.

Aktion, Demokratie, diskutieren, Energie, fiktiv, Garantie, garantieren, Information, interessieren, Motiv, Operation, positiv

-ie: *Demokratie* -ieren: -iv: -tion:

Fremdwörter

Fremdwörter wurden aus einer anderen Sprache ins Deutsche **übernommen**.
Sie unterscheiden sich in Aussprache und Schreibung von deutschen Wörtern.
Viele Fremdwörter enthalten **typische Wortbausteine**, die auf ihre Herkunft verweisen:
- *-iv: aktiv*
- *-tion: Operation*
- *-ieren: reagieren*
- *-ie: Strategie*
- *-ing: Camping*
- *-y: Party*
- *-ent: Student*
- *-tät: Aktivität*

Die Schreibung von häufig gebrauchten Fremdwörtern korrekt anwenden
RSR: Fremdwörter, Suffix -ieren

5 Ordne den Fremdwörtern die richtige Umschreibung zu.

die Apotheke	fester Verband/Wickel
die Bandage	Wissenschaft von der Erde
die Geografie	Gebäude zur Aufführung von Bühnenwerken
die Reflexion	Geschäft, in dem Arzneimittel verkauft werden
das Theater	prüfende Betrachtung
das Varieté	Theater mit bunt wechselndem Programm

6 Setzt für die unterstrichenen Wortgruppen passende Fremdwörter ein.
Nutzt das Wortmaterial.

Favorit, Finale, Foul, Revanche, Sponsor, Stadion, Trainer, Trikot

1) Die zwei Mannschaften versammelten sich für das Endspiel auf dem Sportfeld.
2) Geldgeber hatten sie mit enganliegenden Sportkleidungsstücken ausgestattet.
3) Die Betreuer feuerten die Spieler an.
4) Nach dem unsportlichen, regelwidrigen Verhalten eines Spielers zeigte der Schiedsrichter die Rote Karte.
5) Die Mannschaft mit der größeren Aussicht auf Erfolg erlitt eine bittere Niederlage.
6) Nun hoffen die Spieler auf eine Möglichkeit, die erlittene Niederlage bei diesem Spiel in einer Wiederholung wettzumachen.

Benutzt ein Wörterbuch.

7 In den folgenden Sätzen wurden Fremdwörter falsch verwendet.
- Ersetzt die falsch verwendeten Fremdwörter durch die richtigen aus dem Wortmaterial.
- Recherchiert die Bedeutung der falsch verwendeten Fremdwörter.

a) Schreibt die Fremdwörter mit ihrer Bedeutung auf.
b) Schreibt mit den falsch verwendeten Fremdwörtern inhaltlich richtige Sätze.

Coach, integriert, Observatorium, ökumenischer, Stadion, stornieren

1) Im Stadium feuerten 40.000 Zuschauer ihre Mannschaften an.
2) Sie sind gut inhaliert.
3) Am Sonntag findet ein ökonomischer Gottesdienst statt.
4) Der Couch versammelte seine Spieler.
5) Im Oratorium konnten wir den Sternenhimmel beobachten.
6) Wir mussten unsere Reise stationieren.

Digital+
WES-126528-073
Wörter zum Ausdrucken

8 Spielt gemeinsam.
- Schreibt die Fremdwörter dieser Seiten auf jeweils einen Zettel.
- Alle Mitspielenden ziehen jeweils einen Zettel und gehen im Raum umher.
- Wenn die Lehrkraft „Stopp" ruft, suchen sich alle einen Partner.
- Lest euch eure Fremdwörter vor und buchstabiert die Wörter des anderen.

Die Schreibung von häufig gebrauchten Fremdwörtern korrekt anwenden
RSR: Fremdwörter

Integrierte Schreibung von Wortübernahmen

1 Schaut euch die Angebote an und besprecht:
- Welche Produkte werden angeboten?
- Warum gibt es verschiedene Schreibweisen?

2 Lest den Info-Kasten aufmerksam und besprecht:
- Warum wird die Schreibung von Fremdwörtern an die deutsche Sprache angepasst?
- Wie wird die Schreibung angepasst?
- Warum gibt es für manche Wörter zwei Schreibungen?

3 Für die folgenden Wörter gibt es noch eine weitere Schreibung.
- Besprecht, wie man die Wörter auch schreiben könnte.
- Überprüft mit einem Wörterbuch, ob ihr Recht habt.
- Fertigt Wortlisten mit beiden Schreibungen an.
- Markiert die Unterschiede in der Schreibung.

Beispiel: *Spaghetti – Spagetti*

Spaghetti, Panther, Cousine, Code, Delfin, Grafik, Mikrofon, Fantasie, Geografie, potenziell, Nugat, circa, Friseur, Jacht, Portemonnaie, Shrimp, Waggon

4 Schreibe fünf Sätze mit den Wörtern aus Aufgabe 3.
- Wähle Wörter, die du häufig verwendest.
- Entscheide dich für die Schreibung, die du dir gut merken kannst.

Wichtige Varianten – Integrierte Schreibung

Je häufiger ein Wort verwendet wird, desto eher wird es der deutschen Schreibung **angepasst** (integrierte Schreibung).
Für manche Wörter gelten zwei Schreibungen, die beide verwendet werden dürfen.
In Wörterbüchern ist die **bevorzugte Schreibung** hervorgehoben: ***Joghurt***/*Jogurt.*
Man sollte innerhalb eines Textes nur eine Schreibvariante verwenden.
Oft kommt es zu Mischungen verschiedener Buchstaben-Laut-Verbindungen:
Orthografie: th (griech.), f (deutsch).

Die Schreibung von häufig gebrauchten Fremdwörtern korrekt anwenden
RSR: Fremdwörter, integrierte Schreibungen

Zusammenfassung

Überprüfe dein Wissen und Können

1 Lies die Sätze 1–6.
- Entscheide dich mithilfe einer passenden Strategie oder Regel für die richtige Schreibung.
- Streiche das falsch geschriebene Wort durch.
- Schreibe die Strategie oder Regel auf.

1) Trage den Spiegel vorsichtig / forsichtig.
2) Hunde müssen drausen / draußen bleiben.
3) Nimmst / nimst du dein Handy mit?
4) Der Pudding ist ziemlich flüssig / flüssich.
5) Ich habe mir die Haare geferbt / gefärbt.
6) Trinkst du auch Brennnesseltee / Brennesseltee?

Digital+
WES-126528-074
Sätze zum Ausdrucken

2 Trage die folgenden Wörter in die Tabelle ein.
- Zerlege sie in ihre Bausteine (Präfix/Partikel, Wortstamm, Flexionsendung, Suffix).
- Markiere die Bausteine unterschiedlich.

***sagen**: vorsagen, versagen, **kochen**: vorkochen, verkochen, **rücken**: vorrücken, verrücken, **rennen**: vorrennen, verrennen, **führen**: vorführen, verführen*

Präfix/Partikel	Wortstamm	Suffix	Flexionsendung

3 Setze in die Lücken den richtigen s-Laut ein.
Wende die Ersatzprobe an.

a) Arbeite mit den Sätzen 1–4
1) Das T-Shirt, da___ ich gesucht habe, hängt auf der Leine.
2) Er nieste so laut, da___ es die Nachbarn hörten.
3) Wir freuen uns, da___ endlich Ferien sind.
4) Kannst du mir da___ genau zeigen?

b) Arbeite mit den Sätzen 5–8.
5) Nimm das T-Shirt, da___ im Schrank liegt.
6) Ich hoffe, da___ es das Buch, da___ im Schaufenster stand, noch gibt.
7) Zeig mir da___ ein anderes Mal.
8) Da___ da___ nicht das Essen ist, da___ ich bestellt habe, sehe ich sofort.

4 Ergänze in den Fremdwörtern die fehlenden Buchstaben.
Benutze ein Wörterbuch.

die Apo___eke, der C___ch, diskut___, die Energ___, die Informa___, interessi___, posit___, das Rest___ran___, das S___stem, die T___lette, der Tr___ner

Digital+
WES-126528-075
Lösungen

Groß- und Kleinschreibung

1 Lest den folgenden Text. Klärt gemeinsam Begriffe, die ihr nicht kennt.

Schlagt die Fachbegriffe im Basiswissen nach.

die schreckliche deutsche sprache

nach einer deutschlandreise veröffentlichte der amerikanische schriftsteller mark twain 1880 den berühmten text „die schreckliche deutsche sprache“.

doch was fand er an der deutschen sprache so schrecklich? das erlernen der deutschen Sprache bereitete ihm einige probleme. schachtelsätze brachten ihn zur verzweiflung. kasus und genus waren für ihn nicht logisch. komposita konnte er nur schwer durchschauen.

dagegen fand er die rechtschreibung ziemlich einfach. viele wörter werden genauso geschrieben wie gesprochen. außerdem lobte er die großschreibung der nomen. so kann man die hauptwörter eines satzes auf den ersten blick erkennen.

Schachtelsätze *Satzgefüge; Hauptsätze mit eingeschobenen Nebensätzen*

2 Besprecht:
- Was fand Mark Twain an der deutschen Sprache schrecklich? Was fand er gut?
- Teilt ihr die Meinung von Mark Twain? Begründet.

Digital+
WES-126528-076
Text zum Ausdrucken

3 In dem Text wurde die Großschreibung nicht beachtet. Unterstreicht Wörter, die großgeschrieben werden müssen.

4 Besprecht:
- An welchen Signalen erkennt ihr die Großschreibung?
- Welche Proben helfen euch dabei?

5 Schreibt die Nominalgruppen aus dem Text in der richtigen Groß- und Kleinschreibung auf. Unterstreicht bzw. markiert die Signale der Großschreibung. Beispiel: *die schreckliche deutsche Sprache*.

In diesem Kapitel lernst du (,) ...
- wie sich die Großschreibung in der deutschen Sprache entwickelte.
- wie du Proben zur Identifizierung von Nomen anwenden kannst.
- die Großschreibung besonderer Eigennamen kennen.
- die Großschreibung in festen Wendungen kennen.
- die Kleinschreibung von Nomen kennen, die wie Adjektive verwendet werden.
- die Kleinschreibung von Nomen kennen, die wie Präpositionen verwendet werden.
- die Schreibweise wichtiger Varianten kennen.

Großschreibung in der deutschen Sprache

Digital+
WES-126528-077
Texte zum Ausdrucken

1 Die Texte stammen aus unterschiedlichen Epochen der deutschen Sprachgeschichte. Lest sie.
- Markiert alle Wörter, die großgeschrieben sind.
- Tauscht euch darüber aus, um was für Wörter es sich handelt.

A Tatian, 830

Fuor thô Ioseph fon Galileu font hero burgi thiu hiez Nazareth in Iudeno lant inti in Dauides burg, thiu uuas ginemnit Bethleem, bithiu uuanta her uuas fon hûse inti fon hîuuiske Dauides, thaz her giiâhi saman mit Mariûn imo gimahaltero gimahhûn sô scaffaneru.

B Mente-Bibel, 1466

Der herr der richt mich vnd mir gebrast nit: vnd an der stat der weyde do setzt er mich. Er fůrrte mich ob dem wasser der widerbringung.

C Lutherbibel, 1534

DER HERR ist mein Hirte / mir wird nichts mangeln. Er weidet mich auff einer grünen awen / vn füret mich zum frisschen Wasser.

D Jesu Geburt, 1545

Da machet sich auff auch Joseph aus Galilea aus der stad Nazareth in das Jüdischeland zur stad Dauid die da heisst Bethlehem Darumb das er von dem Hause vnd geschlechte Dauid war.

E Gryphius, Es ist alles eitel, 1637

Du sihst / wohin du sihst nur Eitelkeit auff Erden. Was dieser heute baut / reist jener morgen ein: Wo itzund Städte stehn / wird eine Wiesen seyn / Auff der ein Schäfers-Kind wird spielen mit den Herden.

2 Ergänzt die Tabelle mit Wörtern, die in den Texten großgeschrieben werden.

Textauszug	Personen- und Ortsnamen	Bezeichnung für Heiliges	Satzanfänge	Konkreta, (z. B. Lebewesen, Dinge)	Abstrakta (z. B. Gefühle, Wünsche)
A. Tatian, 830	*Ioseph*	*Ioseph*			

3 In welchen Schritten entwickelte sich die Großschreibung?
Lest den Text und setzt mithilfe der Tabelle die richtigen Wörter in die Lücken.

Im Frühmittelalter wurden nur wenige Wörter großgeschrieben. Es gab keine festgelegten Regeln. Mit der Großschreibung wollte man etwas besonders hervorheben, z. B. Namen von ___ und ___ oder ___. Am Ende des Spätmittelalters (um 1450) schrieb man oft auch die ___ groß. Das erleichterte das Lesen, denn dadurch bekamen Texte eine Struktur. Die Großschreibung, wie wir sie heute ungefähr kennen, entwickelte sich in der frühen Neuzeit (ab ca. 1500). Zuerst betraf das nur ___, wie z. B. Wasser, später auch Abstrakta, wie ___.

Proben zur Großschreibung wiederholen

In Klasse 7 habt ihr zwei Proben kennengelernt, mit denen ihr die Großschreibung von Wörtern ermitteln könnt:
- die Umstellprobe,
- die Erweiterungsprobe mit einem Adjektiv.

1 Führt die Umstellprobe mit Satz 1) durch:
- Unterstreicht das Verb rot.
- Trennt die Wortgruppen mit einem senkrechten Strich ab.
- Beschreibt die Position des großgeschrieben Wortes in der Wortgruppe: An welchem Rand der Wortgruppe (links oder rechts) steht das Wort?

1) Das Erlernen bereitete ihm einige Probleme.

Erste Umstellung: *Ihm …*
Zweite Umstellung: *Einige Probleme …*

2 Arbeitet mit dem Satz aus Aufgabe 1 weiter. Führt die Erweiterungsprobe für alle Wortgruppen durch. Setzt dazu ein flektiertes Adjektiv ein (s. Beispiel).

Wortgruppe 1: *das Erlernen*
Erweiterung durch ein flektiertes Adjektiv: *das* (*schnelle*) *Erlernen*
Großschreibung des Wortes am rechten Rand der Wortgruppe: *das* (*schnelle, einfache*) *Erlernen*

Wortgruppe 2: einige Probleme
einige ... Probleme
einige ..., ... Probleme

3 Ergänzt den Merksatz zu den Proben für die Großschreibung.

Um herauszufinden, ob in einem Satz ein Wort großgeschrieben wird, führt man als ersten Schritt die ... und als zweiten Schritt die ... durch.

Großgeschrieben wird das Wort am rechten Rand einer ..., das man mit einem ... erweitern kann.

Nomen können auch allein eine Nominalgruppe bilden. Erweitere dann mit einem Artikel (der, die das).

4 Wendet die Umstell- und Erweiterungsprobe in den Sätzen 2) bis 6) an.

2) Schachtelsätze brachten Mark Twain zur Verzweiflung.
3) Kasus und Genus waren für ihn nicht logisch.
4) Komposita konnte er nur schwer durchschauen.
5) Dagegen fand er die Rechtschreibung ziemlich einfach.
6) Die meisten Wörter werden genauso geschrieben wie gesprochen.

5 Arbeitet mit den Sätzen 7) und 8).
- Nennt Gemeinsamkeiten und Unterschiede.
- Führt mit beiden Sätzen die Umstellprobe und die Erweiterungsprobe durch.
- Benennt Probleme für die Ermittlung der Großschreibung im Satz 8).

7) Außerdem lobte er die Großschreibung.
8) Außerdem lobte er die Großschreibung der Nomen.

6 Lest den Info-Kasten aufmerksam und besprecht:
- Wie geht ihr vor, wenn mehrere Wortgruppen ein zusammenhängendes Satzglied bilden?
- Welche Probe hilft euch dabei weiter?

7 Arbeitet mit dem Satz 9).
- Schritt 1: Umstellprobe.
- Schritt 2: Erweiterungsprobe

9) So kann man die Hauptwörter eines Satzes auf dem ersten Blick erkennen.

8 Überprüft die Sätze 1) bis 9) mithilfe des Merksatzes von Aufgabe 3 (S. 212).

9 Arbeite auf dieselbe Weise mit den Sätzen 9) bis 13).

10) Hauptwörter sind die zentralen Begriffe eines Satzes oder Textes.
11) Sie helfen Lesenden bei der Texterschließung.
12) Die Großschreibung von Wörtern ist eigentlich ganz einfach.
13) Man muss nur die Signale beachten.
14) Außerdem steht das Nomen immer am rechten Rand der Nominalgruppe.

Proben zur Großschreibung

- Um zu ermitteln, ob ein Wort großgeschrieben wird, kann man folgende Proben anwenden:
  Schritt 1: die Umstellprobe zur Ermittlung der Wortgruppen eines Satzes
  Schritt 2: die Erweiterungsprobe mit einem flektierten Adjektiv, um den Kern einer Nominalgruppe zu ermitteln
- Manchmal wird der Kern einer Nominalgruppe durch ein weiteres Nomen ergänzt:
  *Die **Bedeutung** von **Komposita** / konnte / er / nur schwer / durchschauen.*

  Kern — weiteres Nomen
- Dann wendet man zur Sicherheit die Erweiterungsprobe für jedes Wort an:

  große — *langen*
  Die ˇBedeutung vonˇ Komposita / konnte / er / nur schwer / durchschauen.

Großschreibung besonderer Eigennamen

1 Lest die Schlagzeilen.

Bundeskanzler vom Heiligen Vater im Vatikan empfangen

Neuer Intendant beim Zweiten Deutschen Fernsehen

Festakt am Dritten Oktober im Landtag

Debatte zum Internationalen Frauentag im Deutschen Bundestag

Mitarbeiter des Deutschen Roten Kreuzes helfen Flutopfern

Schrein der Heiligen Drei Könige für Besucher wieder zugänglich

Intendant
Geschäftsführung in einem Kulturbetrieb, z. B. im Theater oder einer Rundfunkanstalt

2 Arbeitet mit den unterstrichenen Begriffen in den Schlagzeilen:
- Recherchiert, welche Bedeutung diese Begriffe haben.
- Besprecht, warum die Adjektive in diesen Begriffen großgeschrieben werden.
- Vergleicht eure Antworten mit dem Info-Kasten.

3 Ergänze die Sätze mit den passenden Begriffen aus den Schlagzeilen oben. Beachte die richtige Groß- und Kleinschreibung.

1) Am Dreikönigstag wird an die ___ erinnert.
2) Der Titel des Papstes ist ___.
3) Die nationale Rotkreuz-Gesellschaft in Deutschland heißt ___.
4) Der ___ hat seinen Sitz im Reichstagsgebäude in Berlin.
5) Das ___ ist eine Rundfunkanstalt mit Sitz in Mainz.
6) Der ___ ist in Berlin seit 2019 ein gesetzlicher Feiertag.
7) Am ___ begehen wir den Tag der Deutschen Einheit.

Großschreibung besonderer Eigennamen

In mehrteiligen Eigennamen schreibt man **Adjektive**, **Partizipien** und **Zahlwörter** groß. Das betrifft z. B.
- **Institutionen**: *Deutscher Bundestag*
- **Organisationen**: *Deutsches Rotes Kreuz*
- **Titel, Ehren- und Amtsbezeichnungen**: *der Heilige Vater, der Regierende Bürgermeister*
- **offizielle** sowie **kirchliche Feier- und Gedenktage**: *Heilige Drei Könige, der Erste Mai*

RSR: Großschreibung von Titeln, Feier- und Gedenktagen

Großschreibung in festen Wendungen

1 Lest die folgende Liste:
- Tauscht euch darüber aus, was mit festen Wendungen gemeint sein könnte.
- Beschreibt, welche Wortarten in diesen Wendungen vorkommen.
- Erklärt, was man bei der Schreibung beachten muss.

Häufig gebrauchte feste Wendungen

auf Seiten
im Grunde
im Hinblick (auf)
in Betracht (kommen)
in Bezug (auf)
in Bezug (mit)
in Kauf (nehmen)

zu Fuß
zu Hilfe (kommen)
zu Recht
zu Unrecht
zur Not
zur Seite

2 Ergänze die festen Wendungen in den Sätzen in der richtigen Groß- und Kleinschreibung.
a) Bearbeite die Sätze 1)–9).
b) Bearbeite die Sätze 1)–5).

1) Wenn ich das sehe, stehen mir die Haare Z/zu B/berge.
2) Diesen Punkt habe ich völlig A/außer A/acht gelassen.
3) Ein Freund ist mir Z/zu H/hilfe gekommen.
4) Wir sind I/im G/grunde der gleichen Ansicht.
5) Ärzte stehen auch nachts A/auf A/abruf bereit.
6) Ich nehme Z/zur N/not auch ein altes Buch.
7) Der Dieb wurde Z/zu R/recht verurteilt.
8) Wir kommen Z/zu F/fuß in die Schule.
9) Sie standen ihren Freunden Z/zur S/seite.

3 Schreibe selbst vier Sätze mit einigen dieser festen Wendungen.

Großschreibung in festen Wendungen

- Manche Wortgruppen werden in Sätzen als feste Wendungen gebraucht. Das heißt, sie verändern sich nicht.
- Die festen Wendungen bestehen aus bestimmten Nomen und Begleitern (Präposition oder Präposition mit verschmolzenem Artikel): *auf **A**bruf, zur **S**eite.*
- Ihre Schreibweise muss man auswendig lernen.

Kleinschreibung

Nomen, die wie ein Adjektiv gebraucht werden

1 Lest die folgenden Sätze. Besprecht:
- Zu welcher Wortart gehören die unterstrichenen Wörter?
- Werden diese Wörter groß- oder kleingeschrieben?
- Mit welchen Verben werden die Sätze gebildet?
- Steht vor den Wörtern ein Artikelwort?

Mir ist angst und bange.
Das Fest war klasse.
Es ist mir ernst damit.
Wir sind schuld.
Ich bin das alles so leid.
Das ist mir recht.
Ich bin dir gram.
Du bist spitze.
Ich bin pleite.

2 Lest den Infokasten aufmerksam. Vergleicht mit euren Antworten zu Aufgabe 1.

3 Ergänze die folgenden Sätze in der richtigen Groß- und Kleinschreibung.
Gehe so vor:
- Wende die Erweiterungsprobe an.
  Achtung. Bei zwei Wendungen hilft die Erweiterungsprobe nicht.
- Markiere das Verb.

Beispiel: *Mir ist ~~große~~ A/angst. → angst*

Mir ist A/angst.
Das ist mein voller E/ernst.
Das ist S/spitze.
Die Firma ist P/pleite.
Sie haben viel L/leid erfahren.
Das ist alles deine S/schuld.
Davor habe ich A/angst.
Der Film ist einsame S/spitze.
Das ist eine S/spitze gegen dich.
Die Firma steht vor der P/pleite.
Ich bin die Sache L/leid.
Du bist S/schuld.

4 Schreibe eigene Sätze mit Nomen, die wie ein Adjektiv gebraucht werden.

Nomen, die wie ein Adjektiv gebraucht werden

Einige Nomen werden kleingeschrieben, wenn man sie
- nicht durch ein Adjektiv erweitern kann: *Mir ist **a**ngst.*
- wie ein Adjektiv verwendet: *Das Fest war **k**lasse.*
- in Verbindung mit den Verben *sein* oder *werden* verwendet:
  *Mir **ist** **a**ngst. Das Fest **wird** **k**lasse.*

RSR: Kleinschreibung von Nomen, die wie ein Adjektiv gebraucht werden.

Nomen, die wie eine Präposition gebraucht werden

1 Lest den Info-Kasten und besprecht:
- Warum werden einige Nomen kleingeschrieben?
- Welcher Wortart gehören sie dann im Satz an?
- Woran erkennt man, dass sie als Präpositionen verwendet werden?

2 Lest die Sätze 1) – 4) in den Sprechblasen.
- Entscheidet, ob die unterstrichenen Wörter als Präposition verwendet werden.
- Überprüft den Kasus der zugehörigen Nominalgruppe.
- Besprecht die Aussagen der Sätze.

  Beispiel: *Du liest ein Comicheft statt des Buches. → Genitiv*

1) Du liest ein Comicheft S/statt des Buches.

2) Ich war Z/zeit meines Lebens gesund.

3) Wir kamen T/trotz starken Schneefalls pünktlich an.

4) Um unserer Freundschaft W/willen sollten wir uns vertragen.

Statt
Ort, Platz, Stelle (Nomen)

statt
anstelle (Präposition)

3 Schreibt die Sätze aus Aufgabe 2 in der richtigen Groß- und Kleinschreibung ab.
- Unterstreicht das Wort, das ursprünglich ein Nomen war.
- Unterstreicht die nachfolgende Nominalgruppe mit einer anderen Farbe.
- Bestimmt den Kasus der Nominalgruppe.

4 Arbeite mit den Sätzen 5) bis 7).
- Unterstreiche das Wort, das ursprünglich ein Nomen war.
- Unterstreiche die nachfolgende Nominalgruppe mit einer anderen Farbe.
- Bestimme den Kasus der Nominalgruppe.

5) Wir haben dank deines Einsatzes das Ziel erreicht.
6) Diese Bestimmung muss kraft des Gesetzes eingehalten werden.
7) Der Schaden wird laut Gutachten ersetzt.

Nomen, die wie eine Präposition gebraucht werden

- Einige Nomen werden kleingeschrieben, wenn sie ausschließlich als Präposition verwendet werden. ***d**ank, **k**raft, **l**aut.*
- Sie bestimmen den Kasus (meist Genitiv) der nachfolgenden Nominalgruppe: *Wir waren trotz des schlechten Wetters baden. trotz des schlechten Wetters → Genitiv*

Die Schreibweise wichtiger Varianten kennen

Feste Verbindungen aus Präposition und Nomen

1 Lest den Auszug aus einem Online-Wörterbuch.
- Beschreibt, welche Informationen ihr dem Auszug entnehmen könnt.

auf|grund, auf Grund *(Präposition)*

SYNONYME:
wegen, begründet durch

EMPFOHLENE SCHREIBWEISE:
aufgrund

ALTERNATIVE SCHREIBWEISE:
auf Grund

aufgrund *oder* **auf Grund** der Verspätung

2 Lest den Info-Kasten und besprecht:
- Zu welcher Wortart gehören die klein- und zusammengeschriebenen Wörter?
- Welchen Wortarten gehören die getrenntgeschriebenen Wörter an?

3 Recherchiere die Schreibung der unterstrichenen Wörter in den Sätzen 1) bis 5).
- Schreibe die Sätze auf. Nutze die Variante, die du dir gut merken kannst.

1) Sie kann keiner Fliege etwas zuleide / zu Leide tun.
2) Wir stellen diese Entscheidung infrage / in Frage.
3) Der Mechaniker setzt den Roller wieder instand / in Stand.
4) Vonseiten / von Seiten der Schüler gibt es keine Fragen.
5) Ich konnte mithilfe / mit Hilfe meines Spickzettels gut lernen.

4 Besprecht, welche Form der Schreibung ihr gewählt habt. Begründet.

Feste Verbindungen aus Präposition und Nomen

- Feste Verbindungen aus Präposition und Nomen kann man **getrennt- oder zusammenschreiben**. Schreibt man die Verbindung getrennt, muss man auf die **Großschreibung des Nomens** achten: *auf **G**rund (Präposition + Nomen) / auf**g**rund (Präposition), im **S**tande sein (Dativ-e des Nomens) / imstande sein.*
- Wörterbücher geben oft eine Empfehlung für eine bestimmte Schreibung. Die Empfehlungen können aber je nach Wörterbuch unterschiedlich ausfallen.
- In einem Text sollte man sich für eine Schreibweise entscheiden und sie beibehalten.

Feste Verbindungen aus Adjektiv und Nomen

1 Ordnet den Nominalgruppen links die passende Bedeutung von dem blauen Zettel zu. Benutzt ein Wörterbuch.

die Erste Hilfe	eine Tafel für Bekanntmachungen
die Große Koalition	sofortige Hilfe bei Unglücksfällen
der Grüne Punkt	Regierungsvereinigung der stärksten Parteien
die Neuen Medien	Zeichen für einen Platzverweis beim Fußball
die Rote Karte	Kennzeichen des dualen Sammel- und Verwertungssystems
das Schwarze Brett	neueste elektronische Technologien

2 Lest den Info-Kasten und besprecht:
- Warum kann man Adjektive in diesen Nominalgruppen großschreiben?
- Wann muss man die Adjektive jedoch kleinschreiben?

3 Lest die Sätze 1) bis 10) und besprecht, ob die unterstrichenen Adjektive in den Nominalgruppen groß- oder kleingeschrieben werden. Begründet.

1) Am S/schwarzen Brett werden Angebote für Praktikumsplätze ausgehängt.
2) Gib mir mal das S/schwarze Brett aus dem Regal.
3) Sanitäter leisten E/erste Hilfe am Unfallort.
4) Der Schiedsrichter zeigte in diesem Spiel zweimal die R/rote Karte.
5) Die R/roten Karten liegen beim Bastelmaterial.
6) Der G/Grüne Punkt ist eine weltweit geschützte Marke.
7) Zeichne einen G/grünen Punkt in die Karte ein.
8) In der Schule wird mit N/neuen Medien gearbeitet.
9) In der Bibliothek haben wir ein paar N/neue Medien erhalten.
10) Parteien können nach der Wahl eine G/große Koalition bilden.

Feste Verbindungen aus Adjektiv und Nomen

In festen Verbindungen aus Adjektiv und Nomen schreibt man die **Adjektive groß**, wenn die Wendung für etwas Ganzes steht und eine besondere Bedeutung hat: *das Schwarze Brett (= Tafel* für Bekanntmachungen*), das schwarze Brett (irgendein schwarzes Brett)*

Zusammenfassung

Überprüfe dein Wissen und Können

1 Groß- oder Kleinschreibung?

- Streiche die falsche Schreibung durch.
- Begründe deine Entscheidung mit einer passenden Strategie oder Regel.

a) Bearbeite die Sätze 1 bis 7.
b) Bearbeite alle Sätze.

Digital+
WES-126528-078
Tabelle zum Ausdrucken

Nr.	Satz	Begründung
1	Die Klasse hat etwas *schönes/Schönes* erlebt.	
2	Ich soll dir *schöne/Schöne* Grüße ausrichten.	
3	Ich bin heute zu *fuß/Fuß* gegangen	
4	Unsere klasse/Klasse nimmt ein Video auf.	
5	Der Film ist einfach *klasse/Klasse*.	
6	Vielen *dank/Dank* für deine Hilfe.	
7	Das Problem konnten *wir dank/Dank* deiner Hilfe schnell lösen.	
8	Der *erste/Erste* Mai ist ein Feiertag.	
9	Digitale Medien nennt man auch *neue/Neue* Medien.	

2 Schreibe die in Großbuchstaben gedruckten Wörter richtig auf. Begründe die Groß- und Kleinschreibung mit einer passenden Strategie oder Regel.

a) Bearbeite Text 1.
b) Bearbeite Text 2.

Digital+
WES-126528-079
Lösungen

(1) Mark Twain fand die DEUTSCHE Rechtschreibung im GRUNDE ziemlich einfach. Denn wir SPRECHEN die meisten Wörter so, wie wir sie SCHREIBEN. Trotzdem haben LERNENDE Probleme. Sie können schon TAGE vor einem DIKTAT nicht SCHLAFEN. Schreiben sie TROTZ ständigen ÜBENS eine schlechte Note, sind sie traurig. Hier könnte ein Computer ABHILFE schaffen. Wenn man eine DIGITALE Rechtschreibprüfung NUTZEN kann, lassen sich Texte leicht VERBESSERN.

(2) Mark Twain fand die DEUTSCHE Sprache IM HINBLICK auf die Rechtschreibung ziemlich einfach. Denn IM DEUTSCHEN sprechen wir die meisten Wörter so, wie wir sie SCHREIBEN. Trotzdem haben LERNENDE Probleme. Vor einem Diktat wird ihnen ANGST UND BANGE. An SCHLAFEN ist nicht zu DENKEN. Hier sind IDEEN gefragt. Vielleicht werden in EINIGEN JAHREN Diktate am Computer geschrieben. Dann wird DER SICHERE UMGANG mit einem Rechtschreibprogramm ÜBERPRÜFT.

Getrennt- und Zusammenschreibung

Im AES-Unterricht sollen einzelne Gruppen ein Menü kochen. Am Telefon besprechen Aria und Mia, was sie dafür einkaufen wollen. Aria notiert sich eilig die Zutaten:

SPAGHETTIEISSOßEGEMÜSEPIZZATHUNFISCHSALATMILCHREISORANGENSAFT

1 Helft Aria dabei, ihre Notizen zu entschlüsseln.
- Fügt in die Wortschlange Leerzeichen ein.
- Erstellt dann eine lesbare Einkaufsliste.
- Wie viele Dinge stehen auf der Liste?

2 Sprecht über die unterstrichenen Ausdrücke in den Satzpaaren 1) bis 5).
- Wodurch unterscheiden sich die unterstrichenen Ausdrücke in jedem Satzpaar?
- Welche Bedeutung haben die unterstrichenen Ausdrücke im jeweiligen Satz?

1) Der Tischler liefert Haustüren. Der Tischler liefert in das Haus Türen.
2) Es gibt zurzeit keine Erdbeeren zu kaufen. Er lebte zur Zeit von Karl dem Großen.
3) Du musst den ersten Buchstaben eines Nomens großschreiben. Du musst Buchstaben an der Tafel groß schreiben.
4) Wir essen früh reife Äpfel. Wir essen frühreife Äpfel.
5) Du kannst deine Sachen zusammenpacken. Wir wollten die Tasche doch zusammen packen.

3 Welche Proben kennt ihr bereits, mit denen man die Schreibung der Satzpaare in Aufgabe 2 begründen kann?

In diesem Kapitel lernst du (,)...
- weitere Verbindungen aus Nomen und Verb kennen.
- weitere Verbindungen aus Verb und Verb kennen.
- Verbindungen aus Adjektiv und Verb kennen.
- Verbindungen aus Adjektiv und Nomen kennen.
- Verbindungen aus Nomen und Adjektiv kennen.
- Verbindungen aus Adjektiv und Adjektiv kennen.
- Verbindungen mit „zusammen“ kennen.
- besondere Adverbien kennen.

Getrennt- und Zusammenschreibung von Zusammensetzungen und Wortgruppen

Verbindungen aus Nomen und Verb

1 Lest die Sätze 1) bis 6) und nennt die Wortarten der unterstrichenen Verbindungen.

1) Wir waren Wakeboard fahren.
2) Manchmal muss man Schlange stehen.
3) Sie lernt Samba tanzen.
4) Wir werden Spaghetti kochen.
5) Können wir heute Ball spielen?
6) Ich möchte zuerst Tee trinken.

Samba
Samba ist ein Tanz, der aus Südamerika stammt.

2 Lest den Info-Kasten aufmerksam.
- Besprecht, mit welcher Probe man feststellen kann, ob Verbindungen aus Nomen und Verb getrennt geschrieben werden.
- Wendet die Probe bei den Beispielen in Aufgabe 1 an.

Ari macht Hausaufgaben. Er fragt sich, warum man eigentlich Wörter wie *eislaufen* und *kopfstehen* zusammen und Wörter wie *Schlange stehen* oder *Ski fahren* getrennt schreibt.

3 Könnt ihr Ari helfen? Formuliert eine Regel, wann Verbindungen aus Nomen und Verb getrennt und wann sie zusammengeschrieben werden.

4 Die folgenden Verbindungen schreibt man immer klein und zusammen.
- Schreibt diese Wörter auf eine Merkliste.
- Ergänzt zu jedem Merkwort eine passende Wortgruppe.
  Beispiel: *eislaufen: am Sonntag eislaufen gehen*

eislaufen, kopfstehen, leidtun, nottun, standhalten, stattfinden, stattgeben, teilhaben, teilnehmen, wundernehmen, bergsteigen, schlafwandeln, nachtwandeln, handarbeiten, seiltanzen, sonnenbaden, segelfliegen, preisgeben

Diese Wörter solltest du auswendig lernen.

5 Schreibt die folgenden Wortgruppen ab und entscheidet euch für die richtige Schreibung.
im Winter SANDSTREUEN, dem Einwand STATTGEBEN, am Sonntag SEGELFLIEGEN, einen VORTRAGHALTEN, am Abend GITARRESPIELEN, am Projekt TEILNEHMEN

Zusammensetzungen und Wortgruppen aus Nomen und Verb

- Verbindungen aus Nomen und Verb werden in der Regel **getrennt** geschrieben. Dann kann man sie mit einem Adjektiv erweitern (**Erweiterungsprobe**):
  Wir müssen Schlange stehen. Wir müssen in der ***langen*** *Schlange stehen.*
- Verbindungen aus Nomen und Verb schreibt man **zusammen**, wenn das **Nomen verblasst** ist: *Die Mauer wird den Wassermassen* ***stand****halten.*
- In Ausnahmefällen kann man getrennt oder zusammenschreiben:
  Maß halten – maßhalten, Halt machen – haltmachen.

verblasste Nomen
Wenn ein Nomen in einer Wortverbindung nicht mehr genutzt wird, bezeichnet man es als verblasst.

Regeln der Getrennt- und Zusammenschreibung nennen und anwenden,
RSR: Feste Verbindungen aus Nomen und Verb, Getrenntschreibung von Wortgruppen: Nomen und Verb

Verbindungen aus Verb und Verb

1 Bildet mit den Verben aus den zwei Kästen sinnvolle Wortgruppen aus Verb und Verb. Es gibt mehrere Möglichkeiten.

arbeiten, bowlen, fliegen, lieben, nähen, wandern, schwimmen	gehen, lernen, üben

2 Schreibt mit den Wortgruppen aus Aufgabe 1 Sätze.
Jedes Verb aus dem zweiten Kasten muss verwendet werden.

3 Ordnet die Sketchnotes den folgenden Verbindungen aus Verb und Verb zu.
schmoren lassen – schmorenlassen,
platzen lassen – platzenlassen,
stecken bleiben – steckenbleiben

4 Setzt die Komposita und Wortgruppen aus Aufgabe 3 in der richtigen Schreibung in die Lücken ein.
den Braten ▢ – jemanden ▢
den Ballon ▢ – eine Veranstaltung ▢
im Schlamm ▢ – im Vortrag ▢

5 Schlagt die Bedeutungen der folgenden Verbindungen im Wörterbuch nach.
- Schreibt Wortgruppen, in denen ihr die Verbindungen in der passenden Schreibweise verwendet.

sitzen lassen – sitzenlassen
fallen lassen – fallenlassen
gehen lassen – gehenlassen
spielen lassen – spielenlassen
sitzen bleiben – sitzenbleiben
liegen bleiben – liegenbleiben

Zusammensetzungen und Wortgruppen aus Verb und Verb

- Verbindungen aus zwei Verben werden in der Regel **getrennt geschrieben**: *mit meinen Freunden einkaufen gehen.*
- Verbindungen mit den Verben *bleiben* und *lassen* als zweitem Bestandteil können **zusammengeschrieben** werden, wenn der Satz im **übertragenen Sinne** gemeint ist. Dann ist die Aussage eindeutiger: *auf dem Stuhl sitzen bleiben, in der Schule sitzenbleiben.*
- Verbindungen mit den Verben *kennen* und *lernen* können **getrennt oder zusammengeschrieben** werden: *Sie haben sich kennengelernt. Sie haben sich kennen gelernt.*

Verbindungen aus Adjektiv und Verb

1 Entscheidet, ob die mit Großbuchstaben geschriebenen Wörter getrennt oder zusammengeschrieben werden. Arbeitet wie im Beispiel.
- Nutzt die Erweiterungsprobe.

*Du sollst das Essen nicht SCHARFWÜRZEN. Du sollst das Essen nicht schärf**er** würzen / **ganz** scharf würzen. Du sollst das Essen nicht scharf würzen.*

Informiert euch im Info-Kasten.

1) Du sollst das Essen nicht SCHARFWÜRZEN.
2) Der Arzt muss ihn KRANKSCHREIBEN.
3) Beim Wettkampf müssen wir SCHNELLLAUFEN.
4) Du wirst heute nicht FERNSEHEN.

2 Lest die Satzpaare und besprecht, warum die gleiche Verbindung einmal getrennt und einmal zusammengeschrieben wird.

A Hoffentlich werden alle Beteiligten dichthalten.
B Hoffentlich wird der Verschluss der Flasche dicht halten.

3 Setzt die folgenden Verbindungen in der richtigen Schreibung in die Lücken ein.
- Erklärt die Bedeutung der Komposita.

FREISPRECHEN, GROẞSCHREIBEN, GUTSCHREIBEN, GERADESTEHEN

bei einem Referat ... – den Angeklagten ...
am Satzanfang ... – an der Tafel ...
das Diktat ... – den Geldbetrag ...
in der Reihe ... – für die Tat ...

4 Ordnet die mit Großbuchstaben geschriebenen Wörter in die Tabelle ein.

Digital+
WES-126528-080
Tabelle zum Ausdrucken

Es wird schon GLATTGEHEN. Ich habe die Zwiebeln KLEINGESCHNITTEN. Du musst den Knoten FESTZIEHEN. Sie hat die Flasche LEERGETRUNKEN. Am Montag st es mir SCHLECHTGEGANGEN. Unser Auto wurde STILLGELEGT.

getrennt geschrieben	zusammengeschrieben	getrennt- oder zusammengeschrieben

Zusammensetzungen und Wortgruppen aus Adjektiv und Verb

Verbindungen aus Adjektiv und Verb werden meist **getrennt geschrieben**, wenn:
- das Adjektiv gesteigert oder erweitert werden kann.
  *SCHNELLLAUFEN. schnell**er** / **ganz** schnell / **sehr** schnell laufen. schnell laufen.*
- das Adjektiv mit dem Verb *sein* verbunden ist: *schnell sein.*

Verbindungen aus Adjektiv und Verb werden **zusammengeschrieben**, wenn sich aus der Kombination eine neue Gesamtbedeutung ergibt: *Es wird schon schiefgehen*.
Einige Ausdrücke kann man getrennt und zusammenschreiben:
klein schneiden – kleinschneiden.

Verbindungen aus Nomen und Adjektiv

1 Schaut euch die Werbetexte an. Besprecht, warum jemand die Texte verbessert hat.

2 Lest den Info-Kasten aufmerksam und besprecht:
- Wann schreibt man Verbindungen aus Nomen und Adjektiv zusammen?
- Wann schreibt man Verbindungen aus Nomen und Adjektiv getrennt?

3 Wendet bei den Beispielen in Aufgabe 1 die Proben an.

4 Arbeitet mit den Sätzen 1) bis 8).
- Entscheidet, ob die mit Großbuchstaben geschriebenen Wörter getrennt oder zusammengeschrieben werden.
- Nutzt eine Probe.

Wir nehmen an einem LANDESWEITEN Wettbewerb teil.
*Land + **es** + weiten = landesweiten*

1) Wir nehmen an einem LANDESWEITEN Wettbewerb teil.
2) Meine Uhr ist WASSERDICHT.
3) Meine Hände sind sehr KÄLTEEMPFINDLICH.
4) Die Schlange war ARMDICK.
5) Ich bin doch nicht LEBENSMÜDE.
6) Der Fisch ist FANGFRISCH.
7) Die Zwei sind sehr GESCHÄFTSTÜCHTIG.
8) Diese Szene war FILMREIF.

5 Bilde mit den Nomen und Adjektiven des Wortmaterials neue Begriffe.
- Schreibe mit jedem neuen Begriff einen Satz.
- Beachte die richtige Schreibung.

Nomen: Blitz, Humor, Leistung, Wochen, Zentimeter
Adjektiv: dick, fähig, lang, schnell, voll

Zusammensetzungen und Wortgruppen aus Nomen und Adjektiv

Verbindungen aus Nomen und Adjektiv werden **zusammengeschrieben**, wenn
- der Ausdruck durch eine Wortgruppe ersetzt werden kann:
  daumendick – so dick wie ein Daumen; erntefrisch – frisch geerntet.
- zwischen Nomen und Adjektiv ein Fugenelement steht:
  *leben**s**froh – Leben + **s** + froh.*

Verbindungen aus Nomen und Adjektiv können **getrennt geschrieben** werden, wenn das Nomen erweitert werden kann: *MONATELANG – mehrere Monate lang.*

Verbindungen aus Adjektiv und Adjektiv

1 Arbeitet mit den Sätzen 1) bis 4) und besprecht:
- Was drücken die mit Großbuchstaben geschriebenen Wörter aus?
- Werden diese Wörter getrennt- oder zusammengeschrieben?

1) Diese Aufgabe ist SUPERLEICHT.
2) Ich mag SÜẞSAURE Linsen.
3) Ich bin dir BITTERBÖSE.
4) Der Tee ist LAUWARM.

2 Lest den Info-Kasten aufmerksam und besprecht, ob ihr Aufgabe 1 richtig beantwortet habt.

3 Ergänzt die Wörterreihen mit weiteren Adjektiven.
bitter: bitterkalt, bitterböse, bitter …
super: superklug, superleicht, super …
mega: megaschwer, megacool, mega …

4 Bildet mit je zwei Wörtern jeder Wortreihe Sätze.

5 Verbindet je ein Adjektiv aus dem linken Kasten mit einem Adjektiv aus dem rechten Kasten.

nass, scharf, schwarz, schwül, sauer	*kalt, warm, süß, weiß, würzig*

6 Setze in die Lücken die Adjektivkomposita aus Aufgabe 5 passend ein.

das ___ Wetter, die ___ Luft, eine ___ Soße, das ___ Schachbett, die ___ Beeren

7 Entscheidet, ob die mit Großbuchstaben gedruckten Wörter getrennt oder zusammengeschrieben werden.
5) Ich war schon um 6.00 Uhr HELLWACH.
6) Mein Fahrrad ist EXTRALEICHT.
7) Ich finde diese Leistung ÄUẞERSTSTARK.
8) Mein Curry ist SCHARFWÜRZIG.

Zusammensetzungen und Wortgruppen aus Adjektiv und Adjektiv

Verbindungen aus Adjektiv und Adjektiv werden **zusammengeschrieben**, wenn
- ein Adjektiv verstärkt oder abgeschwächt wird: *superschnell, lauwarm.*
- zwei gleichwertige Ausdrücke verbunden werden: süßsauer.

Einige Verbindungen kann man **getrennt oder zusammenschreiben**:
halb leer / halbleer, halb voll / halbvoll, schwer verständlich / schwerverständlich, leicht verständlich / leichtverständlich.

Regeln der Getrennt- und Zusammenschreibung nennen und anwenden
RSR: Adjektivische Komposita

Verbindungen mit *zusammen-*

1 Untersucht die Bedeutung des Satzpaares.
- Ordnet den Abbildungen die Wortgruppen zu.

A Wir werden das Geld *zusammenzählen*. **B** Wir werden das Geld *zusammen zählen*.

2 Lest den Info-Kasten aufmerksam.
- Wann schreibt man Verbindungen mit *zusammen-* zusammen?
- Wann schreibt man Verbindungen mit *zusammen-* getrennt?
- Welche Proben kann man nutzen?

3 Arbeitet mit den Sätzen 1) bis 12).
- Entscheidet, ob die Verbindungen mit *zusammen-* getrennt oder zusammengeschrieben werden.
- Orientiert euch am Info-Kasten.

a) 1) Wir müssen über den Witz ZUSAMMENLACHEN.
2) Beim Zahnarzt sollte man nicht die Zähne ZUSAMMENBEIẞEN.
3) Wir werden im Zug ZUSAMMENFAHREN.
4) Die Autos werden gleich ZUSAMMENFAHREN.

b) 5) Beim Addieren muss man alle Zahlen ZUSAMMENZÄHLEN.
6) Wir werden das Geld ZUSAMMENZÄHLEN.
7) Du musst die Scherben ZUSAMMENKEHREN.
8) Wir werden den Gehweg ZUSAMMENKEHREN.

c) 9) In AES sollen wir die Stoffreste ZUSAMMENNÄHEN.
10) Wir werden ein Stück des Weges ZUSAMMENLAUFEN.
11) In dem Loch ist das Wasser ZUSAMMENGELAUFEN.
12) Wir werden das Modellflugzeug ZUSAMMENBAUEN.

Zusammensetzungen und Wortgruppen mit *zusammen-*

Verbindungen mit *zusammen-* werden **zusammengeschrieben**, wenn
- *zusammen-* betont wird, also ein Verbpartikel ist: *zusammenbeißen.*
- *zusammen-* im Aussagesatz nicht allein vor der finiten Verbform stehen kann: ~~*Zusammen werde ich die Zähne beißen*~~.

Verbindungen mit *zusammen-* werden **getrennt geschrieben**, wenn
- *zusammen-* so viel bedeutet wie *gemeinsam, gleichzeitig* (Ersatzprobe): *Wir haben im Kino zusammen gelacht. (= gemeinsam lachen)*
- das Verb betont wird, *zusammen* also ein Adverb ist: *zusammen lachen.*
- *zusammen-* im Aussagesatz allein vor der finiten Verbform stehen kann: *zusammen / gemeinsam haben wir gelacht.*

Besondere Adverbien zusammenschreiben

1 Lest die Sätze und sprecht über die Ausdrücke *zurzeit* und *zur Zeit*.
- Bestimmt die Wortarten der unterstrichenen Ausdrücke.
- Vermutet, warum der Ausdruck einmal getrennt- und einmal zusammengeschrieben wird.

1) Ich bin <u>zurzeit</u> krank.
2) Der Urvogel lebte <u>zur Zeit</u> der Dinosaurier.

2 Lest den Info-Kasten aufmerksam. Mit welchen Proben kann man ermitteln, ob diese Wendungen Adverbien sind?

3 Überprüft, ob in den folgenden Sätzen die mit Großbuchstaben gedruckten Ausdrücke Adverbien sind.
- Schreibt die Sätze richtig auf.
- Wendet eine Probe an.

3) Der Tathergang ist DEMZUFOLGE geklärt.
4) Das Geschäft hat DERZEIT diese Nudeln nicht am Lager.
5) Diese Blumen gibt es zu DERZEIT nicht.
6) Du brauchst DESHALB nicht gleich zu weinen.
7) Wir haben viel fürs Diktat geübt und haben INFOLGEDESSEN gute Noten.
8) Wir dürfen KEINESFALLS zu spät kommen.
9) Wir kommen DEINETWEGEN zu spät.
10) Ich werde MÖGLICHERWEISE nicht zu dir kommen.
11) Der Inhalt der Nachricht lautet FOLGENDERMAßEN.
12) Du kannst mich JEDERZEIT anrufen.
13) Ich bin zu JEDERZEIT erreichbar.

Besondere Adverbien

- Werden **ganze Wendungen** wie z. B. *demzufolge, infolgedessen, deshalb, derzeit, jederzeit, zurzeit, keinesfalls* als **Adverb** verwendet, werden sie als ein Wort geschrieben.
- Dieses Adverb kann allein im **Vorfeld** stehen.
- Man kann das Adverb durch ein Wort oder eine Wortgruppe **ersetzen**: aus *diesem Grund, im Augenblick, gegenwärtig, immer, auf keinen Fall.*
  Wir haben <u>zurzeit</u> Urlaub. <u>Zurzeit</u> haben wir Urlaub.
  Gegenwärtig haben wir Urlaub.

Zusammenfassung

Überprüfe dein Wissen und Können

1 Getrennt oder zusammen? Kreuze die richtige Antwort an.

	getrennt	zusammen
Wortverbindung mit *zusammen-*, in der *zusammen-* ersetzt werden kann		
Wortverbindung aus Adjektiv + Verb, in der das Adjektiv nicht steigerbar ist		
Wortverbindung aus Adjektiv + Verb, in der das Adjektiv mit *sehr/ganz* erweitert werden kann		
Wortverbindung aus Nomen + Adjektiv, in der das Nomen nicht im Singular/Plural stehen kann		
Wortverbindung aus Nomen + Verb, in der das Nomen durch ein Adjektiv erweitert werden kann		
Wortverbindungen, in denen die neuen Wörter eine andere Bedeutung haben		

2 Entscheide dich für die richtige Schreibweise der in Großbuchstaben gedruckten Wörter.

1) Im Winter gehen wir auf dem See EISLAUFEN.
2) Manchmal muss man einfach die Zähne ZUSAMMENBEIßEN.
3) Wir gehen heute Nachmittag ins Café und werden dort einen TEETRINKEN.
4) Auf der Schwäbischen Alb kann man im Sommer SEGELFLIEGEN.
5) Ich muss für die Klassenfahrt noch meine Sachen ZUSAMMENPACKEN.
6) Wir müssen das Wechselgeld für den Schulflohmarkt ZUSAMMENZÄHLEN.
7) Am Wochenende wird eine Schulaufführung STATTFINDEN.
8) Weil Marie sich den Arm gebrochen hat, wird sie vom Arzt KRANKGESCHRIEBEN.

3 Überprüfe, ob es sich bei den Wörtern in Großbuchstaben um Adverbien handelt. Schreibe die Sätze richtig auf.

Digital+
WES-126528-081
Lösungen

9) Aufgrund einer Baustelle gibt es DERZEIT eine Umleitung.
10) Weil es im Winter zu kalt ist, gibt es zu DERZEIT kaum Gemüse aus regionalem Anbau.
11) Ich habe für die Klassenarbeit viel geübt und INFOLGEDESSEN gute Noten.
12) Zum Sportunterricht dürfen wir KEINESFALLS zu spät kommen.
13) DEINETWEGEN habe ich die Hausaufgaben vergessen.
14) MÖGLICHERWEISE fahren wir nächstes Jahr auf Klassenfahrt ans Meer.
15) Meine Schwester kann ich JEDERZEIT anrufen.
16) Die Feuerwehr muss zu JEDERZEIT erreichbar sein.

Zeichensetzung

1 Lest den Text.

vor langer langer Zeit lebte ein grausamer Herrscher weil die Menschen sehr unter ihm litten nahm ein einfacher Mann all seinen Mut zusammen und schlich sich in dessen Palast um den Tyrannen zu töten aber er wurde gefasst wie damals üblich sollte er mit dem Tode bestraft werden der Mann aber trat vor den König und bat gib mir drei Tage Zeit denn bevor ich sterbe muss ich meine Schwester verheiraten dieser Mann mein Freund soll statt meiner hingerichtet werden wenn es mir nicht gelingt rechtzeitig zurückzukehren

der König ließ sich auf diesen Handel ein und der Mann eilte in sein weit entferntes Dorf verheiratete seine Schwester und trat den Rückweg an unterwegs musste er einen Fluss mit Hochwasser überwinden Räuber abwehren und gegen sengende Hitze und Durst ankämpfen als die Sonne am dritten Tag unterging erreichte er das Stadttor und schrie ich komme nicht hängen.

Digital+
WES-126528-082
Text zum Ausdrucken

2 In dem Text fehlen die Kommas, die Satzschlusszeichen und die Zeichen der wörtlichen Rede.
- Setzt die fehlenden Zeichen ein.
- Markiert die Satzanfänge und schreibt sie groß.

3 Vergleicht eure Texte. Stellt Gemeinsamkeiten und Unterschiede fest.
- Besprecht, warum ihr einige Zeichen unterschiedlich gesetzt habt.

4 Sprecht über den letzten Satz des Textes: *Ich komme nicht hängen.*
- Das Komma kann an zwei verschiedenen Stellen stehen.
- Besprecht, wie sich die Aussage verändert.

In diesem Kapitel lernst du (,) ...
- Satzarten nach der Stellung des Prädikats und ihrer Satzfunktion zu unterscheiden und zu verwenden.
- die direkte und indirekte Rede richtig zu verwenden.
- Haupt- und Nebensätze zu bestimmen und zu unterscheiden.
- Satzgefüge zu bestimmen und zu unterscheiden.
- Appositionen zu verwenden.

Die Zeichen bei der indirekten Rede setzen

1 Lest das Gespräch zwischen der Kugelstoßerin Mia und Markus Rehm (rosa Kästen). Lest anschließend, wie in der Zeitung über das Gespräch berichtet wird (blaue Kästen).

Markus Rehm ist ein unterschenkelamputierter Weitspringer und Sprinter. Er setzt sich für die Inklusion im Sport ein.

1) „Wie lange trainierst du schon?“, fragt Markus Rehm Mia.	A) Markus Rehm fragte Mia, wie lange sie schon trainiert.
2) „Schon im Kindergarten“, antwortet Mia, „habe ich Bälle weit geworfen.“	B) Mia antwortet, dass sie schon im Kindergarten Bälle weit geworfen hat.
3) „Erst später trainierte ich mit Gewichten“, ergänzt Mia.	C) Mia ergänzt, dass sie erst später mit Gewichten trainiert hat.
4) „Der Trainer meint“, sagt Markus Rehm, „du bist ein echtes Naturtalent.“	D) Markus Rehm sagt, dass der Trainer meint, dass sie ein echtes Naturtalent ist.

2 Stellt Gemeinsamkeiten und Unterschiede zwischen dem Gespräch und dem Zeitungsbericht fest. Achtet auf die Position der finiten Verbformen (z. B. *fragt*), die Veränderung der Pronomen (z. B. *ich, sie*) und die Zeichensetzung.

3 Lest den Info-Kasten aufmerksam.
- Woran erkennt man die indirekte Rede?
- Mit welchem Wort wird die indirekte Rede oft eingeleitet?

4 Arbeitet mit den Sätzen aus Aufgabe 1.
- Unterstreicht in beiden Sätzen, wer etwas sagt.
- Unterkringelt, was gesagt wird.
- Markiert alle Satzzeichen.
- Markiert die Subjunktion *dass* und die finite Verbform in der indirekten Rede.

Beispiel: *1) „Wie lange trainierst du schon?“, fragt Markus Rehm Mia.*
A) Markus Rehm fragte Mia, wie lange sie schon trainiert.

Digital+
WES-126528-083
Sätze zum Ausdrucken

Zeichensetzung der indirekten Rede

Mit der **indirekten Rede** kann man ein Gespräch **indirekt** wiedergeben.
Der Redebegleitsatz bleibt erhalten. Der Redesatz wird zum Nebensatz.
Die indirekte Rede erkennt man an:
- bestimmten redeeinführenden **Verben:** *Mia sagt, erzählt, führt aus ...*
- der Änderung des Personalpronomens:
  Mia sagt: „Ich trainiere viel.“ → Mia sagt, dass sie viel trainiert.

Oft wird der indirekte Redeteil mit ***dass*** eingeleitet: *Mia sagt, dass sie gern Sport treibt.*

Markus Rehm ist ein unterschenkelamputierter Weitspringer und Sprinter. Er setzt sich für die Inklusion im Sport ein.

Digital+
WES-126528-084
Sätze zum Ausdrucken

5 Lest das Gespräch zwischen der Kugelstoßerin Mia und Markus Rehm (rosa Kästen). Lest anschließend, wie in der Zeitung über das Gespräch berichtet wird (blaue Kästen).

1) „Wie lange trainierst du schon?“, fragt Markus Rehm Mia.	A) Markus Rehm fragte Mia, wie lange sie schon trainiere.
2) „Schon im Kindergarten“, antwortet Mia, „habe ich Bälle weit geworfen.“	B) Mia antwortete, dass sie schon im Kindergarten Bälle weit geworfen habe.
3) „Erst später trainierte ich mit Gewichten“, ergänzt Mia.	C) Mia ergänzt, dass sie erst später mit Gewichten trainiert habe.
4) „Der Trainer meint“, sagt Markus Rehm, „du bist ein echtes Naturtalent.“	D) Markus Rehm sagt, dass der Trainer meine, sie sei ein echtes Naturtalent.

6 Stellt Gemeinsamkeiten und Unterschiede zwischen dem Gespräch und dem Zeitungsbericht fest. Achtet auf die Position der finiten Verbformen, die Veränderung der Pronomen und die Zeichensetzung.

B → S. 314
Konjunktiv I

7 Lest den Info-Kasten aufmerksam.
- Welche Kennzeichen hat die indirekte Rede?
- Mit welchem Wort wird die indirekte Rede oft eingeleitet?
- Welche Funktion hat der Nebensatz in der indirekten Rede?

8 Arbeitet mit den Sätzen aus Aufgabe 5.
- Unterstreicht in beiden Sätzen, wer etwas sagt.
- Unterkringelt, was gesagt wird.
- Markiert alle Satzzeichen.
- Markiert die Subjunktion *dass* und die finite Verbform in der indirekten Rede.

Beispiel: *1) „Wie lange trainierst du schon?“, fragt Markus Rehm Mia.*
A) Markus Rehm fragte Mia, wie lange sie schon trainiere.

Zeichensetzung der indirekten Rede

Mit der **indirekten Rede** wird ein Gespräch wiedergegeben.
Der Redebegleitsatz bleibt erhalten, der Redesatz wird zum Nebensatz.
Die indirekte Rede ist gekennzeichnet durch:
- bestimmte redeeinführende **Verben:** *Mia sagt, erzählt, führt aus …*
- die Änderung des Personalpronomens:
  Mia sagt: „Ich trainiere viel.“ → Mia sagt, dass sie viel trainiere.
- die Verwendung des **Konjunktiv I**: *Mia sagt, dass sie viel trainiere.*

Oft wird der indirekte Redeteil mit ***dass*** eingeleitet: *Mia sagt, dass sie viel trainiere.*
Die indirekte Rede hat die Funktion eines Objektsatzes.

Objektsatz → S. 280

Satzinterne Zeichen setzen

Komma bei Infinitivsätzen

1 Vergleicht die Sätze **A** und **B**. Nennt Gemeinsamkeiten und Unterschiede.

B → S. 309
Attribut

A Menschen wünschten sich schon immer(,) zu fliegen.
B Menschen wünschten sich schon immer, zu den Sternen zu fliegen.

2 Tauscht euch über die Kommasetzung aus:
- Warum steht in Satz **A** das Komma in Klammern, in Satz **B** aber nicht?
- Überprüft eure Vermutungen mit dem Info-Kasten auf S. 236.

3 Ergänzt die Sätze 1–5 mit den passenden Infinitivsätzen aus dem Wortmaterial.
- Markiert das Signalwort *zu*, das Verb im Infinitiv und das Komma.
- Unterstreicht die Erweiterung.
- Markiert, wenn vorhanden, die Subjunktion.

Beispiel: Jahrtausende träumten Menschen davon, zum Mond zu fliegen.

1) Jahrtausende träumten Menschen davon, ...
2) Heute fliegen Astronauten zu einer Raumstation, ...
3) Das Glück, ..., genossen seitdem zahlreiche Astronauten.
4) Auf das nächste Projekt, ..., muss man nicht mehr lange warten.
5) Zahlreiche Menschen können sich vorstellen, ...

anstatt mit einer Rakete wochen- oder monatelang um die Erde zu kreisen – längere Zeit in einer Raumstation zu leben – vielleicht an einer Marsmission teilzunehmen – zum Mars zu fliegen – zum Mond zu fliegen

4 Arbeite mit dem Text.
- Markiere in den Infinitivsätzen das Wort *zu*, den Infinitiv und das Komma.
- Unterstreiche die Erweiterung.
- Markiere, wenn vorhanden, die Subjunktion.

Heute ist es normal, dass Menschen ins Weltall fliegen. Allerdings verlieren Astronauten durch die Schwerelosigkeit Muskelgewebe und Knochensubstanz. Deshalb müssen sie nach einem wochenlangen Aufenthalt dort für einige Zeit zur Reha, um das Gewebe wieder aufzubauen. Um die negativen Folgen eines Langzeitfluges zu verringern, entwickeln Wissenschaftler des DLR in Köln ein Trainingsprogramm. Mithilfe einer Zentrifuge soll es gelingen, eine Art künstliche Schwerkraft zu schaffen. Die Möglichkeit, unter Einfluss dieser Kraft zu trainieren, wird es aber erst für zukünftige Astronauten geben. Anstatt auf einem Heimtrainer in die Pedalen zu treten, wird dieser auf die Zentrifuge montiert. Nun können die Raumfahrer, ohne die Rotation der Zentrifuge zu unterbrechen, Rad fahren. Diese Technik soll auch für andere medizinische Bereiche genutzt werden.

Digital+
WES-126528-085
Text zum Ausdrucken

das DLR
Deutsches Zentrum für Luft- und Raumfahrt

die Zentrifuge
Gerät, das sich mit hoher Geschwindigkeit dreht

5 Bildet aus den *dass*-Sätzen Sätze mit Infinitivgruppen und setzt das Komma:
Es beginnt für die Astronauten damit, sich auf diesen Flug gründlich vorzubereiten.

6) Es beginnt für die Astronauten damit, dass sie sich auf diesen Flug gründlich vorbereiten.
7) Viele hoffen, dass sie in das vierköpfige Team aufgenommen werden.
8) Allerdings müssen sie damit rechnen, dass sie nicht zurückkommen.
9) Den Kandidaten wird geraten, dass sie ihre Pläne nicht verraten.

6 Lest die Sätze 10)–14) und überprüft, ob die Infinitivgruppen erweitert sind.
- Trennt sie mit einem Komma vom übrigen Satz ab.

10) Ein privates Unternehmen plant Menschen auf den Mars zu entsenden.
11) Beim heutigen Stand der Technik wäre der Hinflug in etwa 250 Tagen zu schaffen.
12) Das Problem über Monate oder gar Jahre mit denselben Menschen auf engem Raum zu leben sehen viele Wissenschaftler kritisch.
13) Um auf die Erde zurückfliegen zu können müssten die Raumfahrer ein Jahr auf dem Mars leben.
14) So lange braucht der Mars um auf seiner Bahn den erdnächsten Punkt zu erreichen.

7 Manchmal verändert das Komma die Aussage eines Satzes:
- Schreibe die Sätze 15)–17) zweimal auf.
- Setze das Komma an zwei verschiedenen Stellen.

15) Der Kandidat begann schnell zu trainieren.
16) Das Unternehmen bittet die Kandidaten heute zu kommen.
17) Sie empfahlen ihnen nichts zu sagen.

Kommasetzung bei Infinitivsätzen

Man erkennt Infinitivsätze am Infinitiv des Verbs + *zu* + Erweiterung:
zum Mond zu fliegen.

Subjektsatz → S. 279
Objektsatz → S. 280

Infinitivsätze sind **subjektlose Nebensätze** (Subjekt- oder Objektsatz). Sie können die **Funktion eines Attributs** haben. Deshalb werden sie durch ein Komma vom Hauptsatz abgetrennt:
Jahrtausende träumten Menschen davon, zum Mond zu fliegen. (Objektsatz)

Infinitivgruppen ohne Erweiterung können vom Hauptsatz mit Komma abgetrennt werden: *Menschen wünschten sich immer(,) zu fliegen.*

Infinitivgruppen, die **mit der Subjunktion *als, anstatt, außer, ohne, statt*** oder ***um*** eingeleitet werden, werden immer mit Komma vom Hauptsatz abgetrennt.

Komma bei Partizipialsätzen

1 Untersucht die Sätze **A** und **B**.
- Nennt in Satz **B** den Hauptsatz. Wo steht er in **A**?
- Betrachtet die Wortgruppe in Satz **B** genauer, die in Kommas eingeschlossen ist. Wie verändert sich das Verb im Vergleich zu **A**?
- Worauf bezieht sich diese Wortgruppe in Beispiel **B**?

A Die Rote Landkrabbe wandert jedes Jahr im November ans Meer. Sie lebt im dichten Regenwald.

B Die Rote Landkrabbe, im dichten Regenwald lebend, wandert jedes Jahr im November ans Meer.

2 Lest den Info-Kasten.
- Wie heißt die in Kommas stehende Wortgruppe in Satz **B**?
- Wie wird eine Partizipialgruppe gebildet?
- Welche Merkmale hat ein Partizipialsatz?

B → S. 316
Partizip I

3 Arbeitet mit dem Text *Krabbenalarm*.
- Markiert das Partizip, die Kommas und, wenn vorhanden, das hinweisende Wort.
- Unterstreicht die Erweiterung.
- Tragt einen Pfeil zum Bezugswort ein.

Digital+
WES-126528-086
Text zum Ausdrucken

Krabbenalarm

Tausende Rote Landkrabben, karmesinrot leuchtend, können Touristen auf der australischen Weihnachtsinsel beobachten. Mit dem einsetzenden Monsun überwinden die Krabben, sich in wahre Langstreckenläufer verwandelnd, eine Strecke von bis zu 20 km. Auf diese Weise, zielsicher über den Boden krabbelnd, bewegen sich die Waldbewohner in Richtung Strand.

der Monsun
Wind, der jedes Jahr zu einer bestimmten Jahreszeit starken, langanhaltenden Regen bringt

Komma bei Partizipialsätzen

Partizipialsätze sind **subjektlose Nebensätze.**
Hier wird das Verb zum Partizip I oder II und steht am Ende des Partizipialsatzes. Die Partizipien werden in einigen Fällen durch ein Objekt oder eine adverbiale Bestimmung erweitert. Man trennt sie mit einem Komma vom übrigen Satz ab, wenn:
- mit einem **Wort** / einer **Wortgruppe** auf sie **hingewiesen** wird oder sie wieder **aufgenommen** werden: *Auf diese Weise / so / ..., über den Boden krabbelnd, bewegen sich die Waldbewohner in Richtung Strand.*
  Über den Boden krabbelnd, auf diese Weise, so ... bewegen sich die Waldbewohner Richtung Strand.
- sie nachgestellte Zusätze oder Erläuterungen eines Nomens oder Pronomens (Subjekt) sind: *Die Larven, ins Meer gespült, schlüpfen beim ersten Kontakt mit Wasser.*

Komma bei Appositionen

1 Lest den Text mit den unterstrichenen Appositionen.
- Nennt Wörter/Wortgruppen, auf die sich die Appositionen beziehen.

Digital+
WES-126528-087
Text zum Ausdrucken

Hast du sie, die Frauen und Männer mit den leuchtend roten Westen, bei einem Besuch in Stuttgart schon einmal gesehen? Das sind die Verkäufer von Trott-war, der Stuttgarter Straßenzeitung. Trott-war erschien am Donnerstag, den 17. November 1994, als vierte deutsche Straßenzeitung zum ersten Mal. Durch den Verkauf von Straßenzeitungen können Menschen in sozialer Not, Wohnungslose, Asylbewerber und Langzeitarbeitslose, ihren Lebensunterhalt verdienen.

2 Füge in den Lückentext die passenden Wortgruppen ein und setze die Kommas.
- Bestimme den Kasus der Nomen und Appositionen.

ein Pfandprojekt – die zweistündige Führung „Im Blickpunkt" – den 4.9.2013 – durchsichtige Tonnen – Schulen, Firmen, Läden und öffentliche Einrichtungen – weniger bekannten Orten

Eine weitere Maßnahme des Vereins Trott-war ist das Sammeln von Pfandflaschen … . Gestartet wurde es am Mittwoch … auf dem Stuttgarter Flughafen. Reisende können leere Flaschen in bereitstehende Behältnisse … werfen und helfen so dem Verein. Inzwischen gibt es viele Unterstützer … für das Projekt. Daneben bietet Trott-war einen alternativen Stadtspaziergang … zu Stuttgarts Nebenschauplätzen … an.

3 Fügt folgende Wortgruppen sinnvoll als Appositionen in die Sätze ein:
die Autorin der Harry-Potter-Romane – A. John Bird – den 21. Juni 2003

Der Gründer von *The Big Issue* brachte die Idee der Straßenzeitung 1991 nach Europa. Jane K. Rowling ließ das erste Kapitel von *Der Orden des Phönix* zwei Wochen vor dem offiziellen Erscheinungstermin am Sonnabend in Straßenzeitungen abdrucken.

Zeichensetzung bei der Apposition

- Die **Apposition** (nachgestelltes Attribut) stimmt in Kasus, Genus und Numerus mit dem Beziehungswort überein. Sie wird vom übrigen Satz durch **Kommas** abgetrennt:
  1989 wurde in New York Streetnews gegründet. Das war die erste Straßenzeitung.
  → 1989 wurde in New York Streetnews, die erste Straßenzeitung, gegründet.
- Für die **Datumsangabe** als Sonderfall der Apposition gilt:
  Steht vor dem Datum *am*, kann der Wochentag im Dativ oder Akkusativ stehen:
  am Montag, dem 18. Juli 2026; am Montag, den 18. Juli 2026.
- Das **abschließende Komma** wird gesetzt, wenn nach dem letzten Bestandteil der Satz weitergeht: *Am Montag, den 18. Juli 2026 findet …*
  Am Montag, den 18. Juli 2026, 14.00 Uhr, findet …

Das Komma in Satzgefügen setzen

1 Arbeitet mit den folgenden Satzgefügen.
- Kreist die Relativpronomen und Subjunktionen ein.
- Setzt die Kommas.
- Unterstreicht die Bezugswörter im vorausgehenden Satzteil.

1) Eine Spinne die Beute fangen will webt ein Netz.
2) Dieses Netz ist so stabil dass Wassertropfen und Insekten es nicht zerstören können.
3) Wenn die Insekten auf das Netz prallen bleiben sie an den feinen Fäden hängen.

2 Arbeitet mit dem folgenden Satzgefüge. Geht so vor:
- Kreist die Relativpronomen und Subjunktionen ein.
- Unterstreicht die Bezugswörter im vorausgehenden Satz.
- Entwirrt den Satz, indem ihr mehrere Sätze formuliert.
- Besprecht, warum der Satz so schwer zu verstehen ist.

Eine Spinne die Beute fangen will die aus Insekten besteht die im Netz kleben bleiben sodass sie sich nicht retten können webt ein Netz das so stabil ist dass Wassertropfen und Insekten es nicht zerstören wenn sie auf dieses prallen.

3 Bearbeite den Text *Die Spinne*.
- Markiere alle Wörter, die Nebensätze einleiten.
- Setze die Kommas.

Beispiel: *Die Spinne erklimmt einen Strauch, den sie mit einem ersten feinen Faden umspinnt, der waagerecht im Wind weht.*

Die Spinne

Digital+
WES-126528-088
Text zum Ausdrucken

Die Spinne erklimmt einen Strauch den sie mit einem ersten feinen Faden umspinnt der waagerecht im Wind weht. Dann hangelt sie sich an diesem Faden entlang wobei sie ständig Seide abspult damit der Faden an Halt gewinnt. Wenn sie sich dann wieder hinaufgehangelt hat heftet sie mit ihrem Hinterleib einen Rahmenfaden fest. Danach zieht sie einen Faden zur Mitte des Netzes bis sie einen Punkt erreicht der später den Mittelpunkt des ganzen Netzes bildet und erweitert von hier aus die Fäden zu einer Art Teppich. An dessen Rand ist der Platz von dem aus sie auf ihre Beute wartet. Von diesem Warteplatz aus legt die Spinne eine Fangspirale die mit klebrigem Leim benetzt ist. Es dauert kaum eine halbe Stunde bis so ein kunstfertiges Netz fertiggestellt ist wie es bis heute keine Technik nachahmen kann.

Zusammenfassung

Überprüfe dein Wissen und Können

1 Lies den Text. Es fehlen fast alle Kommas.

Kakerlake am Spieß?

1) Hast du schon einmal Kakerlaken probiert die am Spieß gegrillt wurden?
2) Ole erzählt: „Ich habe schon einmal Mehlwürmer gegessen."
3) „Igitt, das ist doch eklig!", kreischt Nina.
4) „Quatsch, es hat ein bisschen nach Nuss geschmeckt. Und wenn du nicht weißt was du isst merkst du es gar nicht."
5) So wie Nina reagieren viele Menschen in Deutschland wenn es um Insekten als Nahrungsmittel geht.
6) Einige Insekten schon länger in der EU als Nahrungsmittel zugelassen kann man in Supermärkten finden.
7) Der Absatz ist aber eher gering da viele Menschen eine Abneigung haben Insekten zu essen.
8) Insekten wertvolle Proteine liefernd gehören auf den Speiseplan in Ländern Asiens, Afrikas und Lateinamerikas.
9) Einige Hersteller bieten Lebensmittel Pasta, Brot und Kekse an die mit Insektenmehl angereichert sind.
10) Ein Vorteil von Insekten ist dass man sie einfach und platzsparend züchten kann.
11) Außerdem verbrauchen sie weniger Wasser und Futter sodass sie auch für unser Klima schonender sind.
12) Vielleicht bist du mutig genug um einmal Insekten zu probieren.

2 Schreibe die direkte Rede in indirekter Rede auf.
a) Schreibe die Sätze 2) und 3) in indirekter Rede auf.
b) Schreibe die Sätze 2), 3), 4) in indirekter Rede auf. Verwende den Konjunktiv I.

3 In den Sätzen 7) und 12) befinden sich Infinitivsätze.
- Markiere das Wort *zu* sowie den Infinitiv und setze das Komma.
- Unterstreiche die Erweiterung.
- Markiere, wenn vorhanden, die Subjunktion.

4 In den Sätzen 6) und 8) befinden sich Partizipialsätze.
- Markiere das Partizip, unterstreiche die Erweiterung und setze die Kommas.
- Trage einen Pfeil zum Bezugswort ein.

5 Setze die Kommas in den Satzgefügen:
a) Trage die Kommas in den Sätzen 5), 10), 11) ein.
- Kreise Subjunktionen ein und setze die Kommas.
- Unterstreiche die Wörter im vorausgehenden Satzteil, auf die sie sich beziehen.

b) Trage alle fehlenden Kommas ein.

Digital+
WES-126528-089
Lösungen

Wortarten

die Rezension
hier: Besprechung eines Buches

Marlene hat für die Schulhomepage eine Rezension zum Buch *Future Fairy Tales* von Holly-Jane Rahlens verfasst. In der Rezension zum Buch fehlen einige Wörter. Helft Marlene dabei, den Text zu vervollständigen.

1 Lest den Text zweimal:
- Lest den Text zuerst still zur Orientierung.
- Lest den Text dann gemeinsam.

2 Vielleicht habt ihr schon beim Lesen einige Lücken ausfüllen können.
- Setzt diese Wörter ein.

3 Arbeitet mit dem Textabschnitt **A**.
- Tragt in die Lücken passende Wörter aus dem Wortmaterial ein.
- Achtet auf die vorgegebene Wortart.

Wortschatz

Nomen: Büchern, Jahrhunderts
Verben: beinhaltet, liest
Pronomen: das, du
Artikelwörter: des, ihren
Adjektive: modernster, technischen
Präpositionen: nach, für
Adverbien: deswegen, vielleicht
Junktionen: und, dass

Digital+
WES-126528-090
Text zum Ausdrucken

A

2444 – Eine Zeit ___ (*Präposition*) Klimakatastrophen ___ (*Junktion*) Kriegen, eine Zeit ___ (*Adjektiv*) Technologie, eine Zeit ohne gedruckte Bücher. Trotzdem oder gerade ___ (*Adverb*) wird die Erfindung ___ (*Artikelwort*) Buchdrucks vor 1000 Jahren mit 1000 gedruckten ___ (*Nomen*) gefeiert. Eines ___ (Verb) die zehn am meisten gelesenen Märchen. Märchen?, wirst du ___ (*Adverb*) denken. ___ (*Pronomen*) ist doch was ___ (*Präposition*) Kinder. Wenn du sie ___ (*Verb*), wirst ___ (*Pronomen*) schnell merken, ___ (*Junktion*) sie in ___ (*Artikelwort*) unterschiedlichen Formaten ganz modern und der ___ (*Adjektiv*) Entwicklung des jeweiligen ___ (*Nomen*) angepasst sind.

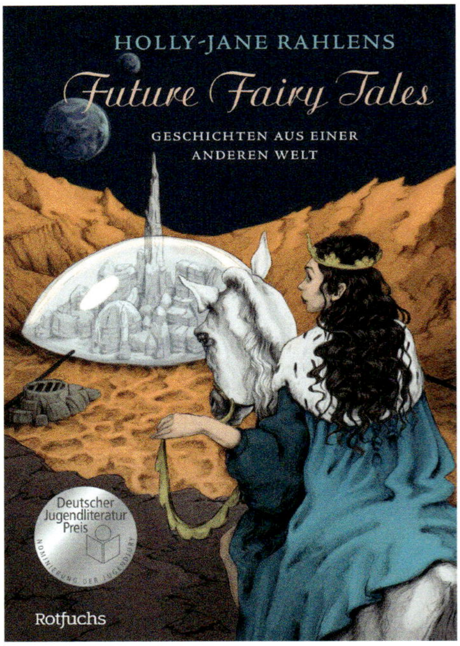

4 Arbeitet mit den Textabschnitten **B** und **C** weiter.
- Ersetzt die Zahlen in den Lücken mithilfe der Hinweise unten.
- Bestimmt die Wortart der eingesetzten Wörter, sofern diese nicht angegeben ist.

(1) Präposition
(2) Nominalisierung von „modern" im Nominativ
(3) Zeitadverb
(4) Dativ von „flüssig"
(5) Partizip II von „einfrieren"
(6) Dativ von „der"
(7) Demonstrativpronomen im Nominativ Singular
(8) Akkusativ Plural von „Ball"
(9) Akkusativ von „sie" (Singular)
(10) Relativpronomen
(11) Imperativ von „leihen"
(12) Präposition mit Dativ
(13) Akkusativ von „du"
(14) Subjunktion
(15) Akkusativ Plural von „klein"
(16) Modaladverb

B

Der Kandidat (1) ___ einer Reality Show soll ein schlafendes Mädchen wachküssen. Na und, was ist daran modern?, wirst du fragen. Das (2) ___ ist, dass das Mädchen nicht einfach nur schläft, sondern 200 Jahre (3) ___ in (4) ___ Stickstoff (5) ___ wurde. Und natürlich gibt es in dieser Live-Show Pannen.
Das Märchen Rotkäppchen spielt auf (6) ___ Mars und Aschenputtel heißt Cyberbella. (7) ___ ist – der Name verrät es – ein Computergenie. Cyberbella braucht keinen Wunschbaum, keine (8) ___ und keinen Prinzen, sondern ihren Computer, um (9) ___ Glück zu finden. Wie es sich gehört, schreibt sie ein Online-Tagebuch, (10) ___ wir lesen können.

C

(11) ___ dir doch einfach das Buch *Future Fairy Tales* (12) ___ Holly-Jane Rahlens in unserer Bibliothek aus. Überzeuge (13) ___ selbst davon, (14) ___ diese Märchen nicht für (15) ___ Kinder erzählt werden, sondern ganz (16) ___ erzählt werden.

In diesem Kapitel lernst du (,)...
- die Großschreibung und Verwendung von Kurzwörtern und Abkürzungen kennen.
- die Unterscheidung und die Aufgabe der verschiedenen Pronomen kennen.
- die Bildung und Verwendung von Zustandspassiv und Vorgangspassiv kennen.
- die Bildung und Verwendung von Konjunktiv I und Konjunktiv II kennen.
- besondere Komparationsformen kennen und verwenden.
- text- und satzbildende Adverbien zu unterscheiden und zu verwenden.
- Präpositionen zu unterscheiden und zu verwenden.
- weitere Subjunktionen und Adjunktionen kennen.

Nomen

1 Ergänze die Sätze 1) bis 5) mit einem Nomen aus dem Wortmaterial im richtigen Kasus.
Beruf, Betrieb, Chef, Erfahrung, Praktikum

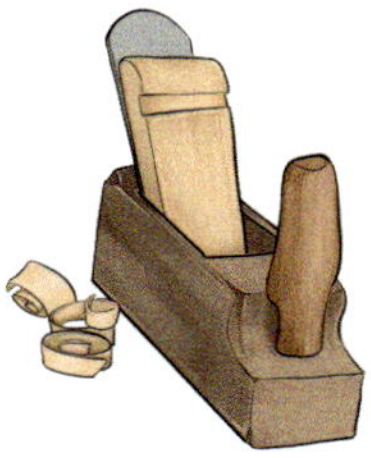

1) Während des *Praktikums* in der 8. Klasse arbeitete ich in einer Schreinerei.
2) Dort konnte ich viele … im Umgang mit Holz sammeln.
3) Der … wollte mich am liebsten gleich einstellen.
4) Bevor ich mich entscheide, möchte ich erst noch andere … erkunden.
5) Das Praktikum am Schuljahresende werde ich in einem großen … absolvieren.

2 Bestimme den Kasus der eingesetzten Nomen.

3 Vergleicht eure Ergebnisse aus Aufgabe 1.
- Besprecht, wie ihr vorgegangen seid.

4 Bestimme den Kasus der unterstrichenen Nomen in den Sätzen 6) bis 10).

B → S. 313
Kasus

6) Bevor man ein Praktikum antritt, muss man sich schriftlich bewerben.
7) Das Anschreiben haben wir in der Schule mit dem Personalchef unseres Bildungspartners erstellt.
8) Außerdem hat der Ausbildungsleiter mit uns das Vorstellungsgespräch geübt.
9) So konnte ich gut vorbereitet zum vereinbarten Termin gehen.
10) Trotzdem kam ich während des Gesprächs ins Schwitzen.

5 Vergleicht eure Ergebnisse aus Aufgabe 4.
- Besprecht, wie ihr vorgegangen seid.

6 Ergänze die Sätze 11) bis 14) mit den angegebenen Nominalgruppen im passenden Kasus und Numerus.

11) Das Praktikum absolvierte ich in … (die Lehrwerkstatt → Dativ, Singular).
12) Dort bekam ich … (ein Arbeitsplatz → Akkusativ, Singular) zugewiesen.
13) Mithilfe … (eine technische Zeichnung → Genitiv, Singular) sollte ich in der Praktikumswoche ein Werkstück bauen.
14) … (der Auszubildende → Nominativ, Plural) halfen mir dabei.

7 Vergleicht eure Ergebnisse aus Aufgabe 6.
- Besprecht, wie ihr vorgegangen seid.

Kurzwörter

1 Lest den Info-Kasten aufmerksam und besprecht:
- Wie werden Kurzwörter gebildet?
- Welche grammatischen Eigenschaften haben Kurzwörter?

2 Arbeitet mit den Sätzen 1) bis 3).
- Schreibt die unterstrichenen Wörter ab.
- Ordnet ihnen diese Kurzwörter zu: *BAföG, Akku, ZDF.*
- Unterstreicht in den Langwörtern die Buchstaben, aus denen das Kurzwort gebildet wurde.

1) Der Akkumulator meines Handys ist leer.
2) Ich habe im Zweiten Deutschen Fernsehen einen Dokumentarfilm angeschaut.
3) Lea bekommt Geld im Rahmen des Bundesausbildungsförderungsgesetzes.

3 Tragt die folgenden Kurzwörter und ihre ausgeschriebenen Formen in die Tabelle ein. Benutzt ein Wörterbuch.
die EU, der O-Saft, der Azubi, die Kita, das Navi, das Abo, der ICE, die S-Bahn

Kurzwort	ausgeschriebene Form

4 Ergänzt in den Sätzen 4) bis 8) die Kurzwörter im passenden Kasus und Numerus.

4) Am Wochenende fanden einige ___ (*Demo → Nominativ Plural*) statt.
5) Mithilfe ___ (*die Info → Genitiv Singular*) konnte ich den richtigen Weg finden.
6) Auf ___ (*das Foto → Dativ Plural*) sieht man die ganze Klasse.
7) Mit ___ (*die U-Bahn → Dativ Singular*) kommt man in der Stadt schnell ans Ziel.
8) Auf ___ (*der Lkw → Akkusativ Plural*) wird Bauschutt geladen.

5 Begründet, warum die Nominalgruppe *die PIN-Nummer* falsch verwendet wird.

Kurzwörter

Kurzwörter können die Funktion eines Nomens haben.
Man verwendet sie in der **geschriebenen** und **gesprochenen Sprache** in ihrer verkürzten Form (*TÜV*) oder man spricht die Buchstaben einzeln (*ZDF*) aus.
Man dekliniert sie meist wie Nomen. Sie können im **Plural** verwendet werden.
Man unterscheidet sie nach ihrer Bildung:
- **Buchstabenkurzwörter**: *das ZDF, der TÜV*
- **Silbenkurzwörter**: *der Schiri / die Schiris, die Kita / die Kitas*
- **Kopfwörter**: *das Abo / die Abos, das Navi / die Navis*
- **Mischkurzwörter**: *der Azubi / die Azubis, die U-Bahn / die U-Bahnen*

Abkürzungen

1 Im Schulalltag begegnen euch immer wieder Abkürzungen, wie die in der Gedankenblase. Lest die Abkürzungen.

ü.d.M. *EUR* *V* *v. Chr.*
NaCl *Jh.* *A* *NW*
Abb. *z. B.* *S.*
Frankfurt a. M. *W* *Mg*
JArbSchG

2 Besprecht:
- Welche Probleme gab es beim Vorlesen?
- Welche Abkürzungen kennt ihr bereits?
- Wo sind euch die Abkürzungen schon begegnet?
- Warum werden solche Abkürzungen verwendet?

3 Ordnet die Abkürzungen aus Aufgabe 1 den Fächern Chemie, Geografie, Geschichte, Physik und WBS zu.
- Schreibt die Abkürzung und den vollständigen Begriff nebeneinander.
- Drei Abkürzungen bleiben übrig.

4 Amys Eltern suchen eine größere Wohnung. In einer Zeitung finden sie eine Wohnungsanzeige.
- Lest die Anzeige vor.
- Welche Abkürzungen habt ihr verstanden?
- Warum werden Abkürzungen in Anzeigen oft verwendet?

4-Zimmer-Wohnungen
4-Zi-Whg., OG, Wfl. 80 m^2, ZH, Balk, EBK, KM: 750 €, NK: ca. 200 €, AA: 50 €, Kt. 2 KM, info.wohnung@emails.de

5 Schreibt die Anzeige ohne Abkürzungen ab.
Ordnet dafür die Begriffe aus dem Wortschatz passend zu.
Balkon – Kaltmiete – Obergeschoss – Wohnung – Zimmer – Wohnfläche – Nebenkosten – Autoabstellplatz – Kaution – Einbauküche

Abkürzungen

Abkürzungen können die Funktion eines Nomens haben.
Sie werden **nur in der Schriftsprache** gebraucht. In der **mündlichen** Wiedergabe werden sie **vollständig ausgesprochen**. Sie enden meist mit einem Punkt.

Personal- und Possessivpronomen

1 Lest den Tagebucheintrag.

Hey du,
ich könnte jubeln vor Glück!
Heute habe ich ihn auf dem Pausenhof angesprochen.
Wir standen auf dem Schulhof. Er in seiner Freundesgruppe, ich in meiner. Immer wieder habe ich zu ihm rübergeschaut und dann ein wenig meine Hand gehoben.
Und du glaubst es nicht:
Er hat auch seine gehoben und mir zugewinkt. Da habe ich es gewagt, bin einfach zu ihm hingegangen und habe „Hallo" gesagt. Mir schlug das Herz bis zum Hals. Ob es ihm auch so ging?
Morgen mehr.

2 Im Tagebucheintrag werden einige Personal- und Possessivpronomen verwendet.
- Besprecht, welche Aufgabe sie im Text haben.

Informiert euch im Info-Kasten.

3 Arbeitet mit dem Tagebucheintrag.
a) Gebt an, für welche Person oder welches Nomen die Personal- und Possessivpronomen stehen.
b) Gebt an, für welche Person oder welches Nomen die Personal- und Possessivpronomen stehen. Bestimmt dann den Kasus der Pronomen.

Beispiel: du – jemand, an den geschrieben wird (Tagebuch), Nominativ

4 Setze in die Sätze 1) bis 5) passende Personal- und Possessivpronomen ein.

1) Gehört dir die Jacke auf der Bank? Nein, das ist *ihre / seine.*
2) Gewinnt heute unsere Mannschaft oder ?
3) Er sieht eine Katze. Aber die getigerte ist nicht .
4) Ich brauche dein Geo-Dreieck nicht, ich habe gefunden.
5) Hunde sollten gut erzogen sein. Mit gehen wir immer zum Training.

5 Schreibe drei Sätze, in denen du verschiedene Personal- und Possessivpronomen verwendest.

Personal- und Possessivpronomen

- Die **Personalpronomen** *ich, du, wir, ihr* stehen immer für Personen.
- Die Personal- oder Textpronomen *er, sie, es, sie* verweisen auf Nomen/Nominalgruppen: *Ich habe einen neuen Roller. Er ist blau.*
- **Possessivpronomen** *wie mein, sein, dein, unser* werden auch besitzanzeigende Fürwörter genannt. Sie zeigen an, wem etwas gehört: *Siehst du den blauen Roller. Das ist meiner.*

Demonstrativ- und Relativpronomen

1 Lest den folgenden Satz.
- Besprecht, auf welche Textstelle sich das Demonstrativpronomen *das* bezieht.

1) Jana hat ein Bild gemalt. Das gefällt mir.

2 Unterstreicht die Demonstrativpronomen in den Sätzen 2) bis 4).
- Tragt den Pfeil ein.

Beispiel: Du hast eine 5 in der Arbeit geschrieben, das tut mir leid.

2) Du hast eine 5 in der Arbeit geschrieben, das tut mir leid.
3) Ich mag Rechtschreibung. Meinst du das wirklich so?
4) Ich esse gern blaue Trauben. Diese mag ich auch.

3 Lest den folgenden Satz und besprecht, auf welches Nomen bzw. welche Nominalgruppe sich das Relativpronomen *das* bezieht.

5) Hast du das Buch, das ich suche?

4 Unterstreicht die Relativpronomen in den Sätzen 6) bis 9).
- Tragt den Pfeil ein.

Beispiel: Alle, die mit den Aufgaben fertig sind, können Pause machen.

6) Alle, die mit den Aufgaben fertig sind, können Pause machen.
7) Das Schulgebäude, das schon sehr alt ist, wird modernisiert.
8) Ich mag am liebsten das Essen, das meine Oma gekocht hat.
9) Der Film, der gestern im Kino lief, hat mir gefallen.

5 Entscheidet, ob es sich bei den unterstrichenen Wörtern in den Sätzen 10) bis 12) um Demonstrativ- oder Relativpronomen handelt.

10) Das Brot, das jetzt noch im Ofen ist, das wollen wir später essen.
11) Das ist das Buch, das ich gesucht habe.
12) Das sind die Texte, die ich gerade gelesen habe.

Demonstrativ- und Relativpronomen

- **Demonstrativpronomen** *wie das, dieser, diese, dieses* werden auch hinweisende Fürwörter genannt. Sie weisen auf eine bereits bekannte Person oder Sache hin: *Siehst du den blauen Roller. Der gehört mir.*
- **Relativpronomen** wie *der, die, das, welcher, …* beziehen Nebensätze auf Nomen oder Nominalgruppen im Hauptsatz: *Siehst du den blauen Roller, der dort steht?*

Indefinitpronomen

1 Lest die Sprechblasen. Worüber könnten die beiden Schüler sprechen? Tauscht euch darüber aus, warum ihr anhand des Textes nicht erkennen könnt, worum genau es im Gespräch geht.

2 Lest den Text.
- Sprecht über die unterstrichenen Pronomen. Welche Wörter ersetzen sie?
- Lest den Info-Kasten aufmerksam.
- Unterstreicht im Text in unterschiedlichen Farben die Pronomen für Personen, für Sachen, für Personen oder Sachen.

Tsuchinshan-Atlas

Im Oktober 2024 konnte man den Kometen Tsuchinshan-Atlas mit bloßem Auge am nächtlichen Himmel beobachten. Viele wollten dieses Ereignis nicht verpassen. Planetarien und Sternwarten luden alle ein, die sich für dieses besondere Ereignis interessierten. Manche konnten nichts sehen, weil der Himmel bedeckt war. Aber niemand musste auf ein Bild vom Kometen verzichten, weil in den Medien einige veröffentlicht wurden.

3 Setze in die Lücken der Sätze die folgenden Indefinitpronomen passend ein.
alle, eines, etliche, etwas, jemand, nichts, viele
In der Schule gibt es zwei Teleskope. Einer hat ___ auf dem Schulhof aufgestellt. Der Einladung, gemeinsam den Kometen zu beobachten, sind ___ gefolgt. ___ brachten noch Ferngläser mit. Als die Nacht anbrach, starrten ___ zum Himmel. Erst sahen sie ___. Aber dann entdeckte ___ ___. Ein leuchtender Punkt bewegte sich im Westen in der Nähe der Venus.

Indefinitpronomen

- Indefinitpronomen werden auch **unbestimmte Fürwörter** genannt. Sie stehen für Personen und Sachen, die nach ihrer Art und Anzahl nicht näher bestimmt sind.
- Indefinitpronomen beziehen sich auf:
  Personen: *man, jemand, niemand, irgendjemand, …*
  Sachen: *etwas, irgendetwas, nichts, …*
  Personen oder **Sachen**: *manche, viele, alle, alles, einige, keiner, etliche, …*

Interrogativpronomen (Fragepronomen)

1 Arbeitet mit den Quizkarten.
- Beantwortet die Fragen.
- Schreibt die Antwortsätze auf.

Was für ein Tier ist ein Schnabeltier?
A ein flugunfähiger Vogel
B ein eierlegendes Säugetier
C ein seltenes Reptil

Wer hat die Röntgenstrahlen entdeckt?
A Marie Curie
B Niels Bohr
C Wilhelm Conrad Röntgen

Welcher See ist der tiefste der Erde?
A Wostoksee
B Baikalsee
C Crater Lake

Was ist ein Schneebesen?
A ein Besen zum Schnee fegen
B ein Küchengerät
C eine Filmfigur

2 Vergleicht die Fragen aus Aufgabe 1.
- Mit welchen Interrogativpronomen werden die Fragen eingeleitet?
- Lest dazu den Info-Kasten.
- Besprecht, wofür die jeweiligen Interrogativpronomen stehen.

3 Lest das Gespräch und setzt dabei in die Lücken die Interrogativpronomen *Was? Welches? Was für ein?* passend ein.

Verkäufer: kann ich für dich tun?
Jule: Ich möchte ein Brot kaufen.
Verkäufer: möchtest du?
Jule: Ich möchte das da. Brot ist das?
Verkäufer: Ein Dinkelbrot.

4 Schreibt zu den folgenden Aussagesätzen passende Fragesätze.
Beginne mit einem Interrogativpronomen.
1) Jemand hat Helvis' Jacke auf den Boden geworfen. Sie fragt: *Wer hat …?*
2) Adi hat die Schule gewechselt. Ein neuer Mitschüler fragt:
3) Maxi liest ein Buch. Max fragt:
4) Samuels Mutter backt Pizza. Sie fragt:

B → S. 309
Artikelwort

5 Beweist, dass im folgenden Satz das Wort *Welches* ein Artikelwort ist.
Welches Brot möchtest du?

Interrogativpronomen

Interrogativpronomen werden auch **Fragepronomen** genannt.
Mit ***Wer?*** fragt man nach bestimmten Personen: *Wer hat mein Buch?*
Mit ***Was?*** fragt man nach Gegenständen oder Sachen: *Was hast du gefunden?*
Mit ***Welch-?*** fragt man bei mehreren Möglichkeiten nach einer bestimmten Person oder Sache: *Da sind viele Hunde. Welcher gehört dir?*
Mit ***Was für ein?*** fragt man nach der Art oder Beschaffenheit von Wesen oder Sachen: *Was für ein Haustier hast du? Einen Hund oder eine Katze?*

Reflexivpronomen

1 Vergleicht die Sätze **A** und **B**.
- Nennt Gemeinsamkeiten und Unterschiede.
- Sprecht über den Inhalt. Wie viele Personen sind beteiligt?
- Besprecht, auf welches Wort sich die Pronomen *mich* und *dich* beziehen.
- Überprüft eure Antwort mithilfe des Info-Kastens.

A Ich ärgere mich. **B** Ich ärgere dich.

2 Ergänze die Verben im Infinitiv passend im Perfekt.
Beispiel: *sich ändern – ich habe mich geändert*

sich ändern: ich …
sich erinnern: er …
sich freuen: wir …
sich streiten: die Jungen …
sich treffen: ihr …
sich hinsetzen: du …

3 Setze in die Lücken der Sätze 1) bis 6) Reflexivpronomen passend ein.
1) Einige fürchten … im Dunklen.
2) Wir unterhalten … prima.
3) Ihr solltet … ein bisschen beeilen.
4) Sie versteckt … hinter einem Baum.
5) Ich schaue … diese Sendung an.
6) Du wunderst … sicher.

4 Bildet mithilfe der Satzbausteine Sätze. Was gehört zusammen?
Beispiel: *Ari kümmert sich um seinen Hund.*

Ari kümmert	dich	auf die Übungen.
Du ärgerst	euch	bei den Nachbarn.
Ich habe	euch	die Stadt anschauen.
Wir freuen	mich	für die Einladung.
Die Klasse konzentriert	mich	gestern erkältet.
Ihr entschuldigt	sich	nach dem Training.
Wir bedanken	sich	über sie.
Ich dusche	uns	um seinen Hund.
Ihr werdet	uns	auf die Ferien.

Reflexivpronomen

Reflexivpronomen wie *mich, dich, uns, euch, sich* werden auch **rückbezügliche Fürwörter** genannt. Sie zeigen an, dass sich ein Geschehen oder eine Handlung auf die Handelnden (Subjekt oder Objekt) **selbst** bezieht.
Ich stelle mich vor. (eine Person) Aber**:** *Ich stelle dich vor.* (zwei Personen)
Das Reflexivpronomen kann:
- nicht weggelassen werden. (*Ich erhole mich. ~~Ich erhole.~~*)
- nicht durch ein anderes Nomen oder Pronomen ersetzt werden. (*Ich erhole mich. ~~Ich erhole sich.~~*)
- nicht erfragt werden. (*Ich erhole mich. ~~Wen erhole ich?~~*)

II Das Pronomen *es*

1 Lest die Sätze an der Tafel und das Gespräch.

Das Pronomen *es*
1) Das Pferd heißt Luna. *Es* gehört Kim.
2) *Es* regnet.
3) *Es* ist schön, mit dir zu lachen.
4) *Es* kamen viele Leute zur Museumsnacht.

Aufgabe: Besprecht, wofür das Pronomen *es* in den Sätzen steht.

1 *Der erste Satz ist einfach: Es bezieht sich auf das Pferd.*

2 *Mhm, aber worauf bezieht es sich im zweiten Satz? Das Wetter regnet? Das Klima regnet? Das geht nicht.*

2 Führt das Gespräch weiter.
- Worauf bezieht sich das Pronomen *es* im dritten und vierten Satz?

3 Lest den Info-Kasten aufmerksam.
- Nennt die vier Verwendungsformen des Pronomens *es*.
- Überprüft mit dem Info-Kasten eure Ergebnisse aus Aufgabe 2.
- Wie wird *es* in den einzelnen Sätzen verwendet?

4 Die folgenden Sätze stammen aus Aufsätzen. Entweder wurde das Pronomen *es* falsch benutzt oder der Satz mit *es* wurde falsch gebaut. Verbessert die Sätze.

1) *In dieser Zeit wird es erzählt, wie das kleine Mädchen in die U-Bahn steigt.*
2) *Im Text wird es hauptsächlich im Präsens geschrieben.*
3) *Bald ist Wochenende. Alle freuen sich auf es.*
4) *Er hat sein Smartphone Tag und Nacht an. Er kann ohne es nicht leben.*
5) *Das Gedicht geht es darum, dass kein Prinz kommt.*
6) *In der ersten und zweiten Strophe ist es im Paarreim.*

Pronomen *es*

Man unterscheidet vier Gebrauchsweisen des Pronomens *es*:
- **Personalpronomen**: *Das Fahrrad steht vor der Schule. Es steht vor der Schule.*
- **unpersönliches *es***: Dieses kann nicht ersetzt werden.
  Häufig bei Wetter-Verben: *Es regnet. Es schneit.*
- **Platzhalter-*es***: Das Subjekt rückt in das Mittelfeld des Satzes.
  Es wurde ein Name genannt. Es verliefen sich zwei Kinder im Wald.
- **Korrelat-*es***: *es* kann durch *das* ersetzt werden:
  Es freut mich, euch zu sehen. Das freut mich, euch zu sehen.

Verben: Tempus

Über die Tempusformen habt ihr in den letzten Schuljahren schon eine Menge gelernt. Diese Seite soll euch noch einmal zeigen, welche Tempusformen es gibt. Die Tempusformen sind einer Zeit (z. B. der Gegenwart) zugeordnet. Einige Tempusformen können darüber hinaus noch in andere Zeiten „hineinleuchten".

1 Schaut euch die Übersicht an.

Das sind die verschiedenen Zeiten

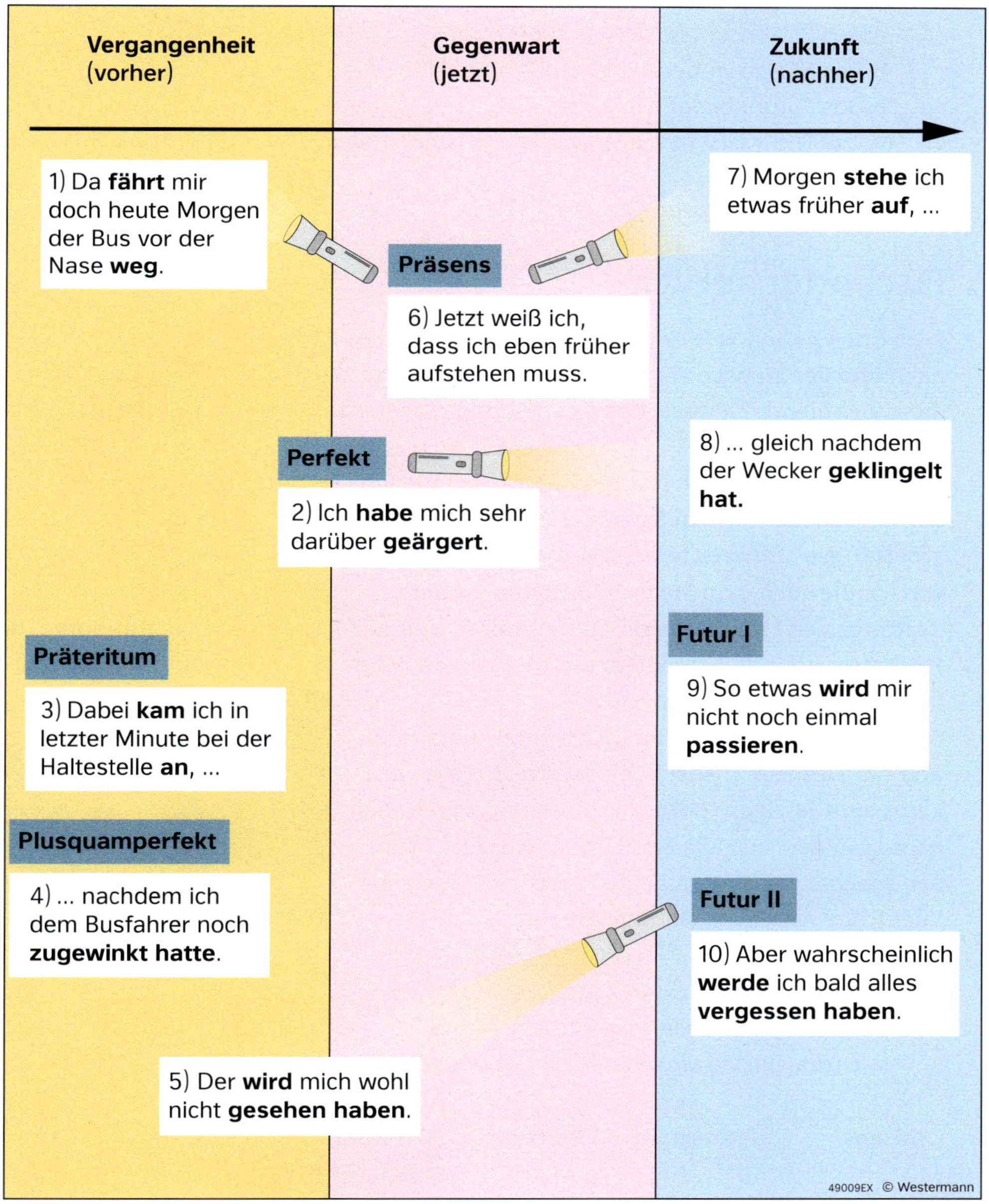

Tempusformen der Gegenwart, Vergangenheit und Zukunft erkennen, erklären und gezielt verwenden
GR: Präsens, Perfekt, Präteritum, Plusquamperfekt, Futur I, Futur II

2 Beschreibt die Übersicht. Achtet dabei auf folgende Punkte:
- Welchen Zeiten sind das Präsens, das Präteritum und das Futur I zugeordnet?
- Das Plusquamperfekt, das Perfekt und das Futur II stehen zwischen oder hinter Zeitformen. Stellt Vermutungen an, warum.
- Einige Tempusformen sind mit Taschenlampen versehen. Was wird damit ausgedrückt? Erläutert mithilfe der Beispiele.

3 Vervollständigt die Sätze.
1) Das Präsens bildet die Gegenwart ab und kann auch in die ___ und die ___ hineinleuchten.
2) Das Perfekt steht zwischen ___ und ___ und kann zusätzlich in die ___ hineinleuchten.
3) Das Präteritum ist der ___ zugeordnet.
4) Das Plusquamperfekt ist ein Tempus der ___.
5) Das Futur I bildet die ___ ab.
6) Das Futur II ist ein Tempus der ___, kann aber auch in die ___ leuchten.

4 Lies den folgenden Text.

Digital+
WES-126528-091
Text zum Ausdrucken

Fischotter zurück

Fischotter galten seit den 1930er-Jahren in Baden-Württemberg als ausgestorben, nachdem der Mensch sie über Jahrhunderte gejagt hatte. Der Ausbau der Flüsse und die zunehmende Gewässerverschmutzung trugen ebenfalls zur Ausrottung der Tiere bei.

Umso mehr freuen sich Naturschützer über die Rückkehr der Tiere. „Die Anstrengungen der letzten Jahre in Sachen Umweltschutz haben sich ausgezahlt", sagte ein Mitarbeiter des Umweltamtes. Denn die schnellen Schwimmer benötigen saubere Gewässer, die auch dem Menschen zugutekommen.

Vertreter der Fischzucht sehen die Ansiedlung der Tiere allerdings mit Sorge, denn Fischotter können Krankheiten einschleppen oder bei Fischen Stress auslösen.

Ob und wie der Fischotter sich weiter ausbreiten und die Fischzucht wirklich beeinträchtigen wird, kann zum jetzigen Zeitpunkt niemand sagen. Bis dahin müssen sich alle Beteiligten Gedanken darüber machen, wie sowohl die Wild- als auch die Zuchttiere geschützt werden können.

5 Arbeite mit dem Text aus Aufgabe 4.
- Unterstreiche alle Verbformen.
- Ordne die Verbformen in die Tabelle ein.

Präsens	Präteritum	Perfekt	Plusquamperfekt	Futur I

Verben: Aktiv/Passiv

1 Benennt in den Sätzen **A**, **B**, **C** Subjekt, Prädikat und Objekt.

A Unbekannte richteten beträchtliche Schäden an.
B Beträchtliche Schäden wurden von Unbekannten angerichtet.
C Beträchtliche Schäden wurden angerichtet.

2 Tragt die Sätze **A**, **B**, **C** ins Feldermodell ein und besprecht:
- Wie verändert sich das Prädikat?
- Was ist in Satz **A** Subjekt? Was ist in den Sätzen **B** und **C** Subjekt?
- Was ist in Satz **A** Objekt? Was ist in den Sätzen **B** und **C** Objekt?
- Wie verändert sich die Satzaussage?

Digital+
WES-126528-092
Feldermodell

3 Lest beide Berichte und tauscht euch über die Wirkung der Texte aus.
- Beschreibt eure Eindrücke.

Text A wirkt auf mich ...
Dagegen wirkt Text B auf mich ...

Digital+
WES-126528-093
Texte zum Ausdrucken

A

Einbruch in Schule

Unbekannte brachen Sonntagnacht in die Schule ein. Sie richteten beträchtliche Schäden an. Gewaltsam öffneten sie eine Sicherheitstür, um ins Gebäude einzudringen. Sie verwüsteten das Sekretariat und das Lehrerzimmer. Offenbar suchten die Täter nach Geld und Wertgegenständen. Die Polizei sicherte Spuren. Die Schülerinnen und Schüler äußerten ihre Betroffenheit über diese Tat.

B

Einbruch in Schule

Sonntagnacht wurde in die Schule eingebrochen. Beträchtliche Schäden wurden angerichtet. Gewaltsam wurde eine Sicherheitstür geöffnet, das Sekretariat und das Lehrerzimmer wurden verwüstet. Offenbar wurde nach Geld und Wertgegenständen gesucht. Spuren wurden gesichert. Betroffenheit über diese Tat wurde geäußert.

4 Beschäftigt euch nun mit dem Inhalt der Texte.
- Was erfahrt ihr über die Täter?

5 Unterstreicht in beiden Texten die Verben. Verwendet unterschiedliche Farben.
- Welcher Text steht im Aktiv, welcher im Passiv? Begründet.

Aktiv und Passiv (auch Zustands- und Vorgangspassiv) unterscheiden, bilden und syntaktisch beschreiben; Aktiv und Passiv in ihrer Aussagefunktion beschreiben, GR: Passiv

Digital+
WES-126528-094
Tabelle zum Ausdrucken

6 Ergänzt das Verb *anrichten* in den verschiedenen Tempusformen in der Tabelle. Der Info-Kasten hilft euch dabei.

Tempus	Aktiv	Vorgangspassiv
Präsens	Sie richten beträchtlichen Schaden an.	
Präteritum	Sie richteten beträchtlichen Schaden an.	
Perfekt	Sie haben beträchtlichen Schaden angerichtet.	
Plusquamperfekt		Beträchtlicher Schaden war angerichtet worden.
Futur I		Beträchtlicher Schaden wird angerichtet werden.

7 Schreibt zu jedem Bild den passenden Passivsatz.

Frida streicht den Zaun.

Jemand hat Müll auf den Weg geworfen.

Frau Meier hatte die Tafel geputzt.

Die Müllabfuhr wird die Mülltonne leeren.

Ida schrieb einen Spickzettel.

Aktiv und Passiv

Verben können im Aktiv und Passiv in allen Tempusformen gebildet werden.

suchen	***Aktiv***	***Passiv***		
Präsens	*er sucht*	*er*	*wird*	*gesucht*
Präteritum	*er suchte*	*er*	*wurde*	*gesucht*
Perfekt	*er hat gesucht*	*er*	*ist*	*gesucht worden*
Plusquamperfekt	*er hatte gesucht*	*er*	*war*	*gesucht worden*
Futur I	*er wird suchen*	*er*	*wird*	*gesucht werden*
Futur II	*er wird gesucht haben*	*er*	*wird*	*gesucht worden sein*

Passiv intransitiver Verben

1 Arbeitet mit den Sätzen **A** und **B**.
- Schreibt die Sätze untereinander auf.
- Schreibt daneben die Sätze im Passiv Präsens.
- Unterstreicht die einzelnen Satzglieder und benennt sie.

A Wir beobachten eine Eidechse.
B Das Bild hängt an der Wand.

2 Vergleicht die Passiv-Sätze miteinander:
- Welche Satzglieder gibt es in beiden Sätzen?
- Welche Satzglieder gibt es nur in jeweils einem Satz?

3 Lest den Info-Kasten aufmerksam und besprecht:
- Welche Verben können das Passiv bilden?
- Welche Verben können kein Passiv bilden?

4 Arbeitet mit den Sätzen 1) bis 6).
- Überprüft, ob in den Sätzen ein Akkusativobjekt vorhanden ist.
- Schreibt diese Sätze im Passiv in der richtigen Tempusform auf.
- Überprüft, ob ihr mit den Sätzen ohne Akkusativobjekt das Passiv bilden könnt.
- Schreibt diese Sätze im unpersönlichen Passiv in der richtigen Tempusform auf.

Informiert euch im Info-Kasten.

Beispiel: *Der Fahrer belädt den LKW. (AO) Der LKW wird beladen.*

1) Der Fahrer belädt den LKW.
2) Danach fährt er nach Ulm.
3) Ben fährt seine Schwester zum Bahnhof.
4) Sie winkten noch.
5) Dann fährt Ben zurück.
6) Wir haben geholfen.

B → S. 317
Pronomen

Passiv intransitiver Verben

- Die meisten Verben können das Passiv bilden. Man nennt sie **transitive Verben**. Das sind Verben, die ein Akkusativobjekt fordern:
  schließen → Wen? / Was? → das Fenster, die Tür, das Buch, ...
- Einige Verben wie *lachen, laufen, wandern, helfen, arbeiten, ...* fordern kein Akkusativobjekt. Das sind **intransitive Verben**. Sie können deshalb nur **ein unpersönliches Passiv** bilden: *Es wird gelacht, gelaufen, gewandert, geholfen, gearbeitet, ...*

Zustandspassiv

1 Lest die Sätze **A**, **B** und **C**.
- Besprecht, was durch die unterschiedlichen finiten Verbformen jeweils ausgedrückt wird.
- Beschreibt möglichst genau, wie die Passivformen gebildet werden.

Die Schule hat eine Obstwiese, auf der es viel zu tun gibt.

A Das Land schützt die Streuobstwiesen.
B Streuobstwiesen werden vom Land geschützt .
C Streuobstwiesen sind vom Land geschützt.

2 Lest den Info-Kasten aufmerksam:
- Welche Formen des Passivs gibt es und wie werden sie gebildet?
- Ordnet den Sätzen in Aufgabe 1 die Begriffe *Aktiv*, *Vorgangspassiv* und *Zustandspassiv* zu.

3 Im folgenden Text stehen Sätze im Passiv. Tragt die Passivformen geordnet in die Tabelle ein.

Streuobstwiesen sind ein wichtiges Kulturgut und werden deshalb gepflegt und geschützt. Im Herbst werden steil nach oben wachsende Äste abgeschnitten. Nur wenn die Bäume richtig verschnitten sind, können sich kräftige Knospen entwickeln. Ebenfalls im Herbst werden von den Wiesenbesitzern Leimringe an den Stämmen angebracht. So sind sie vor Schädlingen geschützt. Sind diese Arbeiten getan, kann der Winter kommen. Im Frühjahr werden die Fraßschäden begutachtet. Die Wunden werden gesäubert und geglättet. Die Bäume sind dann geschützt.

Vorgangspassiv	Zustandspassiv
werden gepflegt	

4 Übertragt die folgenden Aktivsätze ins Vorgangs- und ins Zustandspassiv.
1) Im Frühsommer mähen ältere Schüler die Wiese.
2) Abends wässern sie junge Bäume.
3) Eine Gruppe stellt Insektenhotels auf.

Zustandspassiv

- Man unterscheidet zwei Passivformen: **Vorgangs-** und **Zustandspassiv**.
- Das **Vorgangspassiv** zeigt den Vorgang einer Tätigkeit. Dabei wird das Akkusativobjekt des Aktivsatzes zum Subjekt: *Ben pflanzt einen Baum. Der Baum wird von Ben gepflanzt.* (*werden* + Partizip II = Vorgangspassiv)
- Das **Zustandspassiv** zeigt, was schon passiert ist: *Der Baum ist (von Ben) gepflanzt.* (*sein* + Partizip II = Zustandspassiv)

Modus des Verbs

Konjunktiv I

1 Schaut euch die Abbildung an. Lest die Sprechblasen.

2 Untersucht die Sätze aus Aufgabe 1.
- Wer erzählt direkt vom Abgeben der Handys?
- Woran erkennt ihr, dass direkt gesprochen wird?
- Wer gibt nur das Gehörte wieder?
- Woran erkennt ihr, dass nur das Gehörte wiedergegeben wird?

3 Stellt die Verben der beiden Sätze aus Aufgabe 1 gegenüber.
- Unterstreicht den jeweiligen Wortstamm.
- Beschreibt die Veränderung der Verben.

4 Lest den Info-Kasten auf S. 260 und besprecht:
- Wie kann man wiedergeben, was andere sagen?
- Wie wird der Konjunktiv I gebildet?

5 Ordnet die Verben aus dem Text wie im Beispiel in die Tabelle ein.

Infinitiv	Indikativ	Konjunktiv I
schreiben	sie schreibt	sie schreibe

Die Elternsprecherin schreibt eine Rundmail. Darin teilt sie mit, dass Frau Schmidt diesen Monat die Handys der Klasse einsammle und diese erst nach Unterrichtsschluss wieder austeile. Sie tue das, weil im Unterricht immer wieder ein Handy klingele. Das sei auch während einer Klassenarbeit so gewesen.

B → S. 312
Indirekte Rede

6 Konjugiere das Verb *schreiben* im Konjunktiv I im Präsens, Perfekt und Futur. Unterstreiche Wortstamm und Endung unterschiedlich.
Beispiel: ich schreibe, du schreibest, …
ich habe geschrieben, du habest geschrieben, ..
ich werde schreiben, du werdest schreiben, …

7 Sprecht über die konjugierten Verben aus Aufgabe 6.
- In welchen Personalformen ist der Konjunktiv I nicht eindeutig zu erkennen?
- Welche Möglichkeit gibt es, den Konjunktiv I zu umschreiben?

8 Ergänze die Tabelle aus Aufgabe 5 mit folgenden Verben:
erlauben, müssen, spielen, stören, dürfen, können, eignen, googeln.

9 Trage in die Lücken des Textes den passenden Konjunktiv I der Verben ein.

Digital+
WES-126528-095
Text zum Ausdrucken

Ein generelles Handyverbot ***sei*** in der Schule nicht möglich. Deshalb ___ (*erlauben*) das Schulgesetz die Mitnahme eines Handys. Im Unterricht ___ (müssen) das Handy aber ausgeschaltet sein. ___ (*spielen*) jemand im Unterricht mit dem Handy oder ___ (*stören*) ein Handygeräusch den Unterricht, ___ (*dürfen*) das Gerät weggenommen werden. Ein Handy eigne sich gut als Spickzettel. ___ (*googeln*) jemand bei Klassenarbeiten die Lösungen, ___ (*können*) die Note 6 erteilt werden.

10 Ergänze die Tabelle aus Aufgabe 5 mit folgenden Verben:
legen, werden, ausmachen, dürfen, erlauben, einstellen.

11 Schreibe das folgenden Gespräch in indirekter Rede auf.
Verwende den Konjunktiv I. Nutze deine Tabelle.
Beispiel: Judy sagt, in ihrer Schule sei …

Judy: In meiner Schule ist das schon lange so. Jede Klasse hat eine Metallbox. In diese legt jeder sein Handy. Und dann wird die verschlossene Box ins Sekretariat gebracht.
Addi: Den ganzen Tag ohne Handy – das ist doch blöd.
Sima: Mir macht es nichts aus, das Handy abzugeben. In der Schule darf man es sowieso nicht benutzen.
Filo: Aber in Mathe erlaubt uns die Lehrerin, das Handy zu benutzen. Sie stellt manchmal Zusatzaufgaben oder Lösungswege ins Schulnetz ein.
Elisa: Da hast du recht. Das ist aber nur so, weil unsere Klasse keine Tablets hat.

Konjunktiv I

- Der **Konjunktiv I** ist ein Modus (Aussageweise) des Verbs. Man benutzt ihn zur **Wiedergabe** der **direkten Rede** in Form von **indirekter Rede**.
  Addi: „Die Klasse muss morgens die Handys abgeben."
  Seine Mutter sagt: Addi hat erzählt, die Klasse müsse morgens die Handys abgeben.
- Der Konjunktiv I wird gebildet aus: **Präsensstamm + Endung -e, -est, -en, -et.**
  müssen: ich müsse, du müssest, er müsse, wir müssen, ihr müsset, sie müssen.
- Der Konjunktiv I kann im **Präsens**, **Perfekt** und **Futur I** gebildet werden:
  es klingele, es habe geklingelt, es werde klingeln.
- Manchmal sind die Formen des Konjunktiv I und des Indikativs gleich.
  Dann umschreibt man mit *würde: ich erzähle – ich würde erzählen.*

Konjunktiv II

1 Lest die Volksweise und besprecht:
- Was drücken die ersten drei Verse aus und was die letzten zwei?
- Besprecht, ob es möglich ist, die ersten drei Verse in den Indikativ zu setzen. *Beispiel: Wenn ich ein Vöglein bin ...*
- Besprecht, was die ersten drei Verse ausdrücken.

die Volksweise
Bezeichnung für eine Art von Liedern

Wenn ich ein Vöglein wär
und auch zwei Flügel hätt,
flög ich zu dir.
Weils aber nicht kann sein,
bleib ich all hier.

2 Untersucht die Verben *wäre, hätte, flöge*.
- Unterstreicht die Wortstämme.
- Besprecht, zu welcher Tempusform die Wortstämme gehören.
- Vergleicht eure Antwort mit dem Info-Kasten auf S. 262.

3 Ergänzt mit den Verben des Liedes (Aufgabe 1) die Tabelle.

Infinitiv	Indikativ	Konjunktiv I	Konjunktiv II
sein	*ich bin*	*ich sei*	*ich wäre*

Nutzt ein Wörterbuch.

4 Formuliere den folgenden Text in den Konjunktiv II um mit Verben wie *hätte, wäre, käme, müsste ...*
Beispiel: Ein Schüler denkt in seinem Bette:
Wenn ich den Führerschein schon ...

Traum und Wirklichkeit

Ein Schüler träumt in seinem Bette:
Ich habe schon den Führerschein
und bin auch schon 18 Jahre,
dann kommt mir nicht in die Quere,
dass ich stets ganz früh aufstehen muss
und manchmal überhaupt nicht weiß,
wer mich mit in die Schule nimmt,
wenn ich den Bus nicht mehr bekomme.
Darüber bin ich sehr froh!
Doch leider, leider ist's nicht so!

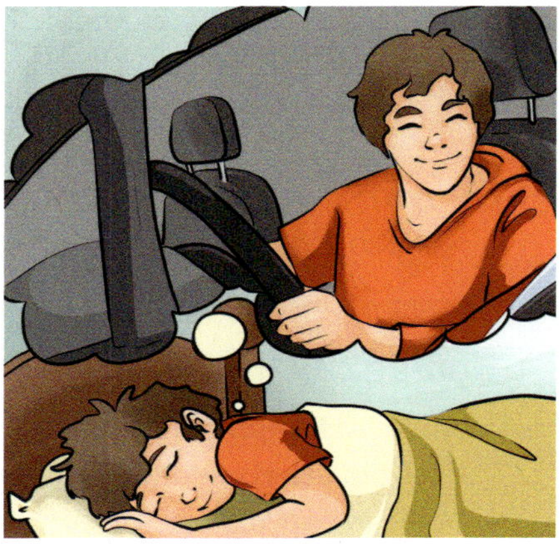

5 Einige Verben haben eine ungewöhnliche Konjunktivform. Bilde diese.
aufstehen, bleiben, fahren, fernsehen, haben, schwimmen, unternehmen, vergessen

Infinitiv	Präteritum	Konjunktiv II Präteritum
fernsehen	*ich sah fern*	*ich sähe fern*

6 Ergänze die folgenden Sätze mit den Verben aus Aufgabe 5 im Konjunktiv II.

1) Wenn ich jetzt zwei Wochen Ferien ___, ___ ich ans Meer.
2) Morgens ___ ich lange im Bett liegen, und ___ erst um 10.00 Uhr ___.
3) Anschließend ___ ich im kühlen Wasser.
4) Ich ___ auch Ausflüge, die ich nie ___.

7 Vergleicht eure Ergebnisse aus Aufgabe 6 und besprecht:
- Sprecht und schreibt ihr so?
- Formuliert die Sätze so, wie ihr sie schreiben würdet. Beachtet, dass ihr nicht reale Dinge ausdrücken wollt.

Orientiert euch am Info-Kasten.

8 Lest die folgenden Sätze.
- Vergleicht die Verben: Welcher Satz steht im Indikativ, welcher im Konjunktiv?
- Besprecht, warum keine eindeutige Unterscheidung möglich ist.
- Schreibt den Satz in der *würde-Umschreibung* auf.

A Sie winkten mir. **B** Sie winkten mir.

9 Konjugiere das Verb *winken* im Konjunktiv II im Präteritum und Plusquamperfekt. Unterstreiche Verbstamm und Endung unterschiedlich.

Beispiel: *ich winkte, du winktest, …*
ich hätte gewinkt, du hättest gewinkt, …

10 Auch in der Alltagssprache wird der Konjunktiv II verwendet. Schreibt weitere Wendungen auf: *Das müsste doch zu machen sein! Hätte ich das gewusst!*

Konjunktiv II

- Mit dem **Konjunktiv II** kann man ausdrücken, dass etwas in **Wirklichkeit nicht geschehen** oder **nicht so** ist. Solche Sätze werden oft mit *wenn* gebildet: *Wenn ich ein Vöglein wär, flög ich zu dir.*
- Den Konjunktiv II bildet man mit dem **Präteritumstamm** + **Endung -e, -(e)st, -en, -(e)t:** *ich flöge, du flög(e)st, er flöge, wir flögen, ihr flög(e)t, sie flögen.*
- Der Konjunktiv II kann im **Präteritum** und **Plusquamperfekt** gebildet werden: *er dächte, er hätte gedacht.*
- Der Konjunktiv II kann mit ***würde*** umschrieben werden: *er würde winken.*

Adjektiv

1 Lies den Text und unterstreiche alle elf Adjektive.

Hochwasser

Digital+
WES-126528-096
Text zum Ausdrucken

Hochwasser und Überschwemmungen zählen zu den schlimmsten Naturkatastrophen. Gerade durch die weitere Klimaerwärmung kommt es immer häufiger zu plötzlichen, starken Regengüssen oder zu Regenfällen über eine längere Zeit. Wenn der tropfnasse Boden keine Feuchtigkeit mehr aufnehmen kann, fließt das überschüssige Wasser in die Flüsse und diese treten über die Ufer. Sogar kleine Bäche können dann zu wilden Strömen werden. Die Wassermassen nehmen alles mit: lockere Bäume, braune Schlammmassen, ja sogar Häuser.

2 Im zweiten Teil des Textes fehlen die Adjektive. Setze in die Lücken die Adjektive aus dem Wortmaterial passend ein. Beachte Genus, Kasus und Numerus.

bekannt, sicher, wichtig, nützlich, riesig, natürlich, weit, übermäßig, dicht, groß, wichtig, weltweit

Angesichts dieser ___ Tatsachen muss gehandelt werden. Der Bau von ___ Schutzanlagen ist nur eine Seite. ___ ist es, ___ Maßnahmen zu ergreifen, damit es erst gar nicht zu Überschwemmungen mit ___ Ausmaß kommt. Eine Maßnahme wäre die Wiederherstellung der ___ Flusslandschaften mit ___ Auen. Auch die ___ Versiegelung der Bodenflächen müsste beendet werden. Damit in Städten mit ___ Bauweise das Wasser wieder abfließen kann, müssen ___ Grünflächen entstehen und Rückhaltebecken gebaut werden. Am ___ wäre aber der ___ Klimaschutz.

3 Trage alle Adjektive aus den Aufgaben 1 und 2 in die Tabelle ein wie im Beispiel.

Positiv	Komparativ	Superlativ
schlimm	schlimmer	am schlimmsten

Komparation: relativer und absoluter Gebrauch

1 Adjektive sind steigerbar. Nicht bei allen Adjektiven ist die Steigerung aber sinnvoll.
- Lest die folgenden Adjektive.
- Besprecht, bei welchen Adjektiven die Steigerung nicht sinnvoll ist. Begründet.

falsch, grün, leer, lustig, maximal, nett, optimal, schön, taub, teuer, voll

2 Lest den Info-Kasten aufmerksam. Besprecht:
- In welche zwei Gruppen kann man Adjektive unterteilen?
- Woran erkennt man, zu welcher Gruppe ein Adjektiv gehört?

3 Ordnet die Adjektive aus Aufgabe 1 in die Tabelle ein.
- Ergänzt die Tabelle mit je drei weiteren Adjektiven.

relative Adjektive	absolute Adjektive
lustig	*falsch*

4 Arbeitet mit den Sätzen 1) bis 7).
- Schreibt die Nominalgruppen mit den unterstrichenen Adjektiven ab.
- Schreibt hinter jede Nominalgruppe, ob das Adjektiv absolut oder relativ gebraucht wird.
- Bergründet mithilfe des Info-Kastens.

1) Bei Starkregen sind die Flüsse voller als bei Trockenheit.
2) An Flüssen befinden sich digitale Pegel, mit denen man den Wasserstand messen kann.
3) An Hochwassermarken kann man den maximalen Pegelstand ablesen.
4) 2023 stieg der Neckar so hoch wie nie an.
5) In einem kleinen Ort wurde der höchste Pegelstand am Fluss gemessen.
6) Tritt ein Fluss erst einmal über die Ufer, richtet er riesige Schäden an.
7) Die schlimmste Folge ist, wenn Todesopfer zu beklagen sind.

Komparation: Relativer und absoluter Gebrauch

Adjektive, die man **komparieren** kann, bezeichnet man als **relative Adjektive**. Mit ihnen kann man **Dinge vergleichen**:
- Positiv: *hoch (wie ein Haus)*
- Komparativ: *höher (als ein Turm)*
- Superlativ: *der höchste (Turm von allen), am höchsten (von allen Türmen).*

Bei manchen Adjektiven ist die Steigerung nicht sinnvoll (**absolute Adjektive**): *leer, voll, maximal, optimal, lustlos, …*

Adverbien

1 Lies den folgenden Text und unterstreiche alle Adverbien.

Digital+
WES-126528-097
Text zum Ausdrucken

Wann warst du das letzte Mal in einer Bibliothek? Du bist schon lange nicht mehr dort gewesen? Dabei haben sie eine lange Tradition und einige beherbergen wahre Schätze. Im Mittelalter sammelten vor allem Klöster Bücher und Handschriften. Dorthin brachte man Texte zum Abschreiben. Deshalb waren Bücher sehr kostbar. Aber so erweiterten die Klöster lange ihre Sammlungen, die damals nur wenige anschauen und nutzen durften.
Erst die Erfindung des Buchdrucks ermöglichte endlich eine hohe Auflagenzahl. Und bald entstanden die ersten öffentlichen Bibliotheken.
Heute gibt es im Land überall Bibliotheken, in denen man Medien aller Art ausleihen oder ansehen kann. Mittlerweile werden wertvolle Handschriften und Bücher schrittweise digitalisiert. So können diese alten Werke, die oft in Tresoren aufbewahrt werden, vielen Interessierten zugänglich gemacht werden.

2 Ordne die unterstrichenen Adverbien (Aufgabe 1) in die Tabelle ein.

Lokaladverbien: Wo?	**Temporal-adverbien: Wann?**	**Modal-adverbien: Wie?**	**Kausal-adverbien: Warum?**	**Interrogativ-adverbien**
		schrittweise		

3 Setze passende Adverbien aus dem Wortmaterial in die Lücken des Textes ein.
durchaus, hier, längst, vielleicht, bald

Für Liebhaber alter Bücher lohnt sich … der Besuch einer historischen Bibliothek. Einen besonders schönen Lesesaal hat zum Beispiel das Kloster Schussenried. … kann man nicht nur die Bücherwände bestaunen, sondern auch die Malereien und Skulpturen.
Obwohl man … nicht mehr in eine Bibliothek gehen muss, um Bücher auszuleihen, hast du … Lust bekommen, dich … einmal in deiner Bibliothek umzusehen.

Adverbien

Adverbien geben die **Umstände eines Geschehens** an, z. B.

- **Lokaladverbien** (Wo geschieht etwas?): *hier, dort, zuhause, dorthin, hierhin.*
- **Temporaladverbien** (Wann geschieht etwas?): *heute, lange, oft, immer, stets.*
- **Interrogativadverbien** leiten bestimmte W-Fragen ein: *Wann? Wie lange? Wo? Wohin? Warum?*
- **Modaladverbien** (Wie?): *gerne, wohl, rücklings, schrittweise, anders, genauso.*
- **Kausaladverbien** (Warum?): *deshalb, deswegen, nämlich, dennoch, deshalb.*

Adverbien werden nicht gebeugt (flektiert) und können allein im Vorfeld stehen:
Man brachte Texte dorthin. Dorthin brachte man Texte.

Text- und satzbildende Adverbien

1 Lest die Satzbeispiele A bis C und besprecht, warum einige Satzbausteine unterstrichen sind.

A Auf dem Schulgelände befindet sich die Schulbibliothek. Neben der Schulbibliothek ist die Mensa.

B Ich esse jeden Tag in der Mensa. Weil ich jeden Tag in der Mensa esse, schaue ich auch oft in der Bibliothek vorbei.

C Ich stöbere dann in den Bücherregalen. Wenn ich in den Bücherregalen stöbere, entdecke ich manchmal interessante Bücher.

2 Ersetzt die unterstrichenen Satzbausteine in Aufgabe 1 durch die Adverbien *daneben, darum, dabei.* Schreibt alle Sätze auf.

3 Arbeitet mit den Sätzen aus Aufgabe 2.
- Wie verändern sich die Sätze?
- Worauf beziehen sich die Adverbien in den vorangestellten Hauptsätzen?

4 Lest den Info-Kasten auf S. 267 aufmerksam und besprecht:
- Welchen Namen haben die Adverbien?
- Welche Aufgabe haben die Adverbien im Satz oder im Text?

5 Setzt in die Lücken der folgenden Sätze die Adverbien aus dem Wortmaterial ein.
daher, dahinter, daneben, deshalb, weshalb, weswegen

a) Unterstreicht das Adverb und den Satzteil, auf den sich das Adverb bezieht. Tragt den Pfeil ein.

b) Unterstreicht das Adverb und den Satzteil, auf den sich das Adverb bezieht. Tragt den Pfeil ein. Benennt das Adverb.

Beispiel: Die Schulbibliothek hat von 8.00 Uhr bis 15.00 Uhr geöffnet, weshalb man dort nach dem Unterricht Hausaufgaben machen kann. (Pronominaladverb)

1) Die Schulbibliothek hat von 8.00 Uhr bis 15.00 Uhr geöffnet, ___ man dort nach dem Unterricht Hausaufgaben machen kann.

2) In der Mitte des Raumes stehen Regalwände. ___ befinden sich die PC-Arbeitsplätze. ___ stehen Sitzgruppen mit Steckdosen für Tablets.

3) Die Sitzgruppen kann man verschieben, ___ man einzeln, zu zweit oder in der Gruppe arbeiten kann. ___ arbeite ich gern in der Bibliothek.

4) In der Bibliothek ist es relativ ruhig, ___ mache ich dort gern meine Hausaufgaben.

6 Ersetzt im folgenden Text die unterstrichenen Satzteile mit den folgenden Pronomen: *dadurch, dafür, deshalb, worauf, weshalb.*

Der Satzbau kann sich beim Einsetzen verändern.

Die Bibliothek wurde nur für die Schule eingerichtet. Weil die Bibliothek nur für die Schule eingerichtet wurde, werden nur Medien für Lernende und Mitarbeitende der Schule angeboten. Im Veranstaltungsbereich können auch Präsentationen gezeigt werden. Für die Präsentationen werden die Regale zur Seite geschoben. Durch das Verschieben der Regale wird eine Projektionswand frei. Die Bibliothek ist ein besonderer Ort. Weil die Bibliothek ein besonderer Ort ist, kommen Autoren zu Lesungen gern dorthin. Für die Grundschulklassen werden thematische Lesenächte angeboten. Auf diese Lesenächte freuen sich die Lernenden sehr.

7 Verknüpft die folgenden Sätze. Ersetzt sich wiederholende Satzteile durch passende Adverbien. Beachtet, dass sich dabei der Satzbau verändern kann.

5) Immer wieder werden neue Medien angeschafft. Für die Anschaffung neuer Medien können alle Nutzer Vorschläge machen. (*dafür*)
6) Bücher und digitale Medien sollen immer aktuell sein. Weil Bücher und digitale Medien immer aktuell sein sollen, spendet der Förderverein jährlich eine große Summe. (*deshalb*)
7) Jedes Jahr werden alte Bücher auf dem Flohmarkt verkauft. Durch den Verkauf der alten Bücher wird Geld für Neuanschaffungen eingenommen. (*wodurch*)

Text- und satzbildende Adverbien

- Mit einigen Adverbien kann man Sätze und Texte **verknüpfen**. Dadurch vermeidet man Wiederholungen. Diese Adverbien werden nach ihrer Funktion unterschieden.
- **Pronominaladverbien** (*dafür, dadurch, dabei, daran, deshalb, daneben …*) werden wie Pronomen verwendet. Sie ersetzen Präpositionalgruppen und beziehen sich nur auf Dinge oder Sachverhalte:
  Die Bibliothek befindet sich auf dem Schulgelände. Daneben ist die Mensa.
- Einige Pronominaladverbien (*wofür, wodurch, wobei, woran, worauf, weswegen, weshalb*) leiten wie ein Relativpronomen Nebensätze ein:
  Die Bibliothek ist ganztags geöffnet, weshalb ich nach der Schule hingehe.
- **Konjunktionaladverbien** (*deshalb, deswegen, daher, nämlich, trotzdem …*) verknüpfen Sätze wie Konjunktionen zu Satzreihen. Sie können allein im Vorfeld stehen: *Die Bibliothek ist ganztags geöffnet, deshalb gehe ich nach der Schule hin.*

Präpositionen

Präpositionen unterscheiden

1 Lest den Text und besprecht: Drücken die unterstrichenen Präpositionalgruppen Orts- oder Zeitangaben aus?

Hast du im Winter schon einmal in einem See gebadet? Nein? Dann geht es dir wie Ole und Kim. Sie waren während der Ferien am Bodensee und staunten nicht schlecht, als sich am Neujahrsmorgen einige Männer, Frauen und sogar Kinder am Badesteg versammelten, um ins kalte Wasser einzutauchen. Und tatsächlich schwammen sie auch einige Minuten im Eiswasser.

2 Ordne die unterstrichenen Präpositionalgruppen in die Tabelle ein.
- Unterstreiche die Präposition.

Ortsangabe mit lokaler Präposition	Zeitangabe mit temporaler Präposition
	in der kalten Jahreszeit

3 Lest den Info-Kasten aufmerksam.
- Welche inhaltliche Bedeutung können Präpositionen haben?

4 Welche inhaltliche Bedeutung haben die unterstrichenen Präpositionalgruppen aus dem Text? Ordnet sie passend in die Tabelle ein.
- Kreist die Präpositionen ein.

Kim und Ole waren während der Ferien zum Jahreswechsel am Bodensee . Als sie am Neujahrsmorgen am Ufer entlangliefen, sahen sie eine Menschenmenge am Badesteg stehen. Die wollen doch nicht ins Wasser gehen, dachte Ole. Doch da stiegen schon die Ersten mit Schwung die Leiter hinab und schwammen einige Minuten im Eiswasser. Wegen der Kälte hatten einige Leute Mützen auf, was total verrückt aussah. Ob das gesund ist?

lokale Präposition	temporale Präposition	modale Präposition	kausale Präposition
am Bodensee			

Präpositionen unterscheiden

Präpositionen unterscheidet man nach ihrer inhaltlichen Bedeutung im Satz. Sie geben die Antwort auf verschiedene Fragen:
- **lokale Präpositionen**: *Wo? Wohin? Woher?*
- **temporale Präpositionen**: *Wann? Wie lange?*
- **modale Präpositionen**: *Wie?*
- **kausale Präpositionen**: *Warum?*
- **finale Präpositionen**: *Wozu?*

Präpositionen ohne eigene Bedeutung

1 Lest die folgenden Wortverbindungen.
- Nennt die Gemeinsamkeit und Unterschiede.

informieren über, Begeisterung für, Respekt vor, Bekanntschaft mit, bitten um, neugierig auf, lachen über, wichtig für, stolz auf

2 Tragt die Wortverbindungen in die Tabelle ein und ergänzt sie mit einem Fragewort wie im Beispiel.

Präposition + Verb	**Präposition + Adjektiv**	**Präposition + Nomen**
informieren (sich) über wen? / was?		

3 Schreibt aus den Sätzen 1) bis 8) die unterstrichenen Wortverbindungen und die Ergänzung auf wie im Beispiel.
- Unterstreicht das Verb / Adjektiv / Nomen rot.
- Unterstreicht die Präpositionalgruppe (Präposition + Ergänzung) schwarz.
- Umkreist die Präposition.
- Besprecht, welche Aufgabe die Präposition hat.

Beispiel: informierten (sich) über das Eisschwimmen

1) Ole und Kim informierten sich über das Eisschwimmen im Internet.
2) Allmählich wuchs ihre Begeisterung für diese Sportart.
3) Sie hatten großen Respekt vor dem eisigen Wasser.
4) Sie machten die Bekanntschaft mit den Eis-Schwimmer-Bären.
5) Dort baten sie um die Aufnahme in den Verein.
6) Sie waren neugierig auf das Eisschwimmen im Verein.
7) Heute lachen sie über den ersten Einstieg in die Eistonnen.
8) Wichtig für das Eisschwimmen ist das regelmäßige Training im kalten Wasser.

4 Schreibt zu folgenden Wortverbindungen je zwei Ergänzungen auf:
(sich) freuen auf, (ein) Beweis für, gut gegen. Unterstreicht wie in Aufgabe 3.

Beispiel: antworten auf den Brief, antworten auf die Frage

Präpositionen ohne eigene Bedeutung

Einige Präpositionen haben **keine inhaltliche Bedeutung** (lokal, temporal, modal, kausal). Sie folgen auf Verben, Adjektive oder Nomen und verbinden das Wort mit einem Satzglied (Objekt) oder Satzgliedteil (Teil eines Objekts).
Verb + Präposition: *lachen über den Witz*
Adjektiv + Präposition: *stolz auf das Ergebnis*
Nomen + Präposition: *Respekt vor der Aufgabe*

Subjunktionen mit Infinitivsätzen

Zeichensetzung
→ S. 235/236

1 Lest die Sätze **A** und **B**.

A Ich sehe dich immer spielen, statt zu lernen.

B Ich sehe dich immer spielen statt lernen.

2 Sprecht über die Sätze **A** und **B**.

- Welche Gemeinsamkeiten und Unterschiede gibt es?
- Vermutet, warum Satz **A** ein Komma hat und Satz **B** nicht.

3 Untersucht mit den Sätzen 1) bis 4), wie Infinitivsätze gebildet werden.

- Unterstreicht den Infinitiv.
- Womit wird der Infinitivsatz eingeleitet?
- Wie wird der Infinitivsatz vom Hauptsatz abgetrennt?
- Besprecht, ob es ein weiteres Merkmal für die Kommasetzung geben könnte.
- Vergleicht eure Antwort mit dem Info-Kasten.

1) Sie bleibt, anstatt nach Hause zu gehen.
2) Sie steht auf, um nach Hause zu gehen.
3) Sie steht auf, ohne nach Hause zu gehen.
4) Sie braucht nichts weiter, als nach Hause zu gehen.

4 Schreibt die Sätze 5) bis 7) ab und überprüft, ob ein Komma gesetzt werden muss. Geht so vor:

- Unterstreicht den Infinitiv und *zu*.
- Rahmt die Subjunktion ein und setzt das Komma.

5) Er verließ den Wettbewerb ohne einen Preis zu gewinnen.
6) Das scheint nicht zu genügen.
7) Er blieb lieber still anstatt etwas zu sagen.

5 Schreibt die Sätze 8) bis 11) mit einer passenden Subjunktion ab.

8) Manche haben nichts anderes zu tun, ___ auf ihrem Handy zu daddeln.
9) Er half, ___ zu zögern.
10) Sie kam, ___ eine Runde zu schwimmen.
11) Er hat das Fenster immer geschlossen, ___ mal zu lüften.

Subjunktionen mit Infinitivsätzen

Die **Subjunktionen** *um, ohne, anstatt, statt, als* bilden mit einem Infinitiv mit *zu* einen **Infinitivsatz**. Vor der Subjunktion steht ein **Komma**.
Sie steht auf, um nach Hause zu gehen.

Zusammenfassung

Überprüfe dein Wissen und Können

Digital+
WES-126528-098
Text zum Ausdrucken

1 Lies den Text.

1) Bei archäologischen Grabungen in Heilbronn machte das Grabungsteam eine sensationelle Entdeckung.
2) Unter einem geteerten Weg wurde ein Teil einer römischen Straße gefunden.
3) Das Straßenstück hat eine Länge von 500 m und eine Breite von 14 m.
4) An beiden Seiten sind die typischen Entwässerungsgräben zu erkennen.
5) Damit konnte zum ersten Mal in Baden-Württemberg ein so langer Straßenabschnitt mit all seinen Teilen untersucht werden.
6) Die Straße habe vor etwa 2000 Jahren die zwei Kastellplätze Böckingen und Wimpfen verbunden.
7) Solche Kastellplätze findet man in regelmäßigen Abständen entlang des Neckarlimes, der um das Jahr 100 n. Chr. erbaut wurde.
8) Als man Reste von Gebäuden fand, vermutete man, dass es sich um einen Gutshof handele.
9) Aber schon bald entdeckten die Forscher die Überreste mehrerer Häuser.
10) Daraus konnten Archäologen schließen, dass an dieser Stelle ein Dorf gestanden hatte.
11) Es ist direkt an der Straße entstanden, deshalb diente es wahrscheinlich zuerst als Handels- und Rastplatz.
12) Später siedelten sich dort auch Handwerker an.
13) Diese Vermutungen bestätigt auch der Fund von Teilen einer Merkurstatue.
14) Der fast natürlich große Kopf und die Hand mit einem Geldbeutel deuten eindeutig auf Merkur.
15) Dieser ist der Beschützer der Händler und Kaufleute.
16) Ihm waren Tempel an römischen Handelsplätzen gewidmet.
17) Sein Name stammt vom lateinischen Wort *merx* für *Ware*.
18) Grabungen wie in Heilbronn finden nicht ohne Anlass statt.
19) Wegen eines geplanten Bauprojekts wurde der Boden mit Stichgrabungen nach Fundstücken untersucht.
20) „Wie das Beispiel zeigt, sind solche Rettungsgrabungen notwendig, um wahre Schätze zu bergen", sagte die verantwortliche Archäologin.

der Kastellplatz *befestigtes Militärlager der Römer*

der Neckarlimes *die befestigte Grenze des Römischen Reiches am Neckar*

Merkur *römischer Gott*

2 Bestimme die Wortart aller Wörter im folgenden Satz.

a) Arbeite mit Satz 8).

b) Arbeite mit Satz 5).

3 Arbeite mit den Nominalgruppen in Satz 2):
- Markiere die Kasusendungen der Nomen, Artikelwörter und Adjektive.
- Bestimme den Kasus dieser Wörter.

4 Nenne für die Abkürzungen (Satz 3, Satz 7) die vollständigen Begriffe.

5 Arbeite mit den Pronomen in folgenden Sätzen:
a) Unterstreiche in den Sätzen 7), 15), 16) die Pronomen. Ersetze sie durch die Begriffe, auf die sie sich beziehen bzw. die sie ersetzen.
b) Schreibe alle Pronomen aus den Sätzen geordnet auf: Personalpronomen, Demonstrativpronomen, Relativpronomen, Reflexivpronomen und das Pronomen *es*.

6 Arbeite mit den Adjektiven.
a) Steigere das Adjektiv aus Satz 5).
b) Nenne die Adjektive der Sätze 1), 4), 5), 14), 20).

7 Schreibe die Adverbien auf und ordne sie.
a) Ordne die Adverbien aus den Sätzen 9) und 12) in Lokal- und Temporaladverbien.
b) Ordne die Adverbien aus den Sätzen 5), 9), 10), 12) 14) in Lokal-, Temporal-, Modal- und Pronominaladverbien.

8 Arbeite mit den Präpositionen.
a) Ordne die Präpositionalgruppen aus den Sätzen 1), 2), 4), 6) in die Tabelle ein. Unterstreiche die Präposition.

B → S. 317
Präpositionalgruppe

Ortsangabe mit lokaler Präposition	**Zeitangabe mit temporaler Präposition**

b) Ordne die Präpositionen der Sätze 1), 2), 4), 6),19) nach Lokal-, Temporal-, Modal- und Kausalpräposition.

9 Bestimme die Tempusformen der Verben in den Sätzen 3), 8), 10), 16).

10 Schreibe die Sätze 2) und 19) im Aktiv auf.

11 Sortiere die Sätze 2), 11), 19) in Vorgangs- und Zustandspassiv.

12 Trage aus den Sätzen 6) und 8) die Verben im Konjunktiv I in die Tabelle ein. Ergänze die übrigen Formen.

Infinitiv	**Indikativ**	**Konjunktiv I**	**Konjunktiv II**

Digital+
WES-126528-099
Lösungen

13 Schreibe Satz 20) in indirekter Rede auf. Benutze den Konjunktiv I.

Vom Bau des Satzes

Digital+
WES-126528-100
Blatt mit vier eingeteilten Feldern

1 Spielt gemeinsam mit Sprache:
- Lest die Spielanleitung.
- Geht so vor, wie in der Spielanleitung beschrieben.

Spielvorbereitung:
- Bildet Gruppen mit drei Mitspielern.
- Teilt ein DIN-A4-Blatt im Querformat in vier gleich große Spielfelder.
- Gebt jedem Abschnitt eine Überschrift: Subjekt, Prädikat, Objekt, Adverbiale.
- Schreibt folgende Verben untereinander in die Spalte Prädikat: ***gibt, gefällt, gratulieren.***

Spielverlauf:
- Der erste Mitspieler schreibt in das erste Spielfeld ein Subjekt (Nominalgruppe, Pronomen). Dann faltet er den beschriebenen Abschnitt nach hinten, sodass auch das Prädikat verdeckt ist.
- Der zweite Mitspieler schreibt auf das dritte Spielfeld ein Objekt, faltet den beschriebenen Abschnitt nach hinten und gibt das Blatt weiter.
- Der dritte Mitspieler schreibt in das vierte Spielfeld eine adverbiale Bestimmung.
- Faltet das Blatt wieder auseinander und lest eure Sätze vor.

2 Überprüft den Inhalt der Sätze: Sind die Sätze inhaltlich vollständig und sinnvoll?

3 Überprüft die Grammatik der Sätze:
- Stimmen Subjekt und Prädikat in Person und Numerus überein?
- Stehen die Objekte und Adverbiale im richtigen Kasus?
- Fehlen Satzglieder?
- Konnten alle Satzglieder ergänzt werden?

4 Überarbeitet die Sätze, sodass sie inhaltlich einen Sinn ergeben und grammatisch korrekt sind.

In diesem Kapitel lernst du (,) ...
- die Stellung der Satzglieder im Satz kennen.
- Feldermodelle zu unterscheiden.
- den Nebensatz als Satzglied kennen.
- den indirekten Fragesatz kennen.
- weitere Formen des Attributs kennen.
- komplexe Satzgefüge kennen.
- Sätze miteinander zu verknüpfen.

Stellung der Satzglieder im Satz

1 Unterstreicht in den Sätzen 1–6 die Satzglieder. Verwendet für Subjekte, Prädikate, Objekte und adverbiale Bestimmungen unterschiedliche Farben.

1) Das Kind schläft jeden Mittag.
2) Die Mannschaft gewann gestern den Pokal.
3) Ich leihe Tanja in der Schule meinen Taschenrechner.
4) Sie besuchen ihre Freundin im Krankenhaus.
5) Ich suche mein Handy.
6) Die Jury übergibt den Siegern den Preis.

Digital+
WES-126528-101
Sätze und Tabelle zum Ausdrucken

2 Trage die Sätze aus Aufgabe 1 in die Tabelle ein wie im Beispiel.

Subjekt	Prädikat	Dativobjekt	Akkusativobjekt	Adverbiale
Das Kind	*schläft*			*jeden Mittag.*

3 Arbeitet mit den Sätzen in der Tabelle (Aufgabe 2).

- Welche Satzglieder findet man in jedem Satz? Benennt sie.
- Welche Satzglieder findet man nicht in jedem Satz? Wie erklärt ihr euch das?

4 Vergleicht die Sätze 2) und 3) aus den Aufgaben 1 und 2 miteinander.

- Nennt Gemeinsamkeiten und Unterschiede.
- Welche Satzreihenfolge gefällt euch besser? Begründet.

5 Schreibe die Satzglieder der Sätze 7–10 in einer anderen Reihenfolge auf.

Subjekt	Prädikat	Dativobjekt	Akkusativobjekt	Adverbiale
7) Ich	kaufe	mir	ein neues Shirt	am Wochenende.
8) Tom	erklärt	der Klasse	die Aufgaben	an der Tafel.
9) Wir	drücken	euch	die Daumen	während der Prüfung.
10) Der Bote	liefert	dem Kunden	die Pizza	pünktlich.

Stellung der Satzglieder im Satz

1. Im deutschen Satz ist die **Reihenfolge** der Satzglieder **festgelegt**:
   Subjekt – Prädikat – Dativobjekt – Akkusativobjekt.
2. Das liegt daran, dass das Verb die Anzahl und Art der Objekte bestimmt:
   Ich leihe Tanja meinen Taschenrechner.
3. Dativ- und Akkusativobjekt werden getauscht, wenn die Nominalgruppen durch **Pronomen** ersetzt werden: *Ich leihe ihn ihr.*
4. Die Reihenfolge der Satzglieder kann verändert werden, um:
   - einzelne Satzglieder zu betonen.
   - den Zusammenhang zwischen Sätzen herzustellen.
5. Die Personalform des **Prädikats** steht immer an der **zweiten Stelle**.

BP: Stellung der Satzglieder im Satz
GR: Stellung der Satzglieder im Satz

Sätze ohne Subjekt

1 Lest die folgende Aufgabe aus einem Test.

B → S. 308
Aktiv und Passiv

Die folgenden Sätze stehen im Aktiv. Setze sie ins Passiv.
Unterstreiche anschließend Subjekt und Prädikat.
1) Wir tanzen heute.
2) Sie lernten gestern.

2 Konntet ihr die Aufgabe lösen? Begründet.

3 Lest den Info-Kasten aufmerksam und besprecht:
- Wie heißen Sätze ohne sichtbares Subjekt?
- Womit kann man sie ergänzen?
- Warum stehen die finiten Verbformen in der 3. Person Singular?

B → S. 317
Pronomen es

4 Setze die folgenden Sätze ins Passiv.
- Schreibe jeden Satz **einmal mit** *es* und **einmal ohne** *es*.
- Bestimme Person und Numerus der finiten Verbformen.

3) Wir diskutierten über das Spiel.
4) Wir sprechen viel davon.
5) Wir schreiben in der Schule.
6) Wir aßen gestern zu viel.

5 Ergänzt die folgenden Satzanfänge wie im Beispiel.
- Bestimme Person und Numerus der finiten Verbform.

Beispiel: Mir ist angst und bange. Es ist mir angst und bange.

Mir ist …	angst und bange
Uns graut …	übel
Ihm ist …	langweilig
Ihr ist …	vor der Klassenarbeit

Sätze ohne Subjekt

In manchen Sätzen gibt es kein Satzglied, das mit *wer? / was?* erfragt werden kann. Es sind **subjektlose Sätze:** *Mir ist schlecht. Heute wird getanzt.*
Daher stehen die **finiten Verbformen** auch in der **3. Person Singular**.
Diese Sätze können mit dem Pronomen *es* als **Platzhalter** ergänzt werden:
Es ist mir schlecht. Es wird heute getanzt.
Sätze ohne Subjekt können sein: **Sätze mit unpersönlichen Verben** (*Mir ist schlecht.*) oder **Passivkonstruktionen** (*Heute wird getanzt.*).

Feldermodelle vergleichen

Kevin und Maja gehen in verschiedene Schulen. Beide sollen Sätze ins Feldermodell eintragen. Dabei stellen sie fest, dass sie unterschiedliche Feldermodelle benutzen.

1 Betrachtet den Hauptsatz in den beiden Feldermodellen:
- Vergleicht die Feldermodelle.
- Nennt Gemeinsamkeiten und Unterschiede.

A Kevins Feldermodell

Vorfeld	linke Verb-klammer	Mittelfeld	rechte Verb-klammer	Nachfeld
Den Schwaben	werden	einige besondere Eigenschaften	zugeschrieben.	

B Majas Feldermodell

Vorfeld	linke Satzklammer	Mittelfeld	rechte Satz-klammer	Nachfeld
Den Schwaben	werden	einige besondere Eigenschaften	zugeschrieben.	

2 Betrachtet die Satzgefüge in den beiden Feldermodellen.
- Vergleicht die Darstellung in den Feldermodellen miteinander.
- Nennt Gemeinsamkeiten und Unterschiede.

A Kevins Feldermodell

Vorfeld	linke Verb-klammer	Mittelfeld	rechte Verbklammer	Nachfeld
Weit	verbreitet	ist die Ansicht,		dass die Schwaben sparsam, fleißig und clever sind.

B Majas Feldermodell

Vorfeld	linke Satzklammer	Mittelfeld	rechte Satzklammer	Nachfeld
Weit	verbreitet	ist die Ansicht,		
	dass	die Schwaben sparsam, fleißig und clever	sind.	

BP: Feldermodell mit Satzklammer

Digital+
WES-126528-102
Text und Feldermodell zum Ausdrucken

3 Unterstreiche in den Sätzen 1–9 alle Prädikate und markiere die Subjunktionen.

Alles nur Klischees?

1) Weit verbreitet ist die Ansicht, dass die Schwaben sparsam, fleißig und clever sind.
2) Sind dies aber wirklich die typischen Eigenschaften der Bewohner des Südwestens?
3) Forscher haben sich mit diesem Thema ausführlich beschäftigt.
4) Weil in Schwaben noch bis ins 19. Jahrhundert bittere Armut herrschte, mussten alle angeschafften Dinge lange halten.
5) Nichts wurde einfach weggeworfen!
6) Diese Einstellung hat sich bis heute erhalten, obwohl viele Menschen in relativem Wohlstand leben in dieser Region.
7) Als das Zeitalter der Industrialisierung begann, konnten die Menschen durch ihren sprichwörtlichen Fleiß der Armut entfliehen.
8) Gezielt wird heute das Klischee vom „Cleverle" gepflegt mit dem Slogan:
9) Wir können alles, außer Hochdeutsch.

4 Trage die Sätze 1–9 in das Feldermodell mit Satzklammer ein.
- Beginne mit der linken und der rechten Satzklammer.
- Trage dann die übrigen Satzteile entsprechend ins Vorfeld, Mittelfeld und Nachfeld ein.
- Trage die Subjunktionen in die linke Satzklammer ein.

Vorfeld	linke Satzklammer	Mittelfeld	rechte Satzklammer	Nachfeld
Weit verbreitet	*ist* *dass*	*die Ansicht,* *die Schwaben sparsam, fleißig* *und clever*	*sind.*	

5 Unterscheide die Sätze nach ihrer Form:
Verberstsatz – Verbzweitsatz – Verbletztsatz.

Feldermodelle

Es gibt verschiedene Feldermodelle.
Das Feldermodell mit **Verbklammer**:
- Es zeigt nur die Position der finiten Verbform in Hauptsatz.
- Die **Satzformen** Verberstsatz und Verbzweitsatz können abgelesen werden.

Das Feldermodell mit **Satzklammer**:
- Es zeigt die Position des finiten Verbs im Haupt- und im Nebensatz.
- Die Subjunktion besetzt im Nebensatz die linke Satzklammer.
- Die **Satzformen** Verberstsatz, Verbzweitsatz, Verbletztsatz können abgelesen werden.

Nebensätze als Satzglieder

Subjektsatz

1 Bestimmt Haupt- und Nebensatz in den Sätzen 1–5.
- Besprecht, wie ihr Haupt- und Nebensatz ermittelt habt.

Bens Auftritt

1) Ihn freut, dass Lena gekommen ist.
2) Ihn stört nicht, dass viele Zuschauer da sind.
3) Dass er sein Bestes gibt, ist klar.
4) Was er hier zeigt, ist toll.
5) Dass er an der Show teilnehmen darf, macht ihn froh.

2 Untersucht Satz 1) aus Aufgabe 1.
- Stellt fest, ob es im Hauptsatz ein Subjekt gibt.
- Stellt die Subjektfrage *wer? / was?*
- Mit welchem Satzteil könnt ihr antworten?
- Überprüft eure Antwort mithilfe des Info-Kastens.

3 Formuliert die Sätze 1–5 in einen Hauptsatz mit Subjekt um.
Arbeitet wie im Beispiel: *1) Ihn freut, dass Lena gekommen ist.*
Wer/was freut ihn? → dass Lena gekommen ist.
Lenas Kommen freut ihn.

4 Verbindet die Subjektsätze mit den passenden Nebensätzen.

Dass er Lampenfieber hatte,	war für ihn aufregend.
Wer trotzdem sicher auftritt,	kann besser mitfiebern.
Vor so vielen Menschen zu singen,	kann andere überzeugen.
Wer schon einmal in einer ähnlichen Situation war,	ist verständlich.

5 Bilde aus den unterstrichenen Satzgliedern Subjektsätze und schreibe den ganzen Satz auf.
6) Ben kümmert das grell leuchtende Scheinwerferlicht nicht.
7) Seine Bewerbung für den Wettbewerb war von Anfang an sicher.

Subjektsatz

- Ein **Subjektsatz** ist ein Nebensatz, der die Funktion eines Subjekts hat, das im Hauptsatz fehlt oder mit dem Pronomen *es* ausgedrückt wird.
- Er kann mit *wer? / was?* erfragt werden.
- Oft wird er mit ***ob, dass*** oder einem **W-Fragewort** eingeleitet: *Ihn freut (HS), dass Lena gekommen ist (NS). Wer/was freut ihn? – dass Lena gekommen ist. Ihn freut es, dass Lena gekommen ist.*

B → S. 317
Pronomen es

Objektsatz

1 Lest die Sätze in den Kästen.
- Vergleicht jeweils die Sätze auf der linken und der rechten Seite.
- Nennt Gemeinsamkeiten und Unterschiede.

1) Die meisten Lernenden wünschen sich saubere Schultoiletten.	A) Die meisten Lernenden wünschen sich, dass die Schultoiletten sauber sind.
2) Man sieht aber oft total verdreckte Schultoiletten.	B) Man sieht aber oft, dass die Schultoiletten total verdreckt sind.
3) Viele Lernende müssen leider auch Schmierereien an den Wänden akzeptieren.	C) Viele Lernende müssen leider akzeptieren, dass auch die Wände beschmiert sind.

2 Untersucht die unterstrichenen Satzteile der Sätze 1) und A) genauer.
- Welche Funktion haben sie im jeweiligen Satz? Begründet.
- Überprüft eure Antwort mithilfe des Info-Kastens.

1) Die meisten Lernenden wünschen sich saubere Schultoiletten.
A) Die meisten Lernenden wünschen sich, dass die Schultoiletten sauber sind.

3 Untersucht die Sätze B) und C).
- Welche Funktion haben die Nebensätze?
- Wie werden die Nebensätze gebildet?

4 Verbindet die folgenden Satzpaare so zu einem Satzgefüge, dass der Nebensatz ein Objektsatz ist.

4) Greta erzählt. In ihrer Schule wurden die Toiletten frisch gestrichen.
5) Am nächsten Tag sah Greta. Einige Mädchen hatten sich an den Wänden verewigt.
6) Sie fragt. Welche Schülerinnen haben das gemacht?

Objektsatz

Ein Objektsatz ist ein Nebensatz, der
- die Funktion eines Objekts hat.
- mit einer Objektfrage (*wen? / was?*) erfragt werden kann.
- oft mit *ob, dass, wer, was* eingeleitet wird.

Akkusativ-Objekt: Die meisten Lernenden wünschen sich saubere Toiletten.
Objektsatz: *Die meisten Lernenden wünschen sich,* dass die Toiletten sauber sind.
Wen/was wünschen sich die meisten Lernenden?
saubere Toiletten / dass die Toiletten sauber sind.

Indirekter Fragesatz

1 Lest die folgenden Sätze. Besprecht Gemeinsamkeiten und Unterschiede.

1) Albin überlegt: Wann kommt der neue Film ins Kino?
2) Albin überlegt, wann der neue Film ins Kino kommt.

2 Tragt beide Sätze aus Aufgabe 1 ins Feldermodell ein.
- Beschreibt, welche Felder in Satz 1) und welche Felder in Satz 2) besetzt sind.

Vorfeld	linke Satzklammer	Mittelfeld	rechte Satzklammer	Nachfeld
Albin *Wann* *Albin*	*überlegt:* *kommt* *überlegt,* *wann*			

3 Lest den Info-Kasten und besprecht:
- Wie wird der indirekte Fragesatz gebildet?
- Mit welchen Wörtern wird der indirekte Fragesatz eingeleitet?
- In welchen Situationen wird der indirekte Fragesatz genutzt?
- Welche Funktion hat der indirekte Fragesatz im Satz?

4 Wandelt die Sätze 3)–6) in indirekte Fragesätze um.
Tragt beide Sätze ins Feldermodell ein.

3) Albin ist sich nicht sicher: Kommt der Film in diesem oder im nächsten Monat ins Kino?
4) Er weiß nicht mehr: Wo hat er über den Kinostart gelesen?
5) Er kann nur seine Freunde fragen: Weiß es einer?
6) Er ist sich nicht sicher: Kann man schon jetzt Karten kaufen?

Indirekter Fragesatz

- Der **indirekte Fragesatz** ist ein Nebensatz zu einem Verb des Fragens oder Nicht-Wissens: *ich verstehe / weiß nicht; ich bin mir nicht sicher; ich möchte wissen, ...*
- Er wird mit der **Subjunktion** *ob* oder einem **Fragepronomen** eingeleitet:
  Ich weiß nicht, ob das Kino schon geöffnet hat.
  Ich weiß nicht, wann das Kino geöffnet hat.
- Der indirekte Fragesatz hat die Funktion eines Objektsatzes:
  Ich weiß nicht, ob das Kino schon geöffnet hat. (was?)

Formen von Attributen

1 Lest den folgenden Text und unterstreicht alle Attribute.
- Tragt die Attribute mit ihrem Bezugswort in die Tabelle ein.

Digital+
WES-126528-103
Text und Tabelle zum Bearbeiten

Schweinswale

In Deutschland kann man Wale in ihrem natürlichen Lebensraum beobachten. Streng geschützte Schweinswale kann man an der Westküste der größten nordfriesischen Insel, Sylt, sehen. Bei der Walbeobachtung von Land aus werden die Tiere nicht gestört. Allerdings kam es auch schon vor, dass Schwimmer über die dunkle Fluke eines Schweinswals neben sich erschraken, weil sie dachten, es wäre ein Hai.

Adjektivattribut	Als Adjektiv gebrauchtes Partizip	Präpositionalattribut	Genitivattribut	? als Attribut
natürlichen				

B → S. 313
Infinitivsatz

2 Untersucht den folgenden Satz.
- Welche Wörter und Wortgruppen beschreiben das Nomen *Wunsch* näher?
- Vergleicht eure Antwort mit dem Info-Kasten.

1) Lisa hat den großen Wunsch, einmal Wale zu beobachten.

3 Arbeitet mit den weiteren Sätzen.
- Unterstreicht alle Attribute.
- Tragt die Attribute in die Tabelle (Aufgabe 1) ein.
- Ergänzt den Namen des Attributs in der letzten Spalte.

Das Problem, die Wale bei Beobachtungsfahrten zu stören, ist ihr bekannt.
Deshalb fährt sie im Mai an die Nordsee.
Dort gibt es die Möglichkeit, Wale vom Land aus zu beobachten.
Ihre Angst, keine Wale zu sehen, war ganz umsonst.
Denn die Wahrscheinlichkeit, Tiere im Mai zu sichten, ist sehr hoch.
Das Gefühl, den Riesen des Meeres so nahe zu sein, war gigantisch.

Infinitivsatz als Attribut

Infinitivsätze können ein Nomen näher bestimmen. Sie haben dann die **Funktion eines Attributs** und stehen rechts vom Bezugsnomen.
Der Infinitivsatz wird mit einem **Komma** vom Nomen abgetrennt.

Lisa hat den großen Wunsch, einmal Wale zu beobachten.
Was für einen Wunsch hat Lisa? – einen großen Wusch, einmal Wale zu beobachten

Komplexe Satzgefüge

1 Arbeitet mit dem folgenden Text. Geht so vor:
- Schreibt die Sätze nacheinander ab.
- Unterstreicht die finiten Verbformen.
- Bestimmt jeweils Haupt- und Nebensatz.
- Tragt die Sätze ins Feldermodell (Satzklammer) ein.

2 Lest die folgenden Sätze und besprecht die Besonderheit.

Digital+
WES-126528-104
Text zum Ausdrucken

In Tschechien sollte ein Gelände, das jahrelang vom Militär genutzt wurde, renaturiert werden, was heißt, dass es in ein Feuchtgebiet umgewandelt werden sollte.
Dazu sollten in einem Bachlauf, der das Gelände durchfließt, Dämme gebaut werden, damit das überlaufende Wasser auf die trockenen Wiesen gelangt, sodass sich ein Sumpfgebiet bilden kann.
Während sich die Planung über Jahre hinzog, erledigte eine Biberfamilie, die aus einem anderen Gebiet stammte, die ganze Arbeit in wenigen Tagen.
Sie bauten genau an der Stelle, die in der Planung dafür vorgesehen war, einen Damm, sodass sich weitere Arbeiten erübrigen.
Wo es Biber gibt, gibt es aber auch Konflikte, denn nicht alle freuen sich über die fleißigen Baumeister. In der Nähe von Feldern sind sie nicht gern gesehen, weil überflutete Flächen bedeuten, dass es zu Ernteausfällen kommt.
In Tschechien waren die Biber aber willkommene Gäste, weil so viel Geld, das für die Renaturierung bereitstand, eingespart und außerdem das Ökosystem stabilisiert wurde.

3 Unterstreicht in den Sätzen aus Aufgabe 2 alle finiten Verbformen und bestimmt die Haupt- und Nebensätze. Arbeitet wie im Beispiel.

In Tschechien sollte ein Gelände, das jahrelang vom Militär genutzt wurde,
HS 1 / Teil 1 NS 1 / Relativsatz
renaturiert werden, was heißt, dass es in ein Feuchtgebiet umgewandelt werden sollte.
HS 1 / Teil 2 NS 2 / RS NS / Subjektsatz

Komplexe Satzgefüge

In einem Satzgefüge mit mehreren Haupt- und Nebensätzen gibt es unterschiedliche Abhängigkeiten.
Hauptsätze stehen nebeneinander, ohne abhängig zu sein.
Nebensätze können von einem Hauptsatz oder von einem Nebensatz abhängig sein.
***Das Gelände**, das, nachdem es mehrere Tage geregnet hatte, unter Wasser stand,*
HS / Teil 1 NS/RS NS/Temporalsatz NS/Relativsatz
***verwandelt sich allmählich in eine Feuchtwiese**.*
HS / Teil 2

Zusammenfassung

Überprüfe dein Wissen und Können

1 Lies den Text.

Antrag für Lebensrettungsmedaille gestellt

1) Wie wir bereits berichteten, wurde ein Kind, das in die Donau, die an dieser Stelle ziemlich breit ist, gefallen war, von einem Hund gerettet.
2) Der Vater des Kindes berichtet:
3) „Mir ist noch heute angst und bange!
4) Wenn der Hund nicht rechtzeitig zur Stelle gewesen wäre, wäre wahrscheinlich Schlimmes passiert.
5) Ich weiß nicht, wie der Hund unseren Jungen aus dem eiskalten Wasser gezerrt hat.
6) Er reagierte sofort, als er die aufgeregten Menschen am Donauufer sah.
7) Mich überraschte, dass diese Menschen nichts getan haben.
8) Nach einem kurzen Aufenthalt im Krankenhaus konnten wir unseren Sohn am Wochenende nach Hause holen."
9) Wir fragen uns, ob es die Möglichkeit gibt, einem Hund die Lebensrettungsmedaille zu verleihen.

2 Schreibe den Subjektsatz ab und bilde dazu die Form mit *es.*

3 Trage die Sätze 4) und 6) in ein Feldermodell mit Satzklammer ein.
- Bestimme Haupt- und Nebensatz.

4 Schreibe die Attribute des Textes heraus.
a) Ordne die Attribute in die Spalten 1) bis 4) der Tabelle ein.
b) Ordne die Attribute in die Spalten 1) bis 5) der Tabelle ein.

1) Adjektivattribut	2) Als Adjektiv gebrauchtes Partizip	3) Präpositionalattribut	4) Genitivattribut	5) Infinitivsatz als Attribut

5 Schreibe den Objektsatz heraus.

6 Benenne die beiden indirekten Fragesätze.

7 Schreibe Satz 1) ab. Bestimme den Hauptsatz. Bestimme die Nebensätze und bezeichne sie genau. Trage mit einem Pfeil die Abhängigkeit der Nebensätze ein.

Digital+
WES-126528-105
Lösungen

Wortkunde

In einer Sprachfamilie fasst man unterschiedliche Sprachen mit einer gemeinsamen Herkunft zusammen.

1 Die Karte gibt einen Überblick über die verschiedenen Sprachfamilien. Schaut euch die Karte an und beschreibt sie. Beachtet die Legende zu den Farben.

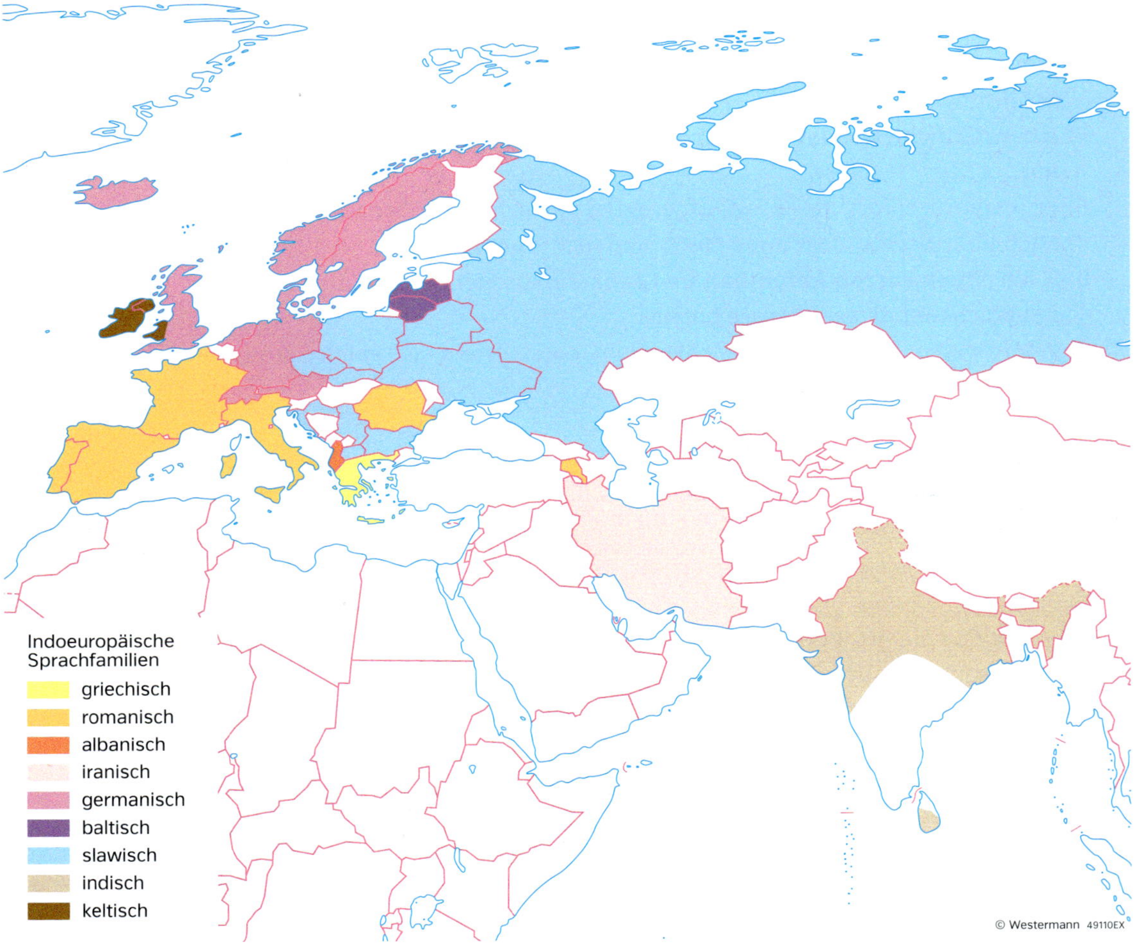

2 Findet für jede Sprachfamilie (z. B. romanisch) Beispiele für heutige, moderne Sprachen. Nehmt einen Atlas zu Hilfe.

3 Erläutert mithilfe der Karte, welche Sprachen heute besonders große Ähnlichkeit mit der deutschen Sprache haben.

Die Sprachen in ... haben große Ähnlichkeit mit der deutschen Sprache.
Das liegt daran, dass sie zu ... gehören.

Achtet auf die rosa gefärbten Länder.

4 Lest den Text zur Entstehung der Sprachen.

Wie unsere Sprache entstanden ist

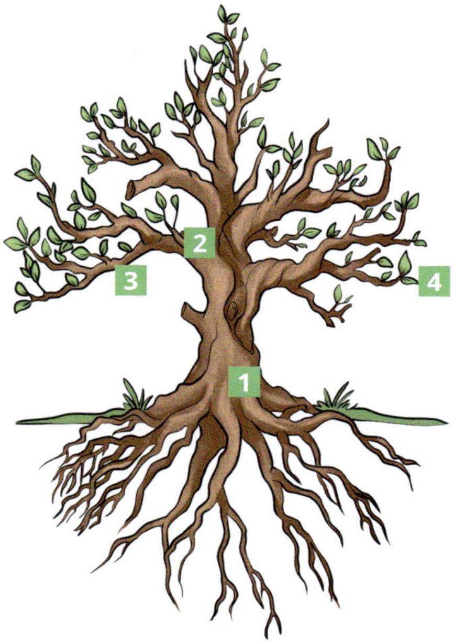

Die Entwicklung unserer Sprache kann man mit einem Baum vergleichen. Die Wurzel und den dicken kräftigen Stamm bildet die **indoeuropäische Sprache**. Sie entstand etwa im vierten Jahrtausend vor Christus. Dann breitete sie sich in Mitteleuropa bis nach Island und nach Indien aus.
Die starken Äste des Baumes sind die **Sprachfamilien.** Diese bildeten sich aus der indoeuropäischen Sprache heraus, u. a. *Germanisch*, *Romanisch* oder *Slawisch*.
Jeder Ast hat viele Zweige bekommen. Das sind die einzelnen **Sprachen**. Viele Sprachen sind mittlerweile ausgestorben, weil sie niemand mehr spricht. Dann gibt es sogenannte tote Sprachen wie *Latein.* Sie werden heute von keinen Muttersprachlern mehr gesprochen. Nur noch wenige Personen verwenden sie wie eine Art Fachsprache (z. B. im Vatikan oder in der Wissenschaft). Ein großer Teil der Sprachen hat sich weiterentwickelt und existiert noch heute (*Griechisch, Deutsch, Englisch, Französisch, Russisch, ...*). In der germanischen Sprachfamilie bildeten sich z. B. die modernen Sprachen *Deutsch*, *Englisch* und *Schwedisch* heraus.
An den Zweigen sieht man unzählige Knospen. Das sind die **Dialekte**. Bis zum Mittelalter sprachen die Menschen im deutschen Sprachraum nur Dialekt. Das machte die Verständigung schwierig. Erst in der Neuzeit entwickelte sich eine Einheitssprache im deutschen Sprachraum: Hochdeutsch.

5 Ordnet die fettgedruckten Fachbegriffe aus dem Text den Zahlen in der Grafik passend zu.

6 Erklärt euch mithilfe des Textes folgende Fachbegriffe:

Sprachfamilien – Sprachen – tote Sprache – ausgestorbene Sprache – Einheitssprache.

In diesem Kapitel lernst du (,)...
- Fremdwörter zu verstehen und zu nutzen.
- Wörter einer Wortfamilie kennen und zu verwenden.
- Synonyme und Antonyme zu unterscheiden.

Fremdwörter verstehen und nutzen

1 Lest den Text.

Morgens im Bad

Schnell unter die Dusche: ein klärendes **Waschgel** ins Gesicht, ein **Peeling** für den Körper und **Shampoo** und **Conditioner** ins Haar. Nach dem Trocknen brauchen die Haare einen passenden **Look**. Beim **Styling** helfen am besten **Haarspray** und **-gel**. Auch die Haut bekommt mit einer **Bodylotion** etwas Pflege ab. Schnell noch **Concealer** auf die Unreinheiten, **Eyeliner**, **Mascara** und **Lipgloss** auftragen. Dann ausreichen **Deodorant** unter die Achseln und geschafft! Aber wieder fast 30 Minuten gebraucht.

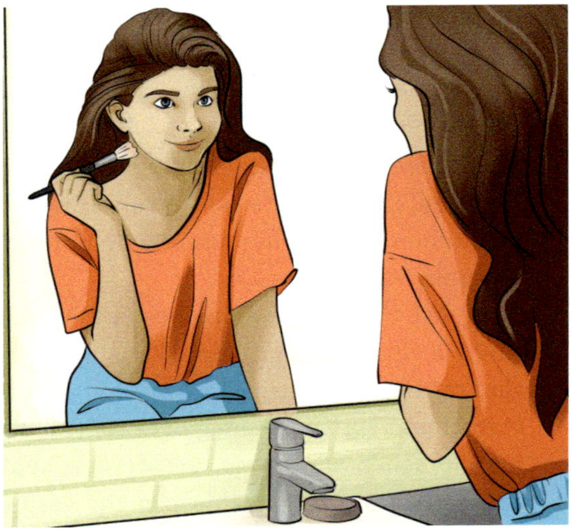

M → S. 160
Mit einem Bedeutungswörterbuch arbeiten

2 Die fettgedruckten Wörter aus dem Text stammen aus anderen Sprachen. Schreibt sie mit dem richtigen Artikel und der deutschen Bedeutung auf. Nutzt dazu ein Bedeutungswörterbuch.

3 Die folgenden Fremdwörter haben auch alle mit Körperpflege zu tun. Ordnet ihnen die deutsche Bedeutung zu.

das Contouring	Grundlage für weiteres Make-up
das Rouge	künstliche Nagelverlängerung
das Eau de Toilette	Betonen der Gesichtskonturen
der Highlighter	Puder oder Crème in roten Farbtönen
die Nagelmodellage	Rasierwasser
das After Shave	Puder oder Crème mit glänzenden Farbeffekten
die Foundation	Duftwasser

4 Auch in anderen Sprachen findet man Wörter aus dem Deutschen.
- Schreibt für die folgenden Wörter die deutsche Bedeutung auf.
- Erläutert, wie die Wörter sich verändert haben.

la zuckerwatte, kindergarten, cu fuz, buterbrod, ansichtskaart, aysberg

5 Was bedeuten die Fremdwörter in der Tabelle (blaue Spalte)? Entscheide dich für die jeweils zutreffende Erklärung. Nimm ein Bedeutungswörterbuch zu Hilfe.

Rage	Wut	Rangelei	Tobsucht	Angriffslust
Mosaik	Technik beim Schneiden	Technik beim Kopieren	Technik zur Verzierung von Wänden oder Fußböden	Technik beim Nähen
Xylophon	Sportgerät	Musikinstrument	Handyvariante	Gerät zur Speicherung von Daten
Rektor	Schulleiter	Textüberprüfer	Türsteher	Hausmeister
multiplizieren	wiederholen	zusammen-zählen	vervielfachen	verdoppeln
restaurieren	bewirten	wiederherstellen	untersuchen	unterbringen
evakuieren	abschließen	zerschlagen	aufräumen	leerräumen

6 In den folgenden Sätzen wurden die unterstrichenen Fremdwörter falsch verwendet. Verbessert die Aussagen.

1) *Die Statisten haben ausgerechnet, dass das Fundament den Bau trägt.*
2) *Ich bin körperlich und physisch topfit*
3) *Wir müssen gewinnen, alles andere ist primär.*

7 Unterstreicht im folgenden Text die Fremdwörter.
- Ersetzt die Fremdwörter durch deutsche Entsprechungen.
- Schreibt den Text dann noch einmal neu.

Digital+
WES-126528-106
Text zum Ausdrucken

Das Smartphone ist für viele Menschen heute unentbehrlich. Ob zu Hause auf der Coach, mittags beim kleinen Snack, das Smartphone ist immer in Betrieb. Als Universalgerät mit multimedialen Funktionen wird es zum Telefonieren nur noch wenig genutzt. Wichtiger sind Internetzugang, Musikplayer, Kamera, Organizer und viele weitere Apps. Mit dem Smartphone organisieren viele Menschen ihren Alltag sowie ihre Meetings und erhalten die neuesten Infos von ihren Freundinnen und Freunden.

8 Vergleicht beide Texte. Sind die deutschen Entsprechungen genauso treffend wie die Fremdwörter?

B → S. 314
Lehnwörter

Fremdwörter

Fremdwörter sind übernommene Wörter aus einer **anderen Sprache**.
Sie unterscheiden sich von deutschen Wörtern in ihrer **Aussprache** (die Lotion), **Schreibung** (der Highlighter), **Beugung** (die Museen) oder **Wortbildung** (Make-up).
Oft ist es heute nicht mehr möglich, zwischen Fremd- und Lehnwort zu unterscheiden.

Wörter einer Wortfamilie kennen und verwenden

Die Wortfamilie *fahr-*

Die Wortfamilie mit dem Stamm *fahr-* ist eine der größten und ältesten in unserer Sprachgeschichte. In der Tabelle siehst du die Entwicklung des Wortstammes in den unterschiedlichen Stufen unserer Sprache.

1 Seht euch die Tabelle an.

indoeuropäisch	per- (hinüberbringen, übersetzen)	
althochdeutsch	faran (fahren)	fuoren (führen)
mittelhochdeutsch	varn (fahren)	vüeren (führen)
neuhochdeutsch	fahren Fahrt Fahrer Fährte Fuhre Gefährte Fähre	führen Führer Führung Aufführung ausführlich verführen verführerisch

Schlage im Wörterbuch nach.

2 Erklärt euch gegenseitig die Wörter *Fährte, Fuhre, Gefährte, Fähre, Führer*.

3 In der Wortfamilie kommen Wörter mit ganz unterschiedlichen Vokalen und Konsonanten vor.
- Stellt fest, welche Laute immer vorhanden sind oder zumindest sehr ähnlich klingen.

4 Der Wortstamm *fahr-* hat im Neuhochdeutschen verschiedene Varianten. Man erkennt sie an den unterschiedlichen Wortstämmen.
- Sammelt weitere Wörter zu den vier Stämmen.

fahr-: ***Fahrt, ...***
fuhr-: ***Fuhre, ...***
fähr-: ***Fährte, ...***
führ-: ***führen, ...***

5 In manchen Redewendungen und umgangssprachlichen Ausdrücken kommen Wörter mit dem Stamm *fahr-* in übertragener Bedeutung vor.

- Erklärt die Bedeutungen der sprachlichen Wendungen.

1) Auf jemanden abfahren
2) Schwarzfahren ist verboten
3) Sich durch die Haare fahren
4) In die Grube fahren
5) Jemanden über den Mund fahren
6) Jemanden aufs Glatteis führen
7) Sich etwas deutlich vor Augen führen

6 Im folgenden Text kommen viele Wörter mit dem Wortstamm *fahr-* vor. Lest den Text und unterstreicht diese Wörter.

Auf Fahrt gehen

Wer in früheren Zeiten auf große Fahrt ging, musste zuerst einmal alles gut vorbereiten. Fahrlässig durfte man nicht sein. Denn oft begab man sich auf einer Fahrt in Gefahr. Manche machten ihre Reise auf einem Gefährt. Dafür nahmen sie kein Fahrrad oder Motorrad. Die gab es damals noch nicht. Stattdessen nahm man z. B. ein Pferdefuhrwerk. Manche hatten eine ganze Fuhre mit Vorräten bei sich. Viele reisten allein. Besser war es aber, einen Gefährten zu haben. Das war ein Begleiter, auf den man sich in gefährlichen Situationen verlassen konnte. Ebenso nützlich war ein Führer, der einen an den richtigen Ort brachte. Manchmal war es auch gut, wenn man selbst Fährten lesen konnte, damit man sich in der Einsamkeit nicht verirrte. Kam man an eine Furt, also eine flache Stelle in einem Fluss, so konnte man hier übersetzen. Manchmal gab es einen Fährmann. Der brachte einen auf seiner Fähre auf die andere Seite. Nach der Reise konnte man ausführlich berichten, was einem widerfahren war oder was man im wörtlichen Sinne „erfahren" hatte.

Digital+
WES-126528-107
Text zum Ausdrucken

7 Erstellt ein Infoplakat, das die verschiedenen Mitglieder der Wortfamilie *fahr-* vorstellt.

Schlage im Wörterbuch nach.

Wortfamilien

Die Wörter einer **Wortfamilie** haben einen gemeinsamen **Stamm** und eine gemeinsame Herkunft. Viele Wörter kann man bis in die frühesten Zeiten unserer Sprache zurückverfolgen. In neueren Zeiten hat man die Wortstämme erweitert und mit anderen Wortbausteinen **zusammengesetzt.** So ist mit ein und demselben Wortstamm eine Fülle von neuen Wörtern entstanden. Manche haben dabei eine andere Bedeutung angenommen, manche werden in **übertragener Bedeutung** verwendet.

Sinnverwandte Wörter in Wortfeldern und Wörter gleicher Herkunft in Wortfamilien zusammenfassen sowie durch Abgrenzung und Vergleich die Bedeutung einzelner Wörter erschließen

Synonyme und Antonyme unterscheiden

Durch die Verwendung von Synonymen kannst du Sachverhalte in Texten besonders treffend bezeichnen.

1 Im folgenden Text stehen euch an einigen Stellen jeweils drei bedeutungsähnliche Wörter zur Verfügung. Entscheidet euch für das treffendste Wort.

Eisbären

Dort, wo die Eisbären *hausen, leben, kampieren*, geht die Sonne im Sommer nie unter und im Winter nie auf. Das Gebiet heißt Arktis und *kringelt sich, dreht sich, erstreckt sich* rund um den Nordpol. Im Winter, wenn es bis zu −40 °C kalt wird, ist auch das Meer zugefroren. Die Eisbären sind natürlich an die Eiseskälte angepasst. Ihr Fell und eine dicke Fettschicht helfen ihnen, die Körperwärme *zu sammeln, zu horten, zu speichern*. Das Weibchen bringt während einer arktischen Nacht in einer selbst gebauten Höhle ein oder zwei Junge zur Welt. Die Bärenmutter *speist, isst, frisst* in dieser Zeit gar nichts. Sie *säugt, speist, füttert* ihre Jungen. Nach zwei Jahren sind sie ausgewachsen und gehen ihrer Wege. Dann sind sie so stark, dass sie einen Seehund mit einem einzigen Prankenhieb *töten, ermorden, beseitigen* können.

In einem Synonymwörterbuch kannst du bedeutungsähnliche Wörter für einen Begriff nachschlagen. Unten seht ihr den Eintrag für das Wort *sehen*.

2 Lest die Synonyme für das Wort *sehen* und tauscht euch darüber aus.
- Schlagt die Bedeutung unbekannter Wörter nach.

sehen: anblicken, anblinzeln, anschauen, anstarren, bemerken, beobachten, besichtigen, betrachten, blicken, blinzeln, durchgucken, durchschauen, durchsehen, erblicken, erkennen, erspähen, fixieren, gaffen, glotzen, glubschen, gucken, herabschauen, hinschauen, hinsehen, im Auge haben, linsen, lugen, mustern, schauen, schielen, sichten, spähen, starren, stieren, überblicken, überschauen, wahrnehmen, zugucken, zuschauen

3 Ordnet mindestens zwei der Synonyme den folgenden Bedeutungsangaben zu.

heimlich sehen – mit weit geöffneten Augen sehen – kritisch sehen – provozierend sehen – mit halb geschlossenen Augen sehen

4 Im folgenden Text werden viele Gegensätze verwendet.
Lest den Text und schreibt die Gegensatzpaare auf.

Dunkel war's, der Mond schien helle ...

Dunkel war's, der Mond schien helle,
Schneebedeckt die grüne Flur,
Als ein Auto blitzeschnelle
Langsam um die Ecke fuhr.

Drinnen saßen stehend Leute
Schweigend ins Gespräch vertieft,
Als ein totgeschossner Hase
Auf der Sandbank Schlittschuh lief.

5 Wie wirkt der Text durch die vielen Gegensatzpaare auf euch?
Begründet mithilfe der Satzanfänge.

Der Text wirkt auf mich interessant, weil ...
Auf mich wirkt der Text lustig, weil ...
Ich finde den Text eher verwirrend, weil ...

6 Spielt ein Spiel mit Antonymen. Bildet dafür zwei Gruppen:

- Ein Schüler aus Gruppe 1 nennt ein Wort.
- Jetzt muss ein Schüler aus Gruppe 2 ein passendes Antonym nennen.
  Man scheidet aus, wenn man ein Wort nennt, das kein Antonym besitzt, oder wenn man kein Antonym weiß.

7 Unterstreicht die beiden Gegensatzwörter in jeder Reihe.

1) *äußerst, inhaltslos, leer, randvoll, voll*
2) *Feindschaft, Hass, Liebe, Zuneigung*
3) *billig, erschwinglich, nicht teuer, teuer, unbillig, wertvoll*
4) *abgenutzt, nicht spitz, scharfkantig, rau, spitz, stumpf*
5) *Angst, Courage, Feigheit, Mut, Unmut, Unerschrockenheit*

8 Die folgenden Begriffe sind Autoantonyme.
Erklärt die zwei gegensätzlichen Bedeutungen.

ein Hindernis umfahren, das Regal ausbauen, ein Schreiben übersehen

Synonyme und Antonyme unterscheiden

- **Bedeutungsähnliche** Wörter nennt man **Synonyme**. Mit ihnen kann man Tätigkeiten, Dinge und Sachverhalte genau und treffend bezeichnen. Synonyme für das Verb *sehen* sind z. B. *anblicken, anschauen, starren, gucken ...*
- **Antonyme** sind Wörter mit **gegensätzlicher** Bedeutung: *arm – reich.*
  Oft werden sie mit dem Präfix *-un* gebildet: *Glück – Unglück.*
- **Autoantonyme** haben zwei Bedeutungen, wobei eine Bedeutung das Gegenteil der anderen ist. *Übersehen*: *etwas versehentlich nicht sehen; die Zusammenhänge von etwas erfassen und verstehen.*

Zusammenfassung

Überprüfe dein Wissen und Können

1 Entscheide dich für die richtige Bedeutung der Fremdwörter.

1) Provider: *Verbieter – Anbieter – Anbeter*
2) Message: *Messestand – Botschaft – Messerklinge*
3) splitten: *kleben – schneiden – teilen*

2 In manchen Redewendungen werden die Wörter *kalt* und *kühl* in übertragener Bedeutung verwendet. Was bedeuten die folgenden Redewendungen?

4) Das lässt mich kalt.
5) Sie zeigte mir die kalte Schulter.
6) Sie hatte nur ein kühles Lächeln für mich übrig.
7) Er bewahrte einen kühlen Kopf.
8) Das wirkte wie eine kalte Dusche.
9) Das ist doch alles nur kalter Kaffee!
10) Es läuft mir kalt den Rücken runter!
11) Er hat kalte Füße bekommen.

3 Unterstreiche die beiden Gegensatzwörter in jeder Reihe.

12) *Glück – Freude – Liebe – Hilfe – Unglück*
13) *nass – kalt – trocken – wässrig – flüssig*
14) *Sommer – Sonne – Winter – Kälte – Juni*
15) *groß – winzig – bedeutend – klein – wenig*

4 Im folgenden Text stehen an einigen Stellen jeweils drei bedeutungsähnliche Wörter. Entscheide dich für das treffendste Wort.

Digital+
WES-126528-108
Lösungen

Nilpferde

Nilpferde *leben – wohnen – hausen* im Süden von Afrika in der Umgebung von *Flüssen – Gruben – Pfützen.* Sie sind sehr große und schwere Tiere: ausgewachsene Nilpferde wiegen über eine Tonne. Trotz ihres Gewichts können Nilpferde mit ihren *fetten – pummeligen – kräftigen* Beinen sehr schnell laufen. Nilperde begeben sich hauptsächlich für die Nahrungssuche an Land. Sie sind Pflanzenfresser und *essen – fressen – genießen* hauptsächlich Gräser. Die meiste Zeit des Tages *sitzen – wohnen – verbringen* sie im Wasser. Ihr Körper ist *goldrichtig – vollendet – optimal* an das Leben im Wasser angepasst: Augen, Ohren und Nasenöffnung sind sehr weit oben am *Kopf – Haupt – Schädel* gelegen. Die Nasenlöcher können sie verschließen. Nilpferde bringen sogar ihre Jungtiere im Wasser auf die Welt.

Basiswissen

Sprechen und Zuhören

Dialekt

Abweichende Art einer Sprache, die in einem bestimmten Gebiet gesprochen wird. Neben der abweichenden Aussprache bestimmter Wörter treten auch unterschiedliche Bezeichnungen für bestimmte Dinge auf wie zum Beispiel *Laubflecken* für *Sommersprossen*.

Feedback geben

In der Schule bist du häufig in der Situation, dass du anderen eine Rückmeldung zu Arbeitsergebnissen geben musst. Diese Rückmeldung sollte konstruktiv sein. Das heißt, dass der- oder diejenige, für den die Rückmeldung gedacht ist, danach weiß, was genau verbessert werden muss, aber auch, was gelungen ist. Damit Kritik angenommen werden kann, sollte Feedback in einer angemessenen Sprache verfasst sein: Im Ton freundlich, mit klaren Beobachtungen zum Arbeitsprodukt und mit konkreten Tipps, etwas zu verbessern.

Gestik

Gestik bezeichnet Hand- und Fußbewegungen, die gesprochene Worte unterstützen oder ohne Worte etwas ausdrücken.

Höflichkeitssprache

Höflichkeit und Freundlichkeit erleichtern den Umgang der Menschen miteinander. Es gibt bestimmte Satzbausteine, die ein Gespräch harmonisch klingen lassen:
Könntest du bitte ... Wärst du so nett ... Gut gemacht ... eine super Idee ... ein toller Vorschlag ... Würden Sie bitte ... Könnten Sie bitte ... Dankeschön für deinen Beitrag.

Ich-Botschaften / Du-Botschaften

Du-Botschaften sind negativ und anschuldigend. Du-Botschaften verallgemeinern häufig, beleidigen oder machen den anderen lächerlich. Beim Gesprächspartner erzeugt das oft Ärger, Schuldgefühle, Ängste, das Gefühl, verletzt zu werden oder sich rechtfertigen zu müssen.
Ich-Botschaften hingegen enthalten keine Abwertungen oder Urteile: Die eigene Meinung wird ehrlich vertreten, das eigene Problem mit der Situation wird angesprochen, ohne den anderen anzugreifen oder ihn zu verletzen. Ich-Botschaften beschreiben, wie die Situation bzw. das störende Verhalten erlebt worden ist und wie sich dieses Verhalten für den Betroffenen angefühlt hat.

Kompromiss

Als gerechte Lösung für einen Konflikt gilt häufig ein Kompromiss. Bei einem Kompromiss wird eine Lösung gefunden, bei der alle Beteiligten eines Konflikts ein Zugeständnis machen müssen.

Konflikt

Ein Konflikt liegt vor, wenn Interessen (Interessenskonflikt), Meinungen (Meinungsstreit) oder Situationen nicht zusammenpassen. Man spricht dann davon, dass sie unvereinbar sind oder den Beteiligten unvereinbar scheinen: Daher entstehen aus Konflikten häufig Streits.

Mimik

Mimik bezeichnet die Veränderung des Gesichtsausdrucks, um Gefühle, Stimmungen und Wünsche zu zeigen.

Modulation

Durch die Lautstärke und den Tonfall des Gesagten kann ein Sprecher die Sprechabsicht unterstützen.

Mündliche und schriftliche Kommunikation

An der Melodie und Lautstärke des Sprechers kann man erkennen, wie ein Satz gemeint ist. Bei geschriebenen Sätzen muss man dies anhand der Satzzeichen erkennen. So können auch Sätze in Frageform als Aufforderung gemeint sein.

Nonverbale Kommunikationsmittel

An der Stimme eines Sprechers kann man erkennen, wie ein Satz gemeint ist. Derselbe Satz kann, je nach Aussprache, eine ganz unterschiedliche Bedeutung haben. Unser Gesichtsausdruck (Mimik) und unsere Körpersprache (Gestik) sagen viel über uns aus. Manchmal sogar mehr als gesprochene Worte.

Präsentationsplakate gestalten

- Das Plakat muss eine klare Struktur haben. Achte auf eine angemessene Verteilung des Textes.

- Skizziere zuerst einen Entwurf auf einem DIN-A4-Papier und notiere stichpunktartig die wichtigsten Informationen deines Themas.
- Wähle eine helle Plakatfarbe, damit man die Schrift gut lesen kann.
- Übertrage deinen Entwurf zunächst mit Bleistift, dann mit Filzstift auf das Plakat. Schreibe gut leserlich und so groß, dass die Schrift auch aus einiger Entfernung noch lesbar ist. Nutze die gesamte Fläche des Plakats.
- Verwende nur dann Bilder, Zeichnungen oder Diagramme, wenn sie zum Thema des Plakats passen. Bilder sollten die Informationen veranschaulichen.

Redekarten anlegen

Redekarten können bei einem Vortrag eine hilfreiche Gedächtnisstütze sein. Am besten eignen sich Karteikarten. Zu jedem Gliederungspunkt eines Vortrags gibt es eine Karteikarte. Die Redekarten werden übersichtlich eingeteilt und in einer gut lesbaren Schrift verfasst. Zum Schluss sortiert man alle Karten in der richtigen Reihenfolge und nummeriert sie.

Sprechabsichten

Oft vermischen sich die Sprechabsichten in einem Gespräch. Dennoch steht bei den meisten Äußerungen eine Sprechabsicht im Vordergrund:

- **Kontaktaufnahme**: Man begrüßt jemanden, um ein Gespräch zu beginnen oder um dem Gegenüber zu signalisieren, es gesehen zu haben.
- **Appellierende Sprechabsicht**: Man fordert den Gesprächspartner durch Ratschläge oder Befehle zu einem bestimmten Handeln oder Denken auf.
- **Expressive Sprechabsicht**: Man bringt eigene Gefühle, Hoffnungen, Befürchtungen, Wünsche ... zum Ausdruck.
- **Selbstdarstellung**: Man sagt etwas, um anderen ein positives Bild von sich selbst zu vermitteln.

Vorlesen

Ein Text ergibt beim Vorlesen nur dann Sinn, wenn an den richtigen Stellen eine Pause gemacht wird. Zudem helfen Pausen, den Text besser zu verstehen. Die Stellen, an denen eine Pause sinnvoll ist und gemacht werden sollte, erkennt man an den Satzzeichen oder am Inhalt des Textes. In jedem Satz gibt es ein oder zwei Wörter, die besonders betont werden. Oft ist die Betonung von dem davorstehenden Satz abhängig. Durch die Betonung wird die Wichtigkeit eines Wortes hervorgehoben.

Vortrag halten

Zur Vorbereitung eines Vortrags solltest du dir Redekarten schreiben, den Vortrag vor dem Spiegel oder Freunden üben und dir über Medien wie Präsentationsfolien oder ein Plakat Gedanken machen. Teste den Einsatz dieser Medien vorher. Achte beim Vortrag auf einen ruhigen und sicheren Stand, nutze unterstützende Gestik und halte Blickkontakt mit deinem Publikum. Sprich beim Vortrag möglichst frei, klar und deutlich. Achte auf gezielte Pausen. Nach dem Vortrag solltest du dein Publikum dazu auffordern, dir Fragen zu stellen und Feedback zu geben.

Vorträge strukturieren

Eine gute Grundlage, um einen strukturierten Vortrag zu halten, ist eine Gliederung. Sie besteht immer aus einer Einleitung, einem Hauptteil und einem Schluss.

- **Einleitung**: In der Einleitung begrüßt du das Publikum, stellst das Thema vor und begründest die Entscheidung für das Thema. Eine gelungene Einleitung soll das Interesse der Zuhörer wecken. Du kannst den Vortrag mit einem aktuellen Bezug (Zeitungsartikel, Video, Foto ...) starten.
- **Hauptteil**: Der Hauptteil stellt den Informationsteil dar. Damit die Zuhörenden den Vortrag besser verstehen, ist es wichtig, dass alle Sachinformationen vorher in eine sinnvolle Reihenfolge gebracht werden.
- **Schluss**: Der Schluss fasst die wichtigsten Punkte des Vortrags zusammen. In der Schlussüberlegung kannst du eine persönliche Einschätzung oder Bewertung abgeben oder eine Empfehlung aussprechen.

Zuhören

Vor und während des Gesprächs trägt der Zuhörer oder die Zuhörerin durch die Gesprächshaltung zum Gelingen eines guten Gesprächs bei. Augenkontakt, eine zugewandte Körperhaltung, aber auch die Wahl eines ungestörten Ortes sind wichtig. Störungen sollten vermieden werden. Daher haben Handys in einem Gespräch nichts zu suchen.
Neben der Haltung ist das konzentrierte Zuhören wichtig. Nur so kann die zuhörende Person die Informationen entnehmen und sich in die erzählende Person hineinversetzen.

Schreiben

Argument

Ein vollständiges Argument gliedert sich immer in drei Teile:

1. **Behauptung (These)**: Hier bringst du deine Meinung zum Ausdruck. *Ich bin der Meinung, dass ein Urlaub innerhalb von Deutschland umweltfreundlich ist.*
2. **Begründung**: Hier nennst du den Grund für deine Behauptung. *Man kann mit dem Zug fahren, wenn man innerhalb Deutschlands Urlaub macht.*
3. **Beispiel/Folge**: Hier nennst du ein Beispiel oder eine Folge, um deine Begründung zu bekräftigen. *Eine Zugfahrt verursacht viel weniger Emissionen als beispielsweise ein Flug.*

Argumentationskette

Um in einer Argumentation den eigenen Standpunkt überzeugend zu vertreten, braucht man mehrere Argumente. Diese sollten inhaltlich aufeinander abgestimmt sein. Nur so bauen sie schlüssig aufeinander auf. Diese Abfolge von mehreren, aufeinander abgestimmten Argumenten bezeichnet man als Argumentationskette.

Bericht

Man schreibt einen Bericht, um andere über ein bestimmtes Ereignis zu informieren.
Es wird über Ereignisse berichtet, die bereits geschehen sind. Deshalb stehen Berichte in den Formen der Vergangenheit, vor allem im **Präteritum**.
Ein Bericht gibt Antworten auf die **W-Fragen**: Was ist geschehen? Wann ist es geschehen? Wo ist es geschehen? Wer hat etwas getan? Warum ist es geschehen? Welche Folgen hat das Geschehen?
In der Regel wird in der zeitlichen Reihenfolge des Geschehens berichtet. Dies geschieht durch Adverbiale der Zeit, wie zum Beispiel *am Mittwochabend, am nächsten Morgen, dann, ...*

Bewerbungsanschreiben

Offizielle Briefe folgen einem bestimmten formalen Aufbau. Ein Bewerbungsanschreiben enthält folgende Bausteine für den Brieftext:

- Wie hast du von der Praktikumsstelle / von dem Betrieb erfahren?
- In welchem Zeitraum findet das Praktikum statt?
- Welche Klasse und welche Schule besuchst du?
- Warum bewirbst du dich für dieses Praktikum?
- Welche Fähigkeiten und Erfahrungen hast du, die für das Praktikum wichtig sind?
- Am Schluss formulierst du den Wunsch, eine Zusage oder eine Einladung zu einem Gespräch zu bekommen.

Cluster

In einem Cluster werden Ideen zu einem bestimmten Thema gesammelt und zueinander in Beziehung gesetzt. Zeichne zuerst einen Kreis in die Mitte deines Blattes und notiere das Thema darin. Zeichne dann weitere Kreise um das Thema herum und schreibe alles auf, was dir dazu einfällt. Verbinde dann ähnliche Gedanken zu einer Ideenkette.

Dialog schreiben

Schau dir die Aufgabenstellung genau an: Mache dir klar, welche Figuren miteinander sprechen und welche inhaltlichen Aspekte vorgegeben sind.
Halte stichwortartig fest, worüber die Figuren sprechen könnten. Achte darauf, dass der Dialog inhaltlich zum Originaltext passt, und ergänze passende neue Ideen.
Schreibe einen Satz, der in die Gesprächssituation einführt.
Lass nun die Figuren miteinander sprechen. Schreibe dazu, welche Figur jeweils spricht. Beginne nach jedem Redebeitrag eine neue Zeile. Du kannst auch Hinweise zu Gefühlen, Handlungen oder der Sprechweise in Klammer ergänzen.
Verfasse kürzere und längere Redebeiträge. Beachte Folgendes:

- Passe die Sprache der jeweiligen Figur und ihrem Gesprächspartner an.
- Lass die Figuren wirklich miteinander sprechen. Das bedeutet, dass sie auf das Gesagte eingehen, zustimmen oder widersprechen, nachfragen ...

E-Mail schreiben

Eine E-Mail ist ein **elektronischer Brief**. Wie bei einem Brief brauchst du bei einer E-Mail: eine Anrede, einen Text, einen Schlusssatz, einen Gruß und deine Unterschrift.
Eine E-Mail ist immer gleich aufgebaut: Es gibt ein großes **Textfeld**, in das du deinen Text schreibst. Über dem Textfeld gibt es die sogenannte **Betreffzeile**. Hier trägst du kurz und knapp das Thema der E-Mail ein. Es gibt ein Feld für die E-Mail-Adresse des **Absenders**. Dort trägst du die E-Mail-Adresse des **Empfängers** ein, also von der Person, die die E-Mail erhalten soll. Es können auch mehrere Empfänger sein. Du kannst außerdem einen **Anhang** zu deiner E-Mail hinzufügen, zum Beispiel Fotos, Videos oder Texte.

Figurenbeschreibung

Wenn du eine literarische Figur beschreibst, stellst du sie genau vor. Dabei gehst du auf äußere Merkmale (Aussehen, Alter, Beruf, Lebensumstände) und auf **innere Merkmale** (Eigenschaften, Verhaltensweisen, Beziehungen zu anderen) ein.
Eine literarische Figur entwickelt sich im Laufe der Handlung. Sie durchlebt **Konflikte** und **Wandlungen**. Dadurch ändern sich vielleicht ihre Stimmung, ihr Verhalten oder ihre Ansichten.
Eine Figurenbeschreibung verfasst du **sachlich** und im **Präsens** bzw. **Perfekt**.

Gedankenrede und wörtliche Rede

Mit der Gedankenrede wird ausgedrückt, was sich jemand denkt beziehungsweise, was er innerlich spricht. Daher steht sie nicht in Anführungszeichen. Oft erkennst du Gedankenrede an Ausdrücken wie *dachte* oder *überlegte*.
Die wörtliche Rede (direkte Rede) drückt aus, was jemand sagt. Sie steht immer in **Anführungszeichen**.
Eine Erzählung/Geschichte wird lebendiger, wenn man Gedankenrede und wörtliche Rede verwendet. Du erfährst, was die Personen erzählen und denken. So hast du das Gefühl, dass du selbst dabei bist. Besonders wichtig sind die Gedankenrede und wörtliche Rede bei einer überraschenden Wende oder am **Höhepunkt** einer Geschichte.

Gegenstandsbeschreibung

Eine Gegenstandsbeschreibung ist ein informierender Text. Eine Beschreibung ist gelungen, wenn sich die Leser ein genaues Bild davon machen können.
Die einzelnen Informationen kann man in folgender Reihenfolge anordnen:

1. Die genaue **Bezeichnung** des Gegenstands (Armbanduhr, Sporttasche)
2. Beschreibung von Form, Farbe und Material

- **Form**: *rund, eckig, länglich ... wie ein Ball, erinnert an einen Würfel*
- **Größe**: *Angaben in mm, cm ... so groß wie eine Streichholzschachtel*
- **Farbe**: *sonnengelb, himmelblau, blutrot, grasgrün*
- **Material**: *aus Kunststoff, Metall, Holz, Leder, Porzellan, Stoff*

3. Beschreibung von **Einzelteilen** (*auf dem Deckel, am Boden, an der Seite*) und **besonderen Kennzeichen** (*Verzierung, Kratzer, Riss*).

Die Zeitform für Gegenstandsbeschreibungen ist das **Präsens**. Die Sprache ist **sachlich** und **genau**. Man verwendet **Fachwörter** und **Adjektive**.

Inhaltsangabe

Die Funktion einer Inhaltsangabe besteht darin, über den Inhalt eines Textes zu informieren. Dies soll in einer **sachlichen Sprache** und im **Präsens** geschehen. Auch wenn die Inhaltsangabe kurz ist, so muss der Inhalt der Geschichte trotzdem gut für den Leser und die Leserin nachvollziehbar sein. Man sagt auch, dass die Handlungslogik beachtet werden muss.
Die **Einleitung** informiert immer über **Textsorte**, **Autor**, **Titel**, **Thema**. Die Reihenfolge kann unterschiedlich sein. Typische Formulierungen für eine Einleitung sind: *... handelt von; In ... geht es um ...; ... thematisiert ...*
In Inhaltsangaben wird keine direkte Rede genutzt. Mithilfe von **Umschreibungen** fasst du aber die Informationen aus einer direkten Rede sachlich zusammen.

Inneren Monolog schreiben

Der innere Monolog gibt die Gedanken einer literarischen Figur in einer bestimmten Situation wieder. Es ist, als könnte man in den Kopf der Figur schauen. Du schreibst in der **Ich-Form** und im **Präsens**, kannst Fragen an dich selbst stellen und auch gegensätzliche Gedanken oder Gedankensprünge einbauen. Wie die Figur sich fühlt, kannst du durch **Gefühlsausdrücke** (*So ein Mist! Juhu! Endlich!*) oder großgeschriebene Wörter und/oder Ausrufezeichen betonen. Passe deinen Schreibstil daran an, wie die Figuren sprechen (Dialekt, Jugendsprache, Umgangssprache, Fachsprache ...).

Personenbeschreibung

Personenbeschreibungen sollten so formuliert sein, dass man eine Person anhand der Beschreibung erkennt.

- Du schreibst im ersten Satz, wann und wo du der Person begegnet bist: *Im Schwimmbad habe ich einen Jungen gesehen, der ... Gestern sind zwei Neue in die Klasse gekommen ...*
- Du beschreibst den **Eindruck**, den du von der Person hast: *Auf mich wirkt er unsicher und nervös ...*
- Du beschreibst die Person **systematisch Schritt für Schritt**: von oben nach unten oder zuerst die Kleidung, dann das Aussehen und anschließend das Verhalten.
- Du nennst beim Beschreiben folgende **Einzelheiten**: Geschlecht, Alter, Kleidung, Figur, Haare, Körperteile, Kopf, Sprache, Verhalten, Besonderheiten.
- Du verwendest **Adjektive** (*schmaler Mund*), **Adjektivgruppen** (*ziemlich dünne Beine*) oder **Adjunktorgruppen** (*als alle anderen*), um möglichst anschaulich zu beschreiben.
- Du schreibst im **Präsens**.
- Du beschreibst die Person **sachlich**, ohne ihr Aussehen oder Handeln zu bewerten.

Schlüsselelemente

Als Vorbereitung auf das Schreiben einer eigenen Inhaltsangabe markierst du im Erzähltext die Schlüsselelemente. Fasse sie am Rand zusammen: Welche Figuren handeln? Welche Aufgaben / welches Ziel haben die Figuren? Worin bestehen die Probleme/Konflikte? Wie wird das Problem gelöst? Was hat das für Folgen?

Tabellarischer Lebenslauf

Der tabellarische Lebenslauf gehört zu den **Anlagen** des **Bewerbungsanschreibens**. Er gliedert sich in verschiedene Teilabschnitte: Angaben zur Person, Schulbildung, praktische Erfahrungen, Interessen und Fähigkeiten, Ort, Datum und Unterschrift, Bewerbungsfoto.

Tagebucheintrag schreiben

Der Tagebucheintrag ist eine sehr persönliche Form des Schreibens. In einem Tagebuch stehen Dinge, die man sonst niemandem erzählt.
Der Tagebucheintrag beginnt mit dem **Datum**. Anschließend berichtest du in der **Ich-Form** von **Erlebnissen**, **Gedanken** und **Gefühlen**.
Tagebucheinträge kann man auch **aus Sicht von literarischen Figuren** verfassen, um sich besser in sie hineinzuversetzen. Wie die Figur sich fühlt, kannst du auch durch Gefühlsausdrücke (*So ein Mist! Juhu! Endlich!*) oder großgeschriebene Wörter und/oder Ausrufezeichen betonen. Passe deinen Schreibstil an die Sprache/Sprechweise der Figur an (Dialekt, Jugendsprache, typische Formulierungen oder Ausdrücke, Umgangssprache, Fachsprache ...).

Vorgangsbeschreibung

Vorgangsbeschreibungen müssen so formuliert sein, dass man den Vorgang problemlos ausführen kann.

- Du schreibst im ersten Satz, worum es geht.
- Du nennst die **Zutaten** oder **Materialien**, die man für diesen Vorgang braucht.
- Du beschreibst den **Ablauf** des Vorgangs schrittweise. Halte dabei die **Reihenfolge** ein. Benutze Wörter wie *zuerst, zunächst, nun, jetzt, dann, danach, schließlich, zuletzt, zum Schluss, anschließend, erstens, zweitens, drittens.*
- Wähle eine **Anredeform**: *Zuerst schneidest du ... / Nun schneidet man ...* Du entscheidest dich für eine Ansprache und änderst sie nicht.
- Du schreibst im **Präsens**.
- Du verwendest **Fachwörter** und bezeichnest Dinge und Vorgänge genau: *Nisthilfe, lackieren, fixieren, gestalten, füllen, Schlaufe, Acrylfarbe.*

W-Fragen

W-Fragen sind Fragen, die ein **Fragepronomen** enthalten. Mit diesen Fragen kann man sich schnell einen Überblick über ein Thema oder einen Text verschaffen, z. B.: *Was ist geschehen? Wer war beteiligt? Wann ist es geschehen? Wo ist es geschehen? Wie ist es geschehen? Wohin ...? Woher ...? Aus welchen Gründen ...?*

Zustandsbeschreibung

Eine Zustandsbeschreibung sollte genaue Angaben zur aktuellen Beschaffenheit eines Gegenstands enthalten. Dazu gehört die genaue Beschreibung von Beschädigungen, Gebrauchsspuren und Funktionseinschränkungen. Die Beschreibung der einzelnen Beschädigungen sollte man in eine sinnvolle Reihenfolge bringen.

Lesen – Umgang mit Texten und Medien

Autor und Erzähler unterscheiden

Innerhalb eines Erzähltextes erzählt ein Erzähler eine Geschichte. Der Erzähler und der Autor sind aber nicht dieselbe Person. Der Autor hat sich eine Figur ausgedacht, die in der Geschichte spricht, denkt und fühlt.

Ballade

Die Ballade vereint Merkmale der Gattungen **Dramatik**, **Epik** und **Lyrik**. Durch die **Versform** und **Reime** verfügen Balladen über lyrische Eigenschaften.
Wie in der Epik erzählen Balladen oft von **außergewöhnlichen Ereignissen**. Den Stoff für diese Geschichten liefern häufig wahre Geschichten. In den Balladen handeln Figuren wie in Geschichten.
Wie in dramatischen Texten wird die Handlung oft durch **Dialoge** vermittelt. Es treten häufig mehrere Sprecher auf.

Bedeutungswörterbuch verwenden

In einem Bedeutungswörterbuch erfährst du, was ein Wort genau bedeutet. Häufig erhältst du noch weitere Informationen zu dem Wort wie z. B. zur **Herkunft**, **Aussprache** oder **Silbentrennung**. Die Stichwörter sind nach dem **Alphabet** geordnet. Der Buchstabe, mit dem die Einträge einer Seite beginnen, steht oft am Rand. Oben gibt es eine **Kopfzeile**.

Hier steht links meist das erste Stichwort der Seite und rechts das letzte Stichwort der Seite. Die Stichwörter, die erklärt werden, sind oft hervorgehoben.

Bedienungsanleitungen verstehen

Eine Bedienungsanleitung ist ein **instruierender Text**. Er leitet den Nutzer an, ein Gerät auf eine bestimmte Art und Weise zu bedienen.
Am Anfang gibt es eine Übersicht, aus welchen Teilen sich das Gerät zusammensetzt. Danach folgen Abschnitte, wie das Gerät richtig eingesetzt wird. Je nach Gerät ist eine bestimmte Reihenfolge einzuhalten. Wenn ein Gerät das erste Mal genutzt wird, muss man meist zusätzliche Schritte berücksichtigen.
Bedienungsanleitungen bestehen meist aus **Texten** und **Bildern**. So werden Bestandteile des Geräts und wichtige Handlungsschritte veranschaulicht.

Diagramme

Diagramme sind bildliche Darstellungen von Informationen. Mit ihnen kann man Zahlen aus einem Text anschaulich darstellen. Sie helfen dabei, sich etwas besser vorzustellen. Die Zahlen, mit denen man ein Diagramm erstellt, werden auch als **Werte** bezeichnet. Die senkrechte Achse bezeichnet man als **y-Achse**, die waagerechte Achse ist die **x-Achse**. Auf der y-Achse werden die Werte festgehalten, sodass der Balken senkrecht nach oben geht. Die x-Achse zeigt den Inhalt der Werte, die sogenannten **Rubriken**. Es gibt ganz verschiedene Arten von Diagrammen: **Säulen-, Kreis-, Balkendiagramm** ...

Digitale Medien

Digitale Medien sind elektronische Hilfsmittel, mit denen Informationen übermittelt werden. Das sind z. B. Computer, E-Mail, DVD, CD-ROM, Videospiel, Computerspiel, Handy ...

Dramatik

Neben **Epik** und **Lyrik** ist die Dramatik eine der drei großen Hauptgattungen der Literatur. Dramen sind Texte, die für die **Aufführung im Theater** gedacht sind.

Epik

Neben **Lyrik** und **Dramatik** ist die Epik eine der drei großen Hauptgattungen der Literatur.
Epische Literatur ist erzählende Literatur und wird häufig auch **Prosa** genannt. Die Handlung wird in epischen Texten durch einen **Erzähler** oder eine **Erzählerin** vermittelt. **Romane** haben einen größeren Umfang. Man zählt sie daher zur epischen Großform. **Kurzgeschichten, Fabeln** und **Sagen** sind dagegen epische Kleinformen.

Erzähltexte erschließen

Um einen Text besser zu verstehen, schaust du dir bestimmte Inhalte genauer an – wie mit einer Lupe. Dabei können dir die folgenden Fragen eine Hilfe sein:

- **Ort**: Wo spielt der Text? Gibt es Ortswechsel? Wird der Ort genauer beschrieben?
- **Zeit**: Wann spielt der Text? Wie lange dauert die Handlung? Wird alles der Reihe nach erzählt?
- **Figuren**: Wer sind die Haupt- und Nebenfiguren? Wie werden sie beschrieben? Wie ist ihr Verhältnis zueinander?
- **Handlung**: Worum geht es? Wie beginnt der Text? Was passiert im Hauptteil? Wie wird Spannung erzeugt? Welche Stelle ist am spannendsten? Wie endet der Text?
- **Aufbau**: Wie beginnt der Text? Was passiert im Hauptteil? Wie wird Spannung erzeugt? Welche Stelle ist am spannendsten? Wie endet der Text?
- **Titel**: Welche Gedanken löst der Titel aus? Ändert sich die Bedeutung des Titels durch das Lesen des Textes? Gibt es Besonderheiten? In welcher Verbindung steht der Titel zum Inhalt? Warum könnte der Titel so gewählt worden sein?

Nicht immer werden alle Fragen im Text beantwortet. Manchmal gibt es z. B. keine genaue Ortsangabe oder du kannst nur vermuten, wann der Text spielt oder wie lange die Handlung dauert.

Erzählperspektive und Erzählform

Die Erzählperspektive ist der Blick- oder Standpunkt, aus dem eine Geschichte erzählt wird.
Er-/Sie-Erzähler: Dieser Erzähler verfolgt die Handlung wie ein Beobachter. Er gibt Geschehen und Gefühle in der 3. Ps. Sg. (*er/sie*) wieder.
Ich-Erzähler: Das Geschehen wird aus der Sicht einer bestimmten Figur in der 1. Ps. Sg. (*ich*) wiedergegeben. So kann der Leser die Gedanken und Gefühle dieser Figur hautnah miterleben. Die Gedanken und Gefühle anderer Figuren kann der Erzähler nur vermuten.

Erzählung

In einer Erzählung wird **mündlich** oder **schriftlich** der Verlauf von Geschehnissen dargestellt, die tatsächlich passiert oder aber erdacht sind.
Auch der Akt des Erzählens wird als „Erzählung“ bezeichnet.

Fachbegriffe erschließen

- Suche den Begriff in einer **Suchmaschine** im Internet. Hier gibt es Online-Lexika.

- Schlage den Begriff in einem **Schulbuch** oder in einem **Fachbuch** nach.
- Befrage **Expertinnen** und **Experten** auf dem Gebiet wie z. B. Lehrkräfte.
- Manchmal stehen die Erklärungen für Fachbegriffe im Text. Lies daher immer den ganzen Abschnitt, in dem der Begriff verwendet wird.

Feature

Das Feature ist eine **journalistische Mischform**, die mehrere Textsorten beinhaltet.
In der **Einleitung** wird ein Beispiel gegeben, das allgemein für ein aktuelles Thema steht.
Im **Hauptteil** wird dann anhand von Fakten gezeigt, dass das Beispiel kein Einzelfall ist.
Im **Schluss** wird wieder auf das Eingangsbeispiel Bezug genommen. Der allgemein berichtende Hauptteil wird also von einem konkreten Beispiel in Einleitung und Schluss eingerahmt.

Figuren

Hauptfiguren sind für die Handlung am wichtigsten. Aus den Hauptfiguren ragt meist eine Figur besonders heraus. Diese nennt man auch **Protagonist**.
Der **Gegenspieler** ist der **Antagonist**. Er macht dem Protagonisten das Leben schwer, aber die Geschichte interessant. Antagonisten besitzen meist schlechte Charaktereigenschaften und Verhaltensweisen.
Die Figuren, die eher unwichtig für die Handlung sind, nennt man **Nebenfiguren**. Über sie erfährt man meist weniger. Sie stehen eher im Hintergrund.

Figurenkarten anlegen

Figurenkarten helfen dir, den Überblick über Charaktere in einem Buch zu behalten. Sie enthalten alle **Basisinformationen** über eine Figur, wie beispielsweise Alter, Aussehen, Herkunft, Interessen, Verhalten, Handeln, Lebenssituation ...
Zunächst schreibst du den **Namen der Figur** oben auf die Karteikarte. Darunter notierst du die Informationen, die du über die Figur erhältst. Manchmal werden solche Informationen im Text nur indirekt wiedergegeben. Dann musst du Rückschlüsse aus dem Text ziehen. Im Laufe einer Handlung kann sich die Figur verändern oder weiterentwickeln. Während des Lesens ergänzt oder veränderst du daher die Figurenkarte.

Figurenkonstellation

s. Soziogramm

Gedicht

Gedichte sind vor allem an ihrer äußeren Form zu erkennen. Eine Zeile in einem Gedicht wird **Vers** genannt. Mehrere Verse bilden eine **Strophe**. Am Ende der Verse stehen oft **Reimwörter**. Aber nicht jedes Gedicht ist gereimt.

Handlungsanweisungen verstehen

Eine Handlungsanweisung erklärt, wie man in bestimmten Situationen handeln und vorgehen sollte.
Zu Beginn wird die Situation beschrieben. Oft enthält dieser Abschnitt Warnhinweise. Es folgen Anweisungen, wie man in dieser Situation richtig handelt. Dabei werden Schutzmaßnahmen und Verhaltensregeln genannt.
Handlungsanweisungen erfüllen mehrere Textfunktionen: **Appellierende** Textabschnitte fordern zu einem bestimmten Verhalten auf. **Informierende** Textabschnitte vermitteln Hintergrundwissen.

Informationen sichten

- Überfliege die Materialien zuerst.
- Betrachte die Bilder, lies die Überschriften und fett gedruckte Wörter.
- Markiere und kennzeichne beim Lesen passende Informationen.
- Notiere die Informationen in eigenen Worten.
- Schreibe dazu, aus welchem Material die Informationen stammen.

Innere und äußere Handlung

Die innere Handlung beschreibt, was eine Figur denkt und fühlt – was in ihrem Inneren passiert.
Die äußere Handlung beschreibt auch das, was andere sehen und hören können.

Journalistische Textsorten

Die Meldung, die Nachricht und der Bericht gehören zu den journalistischen Textsorten. Alle haben das Ziel, den Leser zu informieren. Sie beantworten die wichtigsten W-Fragen. Außerdem sind sie sachlich und ohne Wertung. Ihr Hauptunterscheidungsmerkmal ist die Länge:
Die **Meldung** ist nur wenige Zeilen lang und beschränkt sich auf die wichtigsten Informationen. (Wer? Was? Wann? Wo?)
Die **Nachricht** ist etwa eine Zeitungsspalte lang und beleuchtet auch die Hintergründe. (Warum?)
Der **Bericht** bietet auch Hintergrundinformationen, Zitate und Ausblicke. Er kann mehrere Spalten lang sein.

Leseeindruck

Um einen Leseeindruck zu formulieren, solltest du dir zu folgenden Punkten Gedanken machen:

- Haben sich meine Erwartungen erfüllt?
- Wie finde ich den Schreibstil?
- Mag ich die Charaktere in dem Buch?
- Gibt es etwas, das dir nicht gefällt?
- Hast du Lust, das Buch zu Ende zu lesen?

Lesetechniken

Beim **Überfliegen** eines Textes liest du nicht den gesamten Text, sondern nur die Überschrift, einzelne Sätze, Wortgruppen und einzelne Wörter bzw. Schlüsselwörter (z. B. Nomen, Namen, Zahlen ...).
Beim **punktuellen Lesen** wandert dein Blick von oben nach unten, von links nach rechts. An bestimmten Punkten bleibt er stehen.
Beim **Slalomlesen** wandert dein Blick wie beim Slalomfahren von links nach rechts und wieder nach links usw. Linienförmig bewegen sich deine Augen über den Text.

Lineare Texte

Lineare Texte sind Texte, die ihre Informationen in einem fortlaufenden Text vermitteln. Dieser ist in der Regel „von oben nach unten" zu lesen.

Literarische Texte

Als solche werden lyrische Texte (Gedichte), epische Texte (Romane) und dramatische Texte (Dramen) bezeichnet.

Lyrik

Neben **Dramatik** und **Epik** ist die Lyrik eine der drei großen Hauptgattungen der Literatur.
Lyrische Texte sind meistens **Gedichte**, die über ein **lyrisches Ich, Reime, Verse, Strophen**, ein **Metrum** und **sprachliche Bilder** verfügen. Nicht jedes Gedicht besitzt alle diese Merkmale.
In einem lyrischen Text spricht ein lyrisches Ich, ein lyrischer Sprecher oder ein lyrisches Wir.

Lyrisches Ich

Wenn es ein „Ich" in Gedichten gibt, das etwas erzählt oder beobachtet, so nennt man dieses das lyrische Ich. Das lyrische Ich kann man nicht mit dem Autor des Gedichts gleichsetzen.

Medien

Medien werden genutzt, um Informationen von einer Person zur anderen zu übermitteln. Das sind z. B. Körpersprache, Höhlenmalereien, Zeitungen oder Filme.

Metapher

Eine Metapher ist ein **sprachliches Bild**, das Vorstellungen im Kopf des Lesers oder Hörers weckt. Ein Wort wird aus seinem eigentlichen Bedeutungsbereich in einen neuen übertragen. Anders als beim Vergleich werden die Bedeutungsbereiche nicht durch die Wörter *als (ob)* oder *wie* verbunden. Beispiel: *Nebelfeld = große Fläche, die mit Nebel bedeckt ist.*
Metaphern gibt es nicht nur in literarischen Texten, sondern auch in informierenden Texten und in der Alltagssprache. Man verwendet im Alltag Metaphern, wenn man etwas anschaulich beschreiben will, sich etwas einprägen soll oder auch, wenn man Kritik höflich umschreiben will.

Metrum

Das Metrum (Versmaß) in einem Gedicht ist eine regelmäßige Reihenfolge von **betonten** (x') und **unbetonten Silben** (x).
Bekannte zweisilbige Metren sind der **Jambus** (*xx', Ge-dícht*) und der **Trochäus** *(x'x, Schú-le*).
Der **Daktylus** besteht aus drei Silben *(x'xx, Reím-wör-ter*).

Mindmap

Eine Mindmap ist eine „Gedankenkarte". Darin werden Stichworte gesammelt, geordnet und in Ober- und Unterbegriffe unterteilt. Eine Mindmap hilft dir, Inhalte und Ideen anschaulich darzustellen. Du kannst damit eigene Ideen für Texte zusammenstellen, aber auch Informationen aus einem Text ordnen.
Eine Mindmap besteht aus **Ober**- und **Unterbegriffen**. Einem Oberbegriff lassen sich immer andere Wörter unterordnen (Unterbegriffe).

Nichtlineare Texte

Nichtlineare Texte sind z. B. Grafiken, Tabellen, Diagramme. Bei ihnen ist die Leserichtung nicht vorgegeben, das heißt, man kann von oben nach unten oder von links nach rechts lesen.

Personifikation

Die Personifikation ist ein **sprachliches Bild**. Wenn in Gedichten leblose Dinge, Tiere oder Naturerscheinungen etwas tun, was nur Menschen können, dann werden sie personifiziert. Sie treten also wie Personen auf: *Die Sonne lacht.*

Quellenverzeichnis

Informationen in Präsentationen und Texten stammen häufig aus verschiedenen Quellen. Um die Zuverlässigkeit dieser Quellen zu prüfen, ist es wichtig, sie in einem Quellenverzeichnis anzugeben:

- **Buch**: Name, Vorname des Autors / Herausgebers (Hg.) (Jahr): Titel. Verlag, Erscheinungsort. Seite.
- **Texte in Zeitungen oder Zeitschriften**: Name, Vorname des Autors (Jahr): Titel des Textes. In: Name der Zeitschrift. Nummer der Ausgabe, Seite.
- **Internet**: Name, Vorname des Autors: Titel des Textes. Online unter: URL (Abfragedatum, Uhrzeit).

Reime

Als Reim bezeichnet man den **Gleichklang zweier oder mehrerer Silben**. Das bedeutet, ein Wort klingt so ähnlich wie ein anderes Wort, z. B. *leben – geben*.
Die Reime eines Gedichts kann man am Ende jedes Verses alphabetisch durch Kleinbuchstaben kennzeichnen. Jeder gleichklingende Reim bekommt denselben Buchstaben.
Verse, die sich in Paaren miteinander reimen, nennt man **Paarreim** (aabb).
Verse, die sich über Kreuz miteinander reimen, nennt man **Kreuzreim** (abab).
Verse, die einander umarmen, nennt man **umarmender Reim** (abba).

Rhythmus

Der Rhythmus ist die Sprechmelodie eines **Gedichtes**. Er wird sowohl durch die **bewusste Betonung** bestimmter Wörter beim Vortrag als auch durch das **Metrum** bestimmt.

Printmedien

Printmedien ist der Sammelbegriff für alle auf Papier gedruckten (engl.: to print = drucken) Medien.
Das sind z. B. Zeitungen, Zeitschriften, Bücher und sonstige Druckerzeugnisse (Kataloge, Prospekte, ...).

Sachtexte

Sachtexte gibt es in unterschiedlichen Bereichen: Texte in Sachbüchern, journalistische Sachtexte (z. B. Zeitungsberichte), Lexikonartikel, Kochrezepte, Bastel- und Spielanleitungen, Schaubilder und Diagramme.
Sachtexte informieren über bestimmte Themen. Manche Sachtexte wollen auch zu etwas anleiten und auffordern.
Die Sprache im Sachtext ist klar und sachlich. Gefühle oder Gedanken finden sich hier in der Regel nicht.

Schaubild

In einem Schaubild werden Informationen zu einem Thema anschaulich dargestellt und Zusammenhänge zwischen verschiedenen Begriffen, Inhalten und Aussagen gezeigt. Um ein Schaubild auszuwerten, gehst du folgendermaßen vor:

- Lies die Überschrift, um das Thema zu erfassen.
- Finde heraus, welche Angaben im Schaubild gemacht werden (Größe, Zahlen, Nummerierung ...).
- Stelle fest, welche Veränderungen es gibt.
- Formuliere anschließend deine Ergebnisse in einem Text: Nenne zuerst das Thema. Erwähne einzelne Werte oder Ergebnisse in einer sinnvollen Reihenfolge. Formuliere am Ende einen Satz, in dem du darstellst, was die interessanteste Information ist. Vielleicht findest du etwas erstaunlich oder etwas bringt dich zum Nachdenken.

Schlüsselwörter

Schlüsselwörter sind zentrale Begriffe, die einem helfen, Texte schnell zu verstehen und sich einen Überblick über das Thema zu verschaffen.
Schlüsselwörter können **Wörter**, **Wortgruppen**, **Ziffern**, **Namen** oder **Fachbegriffe** sein.
Man nutzt Schlüsselwörter, um die wichtigsten Inhalte eines Textes zu kennzeichnen. Man kann mit ihnen einzelne Abschnitte eines Textes zusammenfassen:
Mammuts sind vor 4000 Jahren ausgestorben. (Schlüsselwörter sind: *Mammuts, 4000 Jahre, ausgestorben.*)

Soziogramm

Soziogramme können dir helfen, die **Beziehungen zwischen verschiedenen Figuren** darzustellen. Das nennt man auch **Figurenkonstellation**.
Um ein Soziogramm zu erstellen, schreibst du die Namen der verschiedenen Figuren auf und verbindest diese untereinander mit Pfeilen. Du kannst Symbole oder Stichworte verwenden, um zu zeigen, in welcher Beziehung die Figuren zueinanderstehen.

Sprachliche Bilder

Viele Dichter „malen" häufig mit der Sprache, sodass Bilder und Vorstellungen in den Köpfen entstehen. Bestimmte Inhalte werden so veranschaulicht, hervorgehoben oder spannender gemacht.
Zu sprachlichen Bildern gehören auch **Redewendungen**. Sie führen uns durch ein anschauliches Bild eine bestimmte Aussage vor Augen: *Schmetterlinge im Bauch*.

Strophe

Als Strophe werden die einzelnen Absätze eines **Gedichts** bezeichnet. Mindestens zwei **Verse** bilden eine Strophe.

Suchstrategien

mit Printmedien

- Ich gehe in die **Bücherei/Schülerbücherei** und suche nach Büchern zu meinem Thema oder ich schaue zu Hause nach, welche Bücher und Zeitschriften ich zu diesem Thema habe.
- Ich schaue mir das **Inhaltsverzeichnis** der Bücher an und verschaffe mir einen Überblick über die Texte.
- Ich schaue in den Texten nach Unterthemen, z. B. *Weltall: Planeten, Sonnensystem, Raumfahrt …*
- Nun versuche ich, die einzelnen Texte mithilfe einer einfachen **Methode der Texterschließung** zu verstehen.

mit digitalen Medien (Online-Recherche)

- Ich öffne im **Internet** eine **Suchmaschine**.
- Ich gebe meinen **Suchbegriff** in das Suchfeld ein. Ich kombiniere mehrere Suchbegriffe, um passende Ergebnisse zu erhalten. Zusammengehörende Begriffe setze ich in Anführungszeichen.
- Ich schaue mir die Treffer an und sortiere sie nach Unterthemen, z. B. *Haustiere: Rassen, Haltung, Pflege, …*
- Ich achte darauf, dass die Quellen vertrauenswürdig sind (z. B. Seiten von offiziellen Institutionen).
- Nun versuche ich, die einzelnen Texte (Ergebnisse meiner Online-Recherche) mithilfe einer einfachen Methode der Texterschließung zu verstehen.

Szenisches Spiel

Beim szenischen Spiel werden Situationen nachgestellt. Man schlüpft dabei in die Haut einer anderen Person und nimmt deren Rolle ein – deswegen spricht man manchmal auch von **Rollenspielen**.

Tabelle

Eine Tabelle ist eine geordnete Zusammenstellung von Texten oder Daten. Die darzustellenden Inhalte werden dabei in Zeilen (waagerecht) und in Spalten (senkrecht) gegliedert. Die erste Spalte in der nachfolgenden Tabelle heißt **Vorspalte**, die erste Zeile **Kopfzeile**.

Textbelege auswählen

Wenn du eine Behauptung zu einem Text aufstellst (*Walters Mutter ist traurig*), musst du sie mit einer bestimmten Textstelle belegen. So zeigst du, wie du zu der Behauptung kommst.
Beispiel: *Walters Mutter war sehr traurig, weil Walters Vater gefangen genommen wurde. Das sieht man in Zeile 115: „Auch die Mutter sprach kaum ein Wort."*
In diesem Fall wurde eine Textstelle ausgewählt, die zeigt, dass Walters Mutter vor Trauer nicht mehr viel spricht.
Wenn du die Textstelle wörtlich abschreibst, setzt du sie in **Anführungszeichen** und gibst an, wo die Stelle zu finden ist – das nennt man **„zitieren"**.

Thema von Texten erfassen

Das Thema eines Textes gibt in aller Kürze wieder, worum es in dem Text geht. Du kannst dafür Satzbausteine verwenden: *In dem Text geht es um … / Der Text handelt von … / Der Text zeigt … / In dem Text wird beschrieben … / Der Text erzählt …*
Das Thema ist also eine sehr knappe Zusammenfassung des Textinhalts.

Tonaufnahmen machen

Mit einer Tonaufnahme übt ihr das gestaltende Vortragen von Texten. Arbeitet für die Aufnahme mit der Sprachmemofunktion eines digitalen Endgeräts. Erstellt mehrere Tonaufnahmen und besprecht anschließend, welche Stellen gut gelungen sind und an welchen Stellen die Aussprache oder Betonung verändert werden muss.

Vergleich

Der Vergleich ist ein sprachliches Bild, das hilft, sich etwas besser vorzustellen. Man erkennt den Vergleich an den Worten *wie, als, als ob*.
Beispiele: *Er ist schnell wie der Blitz. Er ist schneller als der Wind. Er sprang auf, als ob er von einer Tarantel gestochen worden sei.*

Vers

Eine Zeile in einem **Gedicht** nennt man Vers.

Videos erschließen

Einem Video kannst du dich wie einem Text nähern: Zunächst schaust du dir das Video einfach nur an und lässt Bild und Ton auf dich wirken. Anschließend formulierst du deinen ersten Eindruck.
Wenn du Informationen aus einem Video entnehmen möchtest, schaust du es dir Stück für Stück genauer an. Du drückst also immer wieder auf „Pause", um dir Notizen zu machen (z. B. Antworten auf Fragen zum Video).
Bei manchen Videos ist es sinnvoll, sich einmal mehr auf das Bild und einmal mehr auf den Ton zu konzentrieren, um so keine Inhalte zu verpassen. Zum Schluss kannst du das Video nochmal komplett anschauen und überprüfen, ob du keine wichtigen Inhalte übersehen oder überhört hast.

Vorschriften und Gesetzestexte verstehen

Vorschriften und Gesetzestexte enthalten verpflichtende **Regeln**. Sie gelten für alle Menschen. Solche Texte sind wichtig, damit das Zusammenleben funktioniert. Wenn eine Person gegen eine Vorschrift oder ein Gesetz verstößt, kann sie dafür bestraft werden. Vorschriften und Gesetzestexte gehören zu den **regulierenden Texten**, denn sie regeln das Zusammenleben, Handeln und Verhalten von Personen. Meist sind Gesetzestexte in mehrere Abschnitte gegliedert. Man erkennt sie an dem **Paragraphenzeichen** (§).

Werbeanzeigen erschließen

Eine Werbeanzeige besteht aus verschiedenen Bausteinen. Nicht in jeder Anzeige müssen alle Bausteine enthalten sein.

- **Eye-Catcher**: Hier wird die Aufmerksamkeit eingefangen.
- **Info-Text**: Hier wird über das Produkt informiert. Häufig werden Vorteile des Produkts dargestellt.
- **Firmenlogo**: Dies ist ein Symbol, das man mit einer bestimmten Marke oder Firma verbindet.
- **Slogan**: Der kurze, nur aus wenigen Wörtern bestehende Spruch soll sich einprägen.
- **Kaufanreiz**: Hier wird dazu motiviert, das Produkt zu kaufen.
- **Abbildung des Produkts**: Das Produkt selbst wird abgebildet.

Zeitungen lesen

Titelseiten von Zeitungen haben meistens einen ähnlichen Aufbau: Im Zeitungskopf stehen Titel, Ausgabennummer, Erscheinungsdatum und Preis. Darunter findet man verschiedene **Schlagzeilen**. Das größte Bild der Titelseite ist das **Titelbild**. An zentraler Stelle findet man den **Leitartikel**.
Zeitungen folgen einer bestimmten Ordnung: Sie sind nach Sachgebieten geordnet. Diese nennt man **Ressorts**. Wichtige Ressorts sind: Politik, Wirtschaft, Lokales und Regionales, Kultur und Sport.
Zeitungen kann man in unterschiedliche Kategorien einteilen:
Tages- oder Wochenzeitungen (Abo-Zeitungen): Zeitungen, die entweder täglich oder wöchentlich erscheinen, meist nach Hause geliefert werden oder von vielen Leuten abonniert werden.
Boulevardzeitungen: Zeitungen, die hauptsächlich im Einzelhandel vertrieben werden. Besonders auffällige Überschriften und Bilder sollen Aufmerksamkeit erregen. Häufig wird über Sensationen und Skandale berichtet.
Darüber hinaus kann man Zeitungen in **regional** und überregional einteilen: Regionale Zeitungen richten sich nur an eine bestimmte Region, während überregionale Zeitungen ihre Leser über das ganze Land verteilt haben.

5-Schritt-Lesemethode

1. Schritt: Überschriften und Abbildungen betrachten
Lies zunächst nur die Überschrift und betrachte die Abbildungen (falls es welche gibt). Worum könnte es in dem Text gehen? Was weißt du bereits über das Thema?
2. Schritt: Den Text überfliegen
Überfliege den Text zuerst mit den Augen. Dabei erfährst du, worum es sich ungefähr handelt. Beim Überfliegen liest du nicht jedes einzelne Wort, sondern nur einzelne Wörter und Wortgruppen. Orientiere dich vor allem an den großgeschriebenen Nomen, Fachbegriffen, Namen und Zahlen. Sie sind die sogenannten **Schlüsselwörter**, welche die wichtigsten Informationen eines Textes enthalten.
3. Schritt: Fragen an den Text stellen
Denke über das Thema nach: Was weißt du schon? Was möchtest du noch wissen? Schreibe diese Fragen auf und suche nach Antworten im Text.
Die W-Fragen helfen dir beim Fragenstellen (Wer? Wie? Wo? Was? Weshalb? Warum? Wieso? Womit? Wodurch?). So erfragst du alle wichtigen Informationen des Textes. Fragen, die du nicht beantworten kannst, gibst du an einen Experten weiter. Du kannst auch im Internet recherchieren (s. Suchstrategien) oder in einem Lexikon nachschlagen.
4. Schritt: Lesen
Lies den Text gründlich. Mache dir Notizen. Markiere oder unterstreiche wichtige Schlüsselwörter. Achte aber darauf, nicht zu viel zu markieren. Markiere keine Sätze oder ganze Abschnitte. Kläre außerdem unbekannte Begriffe. Lass dich nicht gleich von Wörtern irritieren, die du nicht verstehst. Meistens erklären sie sich aus dem Zusammenhang. Wenn du ein Wort oder Fremdwort trotzdem nicht verstehst, frage nach oder schlage z. B. in einem Bedeutungswörterbuch oder einem Lexikon nach. Du kannst auch das Internet nutzen.
5. Schritt: Den Text gliedern und zusammenfassen
Gliedere den Text in einzelne Abschnitte. Neue Abschnitte beginnen meist mit einer neuen Zeile. Außerdem ist in jedem Abschnitt etwas anderes wichtig.
Finde passende Überschriften für die einzelnen Abschnitte. Diese Überschriften nennt man **Zwischenüberschriften**. Schreibe zu den Zwischenüberschriften weitere Stichwörter heraus. Sie ergeben sich meist aus den markierten oder unterstrichenen Stellen. Du kannst den Text auch mithilfe einer **Mindmap** oder **Tabelle** übersichtlich darstellen und gliedern.

Rechtschreibung und Zeichensetzung / Sprachgebrauch und Sprachreflexion

Abkürzung

Abkürzungen können die Funktion eines **Nomens** haben. Sie werden nur in der Schriftsprache gebraucht. In der mündlichen Wiedergabe werden sie vollständig ausgesprochen. Sie enden meist mit einem **Punkt**.

Ableitung

Art der **Wortbildung**. Durch Vorbausteine (**Präfixe** und **Partikeln**) kann die Bedeutung eines Wortes verändert werden (*Spiel → Nachspiel, schreiben → abschreiben …*). Durch Nachbausteine (**Suffixe**) kann die Wortart eines Wortes verändert werden (*Schrift → schriftlich, wohnen → Wohnung …*).

Abtönungspartikeln

Abtönungspartikeln drücken die Haltung eines Sprechers aus. Sie werden auch Modalpartikeln genannt und sind unveränderbar (nichtflektierbar). Abtönungspartikeln können nicht allein im **Vorfeld** stehen. Sie belegen unverrückbar das **Mittelfeld**. Abtönungspartikeln sind z. B. *aber, auch, bloß, denn, doch, eben, vielleicht, eigentlich, etwa, ja, mal, wohl*.

Adjektiv

Wortart (flektierbar). Mithilfe von Adjektiven kann man genauer und differenzierter beschreiben. Adjektive können Teil einer **Nominalgruppe** sein. Dann stimmen sie in der Form mit dem Nomen überein. Sie werden dekliniert. Beispiel schön: *schöne, schönes, schöner, schönen, schönem; schöne Bluse, schönes Wetter, schöner Tag, schönen Gruß, schönem Wetter.*

Adjektivgruppe

Adjektivgruppen sind Wortgruppen, in denen ein Adjektiv die wichtigste Rolle spielt und damit den Kern bildet. Sie können gebildet werden durch die **Verstärkung** des Adjektivs (*der ziemlich schnelle Lauf*) oder beim **Komparieren** (*Max ist schneller als Ben, Max ist am schnellsten*).

Adjunktionen

Adjunktionen sind **Junktionen**, mit denen man zwei Größen zueinander in Beziehung setzt, z. B. bei **Vergleichen**. Beide Teile des Vergleichs haben den gleichen Kasus. Adjunktionen sind unveränderbar (nichtflektierbar). Adjunktionen sind z. B. *als* und *wie*. Beispiel: *Er ist so groß wie sein Bruder. Er ist größer als sein Bruder.*

Adjunktorgruppe

Adjunktorgruppen sind Wortgruppen, die mit einer **Adjunktion** (Bindewort/Vergleichswort) als Kern der Wortgruppe eingeleitet werden. Adjunktionen sind zum Beispiel *als, wie*.
Adjunktorgruppen werden beim Vergleichen gebildet aus:

- **Adjunktion** und **Nominalgruppe**:
  Der Fernsehturm ist höher als das Ulmer Münster.
- **Adjunktion** und **Pronomen**: *als es / wie es*
- Die Adjunktorgruppe ist Teil einer **Adjektivgruppe**:
  höher als das Ulmer Münster.
- **Adjektivgruppe**: *höher als das Ulmer Münster*
- **Adjunktorgruppe**: *als das Ulmer Münster*

Werden zwei Dinge verglichen, haben beide Vergleichsgrößen den gleichen **Kasus**.

Adverb

Adverbien geben die Umstände eines Geschehens an.
Lokaladverbien (Wo geschieht etwas?): *hier, dort, zuhause, dorthin, hierhin, bergauf.*
Temporaladverbien (Wann geschieht etwas?): *heute, lange, oft, immer, stets, montags.*
Interrogativadverbien leiten W-Fragen ein: *wann, wie lange, wo, wohin, warum.*
Modaladverbien (Wie?): *gerne, wohl, rücklings, schrittweise, anders, genauso, nebenher.*
Kausaladverbien (Warum?): *deshalb, deswegen, nämlich, dennoch, deshalb, darum.*
Adverbien werden nicht gebeugt (flektiert) und können allein im **Vorfeld** stehen.
Mit einigen Adverbien kann man Sätze und Texte verknüpfen. Dadurch vermeidet man Wiederholungen. Diese Adverbien werden nach ihrer Funktion unterschieden:
Pronominaladverbien werden wie Pronomen verwendet. Sie ersetzen Präpositionalgruppen und beziehen sich nur auf Dinge oder Sachverhalte:
dafür, dadurch, dabei, daran, deshalb, daneben …
Konjunktionaladverbien verknüpfen Sätze wie Konjunktionen zu Satzreihen. Sie können allein im Vorfeld stehen:
deshalb, deswegen, daher, somit, folglich, schließlich, nämlich, trotzdem …
Werden ganze Wendungen (z. B. *demzufolge, deshalb, derzeit*) als Adverb verwendet, schreibt man sie als ein Wort.

Adverbgruppen

Adverbgruppen sind Wortgruppen, in denen ein **Adverb** die wichtigste Rolle spielt und den Kern bildet. Es steht in der Wortgruppe immer rechts: *insbesondere heute*.
Adverbgruppen können allein im Vorfeld des Feldermodells stehen. Sie können gebildet werden aus:
Intensitäts- / Fokuspartikel + Adverb: *sehr oft, sogar heute*.
unflektiertem Adjektiv (Grundform) + **Adverb**: *knapp daneben, kurz zuvor*.
Adverb + Adverb: *heute früh, dort oben*.

Adverbiale

Adverbiale sind **Satzglieder**, die etwas über die Zeit, den Ort, die Art und Weise sowie den Grund aussagen.
Sie können die Form von **Präpositionalgruppen** und **Nominalgruppen** haben.

- Die **Temporalbestimmung** (Adverbiale der Zeit) erfragt man mit *wann?, seit wann?, bis wann?, wie lange?*:
  Die Klasse fährt am Vormittag los.
  (Die Klasse fährt wann los?)
  Die Klasse ist seit Montag unterwegs.
  (Die Klasse ist seit wann unterwegs?)
  Die Fahrt dauert fünf Tage.
  (Die Fahrt dauert wie lange?)
- Die **Lokalbestimmung** (Adverbiale des Ortes) erfragt man mit *wo?, wohin?, woher?*:
  Sie fahren auf dem Donauradweg.
  (Sie fahren wo?)
  Sie fahren nach Tuttlingen.
  (Sie fahren wohin?)
  Sie kommen aus Donaueschingen.
  (Sie kommen woher?)
- Die **Modalbestimmung** (Adverbiale der Art und Weise) erfragt man mit *wie?, auf welche Weise?*:
  Sie telefoniert per Videochat.
- Die **Kausalbestimmung** (Adverbiale des Grundes) erfragt man mit *warum?, weswegen?, wozu?*:
  Sie haben kein Problem wegen der gemeinsamen deutschen Sprache.

Akkusativ

4. Fall des **Nomens, Artikels, Pronomens** und **Adjektivs**, Wenfall: *den Brief, den Schüler, ihn, einen netten Menschen*.

Akkusativ-Objekt

Satzglied. Das Akkusativ-Objekt kann man mit den Fragen *wen oder was?* ermitteln: *Die Lehrerin lobt* (wen?) *den Schüler*.
Der Spieler trifft (wen oder was?) *den Ball*.

Aktiv und Passiv

Im Aktivsatz *Lea putzt das Fahrrad.* ist *Lea* das **Subjekt**. Sie ist aktiv.
Im Passivsatz *Das Fahrrad wird geputzt.* wird das **Objekt** *das Fahrrad* zum Subjekt. Es ist nicht selbst aktiv, sondern mit ihm wird etwas gemacht.
Auf das Subjekt im Aktivsatz kann man mit den Präpositionen *von* oder *durch* hinweisen:
Das Fahrrad wird von Lea geputzt.
Vorgangspassiv: finite Verbform von *werden* + Partizip II:
Das Fahrrad wird geputzt.
Zustandspassiv: finite Verbform von *sein* + Partizip II:
Das Fahrrad ist geputzt. (Die Handlung ist abgeschlossen.)
Die meisten Verben können das Passiv bilden. Man nennt sie **transitive Verben**. Sie fordern ein **Akkusativobjekt**. Einige Verben (*lachen, laufen, arbeiten …*) fordern kein Akkusativobjekt. Sie sind **intransitive Verben**. Sie können deshalb nur ein **unpersönliches Passiv** bilden. (*Es wird gelacht, gelaufen, gearbeitet …*)

Anführungszeichen

Anführungszeichen kennzeichnen den Anfang und das Ende eines direkten **Redesatzes**: *„Wir fahren morgen früh", sagte er, „nach Heidelberg."*

Anredepronomen

Pronomen, mit denen man jemanden anredet: *Ich mag dich. Ich grüße Sie.* Bei Menschen, die man mit *Sie* anredet, werden die Pronomen in Briefen großgeschrieben. Bei Menschen, die man mit *du* anredet, schreibt man die Pronomen in der Regel klein.

Antonym

Antonyme sind Wörter mit gegensätzlicher Bedeutung (*arm – reich*). Autoantonyme haben zwei Bedeutungen, wobei eine Bedeutung das Gegenteil der anderen ist (*übersehen, etwas umfahren*).

Antwortpartikeln

Antwortpartikeln sind Partikeln, die Antwort auf eine Frage geben. Sie sind unveränderbar (nichtflektierbar). Antwortpartikeln sind z. B. *ja, nein, vielleicht, bestimmt, niemals.*

Apostroph

Der Apostroph zeigt den **Genitiv bei Eigennamen mit einer s-Laut-Endung** (-s, -ss, -ß, -z, -tz, -x) an: *Alex' Buch, Liz' Heft*.
Der Apostroph ist auch ein **Auslassungszeichen**. Er zeigt an,

dass ein oder mehrere Buchstabe(n) innerhalb eines Wortes ausgelassen werden: *Ich hab's! Ich habe es!*

Apposition

Die Apposition ist ein nachgestelltes **Attribut**, das ein Nomen näher erklärt. Unterbricht sie den Hauptsatz, wird sie von zwei Kommas eingeschlossen: *Das Limesmuseum, eine Ausstellung zu den Römern, befindet sich in Aalen.*
Steht sie am Ende des Hauptsatzes, wird sie mit einem Komma vom Satz abgetrennt: *Das Limesmuseum befindet sich in Aalen, einer Stadt westlich von Stuttgart*.
Apposition und Nomen stimmen im **Kasus**, **Genus** und **Numerus** überein.
Für die Datumsangabe als Sonderfall der Apposition gilt: Wenn vor dem Datum *am* steht, kann der Wochentag im **Dativ** oder **Akkusativ** stehen:
Am Montag, dem 18. Juli *2025 / Am Montag, den* 18. Juli *2025.*

Artikelwörter

Artikelwörter sind **Begleiter des Nomens** und stehen am **linken Rand einer Nominalgruppe**. Artikelwort und Nomen stimmen in **Kasus, Numerus** und **Genus** überein. Artikelwörter legen die Großschreibung des Nomens fest.
Artikelwörter sind z. B.
Bestimmte Artikel: *der, die, das*
Unbestimmte Artikel: *ein, eine*
Demonstrativartikel: *dieser, diese, dieses*
Possessivartikel: *mein, sein, dein, unser*
Indefinitartikel: *irgendein, mancher, solcher*
Negationsartikel: *kein*
Frageartikel: *welcher*

Attribut

Das Attribut ist Teil eines **Satzgliedes** und erläutert in der Regel ein **Nomen** (Bezugsnomen) oder eine **Nominalgruppe**. Es kann vom Bezugsnomen aus erfragt werden und nicht allein im Vorfeld stehen:
der sehr warme Sommertag → *Wie ist der Sommertag? sehr warm.*
Die **Apposition** ist ein besonderes Attribut.
Man unterscheidet Attribute nach ihrer Form:
Adjektivattribut (vorangestelltes Attribut): *großer Hunger*.
Genitivattribut (nachgestelltes Attribut): *das Licht des Feuers.*
Präpositionalattribut (nachgestelltes Attribut): *eine Hütte aus Holz.*

Aufforderungssatz

Es gibt Sätze, die mit besonderem Nachdruck gesprochen werden. Diese werden mit einem **Ausrufezeichen** versehen. Bei solchen Sätzen steht häufig ein Verb im **Imperativ** am Satzanfang:
Hilf mir doch mal! Gib mir bitte mal dein Lineal! Hilfe!

Auslaut

In manchen Wörtern hört man ein *p*, ein *t* oder ein *k*, obwohl sie mit *b, d, g* geschrieben werden: *klebt, Schuld, lügt*.
Wenn man diese Wörter verlängert, dann hört man, ob sie mit *b, d, g* oder mit *p, t, k* geschrieben werden:
klebt: kle ben; Schuld: Schul den; lügt: *lü gen.*

Ausrufezeichen

Satzschlusszeichen. Das Ausrufezeichen am Ende des Satzes weist darauf hin, dass etwas mit besonderem Ausdruck gesprochen wird.

Aussagesatz

Mit einer Aussage können wir andere informieren. Den Satz dazu nennen wir Aussagesatz. Beim Sprechen erkennt man einen Aussagesatz daran, dass der Sprecher am Ende der Aussage mit der Stimme nach unten geht. Im Schriftlichen wird das Ende des Aussagesatzes mit einem **Punkt** gekennzeichnet. Das erste Wort im Satz schreibt man groß.

Begleitsatz

Satz, der bei einer **direkten Rede** steht. Er kann **vorangestellt** sein (*Sie sagte: „Ich habe nicht die geringste Lust dazu."*), er kann **nachgestellt** sein (*„Ich habe nicht die geringste Lust dazu", sagte sie.*), er kann **eingeschoben** sein (*„Ich habe", sagte sie, „nicht die geringste Lust dazu."*).

Bestimmter Artikel

Der bestimmte Artikel steht dann, wenn ein Nomen ein zweites Mal in einem Text vorkommt, wenn also etwas oder jemand bereits bekannt ist. Der Artikel zeigt das **Genus** eines **Nomens** an.

Das und *dass* unterscheiden

Die richtige Schreibung von *das* und *dass* kann man mit der **Ersatzprobe** ermitteln: *das* = *welches*.

Dativ

3. Fall des **Nomens, Artikels, Pronomens** und **Adjektivs**, Wemfall: *dem Brief, dem Briefkasten, einem kleinen Kästchen.*

Dativ-Objekt

Satzglied. Das Dativ-Objekt kann man mit der Frage *wem?* ermitteln: *Die Lehrerin hilft (wem?) – dem Schüler.*

Deklination

Beugung von Nomen, Adjektiven und Pronomen nach den vier Fällen.
Nominativ: *mein neuer Freund*,
Genitiv: *meines neuen Freundes*,
Dativ: *meinem neuen Freund*,
Akkusativ: *meinen neuen Freund*.

Demonstrativartikel

Auch Demonstrativ-, Indefinit- und Possessivartikel können Nomen begleiten.

Demonstrativpronomen

Demonstrativpronomen wie *das, dieser, diese, dieses* werden auch hinweisende Fürwörter genannt. Sie weisen auf eine bereits bekannte Person oder Sache hin: *Siehst du den blauen Roller? Dieser gehört mir*.

Doppelkonsonant

Ein Wort wie *knabbern* besteht aus zwei Silben. Zwischen den Vokallauten der beiden Silben hört man den Konsonanten *b*. Ist der Vokallaut der ersten betonten Silbe kurz, so wird der Konsonant beim Schreiben verdoppelt: *knab bern*. Ausgesprochen hört man den Konsonanten nur einmal.

Doppelpunkt

Der Doppelpunkt steht nach einem Satz, der einen zweiten Satz eröffnet: *Ich sehe das so: Er hat recht*. Nach dem vorausgehenden Begleitsatz wird eine direkte Rede eröffnet. Deswegen steht danach ein Doppelpunkt: *Sie lachte ihn an und sagte: „Das ist doch Unsinn!"* Folgt auf einen Doppelpunkt ein vollständiger Satz, schreibt man den Anfang groß.

Erweiterungsprobe

Wenn man sich nicht sicher ist, ob ein Wort großgeschrieben wird, kann man ein Adjektiv als „Testwort" einfügen. Das Adjektiv ändert sich nur dann (es wird flektiert, also gebeugt), wenn es vor einem Nomen steht. Bezieht sich das Adjektiv auf ein Nomen, wird es flektiert (gebeugt).
Bezieht sich das Adjektiv nicht auf Nomen, wird es nicht flektiert: *er spricht, er spricht laut.*

Eigennamen

Mithilfe von Eigennamen kann man bestimmte Personen, Orte, Länder, historische Ereignisse, Firmen, Marken etc. identifizieren. Die Schreibung von Eigennamen ist festgelegt und folgt nicht immer den Regeln der deutschen Rechtschreibung: *Johann Wolfgang Goethe, Kap der Guten Hoffnung, Baden-Württemberg.*

Fall (auch Kasus)

Nomen sind flektierbar und können in vier Kasus vorkommen:
Nominativ (der Hund), Akkusativ (den Hund),
Dativ (dem Hund), Genitiv (des Hundes).

Feldermodell

Das Feldermodell hilft zu erkennen, welche Satzbausteine Satzglieder sind.
Das **Vorfeld** ist entweder nicht besetzt oder nur mit einem Satzglied.
In der **linken Verbklammer** steht nur die finite Verbform.
Das **Mittelfeld** kann frei bleiben oder beliebig viele Satzglieder haben.
Die **rechte Verbklammer** kann frei bleiben oder mehrere Wörter haben.
Im **Nachfeld** steht alles, was rechts von der rechten Verbklammer steht.
Satzbausteine, die bei der Umstellprobe im Vorfeld stehen, bilden ein eigenes Satzglied.
Es gibt verschiedene Feldermodelle: **Das Feldermodell mit Verbklammer** zeigt nur die Position der finiten Verbform im Hauptsatz. Die Satzformen **Verberstsatz** und **Verbzweitsatz** können abgelesen werden.
Das **Feldermodell mit Satzklammer** zeigt die Position des finiten Verbs im Haupt- und Nebensatz. Die Subjunktion besetzt im Nebensatz die linke Satzklammer. Die Satzformen **Verberstsatz, Verbzweitsatz, Verbletztsatz** können abgelesen werden.

Femininum

Grammatisches Geschlecht des Nomens, weiblich:
die Katze, die Gabel, die Wut.

Feste Verbindungen

Feste Verbindungen aus Präposition und Nomen kann man **getrennt oder zusammenschreiben**. Schreibt man die Verbindung getrennt, muss man auf die **Großschreibung des Nomens** achten.
In festen Verbindungen aus Adjektiv und Nomen schreibt man die Adjektive groß, wenn die Wendung für etwas Ganzes steht und eine besondere Bedeutung hat.

Flexion

Übergeordneter Begriff für **Deklination** und **Konjugation**. Flektierbar sind alle Nomen, Verben, Adjektive und Pronomen. Sie können z. B. Flexionsendungen im Singular und Plural erhalten: *Unser kleiner Hund bellt. – Unsere kleinen Hunde bellen.*

Fokuspartikeln

Fokuspartikeln beziehen sich auf einen bestimmten Teil des Satzes. Sie sind immer Teil einer Wortgruppe. Fokuspartikeln betonen diesen Teil des Satzes inhaltlich. Sie sind unveränderbar (nichtflektierbar) und können nicht allein im Vorfeld stehen. Fokuspartikeln sind z. B. *allein, auch, besonders, bloß, nur, selbst, sogar, wenigstens.*

Fragesatz

Es gibt zwei Arten von Fragesätzen:
Entscheidungsfragen, die man mit Ja oder Nein beantwortet. Bei diesen Fragen steht das Verb am Anfang des Satzes: *Kommst du morgen? – Ja.*
W-Fragesätze, die man mit einem Satz beantwortet. Bei diesen Fragen steht ein Fragewort mit W am Anfang: *Wann kommst du ungefähr? – Ich komme so gegen vier Uhr.*
Hinter jedem Fragesatz steht ein **Fragezeichen**.

Fremdwörter

Fremdwörter sind sprachliche Ausdrücke, die aus einer anderen Sprache übernommen wurden. **Konsonanten** und **Vokale** werden häufig anders gesprochen oder geschrieben als bei einem Wort der eigenen Sprache. Man unterscheidet hier zwischen anders gesprochenen Vokalen (vokalische Schreibung) wie in *Container* und anders gesprochenen Konsonanten (konsonantische Schreibung): *Container*. Sie enthalten **typische Wortbausteine**, die auf ihre Herkunft verweisen *(-iv, -tion, -ieren, -ie, -ing, -y, -ent, -tät)*.

Fuge/Fugenelement

Die Nahtstelle zwischen den Bestandteilen eines **Kompositums** nennt man Fuge. Bei manchen Komposita stehen in der Wortfuge Buchstaben (Fugenelemente), damit das Kompositum leichter ausgesprochen werden kann: *Lesezeichen, Glückskind, Sonnenstrahl, Kindergarten, Freundeskreis, Herzenswunsch.*
Kann man eine Fuge (-e-, -s-, -n-, -en-, -er-, -es-, -ens-) erkennen, wird immer zusammengeschrieben.

Futur I

Tempusform des Verbs, mit der man auf etwas hinweist, das in der Zukunft geschieht oder das unsicher ist. Es wird mit dem Hilfsverb *werden* gebildet: *Morgen werde ich mitspielen. Du wirst wohl recht haben.*

Genitiv

2. Fall des **Nomens, Artikels, Pronomens** und **Adjektivs**, Wesfall*: Das Auto des Vaters / meines Vaters / meines lieben Vaters.* Einige Präpositionen stehen mit dem Genitiv: *wegen des Wetters.*

Genus

Nomen haben ein festes Genus. Es wird durch den Artikel *der, die* oder *das* in der Grundform angezeigt:
Maskulinum (männlich): *der Stuhl,*
Femininum (weiblich): *die Tür,*
Neutrum (sächlich): *das Haus.*
Das grammatische Geschlecht (Genus) hat meist nichts mit dem natürlichen Geschlecht (Sexus) zu tun. Deshalb ist es wichtig, Nomen mit ihrem Genus zu lernen.

Geschlossene Silbe

Die betonte Silbe eines Wortes kann auf einen **Konsonanten** enden, dann nennt man sie geschlossene Silbe – im Gegensatz zu einer offenen Silbe: *En-de, Mor-gen, lus-tig ...*
Der **Vokal** in geschlossenen Silben ist in der Regel **kurz**.

Gesprächspartikeln

Gesprächspartikeln sind Partikeln, die signalisieren, dass man sprechen möchte (*also → Also ich denke ...*) oder dass man aktiv zuhört: *mhm, aha.*

Getrenntschreibung

Wortgruppen aus Nomen und Verb werden in der Regel **getrennt geschrieben**: *Gestern sind wir Rad gefahren. Danach ging Justus noch Fußball spielen.*
In Einzelfällen sind auch beide Schreibungen möglich. Werden diese Wörter **nominalisiert**, werden sie jedoch **zusammengeschrieben**: *Gestern bin ich beim Radfahren hingefallen.*
Wortgruppen aus zwei Verben werden **getrennt** geschrieben: *Ich möchte heute spazieren gehen.*
Bei **Nominalisierung mit Signalwörtern** (Artikel und verschmolzene Artikel) wird **zusammengeschrieben**: *Beim Spazierengehen traf ich Martin.*
Ebenso in **Verbindungen mit den Verben *bleiben* und *lassen***, wenn der Satz **im übertragenen Sinne** gemeint ist: *einen Ballon platzen lassen*. Aber: *einen Termin platzenlassen*. (= dafür sorgen, dass der Termin nicht stattfindet)
Wortgruppen aus Verb und Adjektiv werden im Normalfall **getrennt geschrieben**: *Carlo kann im Musikunterricht immer laut singen.*

Kann das **Adjektiv gesteigert** oder **durch *sehr/ganz* erweitert** werden, wird ebenfalls **getrennt** geschrieben: *Bald wird es uns besser gehen.*
Verbindungen mit *sein* werden stets **getrennt** geschrieben: *Wer wird denn gleich beleidigt sein?*
Zusammengeschrieben wird bei der Wortgruppe nur dann, wenn sich aus der Kombination eine **neue Gesamtbedeutung** ergibt: *Der Richter musste den Angeklagten freisprechen.*

Grammatisches Geschlecht

s. **Genus**

Großschreibung

Großgeschrieben werden **Namen, Nomen** und **das erste Wort in einem Satz**: *Der kleine Felix ist ein großer Angeber.*
Welche Wörter Nomen sind und großgeschrieben werden, kann man meistens an „Erkennungszeichen" sehen: **Artikelwort** (das Glück), **versteckter Artikel** (zum Glück) und an **bestimmten Endungen** (Fröhlichkeit, Gesundheit, Verwandtschaft, Zeichnung, Ärgernis, Eigentum).
Außerdem schreibt man **Eigennamen** stets groß: *Baden-Württemberg.*
In mehrteiligen Eigennamen schreibt man Adjektive, Partizipien und Zahlwörter groß: *Heilige Drei Könige.*
Manche Wortgruppen werden in Sätzen als feste Wendungen gebraucht. Die festen Wendungen bestehen aus bestimmten Nomen und Begleitern. Ihre Schreibweise muss man auswendig lernen: *Jemandem die Rote Karte zeigen.*

h zwischen Vokalbuchstaben

Wenn in einem zweisilbigen Wort zwei Vokale nacheinander stehen, so steht zwischen ihnen oft ein *h* (*se-h-en, Schu-h-e*).
Dieses h gehört beim Trennen des Wortes zur zweiten Silbe (se hen, Schu he).

Hilfsverb

Die Wörter *haben, sein* werden nennt man Hilfsverben, weil sie dabei „helfen", das Perfekt, das Futur oder das Passiv zu bilden: *Sie ist gekommen, sie hat geweint, es wird sich geben, sie wird gelobt.*

Imperativ

Der Imperativ ist eine Form des Verbs. Man verwendet Verben im Imperativ, wenn man eine **Aufforderung** formuliert: *Tu das nicht!*
Ebenso kann man einen **Befehl** mit dem Imperativ formulieren: *Heb das auf!*
Auch **Verbote**: *Nasche nicht vom Eis!*, **Wünsche**: *Schreib mir eine Karte!*, **Bitten**: *Bring mir bitte ein Eis mit!* und **Ratschläge**: *Ärgere dich nicht!* werden mit dem Imperativ ausgedrückt.

Der Imperativ wird gebildet aus dem Präsensstamm des Verbs der 2. Person Singular.

Indefinitartikel

Auch Demonstrativ-, Indefinit- und Possessivartikel können Nomen begleiten.

Indefinitpronomen

Indefinitpronomen werden auch unbestimmte Fürwörter genannt. Sie stehen für Personen (*man, jemand, niemand, irgendjemand*), Sachen (*etwas, irgendetwas, nichts*) oder Personen oder Sachen (*manche, viele, alle, alles, einige, keiner, etliche*).

Indikativ

Der Indikativ ist ein **Modus** (eine Aussageweise) des Verbs. Er beschreibt die Wirklichkeitsform, d. h. es ist so, wie im Satz dargestellt. Der Indikativ wird in allen **Tempora** und im **Aktiv** und **Passiv** gebildet.

Indirekte Rede

Mit der indirekten Rede werden Äußerungen einer anderen Person indirekt wiedergegeben. Man erkennt diese daran, dass es zwar einen einleitenden, eingeschobenen oder abschließenden **Redesatz** gibt, die Äußerung selbst jedoch meist im **Konjunktiv** steht. Der indirekte Redeteil kann mit *dass* eingeleitet werden:
Der Arzt meint, es sei höchste Zeit, etwas zu ändern. /
Der Arzt meint, dass es höchste Zeit sei, etwas zu ändern.

Indirekter Fragesatz

Der indirekte Fragesatz ist ein **Nebensatz** zu einem Verb des Fragens oder Nicht-Wissens: *ich verstehe nicht …, ich möchte wissen …* Er wird mit der **Subjunktion** *ob* oder einem **Fragepronomen** eingeleitet: *Ich frage mich, ob das Kino geöffnet hat.*

Infinitiv

Im Wörterbuch stehen die Verben im Infinitiv: *essen, fallen, waschen …* In Sätzen kommen die Verben aber meistens in anderen Formen vor: *Ich aß ein Eis. Doch die Eiskugel fiel mir aus der Hand. Ich wusch mir danach die Hände.* Dann spricht man von **finiten Verben**.
Den Infinitiv findest du heraus, wenn du Sätze bildest mit Wörtern wie *ich will, ich muss, ich möchte, ich kann … Ich will essen. Sie muss fallen. Ich möchte waschen.*
Du erkennst den Infinitiv auch an der Form: Wortstamm +(e)n: *wasch + en.*

Infinitivsatz

Infinitivsätze können ein Nomen näher bestimmen. Sie haben dann die Funktion eines **Attributs** und stehen rechts vom Bezugsnomen. Infinitvsätze sind **subjektlose Nebensätze**. Der Infinitivsatz wird mit einem Komma vom Nomen abgetrennt: *Lisa hat den Wunsch, einmal Wale zu beobachten*.

Intensitätspartikeln

Intensitätspartikeln verstärken eine Aussage oder schwächen sie ab. Man nennt sie auch Gradpartikeln. Sie sind unveränderbar (nichtflektierbar) und können nicht allein im Vorfeld stehen. Sie sind immer Teil einer Wortgruppe.
Intensitätspartikeln sind z. B. *sehr, ziemlich, äußerst, durchaus, höchst, recht, überaus, ungemein, zutiefst*.

Interrogativpronomen

Interrogativpronomen werden auch Fragepronomen genannt. Mit *Wer?* fragt man nach bestimmten Personen. Mit *Was?* fragt man nach Gegenständen oder Sachen. Mit *Welch-?* fragt man bei mehreren Möglichkeiten nach einer bestimmten Person oder Sache. Mit *Was für ein?* fragt man nach der Art oder Beschaffenheit von Wesen oder Dingen.

Kasus

Nomen stehen in der Nennform, dem **Nominativ** Singular, im Wörterbuch. Sie verändern sich je nachdem, was der Sprecher sagen möchte, und nach der Funktion im Satz, die das Verb bestimmt. Das nennt man **Deklination**. Die vier Kasus erkennt man an den **Endungen der Artikelwörter** und zum Teil an den **Endungen des Nomens**: *der Sohn – des Sohnes – dem Sohn – den Sohn; meine Söhne – meiner Söhne – meinen Söhnen – meiner Söhne.*
Fremdwörter bilden den Kasus auf unterschiedliche Art. Häufig verwendete Fremdwörter bilden den Kasus wie im Deutschen: *der Kompass, des Kompasses, dem Kompass, den Kompass, die Kompasse, der Kompasse, den Kompassen, die Kompasse*.

Komma

Ein Komma wird zwischen (gleichrangigen), gereihten Wörtern und Wortgruppen gesetzt: *Sie kauft rote, grüne, gelbe Paprika. Er isst gern Nudeln, Pizza, Döner.*
Aber man setzt kein Komma, wenn die Bindewörter (Konjunktionen) *und/oder* zwischen den Wörtern stehen:
Sie kauft rote und grüne und gelbe Paprika. Er isst gern Nudeln oder Pizza oder Döner.
Haupt- und Nebensätze können mithilfe von Bindewörtern (Subjunktionen) zu Satzgefügen verbunden werden: *als, sodass, dass, ob, weil, wenn, während*. Das Bindewort ist ein Signal dafür, dass davor ein Komma stehen muss:
Ich gehe auf den Sportplatz, wenn ich Zeit habe.
Anreden werden vom übrigen Satz abgetrennt:
Lisa, komm bitte an die Tafel.
Ausrufe werden vom übrigen Satz abgetrennt, wenn sie besonders hervorgehoben werden sollen:
Ach, das ist aber schade!
Appositionen werden vom Hauptsatz durch Kommas abgetrennt: *Viele Sportarten, unter anderem Volleyball, gehören zum sogenannten Breitensport*.

Komparation (Steigerung)

Adjektive können gesteigert werden.
Mit der **Komparation** kann man eine Abstufung zwischen Dingen ausdrücken:
Positiv (Grundstufe): *schön*
Komparativ (Höherstufe): *schöner*
Superlativ (Höchststufe): *am schönsten*
Adjektive, die man steigern kann, bezeichnet man als **relative Adjektive**.
Bei einigen Adjektiven ist eine Steigerung nicht möglich (*viereckig, täglich, tot* ...). Diese Adjektive bezeichnet man als **absolute Adjektive**.

Komplexes Satzgefüge

In einem Satzgefüge mit mehreren **Haupt- und Nebensätzen** gibt es unterschiedliche Abhängigkeiten. Hauptsätze stehen nebeneinander, ohne abhängig zu sein. Nebensätze können von einem Hauptsatz oder einem Nebensatz abhängig sein.

Kompositum

Wenn man zwei Wörter zusammensetzt, entsteht ein neues Wort, ein Kompositum (zusammengesetztes Wort). Das Wort, das am Ende steht, nennt man **Grundwort**. Es legt die Grundbedeutung, die Wortart und das Genus des Kompositums fest:
die Ecke + das Haus = das Eckhaus, das Haus +
die Ecke = die Hausecke

Das Wort, das am Anfang steht, nennt man **Bestimmungswort**. Es bestimmt die Bedeutung des Grundwortes näher:
Das Eckhaus ist das Haus an der Ecke.
Die Hausecke ist die Ecke an oder in einem Haus.
Um eine **Rechtschreibstrategie** im Bestimmungswort anzuwenden, muss man ein Kompositum zuerst in seine einzelnen Wörter zerlegen.

Kondensation

Verschwindet bei der Zusammensetzung ein Artikel oder eine Präposition, spricht man von Kondensation und es muss zusammengeschrieben werden: *vor Freude strahlen – freudestrahlend, das ganze Jahr lang – ganzjährig.*

Kongruenz

Mit Kongruenz bezeichnet man die Übereinstimmung von Wörtern oder Satzteilen hinsichtlich ihrer grammatischen Merkmale (Kasus, Numerus, Genus). Damit ein Satz Sinn ergibt, müssen zusammengehörende Satzteile kongruent sein.
Kongruenter Satz: *Der kleine Hund spielt mit seinem Herrchen.*
Nicht kongruenter Satz: *Die kleiner Hund spielt mit seine Herrchen.*

Konjugation

Verben können gebeugt (konjugiert) werden. Eine solche Beugung (Veränderung) der Verben geschieht vor allem durch Anfügen von Wortbausteinen. Die wichtigsten Konjugationsformen sind die der Personalformen: *hol/st, hol/t* ... und der Tempusformen: *hol/te, ge/hol/t.*

Konjunktion

Wortart (unflektierbar). Mit Konjunktionen werden einzelne Wörter oder ganze Sätze miteinander verbunden.
Gleichrangige Sätze können mit *und, oder, denn* nebeneinandergereiht werden.
Sätze können mithilfe von **Bindewörtern** (Subjunktionen) verbunden werden: *als, sodass, dass, ob, weil, wenn, während.*
Das Bindewort ist ein Signal dafür, dass davor ein Komma stehen muss: *Lotte und Tina können sich gut leiden, weil sie viel gemeinsam haben.*

Konjunktiv I

Der Konjunktiv I ist ein **Modus** (Aussageweise) des **Verbs**. Diesen benutzt man zur Wiedergabe der direkten Rede in Form von indirekter Rede.
Adrian: Das Blut fängt an zu fließen.
Adrian sagt, das Blut fange an zu fließen.
Der Konjunktiv I wird gebildet aus dem Verbstamm + Endung -e, -est, -en, -et.
anfangen: ich fange an, du fangest an, er fange an, wir fangen an, ihr fanget an, sie fangen an.
Manchmal sind Formen des Konjunktiv I und des Indikativs gleich.

Konjunktiv II

Mit dem Konjunktiv II kann man ausdrücken, dass etwas in Wirklichkeit nicht geschehen oder nicht so ist. Solche Sätze werden oft mit *wenn* gebildet:
Wenn ich ein Vöglein wär, flög ich zu dir.
Den Konjunktiv II bildet man aus dem Präteritumstamm + Endung -e, -(e)st, -en, -(e)t. Der Konjunktiv II kann auch mit *würde* umschrieben werden: *er würde winken.*

Konsonant

Konsonanten (Mitlaute) sind Laute, bei denen Lippen, Zunge oder Zäpfchen mitschwingen, wenn wir sie aussprechen. Die Buchstaben für Konsonanten sind *b, c, d, f, g, j, k, l, m, n, p, q, r, s, t, v, w, x, z*. Sie bilden den Gegensatz zu den Vokalen.

Kopulaverb

Kopulaverben verbinden ein **Subjekt** mit einem **Prädikativ**, das im selben Kasus steht: *Mein Freund heißt Turan* (Kopulaverb: *heißt*, Prädikativ: *Turan*).
Kopulaverben können zum Beispiel die Verben *sein, werden, heißen, bleiben* sein.
Prädikative können zum Beispiel Adjektive, Nomen, Nominalgruppen sein.

Kurzwörter

Kurzwörter können die Funktion eines Nomens haben.
Man verwendet sie in der geschriebenen und gesprochenen Sprache in ihrer verkürzten Form (TÜV) oder man spricht die Buchstaben einzeln aus (ZDF). Man dekliniert sie meist wie Nomen. Sie können im Plural verwendet werden.
Man unterscheidet sie nach ihrer Bildung:
Buchstabenkurzwörter: *ZDF, TÜV,*
Silbenkurzwörter: *der Schiri, die Kita,*
Kopfwörter: *das Abo, das Navi,*
Mischkurzwörter: *der Azubi, die U-Bahn.*

Langform

Die Langform eines Wortes mit einer Silbe ist die zweisilbige Form (Kuss – Küsse). Bei Wörtern, die mit *b, d, g* enden, kann man an der Langform hören, wie sie geschrieben werden (*klebt → kleben, wild → wilder, Berg → Berge*).

Lehnwörter

Lehnwörter sind Wörter, die aus einer Sprache (Gebersprache) in eine andere Sprache (Nehmersprache) übernommen werden. Die Sprecher der Nehmersprache passen das Lehnwort in Aussprache, Rechtschreibung und grammatischem Gebrauch an die eigene Sprache an. Ein Lehnwort entsteht in der Regel dann, wenn es in der Nehmersprache kein eigenes Wort für das Wort aus der Gebersprache gibt.

Maskulinum

Grammatisches Geschlecht des **Nomens**, männlich:
der Nachbar, der Löffel, der Mut.

Modus

Als Modus bezeichnet man die Aussageweise des Verbs.
Im Deutschen gibt es drei Aussageweisen des Verbs:
Indikativ (Wirklichkeitsform): *Tom gibt Tina das Foto.*
Konjunktiv I (Möglichkeitsform): *Tom gebe Tina das Foto.*
(Wiedergabe der direkten Rede): *Tom sagte, er gebe Tina das Foto.*
Konjunktiv II (Nichtwirklichkeit/Wunsch): *Tom gäbe ihr das Foto.*
Imperativ (Befehlsform): *Gib Tina das Foto, Tom!*

Modalverb

Modalverben verbinden sich mit den **Infinitiven** von Verben. Sie geben Auskunft über die Art und Weise einer Handlung. Modalverben sind *dürfen, können, mögen, müssen, sollen, wollen*: *Ben möchte ins Kino gehen.*

Neutrum

Grammatisches Geschlecht des **Nomens**, sächlich:
das Kind, das Messer, das Glück.

Nomen

Beim Lesen erkennt man Nomen an der **Großschreibung**.
Nomen bezeichnen konkrete Dinge, wie Gegenstände (*der Bleistift*), Lebewesen (*der Hund*) und abstrakte Dinge, wie Gefühle (*die Freude*).
Einige Nomen werden kleingeschrieben, wenn
sie nicht durch ein Adjektiv erweitert werden können:
Mir ist angst.
sie wie ein Adjektiv verwendet werden: *Das Fest war klasse.*
sie in Verbindung mit den Verben *sein/werden* verwendet werden.
sie als Präposition verwendet werden: *dank, kraft, laut.*

Nominalgruppe

Nominalgruppen sind Wortgruppen, in denen ein Nomen die wichtigste Rolle spielt. Das Nomen bildet den Kern.
Das Nomen bestimmt die weiteren Wörter der Wortgruppe in Genus, Kasus, Numerus. Das Nomen steht am rechten Rand der Nominalgruppe: *der alte Baum, die Bäume, die alten Bäume*.

Nominativ

1. Fall des Nomens, Artikels, Pronomens und Adjektivs.
Subjekte stehen stets im Nominativ: *Der Hund bellt.*

Numerus

Der **Singular** (die Einzahl) von Nomen zeigt an, dass nur ein Exemplar gemeint ist: *der/ein Tisch, die/eine Fabrik, das/ein Schiff.* Der **Plural** (die Mehrzahl) von Nomen zeigt an, dass mehrere Exemplare davon gemeint sind:
die Tische, die Fabriken, die Schiffe.
Der Plural von Nomen kann durch verschiedene Formen angezeigt werden:

- **Umlaut**: *der Boden – die Böden, die Mutter – die Mütter*
- **Suffix**: *die Schüssel – die Schüsseln, das Hotel – die Hotels, der Tag – die Tage, das Bild – die Bilder*
- **Umlaut** und **Suffix**: *der Ball – die Bälle, das Land – die Länder*

Einige Nomen verändern sich im Plural nicht:
der Haken – die Haken.
Fremdwörter bilden den Plural auf unterschiedliche Art:
Modus – Modi, Atlas – Atlanten/Atlasse, Hobby – Hobbys.
Einige Nomen kommen **nur im Singular** vor:

- **Stoffbezeichnungen**: *Mehl, Wasser, Schnee*
- **Nomen für Unzählbares**: *Lärm, Durst, Liebe*
- **Nominalisierte Ausdrücke**: *(das) Warten, (das) Lesen*

Einige Nomen kommen **nur im Plural** vor. Das sind z. B. *Eltern, Ferien, Kosten, Leute, Tropen.*

Objekte

Satzglied (auch: Ergänzung). Objekte sind **Satzglieder**, die vom Verb regiert werden. Das Verb legt die Form fest. Man unterscheidet das Genitiv-, Dativ-, Akkusativ- und präpositionale Objekt.
Objekte können aus einem oder mehreren Wörtern bestehen:
Sie füttert ihn. Sie füttert den Kater. Sie hilft dem kleinen Kind.

Objektsatz

Ein Objektsatz ist ein **Nebensatz**, der die Funktion eines Objekts hat, mit einer Objektfrage (wen? / was?) erfragt werden kann und oft mit *ob, dass, wer, was* eingeleitet wird.
Akkusativobjekt: *Die meisten Lernenden wünschen sich saubere Toiletten.*
Objektsatz: *Die meisten Lernenden wünschen sich, dass die Toiletten sauber sind.*

Offene Silbe

Endet die betonte Silbe eines Wortes mit einem **Vokal**, dann nennt man sie offen (im Gegensatz zur geschlossenen Silbe, die mit einem Konsonanten endet): *sa-gen, kau-fen, le-ben …*
Der Vokal in der offenen Silbe ist **lang**.

Partikel

Partikel sind Wörter, die nicht gebeugt (flektiert) werden. Sie können nicht allein im Vorfeld stehen und sind somit keine Satzglieder.
Intensitätspartikel werden zur Steigerung in einer Adjektivgruppe verwendet: *sehr schöne Ferien, ziemlich schöne Ferien.*
Mit der **Negationspartikel** *nicht* wird ein Satz oder der Teil eines Satzes verneint: *Wir lösen die Aufgabe nicht. Wir lösen die Aufgabe nicht heute.*

Partikelverb

Einige Vorbausteine wie *um-, unter-, über-, durch-* können **Partikel** oder **Präfix** sein. Bei Partikelverben liegt die Betonung auf den Partikeln. Partikel und Verbstamm bleiben bei der Konjugation nicht zusammen:
umfahren; Jemand fährt den Pfosten um.

Partizip I

Das Partizip I (Partizip Präsens) bezeichnet eine Form des **infiniten Verbs**. Es wird gebildet aus dem Verbstamm + Suffix -(e)nd: *summend, rufend, zögernd, wiehernd.* Es wird meistens wie ein **Adjektivattributiv** gebraucht: *die summende Biene.*

Partizip II

Das Partizip II ist eine Form des Vollverbs: *lesen – gelesen.*
Mit ihm bildet man die Zeitform **Perfekt**: *gelesen haben.*
Bei der Bildung unterscheidet man:
- **starke Verben**: *singen – gesungen* (*ge* + Verbstamm + *en*)
- **schwache Verben**: *lachen – gelacht* (*ge* + Verbstamm + *t*)

Partizipialsätze

Partizipialsätze sind **subjektlose Nebensätze**, in denen das Verb zum Partizip I oder II wird und am Ende des Partizipialsatzes steht. Die Partizipien werden in einigen Fällen durch ein Objekt oder eine adverbiale Bestimmung erweitert und mit einem Komma vom übrigen Satz abgetrennt. Dies ist der Fall, wenn mit einem Wort / einer Wortgruppe auf sie hingewiesen wird oder sie wieder aufgenommen werden (*Auf diese Weise, über den Boden krabbelnd, ...*) oder sie nachgestellte Zusätze oder Erläuterungen eines Nomens oder Pronomens (Subjekt) sind. (*Die Larven, ins Meer gespült, schlüpfen im Wasser.*)

Perfekt

Das Perfekt verwendet man vor allem für die mündliche Beschreibung der Vergangenheit. Es wird mit der **Personalform der Hilfsverben** *haben* oder *sein* und dem **Partizip II** gebildet: *ich habe ..., du hast ..., sie hat ..., wir haben ..., ihr habt ..., sie haben geschrieben. / ich bin ..., du bist ..., sie ist ..., wir sind ..., ihr seid ..., sie sind gegangen.*

Personalpronomen

Wörter wie *er, sie, es, ihn, ihm, ihr* (Singular) und *sie* (Plural) sind **Stellvertreter für Nomen**, die im Text bereits genannt worden sind. Solche Wörter nennt man Personalpronomen. Sie machen es möglich, dass die Nomen nicht ständig wiederholt werden müssen.

Positiv

Grundstufe des **Adjektivs** – im Vergleich zum Komparativ und Superlativ (*nahe, weit, groß*). Der Positiv wird mit dem Vergleichswort *wie* gebildet: *Sie ist genauso groß wie ich. Sie ist doppelt so groß wie ich.*

Possessivartikel

Auch Demonstrativ-, Indefinit- und Possessivartikel können Nomen begleiten: *mein Fahrrad, eure Fahrräder – seine Angst, keine Angst.*
Wichtige Artikelwörter sind: *dies(-), mein(-), unser(-), euer(-), sein(-), kein(-), einige(-), jede(-), alle(-), manch(-), solch(-).*

Possessivpronomen

Wortart (auch: besitzanzeigendes Fürwort). Untergruppe der Pronomen. Possessivpronomen sind *mein, dein, sein, ihr, unser, euer, ihr.* Possessivpronomen zeigen an, wem etwas gehört.

Prädikat

Satzglied (auch: Satzaussage). Jeder Satz enthält ein Prädikat. Das Prädikat ist der Mittelpunkt oder Kern eines Satzes. Die Personalform des Verbs bildet immer die linke Verbklammer. Das Prädikat besteht mindestens aus einem finiten Verb. Man unterscheidet Prädikate, die nur aus einer Verbform oder aus mehreren Verbformen bestehen:
Die Kinder spielen. Joschi hat den Ball bekommen. Er spielt ihn Felix zu. Der hat sich erschrocken.

Präfix und Präfixverben

Präfixe können als Vorbausteine vor ein Verb angebaut werden. Sie geben diesem Wort eine neue Bedeutung. Präfix und Verbstamm bleiben bei der Konjugation immer zusammen: *fahren: befahren, entfahren, verfahren, erfahren.* Bei den Präfixen er-, ver-, zer- musst du darauf achten, ob der Verbstamm auch mit *r* beginnt. In diesem Fall musst du zwei *r* schreiben: *er-raten, ve-rechnen, zer-reißen.*

Präpositionalgruppe

Präpositionalgruppen sind Wortgruppen, in denen eine Präposition die wichtigste Rolle spielt. Sie bildet den Kern. Die Präposition bestimmt die Form der Wortgruppe in ihrem Kasus. Die Präposition steht meist vor einer Nominalgruppe und bestimmt ihren Kasus. Die Präposition steht am linken Rand der Präpositionalgruppe: *neben einem alten Baum.*

Präpositionalobjekt

Das Präpositionalobjekt ist ein Satzglied. Es hat die Form einer Präpositionalgruppe. Die Präposition, die die Präpositionalgruppe einleitet, hängt vom Verb ab (*schreiben an, warten auf, erzählen von*). Außerdem bestimmt die Präposition den Kasus des Objekts (*schreiben an* – Akkusativ). Die Präposition ist unveränderlich (*auf jemanden warten*).

Präpositionen

Präpositionen wie *in, an, auf, hinter, neben, über, unter, vor, zwischen, durch, bei, von, zu* setzen Dinge oder Sachverhalte miteinander in Beziehung. Bei diesen Präpositionen wird ein Ort in ein Verhältnis zu einem Gegenstand gesetzt. Sie heißen daher auch **lokale Präpositionen**. In einer Wortgruppe steht die Präposition links: *Sarah singt vor dem Haus. Sarah singt neben dem Haus.*

Präpositionen gehören zu den Wortarten, die sich nicht verändern. Sie bestimmen den **Kasus** von **Nomen, Pronomen** oder **Nominalgruppen**. Nach manchen Präpositionen wie *an, auf, hinter, neben, in, über, unter, vor, zwischen* stehen Nomen entweder im **Dativ** oder im **Akkusativ**.

Einige Präpositionen haben **keine inhaltliche Bedeutung**. Sie folgen auf Verben, Adjektive oder Nomen und verbinden das Wort mit einem Satzglied (Objekt oder Teil eines Objekts).

Verb + Präposition: *lachen über den Witz.*

Adjektiv + Präposition: *stolz auf das Ergebnis.*

Nomen + Präposition: *Respekt vor der Aufgabe.*

Präsens

Tempusform des Verbs, mit der man auf etwas hinweist, das in der Gegenwart geschieht (auch: Gegenwartsform): *Sie fährt Rad*. Oft weist man mit dem Präsens auch auf etwas hin, das erst in der Zukunft geschieht: *Morgen habe ich Geburtstag.*

Präteritum

Das Präteritum verwendet man vor allem für schriftliche Beschreibungen der Vergangenheit. Bei schwachen Verben wird zwischen Wortstamm und Personalendung ein (e)t eingeschoben: *spielen: ich spielte, du spieltest, sie spielte, wir spielten, ihr spieltet, sie spielten.*

Bei starken Verben ändert sich der Stammvokal: *gehen: ich ging, du gingst, sie ging, wir gingen, ihr ginget, sie gingen.*

Pronomen

Wortart (auch: Fürwort). Pronomen stehen entweder vor einem Nomen (*mein Fahrrad*) oder anstelle eines Nomens (*Tina kommt zu Besuch. Sie bleibt bis Sonntag.*). Pronomen sind z. B.

- **Personalpronomen**: *ich, du, wir, ihr, er, sie, es, sie*
- **Unbestimmte Pronomen**: *einer, eine, eines*
- **Demonstrativpronomen**: *dieser, diese, dieses*
- **Possessivpronomen**: *mein, sein, dein, unser*
- **Indefinitpronomen**: *irgendeiner, mancher, solcher*
- **Negationspronomen**: *keiner, keins*
- **Reflexivpronomen**: *mich, dich, sich, uns, euch*
- **Fragepronomen**: *wer, was, was für einer, welcher*
- **Relativpronomen**: *der, die, das, welcher*

Pronomen *es*

Man unterscheidet vier Gebrauchsweisen des Pronomen es:

- **Personalpronomen**: Das Fahrrad steht vor der Schule. Es steht vor der Schule.
- **Unpersönliches *es***: Häufig bei Wetter-Adverbien. *Es regnet.*
- **Platzhalter**: Das Subjekt rückt in das Mittelfeld des Satzes: *Es wurde ein Name genannt.*
- **Korrelat**: *Es* kann durch *das* ersetzt werden. *Es (Das) freut mich, euch zu sehen.*

Punkt

Satzschlusszeichen. Der Punkt steht am Ende eines Aussagesatzes. Nach dem Punkt wird großgeschrieben.

Rechtschreibgespräch

Fehler in eigenen Texten zu erkennen, ist oft schwierig. Wenn man aber gemeinsam über die Schreibung von Wörtern und Strategien spricht, kommt man Fehlern auf die Spur. Das Rechtschreibgespräch besteht aus vier Schritten:

- 1. Bei welchen Wörtern seid ihr unsicher, ob sie richtig geschrieben sind? Sammelt gemeinsam Wörter und markiert schwierige Stellen.
- 2. Was könnt ihr tun, um herauszufinden, wie das Wort geschrieben wird? Notiert Schreibmöglichkeiten.
- 3. Für welche Schreibung entscheidet ihr euch und warum? Wählt eine Schreibung und benennt die Strategie.
- 4. Welche weiteren Wörter der Wortfamilie kennt ihr? Schreibt Wörter der Wortfamilie auf.

Rechtschreibstrategien

Wenn du nicht sicher bist, wie ein Wort geschrieben wird, kannst du im Wörterbuch nachschlagen oder das Wort mit Rechtschreibstrategien erforschen. Diese sind:

Wörter in Silben schwingen: Eine Silbe besteht aus einem Kern, der durch einen Vokallaut gebildet wird. Vor und nach dem Vokalbuchstaben können Konsonantenbuchstaben stehen. Die Silben werden gekennzeichnet: *Fül ler*.

Wörter verlängern: Hierdurch erkennst du den richtigen Buchstaben am Silbenende (**Nomen**: Plural bilden, **Verben**: konjugieren, **Adjektive**: komparieren): *Berg-e, du gehst – gehen, eng – enger.*

Wörter ableiten: Du kannst die Schreibweise eines Wortes ableiten, wenn du ein anderes Wort aus der Wortfamilie richtig schreibst: *Platz – Plätze, hält – halten.*

Wörter merken

Wörter zerlegen: Wörter bestehen aus unterschiedlichen Bausteinen. Sie verändern sich in der Regel nicht:

- Wortstamm: Kern des Wortes (*reit-*)
- Flexionsendung (*-en*)
- Präfix (*vor-*)
- Suffix (Nachsilbe; *-er*)

Redesatz

Der Teil eines Textes, in dem etwas wiedergegeben wird, das jemand gesagt hat. Der Redesatz wird durch Anführungszeichen hervorgehoben: *Sie war damit nicht einverstanden und rief: „Das glaube ich nicht!"*

Reflexivpronomen

Reflexivpronomen wie *mich, dich, uns, euch, sich* werden auch rückbezügliche Fürwörter genannt. Sie zeigen an, dass sich ein Geschehen oder eine Handlung auf die Handelnden selbst bezieht. Das Reflexivpronomen kann nicht weggelassen, nicht durch ein anderes Nomen oder Pronomen ersetzt und nicht erfragt werden.

Relativpronomen

Pronomen, das sich auf ein im Hauptsatz vorausgehendes Nomen oder ein anderes Pronomen bezieht. Das Relativpronomen *das*, welches sich auf ein Nomen im Neutrum bezieht, wird leicht mit der **Konjunktion** *dass* verwechselt:
Das ist ein Buch, das ich gut lesen kann.

Relativsatz

Ein Relativsatz ist ein besonderes Attribut. Er kann nicht allein im Vorfeld stehen. Er bezieht sich mithilfe des Relativpronomens auf ein Nomen / eine Nominalgruppe. Der Relativsatz wird mit einem Relativpronomen eingeleitet, das in Genus und Numerus mit dem Bezugswort übereinstimmt:
Bei einem Schüleraustausch, der etwa eine Woche dauert, kann man seine Sprachkenntnisse verbessern.

Satzarten

Vier verschiedene Satzarten werden unterschieden:

- **Aussagesatz** (Verbzweitsatz): *Ich gehe in den Zoo.*
- **W-Fragesatz** (Verbzweitsatz): *Wo ist der Stift?*
- **Entscheidungsfragesatz** (Verberstsatz): *Kommst du mit zu den Pinguinen?*
- **Aufforderungssatz** (Verberstsatz). Hier setzt man das Ausrufezeichen nur, wenn mit besonderem Nachdruck gesprochen wird: *Bring bitte ein Eis mit!*

Satzgefüge

Ein Satzgefüge ist eine Kombination aus Hauptsatz und Nebensatz (häufig mehreren Nebensätzen).

Satzglied

Teil eines Satzes, den man umstellen kann. Ein Satzglied kann aus einem oder aus mehreren Wörtern bestehen:
Manche Kinder | essen | am liebsten | Bratwurst mit Ketchup.
Am liebsten | essen | manche Kinder | Bratwurst mit Ketchup.
Man unterscheidet vier verschiedene Arten von Satzgliedern: Subjekt, Prädikat, Objekt, adverbiale Bestimmung. Im deutschen Satz ist die Reihenfolge der Satzglieder festgelegt: Subjekt – Prädikat – Dativobjekt – Akkusativobjekt. Das liegt daran, dass das Verb die Anzahl und Art der Objekte bestimmt. Dativ- und Akkusativobjekt werden getauscht, wenn die Nominalgruppen durch Pronomen ersetzt werden. Die Reihenfolge der Satzglieder kann verändert werden, um einzelne Satzglieder zu betonen oder den Zusammenhang zwischen Sätzen herzustellen.
Die Personalform des Prädikats steht immer an der zweiten Stelle.

Silbe

Teil eines Wortes. Beim Sprechen kann man Wörter durch kleine Pausen in ihre Silben zerlegen (*Ja nu ar, Ok to ber*). Beim Schreiben trennt man die Silben wie folgt: *Ja-nu-ar, Ok-to-ber*. Eine Silbe besteht aus mindestens einem Vokal, der von einem oder mehreren Konsonanten eingerahmt wird. In jedem Wort gibt es eine betonte Silbe (*Já-nu-ar, Ok-tó-ber*).

s-Laute

Wörter mit kurzem betonten Vokal werden mit *ss* geschrieben (*Klasse*). Wörter mit langem betonten Vokal werden mit *s* geschrieben (*Nase*). Wörter nach langem betonten Vokal werden mit *ß* geschrieben, wenn:

- weitere Wörter der Wortfamilie mit *ß* geschrieben werden (*Gruß, grüßen, Grüße*).
- Wörter der Wortfamilie in bestimmten Formen mit *ss* geschrieben werden (*essen, aß*).

Sprachfamilien

Bestimmte Sprachen bilden eine Sprachfamilie: Sie sind miteinander verwandt. Das erkennt man z. B.

- am Wortschatz: dt. leben, engl. (to) live.
- im Gebrauch der Grammatik, z. B. Gebrauch eines grammatikalischen Geschlechts
- im Ablaut (Veränderung des Stammvokals bei der Flexion): Deutsch: geben – gab – gegeben; Englisch: to give – gave – given; Niederländisch: geven – gaf – gegeven.

Die Ähnlichkeiten und Übereinstimmungen lassen sich sprachwissenschaftlich durch eine gemeinsame Ursprungssprache erklären.

Stammformen der Verben

Im Satz verändern Verben häufig ihre Form. In der Regel genügen drei Stammformen, um alle anderen Formen des Verbs zu bilden.

- **Starke Verben**: Der Stammvokal ändert sich beim Konjugieren und das Partizip II endet auf -en: *gehen – ging – gegangen.*
- **Schwache Verben**: Der Stammvokal ändert sich nicht. Das Partizip II endet auf -t: *spielen – spielte – gespielt.*
- **Mischformen**: Der Stammvokal ändert sich zwischen Infinitiv und Präteritum. Das Partizip II hat die Endung -t: *nennen – nannte – genannt.*

stummes *h*

Zwischen lang gesprochenem betonten Vokal und den Konsonanten *l, m, n, r* steht häufig ein stummes *h* (*fehlen, nehmen, gähnen, fahren*).

Subjekt

Satzglied (auch: Satzgegenstand). Fast jeder Satz enthält ein Subjekt. Das Subjekt steht meistens am Anfang eines Satzes. Mit ihm wird gesagt, wer etwas tut, von wem eine Handlung ausgeht: *Der Jäger schießt einen Hasen.* Das Subjekt kann aus einem Nomen, Pronomen oder mehreren Wörtern bestehen, die zu dem Nomen gehören: *Jakob geht in die 8. Klasse. Er geht in die 8. Klasse. Der aufgeweckte Schüler Jakob geht in die 8. Klasse.* Das Subjekt steht immer im **Nominativ**. Es kongruiert in Person und Numerus zum Prädikat. Das Subjekt ist nicht Teil der Verbgruppe. In einigen Sätzen gibt es kein Satzglied, das mit wer? / was? erfragt werden kann. Man nennt diese Sätze **subjektlose Sätze**:

- Sätze mit unpersönlichen Verben: *Mir ist schlecht.*
- Passivkonstruktionen: *Heute wird getanzt.*

Subjektsatz

Ein Subjektsatz ist ein Nebensatz. Er hat die Funktion eines Subjekts, das im Hauptsatz fehlt oder mit dem Pronomen *es* ausgedrückt wird, mit wer? / was? erfragt werden kann und oft mit *ob, dass* oder einem W-Fragewort eingeleitet wird.

Subjunktionen

Subjunktionen sind Junktionen, die einen Nebensatz einem Hauptsatz unterordnen. Sie sind unveränderbar (nichtflektierbar). Man unterscheidet z. B.

- **neutrale Subjunktionen**: *dass, ob,*
- **temporale Subjunktionen**: *während, als, wenn, nachdem, seit, solange, bevor, ehe,*
- **kausale Subjunktionen:** *weil, da, zuerst,*
- **adversative Subjunktionen**: *anstatt dass, statt dass, wohingegen.*

Die Subjunktionen *um, ohne, statt, als* bilden mit einem Infinitiv mit *zu* einen Infinitivsatz. Vor der Subjunktion steht ein Komma: *Sie steht auf,* um nach Hause zu gehen.

Suffix (Nachbaustein)

Suffixe können als Nachbausteine an Wortstämme angebaut werden. Sie bestimmen die Wortart des neuen Wortes.
sauber + -keit → die Sauberkeit (Nomen),
das Glück + -lich → glücklich (Adjektiv)
Wichtige Suffixe für Nomen sind: *-heit, -ung, -keit, -schaft, -tum, -sal, -ling*. Wichtige Suffixe für Adjektive sind: *-bar, -lich, -ig, -isch, -sam*. Manche Wörter, die großgeschrieben werden, erkennt man an den Signalen ihrer Suffixe.

Superlativ

Steigerungsform des Adjektivs. Höchststufe:
Sie ist am größten von allen.

Synonyme

Bedeutungsähnliche Wörter nennt man Synonyme. Mit ihnen kann man Tätigkeiten, Dinge und Sachverhalte genau und treffend bezeichnen. Synonyme für das Verb *sehen* sind z. B. *anblicken, anschauen, starren, gucken …*

Tempusform

Form des Verbs (auch: Tempus). Unsere Sprache kennt sechs Zeitformen: 1. **Präsens** (*du schläfst*), 2. **Perfekt** (*du hast geschlafen*), 3. **Präteritum** (*du schliefst*), 4. **Plusquamperfekt** (*du hattest geschlafen*), 5. **Futur I** (*du wirst schlafen*), 6. **Futur II** (*du wirst geschlafen haben*).

Textpronomen

Textpronomen (*er, sie, es*) nennt man auch Verweiswörter. Sie weisen auf Nomen und Nominalgruppen hin. Ersetzt man ein Nomen oder eine Nominalgruppe durch ein Pronomen, stimmen sie in Kasus, Numerus und Genus überein:
Tala sieht den Film an. Sie sieht ihn an.
Bezieht sich ein Pronomen auf ein Nomen / eine Nominalgruppe im Satz/Text, sind Numerus und Genus dieselben wie beim Nomen: *Tala sieht einen Film an. Dieser gefällt ihr.*

Umlaut

Umlaute nennt man diejenigen Buchstaben (Vokale), die zwei Pünktchen haben: ä, ö, ü, äu.
Sie heißen Umlaute, weil sie meistens von Wörtern mit *a, o, u, au* umgelautet sind: *Bad – Bäder, Ohr – Öhrchen, Hut – Hüte, Baum – Bäume*.

Umstellprobe

Um herauszufinden, welche Wörter zu einem Satzbaustein (Satzglied) gehören, kannst du die Umstellprobe anwenden. Alle Wörter, die beim Umstellen eines Satzes zusammenbleiben, gehören zu einem Satzbaustein.
Leon | findet | im Internet | wichtige Informationen.
Im Internet | findet | Leon | wichtige Informationen.
Wichtige Informationen | findet | Leon | im Internet.
In der deutschen Sprache kann man Wörter oder ganze Teile von Sätzen umstellen. Durch solche Umstellungen kann man Sätze abwechslungsreich gestalten und den Zusammenhang in einem Text herstellen. Beim Umstellen darf sich der Sinn des Satzes nicht verändern.

Unbestimmter Artikel

In einem Text steht der unbestimmte Artikel in der Regel dann, wenn ein Nomen zum ersten Mal genannt wird, wenn also etwas oder jemand noch unbekannt ist. Der Artikel zeigt das Genus eines Nomens an.

Varianten

Je häufiger ein Wort verwendet wird, desto eher wird es der deutschen Schreibung angepasst. Für manche Wörter gelten zwei Schreibungen (Varianten), die beide verwendet werden dürfen. In Wörterbüchern wird die bevorzugte Schreibung hervorgehoben: *Jog**h**urt/Jogurt*.
Innerhalb eines Textes sollte man nur eine Variante verwenden.

Verb

Mit Verben kann man Tätigkeiten (*laufen, arbeiten*) oder Zustände (*blühen, schlafen*) bezeichnen. Verben können in den verschiedenen Tempusformen gebraucht werden (*lügen, log, hat gelogen*). Viele von ihnen können das **Passiv** bilden (*er wird belogen*). Verben bilden das **Prädikat** eines Satzes.

Verbgruppe

Verbgruppen sind Wortgruppen, in denen ein Verb die wichtigste Rolle spielt, den Kern bildet. Sie bestehen aus einem Verb im Infinitiv und einem oder mehreren Wörtern. Das Verb im Infinitiv steht am rechten Rand der Verbgruppe. Es entscheidet, was ergänzt wird: *lesen → das Buch lesen, folgen → dem Freund folgen.*

Verbpartikel

Verbpartikel können als Vorbausteine vor ein Verb angebaut werden. Sie geben dem Wort eine neue Bedeutung:
fahren: anfahren, auffahren, mitfahren.
Partikel und Verbstamm bleiben bei der Konjugation nicht zusammen (*Ich höre die Geschichte an.*)
Verbpartikel sind z. B. *an-, auf-, bei-, mit,- ab-* ...

Vokal

Vokale sind Selbstlaute, im Gegensatz zu den Konsonanten (Mitlauten). Sie werden ohne die Unterbrechung von Lippen, Zähnen, Zäpfchen und Zunge zum Klingen gebracht. Die Buchstaben für Vokale sind *a, e, i, o, u*. Die Umlaute ä, ö, ü gehören genauso zu den Vokalen wie die Zwielaute (Diphthonge) *ei, au, eu*. Vokale können lang und gedehnt ausgesprochen werden wie in *Hüte, Qualen, Schoten* oder kurz und knapp wie in *Hütte, Quallen, Schotten*. Wird ein betonter Vokallaut im Wortstamm kurz gesprochen, folgen zwei oder mehrere Konsonanten.

Vorsilbe

Gemeint sind damit Präfixe, die vor einem Wortstamm stehen: *Ver/kauf, un/geheuer, zer/reißen ...*
Es gibt Vorsilben (Präfixe), die man vom Wort abtrennen kann (ab-, um-, durch- ...): *ab/fallen → das Laub fällt ab, um/kehren → sie kehrt um ...*, und solche, die man nicht abtrennen kann: *zer/reißen*. Man kann nicht sagen: *Er reißt zer*. Präfixe sind immer auch echte Silben, die bei der Silbentrennung mit einem Silbenstrich abgetrennt werden können: *ab-fallen ...*

Wortart

In der deutschen Sprache gibt es sieben Wortarten: 1. **Nomen**, 2. **Artikel** und **Pronomen**, 3. **Adjektive**, 4. **Verben**, 5. **Adverbien**, 6. **Konjunktionen**, 7. **Präpositionen**. Sie unterscheiden sich nach grammatischen Merkmalen und nach der Bedeutung. Andere Wörter wie sogenannte „Zahlwörter" können diesen Wortarten zugeordnet werden.

Wortbausteine

Wortbausteine sind Teile von Wörtern, die an den Wortstamm angefügt werden. Es gibt Wortbausteine, die der Bildung von Wörtern dienen, wie **Präfixe** und **Suffixe** (*an/spiel/bar, über/heb/lich ...*), und solche, die der Beugung von Wörtern dienen (*ge/komm/en, ge/hol/t ...*).

Wortbildung

Ein Wortstamm wie *-zahl-* kann auf verschiedene Arten erweitert werden: durch **Präfixe**, die seine Bedeutung erweitern: *ab-zahlen, be-zahlen, ein-zahlen ...*, sowie durch **Suffixe**, durch die der Stamm zu einer anderen Wortart wird: *Zahl-ung, zahl-bar ...* Es können auch zwei selbstständige Wortstämme aneinandergefügt werden, so etwas heißt Kompositum: *Lotto-zahl, Zahlen-reihe ...*

Wortfamilie

Alle Wörter, die den gleichen Stamm haben, gehören zur selben Wortfamilie. Viele Wörter kann man bis in die früheste Zeit unserer Sprache zurückverfolgen. In neueren Zeiten hat man die Wortstämme erweitert und mit anderen Wortbausteinen zusammengesetzt. An den Wortstamm werden weitere Wortbausteine angefügt. Sie können vor und nach dem Wortstamm stehen:
Kartenspiel – Abspiel – Spieltag – spielerisch – vorspielen.
Wortstämme mit *a* und ä, mit *au* und äu sind fast immer miteinander verwandt, weil sie meistens zu einer Wortfamilie gehören. Ä- und äu-Wörter lassen sich in einer Wortfamilie auf *a* und *au*-Wörter zurückführen:
klären, erklären, Erklärung, Klärgrube, klar; räuchern, Räucherkerze, ausräuchern, Räucheraal, Rauch.
Wörter, die am Stammende ein *ss* oder *ß* haben, behalten diese Konsonanten auch in anderen Wörtern einer Wortfamilie: *Kuss – Küsschen – Handkuss; Kloß – Kloßbrühe – Klößchen.*

Wortfeld

Zu einem Wortfeld gehören alle Wörter, die eine ähnliche Bedeutung haben. Alle diese Wörter gehören auch meistens zu ein und derselben Wortart. Je mehr Wörter man kennt, desto genauer und abwechslungsreicher kann man sprechen und schreiben.

Wortgruppen

Wörter verbinden sich häufig mit anderen Wörtern (Artikelwörtern, Nomen, Adjektiven ...): *das Haus, jedes Kind, zum Bäcker gehen, der bunte Ball.* Solche Verbindungen nennt man Wortgruppen. Die Wörter einer Wortgruppe gehören inhaltlich und grammatisch eng zusammen. Es gibt verschiedene Wortgruppen. Sie erhalten ihren Namen durch das Wort, das eine zentrale Rolle in der Wortgruppe spielt.
Wortgruppen sind **Satzbausteine** und **Satzglieder**.

Wortstamm

Der Wortstamm ist der Kern oder Mittelpunkt eines Wortes: *Er-fahr-ung, ge-fähr-lich.*

Worttrennung am Zeilenende

Am Ende einer Zeile kann man beim Schreiben ein Wort abtrennen (*Apfel-baum, Ap-felbaum*).

Zeichen der wörtlichen Rede

Die wörtliche Rede ist derjenige Teil eines Textes, in der ein anderer spricht als der Erzähler selbst:
Gestern war ich im Kino. Als der Film zu Ende war, sagte mein Freund: „Der Film war aber ziemlich langweilig!"
Die wörtliche Rede wird durch **Anführungszeichen** aus dem übrigen Text herausgehoben. Wer etwas sagt, steht im **Redebegleitsatz**. Was gesagt wird, steht im **Redesatz**. Er ist ein selbstständiger Satz mit passenden Satzschlusszeichen.
Der Redebegleitsatz kann **vorangestellt** werden:
Die Lehrkraft erklärt: „Das Projekt findet in der letzten Schulwoche statt."
Er kann **nachgestellt** werden: „Das Projekt findet in der letzten Schulwoche statt", *erklärt die Lehrkraft.*
Der Redebegleitsatz kann **eingeschoben** werden:
„Das Projekt", erklärt die Lehrkraft, „findet in der letzten Schulwoche statt."

Zusammensetzung

Zusammensetzungen dienen der Bildung neuer Wörter. Im Gegensatz zu Ableitungen werden bei der Zusammensetzung Wortstämme aneinandergefügt:
Spiel-feld, Fuß-ball, hell-blau ...

Quellen

Texte

Seite 27: Lass deine Ideen leuchten: dein Praktikum als Elektroniker (w/m/d) bei ElecTec (Autorenbeitrag)

Seite 28: Elektroniker/-in – ein Beruf für die Zukunft! (Autorenbeitrag)

Seite 29: Der Ausbildungsberuf Elektroniker/-in (Autorenbeitrag)

Seite 29–30: Eure Fragen – meine Antworten (Autorenbeitrag)

Seite 30: Schalte ein für deine Zukunft – Spannung garantiert! Azubis aus dem E-Handwerk berichten (Autorenbeitrag)

Seite 45: Interview mit der Berufsberaterin Frau Treuer (Autorenbeitrag)

Seite 57: Heinz Janisch: Der König und der Baum. Aus: Heinz Janisch / Wolf Erlbruch: Der König und das Meer. 21 Kürzestgeschichten. München: Hanser Literaturverlage 2022. ISBN: 978-3-446-23945-6.

Seite 60: Ursula Wölfel: Hannes fehlt. Aus: Lesebuch Deutsch 5. Braunschweig: Georg Westermann Verlag 1981, S. 19–20.

Seite 63: Heinz Janisch: Der König und das Bild. Aus: Heinz Janisch / Wolf Erlbruch: Der König und das Meer. 21 Kürzestgeschichten. München: Hanser Literaturverlage 2022. ISBN: 978-3-446-23945-6.

Seite 86–87: Tattoos – eine schwierige Entscheidung (Autorenbeitrag)

Seite 90: Der Inhaber eines Piercing-Studios meint (Autorenbeitrag)

Seite 91: Piercings aus medizinischer Sicht (Autorenbeitrag)

Seite 91: Isabelles Erfahrungsbericht aus einem Internetforum (Autorenbeitrag)

Seite 92: Piercings im Sportunterricht (Autorenbeitrag)

Seite 97: Balladen sind ganz besondere Gedichte (Autorenbeitrag)

Seite 102: Der Schneider von Ulm (Autorenbeitrag)

Seite 98–99: Johann Wolfgang von Goethe: Der Erlkönig. Aus: Otfried Preußler / Heinrich Pleticha (Hg.): Das große Balladenbuch. Stuttgart/Wien: Thienemann 2000, S. 81. ISBN: 978-3-522-17266-0.

Seite 100: Bertolt Brecht: Der Schneider von Ulm (Ulm 1592). Aus: Ulrich Kittstein (Hg.): Das lyrische Werk Bertolt Brechts. Stuttgart/Weimar: J.B. Metzler 2012. ISBN: 978-3-476-02451-0.

Seite 104–105: Johann Wolfgang von Goethe: Johanna Sebus. Aus: ders.: Goethes Werke. Hamburger Ausgabe. Bd. 1: Gedichte und Epen. Hamburg: Wegner Verlag 1948.

Seite 110–111: Friedrich Schiller: Der Handschuh. Aus: F. Fricke / H.G. Göpfert (Hg.): Sämtliche Werke. München: Carl Hanser Verlag 1962.

Seite 111: Die Bedeutung des Handschuhs in alten Zeiten (Autorenbeitrag).

Seite 114–115: Theodor Fontane: Herr von Ribbeck auf Ribbeck im Havelland. Aus: Herr von Ribbeck auf Ribbeck. Gedichte und Balladen. Ausgewählt von Gottfried Honnefelder. Frankfurt am Main / Leipzig: Insel Verlag 1992. ISBN: 978-3-458-33146-9.

Seite 118–121: Otfried Preußler: Die Mühle im Koselbruch. Aus: ders.: Krabat © dtv Verlagsgesellschaft, München 2004, S. 10–16. ISBN: 978-3-423-25281-2.

Seite 123–125: Otfried Preußler: Kein Honiglecken. Aus: ders.: Krabat © dtv Verlagsgesellschaft, München 2004, S. 24–30. ISBN: 978-3-423-25281-2. (gekürzt).

Seite 129–130: Otfried Preußler: Ohne Pastor und Kreuz. Aus: ders.: Krabat © dtv Verlagsgesellschaft, München 2004, S. 115-119. ISBN: 978-3-423-25281-2.

Seite 131: Den Autor von Krabat kennenlernen. Autorenbeitrag unter Berücksichtigung von Zitaten aus: Otfried Preußler: Krabat – Zehn Jahre Arbeit. Aus: ders.: „Ich bin ein Geschichtenerzähler“. Stuttgart: Thienemann-Esslinger Verlag 2010, S. 188, sowie: Carsten Gansel: Kind einer schwierigen Zeit: Otfried Preußlers frühe Jahre. Köln: Verlag Galiani Berlin/ Kiepenheuer Witsch 2022.

Seite 134: Otfried Preußler: Ohne Pastor und Kreuz. Aus: ders.: Krabat © dtv Verlagsgesellschaft, München 2004, S. 17–23. ISBN: 978-3-423-25281-2.

Seite 138: Irmela Brender: Eine. Aus: Hans-Joachim Gelberg (Hg.): Menschengeschichten. Drittes Jahrbuch der Kinderliteratur. Weinberg/Basel: Beltz-Verlag 1975. ISBN: 978-3-407-80510-2.

Seite 140–142: Irene Strothmann: Jenny und Sebastian. Aus: dies.: Renate Boldt / Norgard / Norgard Kohlhagen (Hgg.): Herzflattern. Reinbek bei Hamburg: Rowohlt Taschenbuchverlag 1996, S. 79–85. ISBN: 978-3-499-20819-5.

Seite 144–145: Kirsten Boie: Nicht jeder ist zum Romeo geboren. Aus: dies.: Moppel wär gern Romeo. Hamburg: Oetinger 1991, S. 53 ff. ISBN: 978-3-789-13102-8.

Seite 146: Tanja Zimmermann: Eifersucht. Aus: Rainer Siegle / Jürgen Wolff (Hg.): Lesehefte für den Literaturunterricht. 55 gewöhnliche und ungewöhnliche, auf jeden Fall aber kurze und Kürzestgeschichten. Stuttgart: Ernst Klett Verlag 1987. ISBN: 978-3-12-261070-8

Seite 147–149: Irmela Brender: Caroline, über Wiesen laufend. Aus: Barbara Bartos-Höppner (Hg.): Mädchengeschichten unserer Zeit. Würzburg: Arena-Verlag 1974. ISBN: 978-3-401-03699-1.

Seite 152–153: Tamara Bach: Is there anybody out there? Aus: dies.: Marsmädchen. Hamburg: Oetinger 2003. ISBN: 978-3-789-13152-3.

Seite 156: Berufsgenossenschaft Nahrungsmittel und Gastgewerbe: Betriebsanweisung: Handgeführte Messer. Aus: Sicherer Umgang mit Messern in Küchen. Arbeitssicherheitsinformation (ASI) 7.10, Mannheim 2022, S. 14. Link: https://www.bgn.de/?storage=3&identifier=%2F395594&eID=sixomc_filecontent&hmac=101a113b82ceb69b18c8b0565d1ca92ccd021283 (Zugriff: 26.03.2025). (gekürzt).

Seite 159: Rechtliche Grundlagen und Rahmenbedingungen. Aus: Ministerium für Kultus, Jugend und Sport (Hg.): Muster-Fachraumordnung für naturwissenschaftliche Fachräume. Stuttgart. Link: https://gefahrstoffe-schule.kultus-bw.de/,Lde/Muster-Fachraumordnung+fuer+Naturwissenschaftliche+Raeume (Zugriff: 26.03.2025). (verändert).

Seite 161: § 8: Dauer der Arbeitszeit: Aus: Bundesrepublik Deutschland, vertreten durch den Bundesminister der Justiz (Hg).: Gesetz zum Schutze der arbeitenden Jugend (Jugendarbeitsschutzgesetz JArbSchG). Link: https://www.gesetze-im-internet.de/jarbschg/__8.html. (Zugriff: 02.04.2025) (gekürzt).

Seite 168: Wie die Zeitung in die Welt kam (Autorenbeitrag)

Seite 180–181: Wie werden unsere Schulklos besser? Aus: Zweites Deutsches Fernsehen, Mainz, 18.06.2024: 1. Schultoilettengipfel. Wie werden unsere Schulklos besser? Link: https://www.zdf.de/nachrichten/panorama/sauberkeit-schultoiletten-gipfel-berlin-100.html (Zugriff: 02.04.2025) (gekürzt).

Seite 182: Schulen für saubere Toiletten ausgezeichnet. OT: Schmuddelklos ade: Schulen für saubere Toiletten ausgezeichnet. wgr/©dpa. Artikel veröffentlicht am 18.06.2024. (verändert).

Seite 187: Schüler in Plochingen dürfen länger schlafen. Aus: Südwestrundfunk, Stuttgart, 09.042024: Schüler in Plochingen dürfen länger schlafen – Lob von Kretschmann. Link: https://www.swr.de/swraktuell/baden-wuerttemberg/stuttgart/plochingen-schule-testet-gleitzeit-fuer-schueler-100.html (Zugriff: 02.04.2025) (gekürzt).

Seite 193: Der Slogan (Autorenbeitrag)

Bilder

|Alamy Stock Photo, Abingdon/Oxfordshire: history_docu_photo 108.1; imageBROKER.com 102.1, 263.2; Lev Dolgachov 184.1; mark Turner 229.1; Pictorial Press Ltd 168.1; public domain sourced / access rights from piemags/ABTB 168.2; Universal Art Archive 6.2, 210.1. |Alamy Stock Photo (RMB), Abingdon/Oxfordshire: All Canada Photos / Lynch, Wayne 292.1. |Ankerkraut GmbH, Hamburg: 188.3. |Axel Springer Syndication GmbH, Berlin: Bildzeitung vom 21.1.2025 176.1. |Berghahn, Matthias, Bielefeld: 158.1. |DB Fernverkehr AG, Frankfurt/Main: in Kooperation mit: Schwäbische Alb Tourismusverband e.V. 190.1. |Dogan, Raphaela, Berlin: 3.1, 3.2, 3.3, 5.1, 5.2, 5.4, 8.1, 8.2, 8.3, 9.1, 10.1, 11.1, 13.1, 13.2, 16.1, 16.2, 20.1, 23.1, 24.1, 29.2, 30.1, 33.1, 33.2, 35.1, 37.1, 38.1, 42.1, 43.1, 44.1, 45.1, 47.1, 49.1, 55.1, 118.1, 118.2, 119.1, 119.2, 119.3, 120.1, 120.2, 121.1, 121.2, 123.1, 123.2, 124.1, 124.2, 126.1, 127.1, 129.1, 134.1, 154.1, 154.2, 154.3, 154.4, 155.1, 155.2, 156.1, 156.2, 156.3, 156.4, 156.5, 156.6, 156.7, 162.1, 163.1, 165.1, 165.2, 166.1, 167.1, 171.4, 252.1. |Evelyn Neuss Illustration, Hannover: 5.3, 18.1, 40.1, 54.1, 57.1, 62.1, 63.1, 63.2, 79.1, 94.1, 96.1, 97.1, 100.1, 100.2, 101.1, 103.1, 104.1, 107.1, 110.1, 111.1, 112.1, 112.2, 113.1, 114.1, 115.1, 133.1, 138.1, 140.1, 141.1, 142.1, 144.1, 147.1, 148.1, 149.1, 151.1, 164.1, 186.1, 198.1, 208.1, 220.1, 230.1, 240.1, 271.1, 284.1, 294.1. |Feldhaus, Hans-Jürgen, Münster: 6.3, 17.1, 17.2, 17.3, 17.4, 19.1, 19.2, 19.3, 19.4, 200.1, 200.2, 200.3, 200.4, 201.1, 205.1, 207.1, 207.2, 215.1, 222.1, 223.1, 224.1, 224.2, 224.3, 224.4, 224.5, 224.6, 226.1, 226.2, 226.3, 228.1, 228.2. |Getty Images, München: AFP/ DANIEL ROLAND 263.1. |Holzing, Herbert, Koblenz: Otfried Preußler: Krabat, dtv 116.1. |HORNBACH Baumarkt AG, Bornheim bei Landau/ Pfalz: Kampagne „Komm zu HORNBACH. Bevor es Dein Garten tut." der HORNBACH Baumarkt AG aus dem Jahr 2022, Kreativagentur: HeimatTBWA, Produktion: STINK Films GmbH 195.1. |Imago, Berlin: Perenyi, Laci 171.1. |Imago Creative, Berlin: Imaginechina-Tuchong 70.1. |Imago Editorial, Berlin: epd 132.1; STEFAN AREND 180.1; teutopress 131.1. |innocent Alps GmbH, München: 192.1. |iStockphoto.com, Calgary: Anthony Boulton 73.1; ARISA THEPBANCHORNCHAI 241.1; Cloudtail_the_Snow_Leopard 254.1; FG Trade Latin 82.1; FooTToo 264.1; Gugu Mannschatz 202.1; Havrysh, Anastasiia 58.1; Highwaystarz-Photography 81.2; klosfoto 86.1; Kolesnikov, Oleg 82.3; Liudmila Chernetska 76.1; LordHenriVoton 77.1; marvinh 295.1; Michail_Petrov-96 187.1; MishaBeliy 91.1; Nikada 83.1; ozgurdonmaz Titel; pagadesign 29.1; Rawpixel 4.2, 95.1; Reimphoto Titel; sanjeri 178.1; SDI Productions 58.3; Simon Phipps 283.1; South_agency 28.1; sturti 27.1; Vitkovska, Mariia 82.4; YakobchukOlena 82.2. |Landesamt für Denkmalpflege im Regierungspräsidium Stuttgart, Esslingen (Neckar): Yvonne Mühleis 272.1. |Mithoff, Stephanie, Egestorf: 4.1, 64.1, 66.1, 66.2, 66.3, 66.4, 66.5, 66.6, 68.1, 69.1, 69.2, 69.3, 72.1, 74.1, 74.2, 80.1, 80.2, 80.3, 80.4, 80.5, 80.6, 127.2, 244.1, 249.1, 256.1, 256.2, 256.3, 256.4, 256.5, 257.1, 258.1, 259.1, 259.2, 261.1, 261.2, 267.1, 279.1, 287.1, 288.1, 290.1, 291.1. |Peterstaler Mineralquellen GmbH, Bad Peterstal: Plakatkampagne für Black Forrest. Agentur Scholz & Friends Group GmbH, Mathias Rebmann 191.1. |Ruthe, Oda, Braunschweig: 15.4, 65.1. |Shutterstock.com, New York: Daniel M Ernst 58.2; Fordelse Stock 236.1; KlingSup 78.1; New Africa 83.2; Nowak, Juergen 171.3; V, Elise 282.1; WenPhoto 81.1. |Staatsministerium Baden-Württemberg, Stuttgart: 6.1, 199.1. |stock.adobe.com, Dublin: 3dsculptor 171.2; Africa Studio 221.1; asife 57.2; eltfoto 237.1; pixelliebe 15.1, 15.2, 15.3, 15.5, 15.6; taralina 239.1. |Süddeutsche Zeitung GmbH, München: Süddeutsche Zeitung Titelseite 21.01.2025 172.1. |Thienemann in der Thienemann-Esslinger Verlag GmbH, Stuttgart, München: Otfried Preußler: Krabat. Mit Illustrationen von Mehrdad Zaeri © 1980, 2023 Thienemann in der Thienemann-Esslinger Verlag GmbH, Stuttgart. 116.2, 116.3, 116.4. |Wefringhaus, Klaus, Braunschweig: 14.1, 14.2, 14.3, 14.4, 14.5, 53.1, 53.2, 53.3, 53.4, 53.5, 53.6. |Weidenbach, Georg, Edemissen: 4.3, 98.1, 98.2, 98.3, 99.1, 99.2, 99.3. |Zentralverband des Deutschen Handwerks (ZDH), Berlin: Das Handwerk 188.1, 197.1. |© Fischer Sauerländer GmbH, Frankfurt am Main: (c) 2025, Fischer Sauerländer GmbH, Frankfurt am Main 242.1. |© WWF Deutschland, Berlin: ©2018 188.2.

Webcodes:

|Alamy Stock Photo, Abingdon/Oxfordshire: history_docu_photo 41.1; imageBROKER.com 37.1; Lev Dolgachov 86.1; Pictorial Press Ltd 81.1; public domain sourced / access rights from piemags/ABTB 81.2. |Dogan, Raphaela, Berlin: 5.1, 6.1, 47.1, 48.1, 49.1, 51.1, 52.1, 58.1, 75.1, 75.2, 75.3, 75.4, 75.5, 76.1, 76.2, 76.3, 76.4, 76.5, 76.6, 76.7. |Evelyn Neuss Illustration, Hannover: 17.1, 20.1, 20.2, 61.1, 62.1, 63.1, 64.1, 65.1, 68.1, 69.1, 70.1. |Imago Editorial, Berlin: STEFAN AREND 84.1; teutopress 56.1. |iStockphoto.com, Calgary: Cloudtail_the_Snow_Leopard 113.1; Michail_Petrov-96 88.1; pagadesign 4.1; sanjeri 83.1; South_agency 3.1; sturti 2.1. |Mithoff, Stephanie, Egestorf: 133.1. |stock.adobe.com, Dublin: eltfoto 108.1; taralina 110.1.

Infinitiv	Präsens	Präteritum	Perfekt
befehlen	du befiehlst	er befahl	er hat befohlen
beginnen	du beginnst	er begann	er hat begonnen
beißen	du beißt	er biss	er hat gebissen
biegen	du biegst	er bog	er hat gebogen
bitten	du bittest	er bat	er hat gebeten
blasen	du bläst	es blies	er hat geblasen
bleiben	du bleibst	er blieb	er ist geblieben
brechen	du brichst	er brach	er hat/ist gebrochen
bringen	du bringst	er brachte	er hat gebracht
denken	du denkst	er dachte	er hat gedacht
erschrecken	du erschreckst/ du erschrickst	er erschreckte/ er erschrak	er hat erschreckt/ er ist erschrocken
essen	du isst	er aß	er hat gegessen
fahren	du fährst	er fuhr	er hat/ist gefahren
fallen	du fällst	er fiel	er ist gefallen
fangen	du fängst	er fing	er hat gefangen
finden	du findest	er fand	er hat gefunden
fliegen	du fliegst	er flog	er hat/ist geflogen
fließen	es fließt	es floss	es ist geflossen
fressen	du frisst	er fraß	er hat gefressen
frieren	du frierst	er fror	er hat/ist gefroren
geben	du gibst	er gab	er hat gegeben
gehen	du gehst	er ging	er ist gegangen
gelingen	es gelingt	es gelang	es ist gelungen
geschehen	es geschieht	es geschah	es ist geschehen
gewinnen	du gewinnst	er gewann	er hat gewonnen
gießen	du gießt	er goss	er hat gegossen
greifen	du greifst	er griff	er hat gegriffen
haben	du hast	er hatte	er hat gehabt
halten	du hältst	er hielt	er hat gehalten
hängen	du hängst	er hing	er hat gehangen
heben	du hebst	er hob	er hat gehoben
heißen	du heißt	er hieß	er hat geheißen
helfen	du hilfst	er half	er hat geholfen
kennen	du kennst	er kannte	er hat gekannt
klingen	du klingst	er klang	er hat geklungen
kommen	du kommst	er kam	er ist gekommen
können	du kannst	er konnte	er hat gekonnt
laden	du lädst	er lud	er hat/ist geladen
lassen	du lässt	er ließ	er hat gelassen
laufen	du läufst	er lief	er hat/ist gelaufen
leihen	du leihst	er lieh	er hat geliehen
lesen	du liest	er las	er hat gelesen
liegen	du liegst	er lag	er hat/ist gelegen
nehmen	du nimmst	er nahm	er hat genommen